面向“十二五”高等教育课程改革项目研究成果

管理学基础

主　编　吴晓微　王学俊
主　审　杨勇华
副主编　李　妍　齐星辰

北京理工大学出版社
BEIJING INSTITUTE OF TECHNOLOGY PRESS

图书在版编目（CIP）数据

管理学基础 / 吴晓微，王学俊主编 .—北京：北京理工大学出版社，2014.12

ISBN 978-7-5682-0029-5

Ⅰ. ①管… Ⅱ. ①吴… ②王… Ⅲ. ①管理学 Ⅳ. ①C93

中国版本图书馆 CIP 数据核字（2014）第 292368 号

出版发行 / 北京理工大学出版社有限责任公司
社　　址 / 北京市海淀区中关村南大街 5 号
邮　　编 / 100081
电　　话 / （010）68914775（总编室）
　　　　　82562903（教材售后服务热线）
　　　　　68948351（其他图书服务热线）
网　　址 / http：//www. bitpress. com. cn
经　　销 / 全国各地新华书店
印　　刷 / 北京高岭印刷有限公司
开　　本 / 710 毫米×1000 毫米 1/16
印　　张 / 21
字　　数 / 415 千字
版　　次 / 2014 年 12 月第 1 版 2014 年 12 月第 1 次印刷
定　　价 / 50.00 元

责任编辑 / 施胜娟
文案编辑 / 施胜娟
责任校对 / 周瑞红
责任印制 / 李志强

前　言

管理学是一门系统地研究管理活动基本规律和方法的学科，是管理类、经济类专业的重要基础课程之一。为适应教学的需要，编者组织力量编写了《管理学基础》。

本书是面向高等院校经管类、企管类或其他相关专业的专用教材，选择的内容注重保留管理学传统知识，并尽可能地吸纳近年来管理学界的新理论、新方法。本书的教学目的在于培养学生的通用管理技能，帮助学生拓展视野，更新理念，提升素养。

本书由吴晓微、王学俊任主编，拟订编写大纲，负责总撰定稿工作，杨勇华任主审，李妍、齐星辰任副主编，秦婷婷、初瑞瑞、刘珊珊参与编写，具体分工如下：吴晓微编写第四章，王学俊编写第一章和第五章，李妍编写第二章和第六章，齐星辰编写第三章和第十章，秦婷婷编写第九章，初瑞瑞编写第七章，刘珊珊编写第八章。

本书在编写过程中，参阅了目前已经出版的国内外部分优秀教材和相关资料，引用了其中一些相关的内容和研究成果，恕不一一详尽说明，仅在参考文献中列出，在此谨向有关作者致以衷心的感谢！

由于编者水平有限，书中难免有疏漏、不妥之处，恳请使用本书的师生与读者批评指正。

编　者

目 录

第一章　管理学概述

【学习目标】

本章主要介绍管理的概念、性质、职能，管理者的类型，以及对管理者的要求。通过本章的学习，理解管理的概念和职能，了解管理的性质和原则，熟悉管理的层次及不同层次的管理者应具备的技能和基本素质。

【案例导读】

一场关于“什么是管理的”探讨

王磊和杨毅是大学同学，学的都是管理科学与工程专业。毕业后，王磊去了深圳一家有名的外资企业从事管理工作，而杨毅被学校免试推荐成为该校的硕士研究生。一晃三年过去了，杨毅又以优异的成绩考入北京某名牌大学攻读管理科学与工程的博士学位。王磊在当上部门经理后也来到该校参加 MBA 培训。

杨毅在办理报到手续时与王磊不期而遇。老同学相见自然免不了要“促膝长谈”，因此两人约定晚上来个“一醉方休”。两人在酒足饭饱之余闲聊起来，由于志趣相投，一会儿，他们就“什么是管理”的话题展开了讨论。

杨毅非常谦虚地问：“王兄，我虽然读了许多有关管理方面的著作，但对于什么是管理我还是心存疑虑，管理学家西蒙说‘管理就是决策’，有的管理学家却说‘管理是协调他人的活动’，如此等等，真是公说公有理，婆说婆有理。你是从事管理工作的，那你认为到底什么是管理?”

王磊思索了一会儿，说道：“你读的书比我多，思考问题也比我深。对于什么是管理，过去我从来没有认真去想过，不过从我工作的经验看来，管理其实就是管人，人管好了，什么都好。”

“那么依你看，善于交际的、会拍‘马屁’的人就是最好的管理者了?”杨毅追问道。

“那也不能这么说，”王磊忙回答说，“虽然管人非常重要，但管理也不仅仅是管人，正如你所说的，管理者还必须做决策、组织和协调各部门的工作等。”

“你说得对，管理不仅要管人，还要做计划、定目标、选人才、做决策、组织实施和控制等，那么，也就是说，做计划、定目标、选人才、做决策、组织实施和控制等活动就是管理啦?”杨毅继续发表自己的见解。

“可以这么说，我们搞管理的差不多啥都得做：今天开会，明天制定规则，后天拟订方案等。所以说，搞好管理可真不容易。”王磊深有感触地说。

“那你怎么解释‘管理就是通过其他人来完成工作’，难道在现实中这种说法本身就是虚假的吗？”杨毅显得有点激动地说。

王磊想了一会儿才回答道：“我个人认为，‘管理就是通过其他人来完成工作’这句话有失偏颇，管理的确要协调和控制其他人的活动，使之符合企业制定的目标和发展方向，但管理者绝不是我们有些人所理解的单纯的发号施令者，其实管理者的工作量非常大，在很多方面，他们还必须起到带头和表率的作用。”

“我同意你的观点，管理者不是发号施令者，管理也并不就是叫别人帮你做事。管理者是‘舵手’，是‘领航员’，他必须带领其他人一起为组织目标的实现而奋斗。”

“……”

夜深了，王磊和杨毅并没有丝毫的睡意，两人还在围绕着关于“什么是管理”的话题继续探讨着。

管理是人类有目的的活动，它广泛适用于社会的一切领域。第二次世界大战后，世界上掀起了管理的热潮，从20世纪80年代以来，我国的实务人员和理论界专业人士也对管理越来越感兴趣。现在大多数人都已懂得，只要人们参与团体为共同目标而努力，管理就起着关键的作用。管理不仅适用于营利性企业，也同样适用于政府、机关、学校、医院，或公共事业单位，无论是什么组织，若没有管理将一事无成。

第一节　管理的概念和特性

一、管理的概念

现在，人们把管理和技术并列为推动经济发展和人类社会前进的“两大车轮”。有效的管理是一个国家、一个企业，乃至任何组织走向成功的基础，正如著名管理学家彼得·德鲁克所言，在人类历史上，几乎没有一种制度能像管理那样迅速兴起并产生巨大影响。在不到150年的近代历史里，管理已改变了世界上所有发达国家的社会与经济结构。

管理有许多特殊的领域，例如行政管理、经济管理、企业管理，以及各行各业、各部门和过程的管理。这些领域都有专门的学科进行研究，但是我们稍加分析就可以发现，这些专门的学科有许多共性的内容。

如人、财、物的组织与计划问题，对人进行领导和激励的问题等。一般地说，这些专门的学科都有“管理”这一含义。本书所要研究的正是这种一般意义的管理。

什么是管理？虽然管理活动历史悠久，但遗憾的是，直到目前为止，“管理”一词还没有一个统一的为大多数人所接受的定义。原因很简单，不同的人在研究管理时的出发点不同、视角不同。下面是一些中外学者提出的具有代表性的定义。

强调工作任务的人认为：“管理就是由一个或多个人来协调其他人的活动，以便收到个人单独活动所不能收到的效果。”这种定义的出发点为：在社会中人们之所以形成各式各样的组织和集团，是由于集体劳动所能取得的效果是个人劳动无法取得的，或者仅能在很小的规模上、花很长的时间取得。美国的“阿波罗登月计划”曾经聚集了几万名科学家、几千家企业为其研究、设计和制造。这样巨大的项目所需要的知识是任何个人都无法全面掌握的，更谈不上具体地实现这项计划。即使是像建造住房这种相对来说比较简单的工作，单凭个人去做也仅能局限在一个很小的规模上，而且要花费相当长的时间方有可能完成。总之，组织活动扩大了人类的能力范围。然而要真正收到这种集体劳动的效果，必须有个先决条件，即集体成员的活动必须协调一致，为此，就需要一种专门的活动来促成这个先决条件，这种活动就是管理。

强调管理者个人领导艺术的人认为：“管理就是领导。”该定义的出发点为：任何组织都有一定的结构，而在结构的各个关键点上是不同的职位，占据这些职位的是一些具有特殊才能或品质的人，这些人被称为领导者。组织中的一切有目的的活动都是在不同层次的领导者的领导之下进行的，组织活动是否有效，取决于这些领导者个人领导活动的有效性，所以，他们认为管理就是领导。

强调决策作用的人认为：“管理就是决策。”狭义地说，决策就是做出决定的意思。广义地说，决策是一个过程，它包括收集各种必要的资料，提出两个或两个以上的备选方案，对备选方案进行评价，找出最佳方案，以及跟踪检查。该定义的提出者强调，决策贯穿于管理的全过程和所有方面；组织是由一些决策者所构成的系统；任务或工作都必须经过这一决策才能完成。如果决策错误，执行得越好，造成的危害就越大。因此任何一项组织工作的成败归根结底取决于决策的正确与否，所以他们认为管理就是决策。

管理定义的多样化，反映了人们对管理的多种理解，以及各管理学派的研究重点与特色。但是，也应看到，不同的定义只是观察角度和侧重点不同，在总体上对管理实质的认识还是共通的。为了对管理进行比较广泛的研究，而不局限于某个侧面，本书采用如下定义：管理是通过计划、组织、领导和控制，协调以人为中心的组织资源与职能活动，以有效地实现目标的社会活动。

由以上对管理概念的界定，可以分析出管理的如下要义。

(1) 管理是共同劳动的产物。没有共同劳动，人们就不会结成配合与协作关系，也不存在组织的共同目标，管理工作就成为多余。有了共同劳动，就必然存在着从事共同劳动的人员之间的分工、协作问题，管理人员及其管理活动就有存在的必要。

(2) 管理的目的是有效地实现目标。所有的管理行为都是为实现目标服务的。没有共同的目标，就没有共同劳动，也就不需要管理。目标不明确，管理就会无的放矢。

(3) 管理实现目标的手段是计划、组织、领导和控制。任何管理者，要实现管理目标就必须实施计划、组织、领导、控制等管理行为与过程，这些是一切管理者在任何管理实践中都要履行的管理职能。

(4) 管理的本质是协调。要实现目标，就必须使资源与职能活动协调，所有的管理行为在本质上都是协调问题。

(5) 管理的对象是以人为中心的组织资源与职能活动。它强调了人是管理的核心要素，所有的资源与活动都是以人为中心的。管理，最主要的是对人的管理。

二、管理的作用

英国国际商业机器公司的创办人托马斯曾经讲过这样一个故事，深入浅出地说明了管理的作用。

有一个男孩子第一次得到一条长裤，穿上一试，裤子长了一些。他请奶奶把裤子剪短一点，可奶奶说眼下的家务事太多，让他去找妈妈。而妈妈回答他说，今天她已经同别人约好去玩桥牌。男孩子又去找姐姐，但是姐姐要去约会，而且时间就要到了。这个男孩子非常失望，担心明天穿不上这条裤子，他就带着这种心情入睡了。奶奶忙完家务事，想起了孙子的裤子，就去把裤子剪短了一点；姐姐回来后心疼弟弟，又把裤子剪短了一点；妈妈回来后同样也把裤子剪短了一点。可以想象，第二天早上大家会发现这种没有管理的活动所造成的后果。

由上述例子可以看出，任何集体活动都需要管理。集体中每个成员的行为方向并不一定相同，在没有管理活动协调时，可能会互相抵触。即使目标一致，由于没有整体的配合，也难以达到总体的目标。

随着人类的进步和经济的发展，管理所起的作用越来越大。在当今世界，各国经济水平的高低，很大程度上取决于其管理水平的高低。国外一些学者的调查统计证实了这一点。第二次世界大战后，一些英国专家小组去美国学习工业方面的经验，他们很快就发现，英国在工艺和技术方面并不比美国落后很多，然而英国的生产率水平同美国相比为什么如此悬殊呢？经过进一步的调查发现，英国工业在生产率水平方面比较低的主要原因在于英国的组织管理水平远远落后于美国。而美国经济发展速度比英国快，其最主要的原因就是依靠较高的管理水平。美国前国防部部长麦克纳马拉说过，“美国经济的领先地位三分靠技术，七分靠管理”。因此，美国在经济上的强大竞争力与其在管理科学上的突飞猛进显然是具有内在联系的。

美国的邓思和布兹特里斯信用分析公司在研究管理作用方面也做了大量工作。多年来，他们对破产企业进行了大量调查。结果表明，在破产企业中，几乎有 90% 的企业是因管理不善所致。

我国国有企业面临许多困难。调查显示，80% 以上的亏损企业是由于管理不善造成的。我国国有企业的改革和发展，没有轻松的道路可走，只有脚踏实地地研究、改善经营管理，建立一套现代企业管理制度，才是根本出路。没有现代财务、成本、质量管理和科学决策制度，没有扎扎实实的管理基础工作，就不能搞现代市场经济。1996 年 7 月，朱镕基同志在一次会议中指出：“对管理的重要性宣传得还太少，要大力宣传加强企业的经营管理，要大力提倡振兴中国的管理科学，要总结中国管理实践的经验。”他又说：“今天到了要大力提倡改善中国的管理和发展中国的管理科学的时候了。党中央提出了‘科教兴国’的方针，这个科学包括自然科学和社会科学两个方面，当然也包括了管理科学。现在，确实需要强调管理科学和管理教育也是兴国之道。”

三、管理的特性

（一）管理的二重性

管理作为共同劳动的产物，它不能脱离具体的社会历史环境而抽象地存在，也就是说，一定社会的管理无不具有科学技术的和上层建筑的二重特征，这就是通常所说的管理的二重性。

所谓管理的二重性，一方面，管理具有同生产力社会化大生产相联系的一般性质——自然属性，这种性质是一切社会化大生产所具有的客观规律，它取决于生产力的发展水平和劳动的社会化程度，并不取决于生产关系和社会制度的性质。另一方面，管理又是在一定的生产关系条件下进行的，管理是由占有生产资料的阶级实行的，是这个阶级意志的体现，是为这个阶级利益服务的。因此，它具有同生产关系、社会制度相联系的社会属性。这两方面的属性即管理的二重性。

资本主义管理的社会属性是由资本主义的生产关系决定的。它的主要表现是，管理权归生产资料所有者——资本家及其代理人所有；管理的目的是榨取工人更多的剩余价值；管理是建立在阶级对抗基础上的，是资产阶级统治工人的一种手段。现代资产阶级为了实现其榨取剩余价值的目的，采取了一系列缓和阶级矛盾的做法，但这绝不会改变资本主义管理的剥削制度。

社会主义管理的社会属性同样是由社会主义生产关系来决定的。它的主要表现是，管理的权力不再为少数资本家所有，而归社会主义劳动者掌握和执行；管理的目的，不是剥削，而是发展生产，满足人民日益增长的物质和文化生活的需要，人与人之间是一种新型的社会关系，即团结一致、友爱互助、共同奋斗、共同前进的关系。

由此可见，社会主义管理的社会属性即社会性质与资本主义管理的社会性质是不同的。通常所说的管理的性质不同，主要是指管理的社会性质的本质区别。

管理的自然属性即管理具有同现代生产力和社会化大生产相关联的、适应现代化大生产的客观要求的特性，这就要求企业管理必须建立在现代化大生产的基础上，实行管理组织高效化、管理方法科学化、管理手段现代化、管理人员专业化，不断提高企业管理的现代化水平。

这些适应现代化大生产要求的管理组织生产力与社会化大生产的管理方式和方法，无论是社会主义企业管理还是资本主义企业管理都没有根本区别，是具有共性的。正因为如此，我们对外国一切先进的现代化管理方式和方法都应认真学习，不论是哪个国家的，只要是行之有效的经验，我们都要研究，并结合我国的实际情况加以应用。

马克思主义关于管理二重性的原则，是我们正确认识资本主义管理的依据，是建立和发展我国社会主义管理科学的理论基础。对资本主义管理，一方面要学习借鉴，使其中合乎科学的部分为我所用；另一方面对它的腐败制度和思想作风，必须进行抵制和批判。那种一概排斥或原封不动地照搬、照抄的做法，都不是马克思主义态度。我们应该实事求是，从实际出发，对其认真地加以分析和研究，取其精华，去其糟粕，洋为中用，逐步形成适应社会主义市场经济体制的管理学体系。

需要注意的是，管理的自然属性和社会属性是两位一体的，不能把它们截然分开。我国的许多管理学学者把管理的自然属性称为管理的一般职能，把管理的社会属性称为管理的特殊职能。按照这种含义，管理的一般职能与管理的特殊职能总是结合在一起的，在管理的基本职能中体现出来，并一起发挥作用。例如，管理的基本职能之一是领导职能。针对不同的情况采用合理的领导方式，以提高效率是管理的一般职能，而在资本主义制度下，加强领导的目的是赚钱；社会主义的领导是为了增强大家同志式的合作关系，高效地生产，为社会主义建设服务，而不单单是为了赚钱，这是管理的特殊职能在领导职能中的体现。

（二）管理的主体是管理者

管理的主体是具有专门知识、利用专门技术和手段来进行专门活动的管理者。管理劳动是社会生产过程中分离出来的一种专门劳动，是一种职业，它符合一般的职业要求：①从业人员必须具有专门的知识结构；②职业技能的获取需要长期的教育和培训；③进入职业时将受到控制，通常需要经过某种形式的考试；④从业人员必须遵守一定的职业道德，违反者应受到惩罚。显然，并非任何人都可以成为管理者，只有具备一定素质和技术的组织成员，才有可能从事管理工作。

（三）管理的客体是组织活动及其参与要素

组织需要通过特定的活动来实现其目标，任何活动的进行都是以利用一定的资源为条件的，因此，要促进组织目标的有效实现，管理需要研究的是怎样充分地利用各种资源，如何合理地安排组织的目标活动。

（四）管理的核心是处理好人际关系

管理是让别人与自己一道去实现既定的目标。管理者的工作或责任的很大一部分是与人打交道，这在领导的职能中表现得尤为充分。

四、管理的职能

管理活动是人类最重要的社会活动之一，它涉及的范围最广泛，内容最复杂。但无论什么样的管理活动，都存在着共同的规律性，这就是管理职能。

管理有哪些具体职能，不同的管理学家的观点不尽相同。法约尔阐述的管理职能主要是：计划、组织、指挥、协调和控制。后人在法约尔的基础上分别从各自的角度提出了管理的职能，如孔茨将管理的职能分为计划、组织、人员配备、指导和控制等。当今大部分学者认为管理应有四大基本职能：计划、组织、领导、控制。其他分类的职能都可以看成是这四大职能的不同划分和不同表述。因此本书所讲的管理职能包括计划、组织、领导和控制。

（一）计划

计划就是确定要达到的目标并事先确定实现目标所需的活动。组织中的高层管理者、中层管理者和基层管理者都必须从事计划活动，计划的内容包括分析当前环境、预测未来、确立目标、确定组织战略，并确定实现目标所需的各种资源。任何管理活动都是从计划开始的，计划是管理的首要职能。

（二）组织

组织是对人力、物力、财力等实现目标所需资源的分配与协调。组织活动包括吸引人才、明确工作职责、资源分配及组织变革以使组织运行更有效。管理者必须根据组织的战略目标和经营目标来设计组织结构，配备人员和整合组织力量，以提高组织的效力和应变能力。

（三）领导

建立有效的组织指挥系统，对组织的各级各类人员实行领导和指导，从而保证组织活动按预定的目标顺利进行，这就是领导职能。管理的领导职能贯彻于整个管理活动中，组织的高层领导、中层领导和基层领导，都担负着领导职能。领导的主要内容包括激励、沟通和指导。

（四）控制

控制是管理人员为保证实际工作与计划一致而采取的一种管理活动，这种活动是按原定计划、目标和标准进行检查，找出差异，分析原因，采取措施及时纠正偏差，保证组织目标的实现。控制是管理过程中不可或缺的职能，没有控制就没有真正的管理。

各项管理职能都有自己独有的表现形式。例如，计划职能通过方案和计划制订与实施的形式表现出来。组织职能通过组织结构设计和人员配备表现出来。领导职能通过领导者和被领导者的关系表现出来。控制职能通过对计划执行情况的信息反馈和纠正措施表现出来。每一项管理工作一般都是从计划开始，经过组织、领导，到控制结束。各职能之间同时相互交叉渗透，控制的结果可能又导致新的计划的制订。对管理职能的研究是管理学的重要内容，本书后面各章将对上述各职能做深入的阐述和分析。

五、管理的原则

管理的原则是管理者在长期的管理实践中总结形成的，对管理活动有重要的指导作用，也是管理活动必须遵循的基本规则。主要的管理原则有：

（一）讲究经济效益原则

组织为了生存和发展，就不能不讲究经济效益，讲究经济效益，就是要求组织在经济活动中，用尽可能少的劳动消耗和资源，创造出尽可能多的符合市场需求的产品，获得尽可能高的利润。

评价企业经济效益的具体标准有以下几方面：

(1) 企业的生产成果（服务成果）同社会需要相比较，即产品（服务）适销对路，满足市场需求程度。

(2) 生产的有效成果同劳动消耗的比较。

(3) 生产的有效成果同劳动占用的比较（劳动占用的货币形态就是流动资金和固定资金，它反映已有物质财富在生产中的合理利用程度）。

(4) 生产的有效成果同资源利用的比较。

要提高组织活动的经济效益，管理者就必须注意提高自己以及下属的两种能力：做正确的事的能力；用正确的方法做事的能力。

（二）以人为本的原则

以人为本是以人为中心的现代管理思想。它要求现代组织应尊重人、爱护人和激发人的工作热情，着眼点在于满足职工的合理需求，从而调动人的积极性。如积极改善职工的工作、生活条件，维护职工的合法权益，尊重职工的人格和尊严，积极采纳职工的合理化建议和意见，实行民主化管理企业。

（三）突出重点，强化内部管理的原则

企业既要面向市场，适应市场的需要，又要练好“内功”，充分挖掘内部的潜能。强化内部管理，不同企业在不同时期有不同的侧重点，但要抓好以下工作：

（1）建章立制，抓好基础管理。包括企业的定额制度、标准制度、财务制度、作业制度、设备管理制度、材料管理制度、质量管理制度、车间管理制度等。制定制度应做到科学、合理、适用。

（2）强化财务管理和成本核算。企业要在资金管理上下功夫，想方设法用好资金，力戒周转缓慢、浪费、占压资金。同时，要严格进行成本核算，实行严格考核，堵塞管理中的漏洞。

（3）强化质量管理和营销管理。质量是企业的生命，企业应抓好全面质量管理。营销管理水平的高低对于企业的发展是至关重要的。

第二节　管理学的研究内容和特点

一、管理学的研究内容

管理学是人类长期从事管理实践的科学总结，是以企业组织为重点，研究管理活动过程及其基本规律和一般方法的科学。管理学来源于人类社会的管理实践，而社会管理实践的领域是多样化的，有的从事企业管理，有的从事政府、军队、公安等国家机关管理，有的从事学校、文艺、学术团体管理等，各种不同的社会组织有其特有的性质和规律，管理过程中也会有各自不同的管理方法和管理理论，由此产生和形成了各种不同门类的管理学。例如，工商企业管理学、行政管理学、教育管理学、旅游管理学、医院管理学、军队管理学、交通管理学、物资管理学、财政管理学、国民经济管理学等。尽管各类管理有自己的特点和规律，但是各类管理又有共同的基本原理和规律，这也是管理学所研究的主要内容。

管理学的研究对象是管理工作的客观规律性，即如何遵循客观规律的要求来建立一定的理论、原则、组织形式、方法和制度，指导管理的实践，实现管理的预期目标。管理学是一门结合运用现代社会科学、自然科学和技术科学的理论和方法，形容现代社会条件下管理活动的基本规律和一般方法的综合性学科。它是管理实践在理论上的概括和反映，是人类长期从事管理实践及其经验的科学总结。它来源于管理实践，接受管理实践的检验，反过来又指导管理实践。

管理学的研究对象有广义和狭义之分。

1. 广义管理学

广义管理学研究的内容大体可以分成三个层次。

（1）生产力方面。它主要研究如何合理地配置组织中的人、财、物，使各生产要素充分发挥作用；研究如何根据组织的目标、社会的需求，合理地使用各种资源，以求得最佳的经济效益与社会效益。

（2）生产关系方面。它主要研究如何处理组织内部人与人之间的相互关系；研究如何完善组织机构与各种管理体制，从而最大限度地调动各方面的积极性和创造性，为实现组织目标而服务。

（3）上层建筑方面。它主要研究如何使组织内部环境与组织外部环境相适应；研究如何使组织的各项规章制度和劳动纪律与社会的政治、经济、法律、道德等上层建筑保持一致，从而维持正常的生产关系，促进生产力的发展。

2. 狭义管理学

狭义管理学研究的内容主要包括管理原理、管理职能、管理方法、管理者和管理历史等。

（1）管理原理。现代管理学首先研究管理的基本规律，即研究适用于一切社会和个别社会形态的各种基本规律。诸如管理的对象、过程、核心、目的、原则及内容等。

（2）管理职能。着重从管理者的工作或职能出发来系统研究管理活动的原理、规律和方法问题。具体包括管理活动中管理者有哪些职能；执行这些职能要涉及组织中的哪些要素；在执行各项职能中应遵循哪些原理，采用哪些方法、程序和技术；执行职能的过程中会遇到哪些障碍、阻力。

（3）管理方法。管理功能的执行和完成，是靠管理方法、技术和手段来实现的。因此，对管理方法、技术和手段的研究是现代管理学中引人注目的领域。

（4）管理者。管理者是管理的主体。能否实施有效的管理，管理者起着关键的作用。所以，管理者个体素质、管理者群体优化结构以及它们之间的关系，是现代管理学研究的重要课题。

（5）管理历史。现代管理学要研究管理思想及实践的发展历史，以便更好地继承和发展现代管理理论和方法。

二、管理学的特点

管理学作为一门学科与其他许多学科相比，它具有自身的特点，管理学要用系统的观点来学习。了解管理学的这些特点，将有助于加深理解本书的内容。

（一）管理学是一门综合性学科

管理学的主要目的是要指导管理实践活动。而当代的管理活动异常复杂，作为管理者仅掌握一方面的知识是远远不够的。只有具备广博的知识，才能对管理中的各种问题应对自如。以企业为例，厂长要处理有关生产、销售、计划和组织等问题，他就要熟悉生产工艺、预测方法、计划方法等。这里包括了工艺学、统计学、数学、政治学、经济学等内容。而最主要的是，厂长要处理企业中与人有关的各种问题，像劳动力的配置、工资、奖惩、调动人的积极性和协调各部门中人与人之间的关系。这些问题的解决又有赖于心理学、人类学、社会学、生理学、伦理学等学科的一些知识和方法。机关、医院、学校的管理活动也有类似的情况。管理活动的复杂性、多样性决定了管理学内容的综合性。

（二）管理学既是科学又是艺术

作为一种知识体系，管理是一门科学。管理的科学性表现为：经过长期的探索和总结，已经形成一套比较完整的知识体系，反映了管理过程的客观规律性。人们利用这些理论和方法来指导自己的管理实践，又以客观活动的结果来衡量管理过程中使用的理论和方法是否正确，是否行之有效，从而使管理的科学理论和方法在实践中得到不断的验证和丰富。因此，管理是一门科学，是指它以反映管理客观规律的管理理论和方法为指导，以期取得更好的绩效。

作为一种实践活动，管理又是一门艺术。把任何一种活动归于艺术一类的着重点，应该在于适用技巧和知识，并通过一定的方式来实现某一目的。管理理论作为普遍适用的原理、原则，必须结合实际应用才能奏效。管理者在实际工作中，面对千变万化的管理对象，因人、因事、因时、因地制宜，灵活多变地、创造性地运用管理技术的方法，解决实际问题，从而在实践与经验的基础上，创造了管理的艺术与技巧，这就是所谓管理是艺术的含义。

管理既是科学，又是艺术，这种科学与艺术的划分是一致的，其间并没有明确的界限。说它是科学，是强调其客观规律性；说它是艺术，则是强调其灵活性与创造性。而且，这种科学性与艺术性在管理实践中并非截然分开，而是相互作用，共同发挥管理的功能，促进目标的实现。

（三）管理学是一门不精确的学科

在给定条件下能够得到确定结果的学科称之为精确的学科。数学就是一门精确学科，只要给出足够的条件或函数关系，按一定的法则进行演算就能得到确定的结果。管理学则不同，在已知的条件完全一致的情况下，有可能产生截然相反的结果。用管理学术语来解释这种现象，就是在投入的资源完全相同的情况下，其产品可能不同，比如两个企业，在其生产条件、人员素质和领导方式完全相同的条件下，他们的经营效果可能相差甚远。为什么会有这种现象出现呢？这是因为影响管理结果的因素太多，许多因素是无法完全预知的，如国家的方针、政策和法令，自然环境的突然变化及企业的经营决策等。实际上，所谓“两个企业的投入资源完全相同”这句话本身就是不精确的，因为“投入”不可能完全相同，即使表面上的数量、质量、种类完全相同，人的心理因素也不可能完全相同。管理主要是同人发生关系，对人进行管理，那么人的心理因素就必然是一种不可忽略的因素。而人的心理因素是难以精确测量的，它是一种模糊量。诸如人的思想、感情、个性、作风、士气，以及人际关系、领导方式、组织艺术等，都是管理学的研究对象，又都是模糊量。在这样复杂的情况下，我们还没有找出更有效的定量方法，使管理本身精确化，而只能借助于定性的方法，或者利用统计学的原理来研究管理。因此，我们说管理是一门不精确的学科。

（四）管理学是一门软科学

软科学是和硬科学相对应的一种说法，是借用计算机技术中软件与硬件这两个术语的含义。一般把计算机主机及其外围设备称为硬件，而把有关计算机应用的技术及其程序称为软件。如果有了硬件，能否充分运用硬件，发挥计算机的全部功能，则取决于软件的优劣。管理的情况与计算机的情况类似，如果把组织中的人力、财力和物力看作硬件的话，管理就是软件。充分调动人的积极性，发挥他们的内在潜力，有效地利用财力和物力，用较少的消耗，取得较大的效益，正是管理的任务。这是把管理看成软科学的第一层含义。第二层含义，管理本身不能创造价值，它必须借助于被管理者及其他各种条件，并通过他们来体现管理的价值。这种价值很难从其他人创造的价值中明确地区分出来，究竟管理创造了多少价值，完全是一种模糊的概念。第三层含义，若想通过管理来发挥效益，是有一个时间过程的。其效益只能通过较长的时期之后才能看得出来。这不像设计了一种新产品，生产出来，销路不错，就能见到明显的成效。一种新产品的设计方案在没有正式投产之前，人们就能对它进行比较准确的评估，预知其将来所能带来的效益。一项管理措施在没有实施之前，总会有各种不同的看法，有些管理措施甚至在实施了相当长的时间之后，还不能对其进行准确的评价。特别值得注意的是，对管理措施的各种方案不易在事前进行评价，又不好逐项进行试验。因此，在选择管理措施时，往往主要取决于管理者的主观判断。即使某项措施经实践证明是无效的，也不能说明其他措施就一定有效或无效。因此根据这些实际情况，人们把管理看成软科学。

三、管理学的研究方法

（一）系统分析法

管理学是一个系统性很强的科学，它研究的对象是一个复杂的大系统，是一个系统的经验与理论的总结，只有用系统的方法才能提炼出它的客观规律性和相互关系的内在联系性。

（二）借鉴与创新相结合的方法

管理学是正在建设与发展的一门学科，需要吸取历史的和外国的理论与经验，同时还必须有所创造、发展，使管理学不断丰富、提高和更加完善。

（三）定性与定量分析相结合的方法

在研究中把定性与定量结合起来，可以克服两种方法各自的局限性，从而求得更为科学的结论。

（四）综合性研究方法

管理学是一门交叉性边缘学科，与其他一些学科密切联系，应吸取和运用其他学科的研究成果，使本学科得以发展、充实和提高，综合运用多种学科知识，甚至移植其他学科的理论和经验为管理实践服务。

第三节　管理者的分类与要求

一、管理者的分类

管理者是指一个组织中，担任某一职务，具有相应的权力和责任，为实现预定目标，指挥别人活动来完成具体任务的人。

职务：根据有关法规、制度的规定，管理者在组织中所享有的职权、地位。职务是管理者发挥职能作用的前提。

职权：它由组织赋予，一经任命就具有与职务相应的职权。但职权不同于权威，权威与威信是管理者个人的影响力，是因人而异的。

职责：指管理者在履行职务过程中所应尽的义务。职务与责任要对应，担任什么职务就应承担什么责任。

指挥：管理者不同于作业人员，他们不直接从事某项具体工作任务，而是在组织中行使管理职能，指挥或协调他人完成具体工作任务。

在一个组织中，每个管理者处于不同的地位，起着不同的作用，拥有不同的权限，承担着不同的责任。从管理学的角度，可以把管理者进行如下分类。

（一）按管理层次划分

1. 高层管理者

高层管理者是指一个组织中最高领导层的组成人员。他们对外代表组织，对内拥有最高职位和最高职权，并对组织的总体目标负责。他们侧重于组织的长远发展计划、战略目标和重大政策的制定，拥有人事、资金等资源的控制权，以决策为主要职能，故也称为决策层。例如，一个工商企业的总经理就属于高层管理者。

2. 中层管理者

中层管理者是指一个组织中中层机构的负责人员。他们是高层管理者的决策执行者，负责制订具体的计划、政策，行使高层管理者授权下的指挥权，并向高层管理者报告工作，也称为执行层。例如，工厂的生产处长、商场的商品部主任就属于中层管理者。

3. 基层管理者

基层管理者是指在生产经营第一线的管理人员。他们负责将组织的决策在基层落实，制订作业计划，负责现场指挥与现场监督，也称为作业层。例如，生产车间的工段长、班组长就属于基层管理者。

（二）按管理工作的性质与领域划分

1. 综合管理者

综合管理者是指负责整个组织或部门的全部管理工作的管理人员。他们是一个组织或部门的主管，对整个组织或该部门的目标实现负有全部的责任；他们拥有这个组织或部门所必需的权力，有权指挥和支配该组织或该部门的全部资源与职能活动，而不是只对单一资源或职能负责。例如，工厂的厂长、车间主任都是综合管理者。而工厂的计财处长则不是综合管理者，因其只负责财务这种单一职能的管理。

2. 职能管理者

职能管理者是指在组织内只负责某种职能的管理人员。这类管理者只对组织中某一职能或专业领域的工作目标负责，只在本职能或专业领域内行使职权、指导工作。职能管理者大多数是具有某种专业或技术专长的人。例如，一个工厂的总工程师、设备处长等。就一般工商企业而言，职能管理者主要包括以下类别：计划管理、生产管理、技术管理、市场营销管理、物资设备管理、财务管理、行政管理、人事管理、后勤管理、安全保卫管理等。

（三）按职权关系的性质划分

1. 直线管理人员

直线管理人员是指有权对下级进行直接指挥的管理者。他们与下级之间存在着领导隶属关系，是一种命令与服从的职权关系。直线管理人员的主要职能是决策和指挥。直线管理人员主要是指组织等级链中的各级主管，即综合管理者。例如，企业中的总经理—部门经理—班组长，他们是典型的直线管理人员，主要是由他们组成组织的等级链。

2. 参谋人员

参谋人员是指对上级提供咨询、建议，对下级进行专业指导的管理者。他们与上级的关系是一种参谋、顾问与主管领导的关系，与下级是一种非领导隶属的专业指导关系。他们的主要职能是咨询、建议和指导。对企业而言，参谋人员通常是指各级职能管理者，如计财处长、总工程师、公关部经理等。他们既向最高领导提供咨询、建议，又对整个企业各部门及人员进行其所负责的专业领域内的业务指导。

二、对管理者的要求

管理者的素质是形成管理水平与能力的基础，是做好管理工作、取得管理功效的极为重要的主观条件。因此，对管理者必然要提出相应的要求。关于管理者的素质，中外学者都做了大量研究，其中在现代管理学上产生重要影响的是西方学者关于智商和情商的研究。

智商是个人智力水平的数量化指标，反映的是一个人的智力高低程度，显示一个人做事的本领。智商决定了人理解和学习的能力、思维能力、记忆力和反应能力等，智商对管理者很重要，它在一定程度上受先天因素制约，但后天环境的影响对于智商的提高也非常重要。

情商也称“情感智力”，是一种理解、把握和运用自己及他人情绪的能力，具体包括认识自身情绪的能力、妥善管理自身情绪的能力、自我激励的能力、认知他人的能力、人际关系管理的能力以及面对各种考验时保持平静和乐观心态的能力等。西方学者认为，人生成功不仅仅取决于智商，还取决于情商，这两方面是人才应当同时具备的两种素质。人在社会上要获得成功，起主要作用的不是智力因素，而是情绪智能，前者占20%，后者占80%。在美国，人们流行一句话：“智商决定录用，情感智力决定提升。”因此，对于管理者而言，其应着重提高情商，在此前提下来不断提高智商。

智商和情商往往受先天因素制约，在此不做过多讨论。但作为管理者，无论是处于高层、中层，还是基层，想成为一个优秀的管理者，就必须具备良好的素质和基本技能。

（一）管理者的基本素质

1. 政治与文化素质

政治与文化素质是指管理者的政治思想修养水平和文化基础。包括政治的坚定性和敏感性、事业心、责任感；思想境界与品德情操；人文修养与广博的文化知识等。

2. 基本业务素质

基本业务素质是指管理者在所从事工作领域内的知识与能力。包括一般业务素质和专门业务素质。

3. 身心责任

身心责任是指管理者本人的身体状况与心理条件。包括健康的身体，坚强的意志，开朗、乐观的性格，广泛而健康的兴趣等。

（二）对管理者技能的要求

管理者的素质主要表现为实际管理过程中的管理技能。管理学者卡兹提出管理者必须具备三个方面的技能，即技术技能、人际技能和概念技能。

1. 技术技能

技术技能是指管理者掌握与运用某一专业领域内的知识、技术和方法的能力。技术技能包括专业知识、经验，技术、技巧，程序、方法、操作与工具运用熟练程度等管理者对相应专业领域进行有效管理必备的技能。管理者虽不能完全做到内行、专家，但必须懂行，必须具备一定的技术技能。特别是一线管理者，更应如此。

2. 人际技能

人际技能是指管理者处理人事关系的技能。人际技能包括观察、理解和掌握人的心理规律的能力；人际交往中融洽相处、与人沟通的能力；了解并满足下属的需要，进行有效激励的能力；善于团结他人，增强向心力、凝聚力的能力等。在以人为本的今天，人际技能对于现代管理者是一种极其重要的基本功。不具备人际技能的管理者是不可能做好管理工作的。

3. 概念技能

概念技能是指管理者观察、理解和处理各种全局性的复杂关系的抽象能力，也称构想技能。概念技能包括对复杂环境和管理问题的观察、分析能力；对全局性的、战略性的、长远性的重大问题的处理和决断能力；对突发性紧急处境的应变能力等。其核心是一种观察力和思维力。这种能力对于组织的战略决策和发展具有极为重要的意义，是组织高层管理者所必须具备的，也是最为重要的一种技能。

不同层次的管理者对管理技能的需要有差异性。上述三种技能，对任何管理者来说，都是应当具备的。但不同层次的管理者，由于所处的位置、作用和职能不同，对三种技能的需要程度则明显不同。高层管理者尤其需要概念技能，而且，所处层次越高，对概念技能要求越高。这种概念技能的高低，成为衡量一个高层管理者素质高低的最重要的尺度。而高层管理者对技术技能的要求就相对低一些。与之相反，基层管理更重视的却是技术技能。基层管理者的主要职能是现场指挥与监督，若不掌握熟练的技术技能，就难以胜任管理工作。当然，相比之下，基层管理者对概念技能的要求就不是太高。不同层次的管理者对管理技能需要的比例如图 1－1 所示。

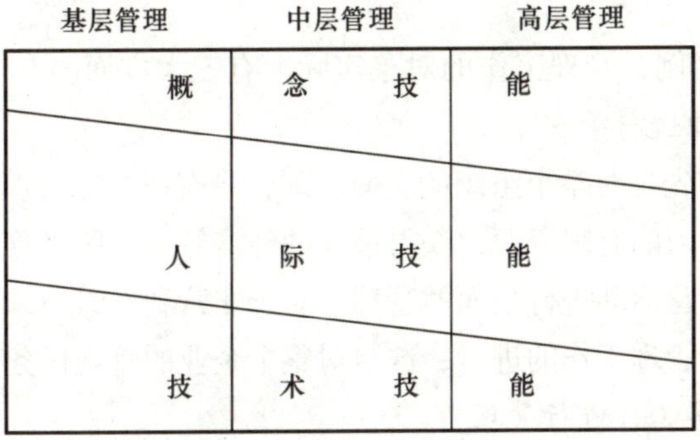

图 1－1　不同层次管理者对管理技能的需要比例

（三）对管理者创新能力的要求

在社会化生产不断发展、市场竞争日趋激烈、知识经济时代已经到来的今天，时代对管理者的素质提出了严峻的挑战。要进行有效而成功的管理，最重要的管理者素质就是创新。可以说，创新是现代管理者素质的核心。

创新素质主要体现在以下几个方面。

（1）创新意识。管理者要树立创新观念，要真正认识到创新对组织的生存与发展的决定性意义，并在管理实践中有强烈的创新意识。

（2）创新精神。管理者在工作实践中，不但要想到创新，更要敢于创新。要有勇于突破常规、求新寻异、敢为天下先的大无畏精神。

（3）创新思维。管理者不但要敢于创新，还要善于通过科学的创新思维来完成创新构思。没有创造性的思维方法与技巧，是很难实现管理上的突破与创新的。

（4）创新能力。在管理实践中，促使创新完成的能力是由相关的知识、经验、技能与创造性思维综合形成的。

综上所述，管理是由共同劳动引起的，并在社会化大生产条件下得到强化和发展。管理就是通过计划、组织、领导和控制，协调以人为中心的组织资源与职能活动，以有效实现组织目标的社会活动。管理具有自然属性和社会属性；管理既是科学，又是艺术。管理的主体是管理者，管理的客体是组织活动及其参与对象，管理的核心是处理好人际关系。管理学具有一般性、多样性、历史性和实践性的特点。管理活动和管理过程就是管理学的研究对象。管理者可以按多种标准进行分类。不同层次的管理者，对管理技能的需要具有层次性。现代管理者素质的核心是创新。

三、管理工作的对象与范围

（一）管理工作的对象

以企业组织为例，管理工作的对象实际上有三大方面。

1. 对整个组织进行管理

管理工作，首先是对整个组织的全面管理，只有把握好组织的发展方向，才能做到充分利用组织内的有限资源，获得最佳的经济效益。所以管理工作的对象是对企业整体的生产经营活动进行全面的管理。对于非营利性组织来说，组织目标的实现也必须通过各种管理工作的进行，这与对整个企业的管理任务也是相似的。

2. 对员工及其工作进行管理

管理最初就是产生于对人及其工作的管理。但随着组织规模的扩大，这类管理工作逐渐交给了基层管理人员来完成，上层管理者则主要按“例外原则”介入对工人及其工作的管理中来。

3. 对管理人员及其工作进行管理

在任何组织中，那些负责管理他人的管理者，他们本身也应该受到某种程度和某种方式的管理。管理者同时也应是被管理者。因此，管理工作的第三项任务，便是管理管理者及其工作。无论是基层、中层还是高层管理人员，他们都必须置于某种力量的管理之下，否则，他们的行为就有可能出现偏差。在很大程度上，许多企业发生的经理人员行为不受约束的现象，就是因为对这些经理人员的管理机制不健全。

（二）管理的应用范围

管理普遍适用于任何类型的组织，包括各种营利性组织和非营利性组织。从营利性组织来看，不管其规模大小、结构类型、行业性质是多么不同，都需要有针对性地对它们进行有效管理。所以，客观上存在着国际性企业（如跨国公司）

的管理、小型企业（如个体企业）的管理、工业企业（如机械厂、汽车厂等）的管理、商业企业和交通运输企业（如航空公司）的管理，以及商业银行和保险公司、通信广播公司、财务公司、咨询公司和其他各种服务性企业的管理。从非营利性组织来看，不仅军队、公安等组织需要管理，大、中、小学和职业学校、医院等需要管理，研究所、报社、邮电、交通等单位也需要管理，而且各种基金会、俱乐部、联合会，以及政治团体、学术团体和宗教组织等都需要管理。管理涉及人类社会的方方面面，可以说是处处都有管理活动的存在。人类的一切社会活动都离不开管理。

从管理基本职能开展的过程和管理原理与方法来看，各种不同类型组织的管理具有相似性、共通性。从这一方面来说，管理的适用范围是广泛的。另一方面，由于不同类型组织在使命、目标和业务活动内容上存在着差别，不同组织的管理表现出了各自的个性，不同组织的管理存在着差异性、特殊性。所以，管理工作必须在管理理论、原理和方法的指导下，结合管理对象的实际情况因地制宜开展。

现实中的管理并不存在普遍适用的某种固定的模式或方式，不能将某一场合下使用成功的管理模式简单地照搬到另一种场合。而能否识别管理工作所面临的特定情境，开发或选用合适的管理模式，也是衡量管理者在分析与处理问题过程中的灵活性和创造性的重要方面。

有效地解决管理问题不仅需要掌握多种管理模式或管理方式方法，还必须清楚各种模式和方法在什么样的条件下使用才会取得最好的效果。任何管理模式和方法都不可能是最佳的，而只可能是最合适、最适用的。适合的才会是有效的。因此，管理者不但要注重学习和开发管理的新模式、新方法，还应该通过实践和自身的体会领悟各种模式或方法适用的场合，以便能将管理的学问变成卓越的管理业绩。

【案例分析】

1. 升任公司总裁后的思考

郭宁最近被所在的生产机电产品的公司聘为总裁。在准备接任此职位的前一天晚上，他浮想联翩，回忆起自己在该公司工作20多年的情景。

他在大学学的是工业管理专业，大学毕业后就到该公司工作，最初是担任液压装配单位的助理监督。当时，他真不知道该如何工作，因为他对液压装配所知甚少，在管理工作上也没有实际经验，几乎每天都感到手忙脚乱。但是他非常认真好学。一方面他仔细参阅该单位所制定的工作手册，并努力学习有关的技术知识；另一方面监督长也主动对他进行指导，使他渐渐摆脱了困境，胜任了工作。经过半年多的努力，他已有能力独担液压装配的监督长工作，可是，当时公司没有提升他为监督长，而是直接提升他为装配部经理，负责包括液压装配在内的四个装配单位的领导工作。

在他当助理监督时，他关心的是每天的作业管理，技术性很强。而当他担任装配部经理时，他发现自己不能只关心当天的装配工作状况，还得做出此后数周乃至数月的规划，还要完成许多报告和参加许多会议，他没有多少时间去从事自己过去喜欢的技术工作。在当上装配部经理不久后，他就发现原有的装配工作手册已基本过时，因为公司已安装了许多新的设备，引入了一些新的技术，于是他花了整整一年的时间去修订工作手册，使之切合实际。在修订手册的过程中，他发现要让装配工作与整个公司的生产作业协调起来是有很多讲究的。他主动到几个工厂去考察，学到了许多新的工作方法，并把这些方法吸收到修订的工作手册中去。由于该公司的生产工艺频繁发生变化，工作手册也不得不经常修订，对此郭宁都完成得很出色。工作了几年后，他不但自己学会了做这些工作，而且还学会了如何把这些工作交给助手去做，并教他们如何做好，这样，他可以腾出更多的时间用于规划工作和帮助他的下属工作得更好，以及去参加会议、批阅报告和完成自己向上级的工作汇报。

在他担任装配部经理6年之后，正好该公司负责规划工作的副总裁辞职应聘于其他公司，郭宁便主动申请担任此职务。在同另外5名竞争者较量之后，郭宁被正式提升为规划工作副总裁。他自信拥有担任此新职务的能力，但由于高级职务工作的复杂性，仍使他在刚接任时碰到了不少麻烦。例如，他感到很难预测一年之后的产品需求情况。可是一个新工厂的开工，乃至一个新产品的投入生产，一般都需要在数年前进行准备。而且，在新的岗位上他还要不断处理市场营销、财务、人事、生产等部门之间的协调问题，这些他过去都不熟悉。他在新岗位上越来越感到职位越是上升，越难以按标准的工作程序去进行工作。但是，他还是渐渐适应了，并做出了成绩，之后又被提升为负责生产工作的副总裁，而这一职位通常是由该公司资历最深的、辈分最高的副总裁担任的。现在，郭宁又被提升为总裁。他知道，一个人当上公司最高主管职务之时，他应该相信自己有处理可能出现任何情况的才能，但他也明白自己尚未达到这样的水平。因此，他不禁想到自己明天就要上任了，今后数月的情况会是怎么样的？他不免为此而担忧！

讨论题：

（1）你认为郭宁当上公司总裁后，他的管理责任与过去相比有了哪些变化？他应当如何去适应这些变化？

（2）你认为郭宁要成功地胜任公司总裁的工作，哪些管理技能是最重要的？你觉得他具备这些技能吗？试加以分析。

（3）如果你是郭宁，你认为当上公司总裁后自己应该补上哪些欠缺，才能使公司取得更好的绩效？

2. 一次重大的人事任免

某钢铁公司的领导班子会议正在研究一项重大的人事任免方案。总经理提议免去公司所属的、有2 000名职工的主力厂——炼钢一厂厂长姚成的厂长职务，改任公司副总工程师，主抓公司的节能降耗工作；提名炼钢二厂党委书记林征为炼钢一厂厂长。姚、林二人都是公司的老同志，大家对他们的情况可以说是了如指掌。

姚成，男，48岁，中共党员，高级工程师。20世纪60年代从某冶金学校毕业后分配到炼钢厂工作，一直从事设备管理和节能技术工作，曾参与和主持了几项较大的节能技术改造工程，成绩卓越，在公司内引起了较大的影响。1983年晋升为工程师，先被任命为炼钢一厂副总工程师，后又任生产副厂长，1986年起任厂长至今，又被聘为高级工程师。该同志属技术专家型领导，对炼钢厂的生产情况极为熟悉，上任后对促使炼钢一厂能源消耗指标的降低起了巨大的推动作用。工作勤勤恳恳，炼钢转炉的每次大修理他都亲临督阵，有时半夜入厂抽查夜班工人的劳动纪律，白天花很多时间到生产现场巡视，看到有工人工作时间闲聊或乱扔烟头总是当面提出批评，事后通知违纪人所在单位按规定扣发奖金。但群众普遍反应，姚厂长一贯不苟言笑，从没和他们谈过工作以外的任何事情，更不用说和下属开玩笑了。他到哪个科室谈工作，一进办公室，大家的神情便都严肃起来，犹如“一鸟入林，百鸟压音”，大家都不愿和他接近。对于他自己特别在行的业务，有时甚至不事先征求该厂总工程师的意见，便直接找下属布置工作，总工对此已习以为常了。姚厂长手下有几位很能干的“大将”，却都没有发挥出多大作用。据他们私下说，在姚厂长手下工作，从来没受过什么激励，特别是当他们个人生活有困难需要厂里帮助时，姚厂长一般不予过问。用工人的话说是“缺少人情味”。久而久之，姚厂长手下的骨干就都没有什么积极性了，只是推推动动，维持现有局面而已。

林征，男，50岁，中共党员，高中毕业。在基层工作多年，任车间党支部书记。该同志脑子灵活，点子多，宣传、鼓动能力强，具有较突出的工作协调能力。1984年出任炼钢二厂厂办主任，1986年调任公司行政处副处长，主抓生活服务，局面很快被打开。1988年炼钢二厂党委书记离休，林征又回到炼钢二厂任党委书记。林征长于做人的思想工作，善于激励部下，据说对行为科学很有研究。他对属下非常关心，周围的同志遇到什么难处都愿意和他说，只要是厂里该办的，他总是痛快地给予解决。民主作风好，工作也讲究方式方法，该他做主的事从不推三阻四。由于他会团结人、工作能力强，因此在群众中享有一定的威望。他的不足之处是学历较低，工作性质几经变化，没有什么专业技术职称（有人说他是“万金油”），对工程技术理论知之不多，也没有独立指挥生产的经历。

姚、林二人的任免事关炼钢一厂的全局工作，这怎么能不引起公司领导们的关注？公司领导们在心里反复掂量，考虑着对公司总经理这一重大人事变动的提议应如何表态。

讨论题：

（1）请运用本章关于管理素质的理论，分析两任厂长的基本素质和管理技能。

（2）你认为这两位厂长谁更胜任？理由何在？

3. 海尔的人力资源管理

1995年某月，海尔人力资源开发中心丁主任的办公桌上放着职工江华为的辞职申请书。江华为是刚进集团工作不久的大学生。在集团下属的冰箱厂工作时，他表现突出，提出了一些创造性的工作意见，被评为“揭榜明星”。领导看到了他的发展潜力，于是集团将其提升为电冰箱总厂财务处干部。这既是对其已有成绩的肯定，也为其进步磨炼提供了一个更广阔的舞台。江华为作为年轻的大学生，在海尔集团有着很好的发展前途，为何要中途辞职？丁主任大惑不解。经了解，江华为接受了另一家用人单位的月工资高出上千元的承诺，他正准备跳槽。仅仅是因为更好的物质待遇吗？事情恐怕并非如此简单。虽然江华为在海尔的努力工作得到了及时肯定，上级赋予他更大的权力和责任，但他仍认为一流大学的文凭应是一张王牌。理所当然，他可以进厂就担任要职，驾驭别人而非别人驾驭他。而海尔提出的“赛马不相马”的用人机制更注重实际能力和工作努力后的市场效果，不是非常注重文凭和学历。人人都有平等竞争的机会，“能者上，庸者下”。另一方面，岗位轮流制更是让人觉得企业中的“仕途漫漫”。作为刚步入社会的大学生，江华为颇有些心理不平衡。另外，海尔有严格的内部管理：员工不准在厂内或上班时间吸烟，违者将受处罚；员工不准在上班时间看报纸，包括《海尔报》；匆忙之间去接电话，忘了将椅子归回原位，也要受到批评，因为公司有一条“离开时桌椅归回原位”的规定；《海尔报》开辟了“工作研究”专栏，工作稍有疏忽就可能在上面“亮相”；每月一次的干部例会，当众批评或表扬，没有业绩也没犯错误的平庸之辈也被归入批评之列；能上能下的用人机制更让人感到无所不在的压力。当另一家用人单位口头承诺重用他时，他便递上了辞职申请书。

刚上任的丁主任认为这件事非常重大，因为任何事情都能以小见大，不能“一叶障目”，而忽略了海尔人力开发中或许比较重大的隐患，或许这也是一个更好地完善现有的人力开发思路的契机。

海尔的用人理念有其独特性。不赞同“用人不疑，疑人不用”的观点，海尔强调“人人是人才，赛马不相马”，即为海尔人提供公平竞争的机会和环境，尽量避免“伯乐”相马过程中的主观局限性和片面性。海尔总裁张瑞敏认为，企业领导的主要任务不是去发现人才，而是去建立一个可以出人才的机制，并维持这个机制健康持久的运行。这种人才机制应该给每个人相同的竞争机会，把静态变为动态，把“相马”变为“赛马”，充分挖掘每个人的潜质；并且每个层次的人才都接受监督，压力与动力并存，方能适应市场的需要。

丁主任望窗外，新招进的一批大学生正在参加上岗前的军训，与草地浑然一色的橄榄绿让人真正感受到了这些年轻人的活力和朝气。究竟企业应如何为刚走出校门的大学生提供一个施展才华的空间？企业如何才能争得来并留得住人才，并且保持合理的人员流动性？丁主任很想找江华为谈谈，或者找这群刚加入集团的大学生聊聊，充分了解他们的想法。丁主任不禁反反复复地思索起海尔人力资源开发的各项政策和思路来。

讨论题：

（1）海尔的“赛马不相马”的含义是什么？你赞同这种观点吗？

（2）从本案例中我们可以看出，江华为认为凭着他的文凭就应该获得升迁，这说明他在就业和工作观念上也存在不正确的观念。如果你是丁主任，针对他的这种错误倾向，你应该怎么做？

【复习思考题】

1. 管理的概念是什么？它有哪些有代表性的定义？
2. 为什么说管理学是一门综合性学科？
3. 为什么说管理学既是科学又是艺术？
4. 怎样理解管理的二重性？
5. 管理学研究的对象和内容是什么？
6. 管理者如何分类？
7. 现代管理对管理者的基本素质有何要求？
8. 不同层次的管理者对管理技能的需要有何差异？

第二章 管理的形成和发展

【学习目标】

本章主要介绍早期的管理思想、古典管理思想、近代管理思想和现代管理思想。通过本章的学习，了解管理思想形成和发展的几个阶段，了解近代西方管理思想的主要流派；理解具有代表性的管理思想的主要观点和基本内容；掌握科学管理思想的基本内容和特点，掌握法约尔的一般管理思想的主要内容和特点；了解泰勒、法约尔、梅奥等对现代管理学的主要贡献。

【案例导读】

丁渭造宫

沈括的《梦溪笔谈》中记载过这样一个故事。

原文：祥符中，禁中火，时丁晋公主营复宫室，患取远土。公乃令凿通衢取土，不日皆成巨堑。乃决汴水入堑，引诸道竹木排筏及船运杂材，尽自堑中入至宫门。事毕，却以斥弃瓦砾灰壤实于堑中，复为街衢。一举而三役济，计省费以亿万计。

译文：北宋年间，地处开封的皇城不慎失火，使皇宫一夜之间倾覆。宋真宗诏令大臣丁渭限期修复。面对如此浩大的工程，丁渭面临着三个主要难题：一是无处取土烧砖；二是建筑材料无法及时运至工地；三是清墟时产生的大量建筑垃圾无处放置。以当时的施工条件，如何做到又快又好呢？丁渭反复思考，终于想出了巧妙的施工方案，不但提前完成工程，而且“省费以亿万计”。

丁渭是怎样做的呢？

首先，丁渭把皇宫前的一条大街挖成一条大沟，就地取土烧砖；再将附近的汴河水引入沟内，形成一条临时运河，用很多竹排和船只将修缮宫室要用的材料顺着沟中的水直接送到工地；料备齐后，再将水放掉，并把建筑垃圾统统填入沟内，这样又恢复了皇宫前面宽阔的大道。这既省去了运土制砖，又大大加速了运输速度。一下子解决了就地取土、顺利运输、清理废墟三个问题。

历史上将这个故事称作“丁渭造宫”，并赞道“一举而三役济”。显然这是历史上罕见的一次伟大的管理实践。

人类的管理实践活动历史悠久，纵观管理思想的形成与发展过程，大致可以划分为如下四个阶段：

（1）早期管理思想发展阶段（公元前5000年—19世纪末）；

（2）古典管理思想发展阶段（19世纪—20世纪30年代）；

（3）近代管理思想发展阶段（1930—1945年）；

（4）现代管理思想发展阶段（1945年至今）。

各个阶段的管理思想的形成和发展为现代管理学的发展奠定了坚实的基础，学习和了解管理思想的发展历史，对掌握管理学的基本原理、基本理论和知识体系是极为重要的。本章将重点介绍管理思想的各个发展阶段具有代表性的思想观点和人物。

第一节　早期的管理思想

一、产业革命前管理思想的萌芽

人类的管理活动源远流长。古代，人们为生存和发展从事的各种生产活动和社会实践，尤其是大型工程，都是集体进行的，需要组织和协调，这就需要并形成了管理。

以原始人狩猎为例，原始人为了保证狩猎成功，往往是由一群人来共同捕杀一头猎物。在捕猎时，需要大家配合行动，一些人举火把，一些人投掷石块，另外一些人拿木棒围堵……组织这种分工合作、相互配合的活动实际上就是管理。

管理思想是随着生产力的发展而发展的。原始社会的生产力水平非常低下，当时的管理水平也与之相适应，非常简单、朴素。随着人类的不断进步，管理思想也有了很大的进步和发展。

公元前5000年左右，古代埃及人建造了世界七大奇迹之一的金字塔，据考证，大金字塔占地约13英亩①，用230块（平均每块约重2.5吨）方形大石料砌成，当时动用了10万人力，费时20年才得以建成。这其中包含了大量的组织管理工作，如组织人力进行计划与设计，在没有先进运输工具的条件下，组织搬运、人力的合理分工等，这些工作不但需要技术方面的知识，更重要的是要有相当丰富的管理经验。

在这一时期，已出现了一些管理思想的萌芽，散见于古代埃及、巴比伦、希腊、罗马和中国的史籍中。公元前2000年左右，古巴比伦国王汉穆拉比颁布了著名的《汉穆拉比法典》，全文共有280多条，其中对人的活动做了许多规定，如个人财产怎样受到保护；百姓应该遵守哪些规范；货物贸易应该如何进行；臣民之间的隶属关系；最低工资标准；家庭纠纷与犯罪的处理等。

---

① 1英亩=4 046.873平方米。

根据古代文献《出埃及记》第十八章中的记载，希伯来人的领袖摩西，在采取行动前，总要先听取公众的意见，然后才建立一个有关的实施方案并向公众传达和宣传。《圣经》中也显示出许多有关的管理思想，如萌芽状态的管理咨询制度、例外原则和有关授权的思想等。

古希腊也留下了一些宝贵的管理思想。公元前370年，希腊学者瑟诺芬曾对劳动分工做了这样的论述："在制鞋工厂中，一个人只以缝底为业，另一个人进行剪裁，还有一个人制造鞋帮，再由一个人专门把各种部件组装起来。这里所遵循的原则是：一个从事高度专业化工作的人一定能工作得最好。"后来的科学管理的创始人泰勒的某些思想与他的这一管理思想非常接近。

我国也是一个文明古国，同样有着光辉灿烂的历史，在管理思想的发展史上占有重要地位。两千多年前的春秋战国时期，杰出的军事家孙武所著的《孙子兵法》计13篇，篇篇都闪耀着智慧的光芒。"知己知彼，百战不殆"这一名句就是书中的一例。它强调要了解敌我双方的情况，并要分析客观规律才能克敌制胜。像这样辩证的策略思想在《孙子兵法》中比比皆是。这种思想不仅对于古代的军事，而且对于现代的军事和管理都有重要的参考价值。1990年的海湾战争中，美国发给自己的军官人手一册《孙子兵法》。日本和美国的一些大公司把《孙子兵法》列为培训经理的必读书。

春秋战国时期，齐王与田忌赛马。齐王和田忌各出三匹马，每匹马出场一次，共赛三场，获胜两场即最后的胜利者。田忌的形势非常不利，因为他的最快、中等和最慢的三匹马与齐王相应的三匹马相比都稍慢一些。孙膑帮助田忌用最慢的一匹马比齐王最快的马，最快的马比齐王的中等马，而用中等的马比齐王最慢的马，结果田忌以二比一取胜。这一在我国流传甚广的故事，包含了对策论管理思想的雏形，在商业竞争中，对于处于劣势的企业仍有启发意义。

历史上，秦始皇不但建立了第一个多民族的统一国家，而且在他短暂的统治时期内，表现出了卓越的管理才能。他建立了以郡县制为基础的中央集权体制，设立了以三公九卿为主的行政管理机构，制定了一系列法律条令，统一了全国的文字、货币和度量衡制度。这些重大政策和措施，不仅基本上适应了生产力的发展，而且也是管理上的改革和创新。

古罗马帝国是由一个小城邦发展起来的，到公元2世纪已经成为一个统治着欧洲和北非广阔地域的世界性帝国，前后时间延续达几个世纪之久。这一事实，可以充分证明古罗马人拥有卓越的管理才能。公元284年，在罗马帝国几乎失控、行将分崩离析的情况下，戴克里先大帝着手对帝国进行改组。他将帝国的版图划分成若干个区，分而治之；然后，又将整个管理机构划分成更多的等级层次，减少个人权力，增加个人的职责；另外，帝国还奉行诸如遵守纪律的观念和按职能进行分工的基本原则等。这一系列举措，使帝国得以延续。

中世纪的意大利处于资本主义萌芽状态，对于管理思想的发展有较大的贡献。当时的威尼斯兵工厂，就是一个充分体现了现代管理思想雏形的大型企业。它早在15世纪初就采用了几乎与现代美国企业家福特发明的装配流水线一样的生产和管理方法，如实行配件的标准化，以加快生产进度并降低成本；合理安排仓库位置，使之与装配产品的配件顺序相一致，并严格控制库存；利用会计和成本控制来节省人力、物力；建立完善的人事制度，对职工的成绩予以评估，并以之作为确定薪金和升迁的依据。据当时报载，1534年法国国王亨利三世访问这家工厂时，它已经达到了在1小时之内能使一艘大船下水的生产效率。

15世纪的意大利曾出现过一位著名的思想家和历史学家马基亚维利，在其不朽论著《君主论》《谈话录》中，他阐述了许多管理思想，其中影响最大的是他提出的四项领导原理：

（1）领导者必须要得到群众的拥护。这有两层含义：一是群众要拥护他作为领导者；二是领导者做事要征得群众的同意。

（2）领导者必须具备坚强的生存意志力。领导者要有坚忍不拔的精神，不软弱、不气馁，能为组织和自己的生存不断奋斗。

（3）领导者必须维护组织的内聚力。领导者必须把组织的成员紧紧团结在自己的周围，使自己及所在的组织具有吸引力。

（4）领导者必须具有崇高的品德和非凡的能力。

现代领导理论中的一些原则同这些原理相当类似，由此可以看出马基亚维利的四项领导原理对管理学的贡献。

二、产业革命时期的管理思想

18世纪60年代后，西方国家开始进行产业革命。使以手工业为基础的资本主义工厂向采用机器的资本主义工厂制度过渡。产业革命使生产力有了较大的发展。随之而来的是管理思想的革命，计划、组织、控制等职能相继产生。企业规模不断扩大，劳动产品的复杂程度与工作专业化程度日益提高，企业经理人员也逐渐摆脱了其他工作，专门从事管理。这一时期管理的基本特点是工厂所有者主要凭借个人经验和才能进行管理；工厂所有者即管理者，直接组织指挥生产，独立的管理阶层还未形成；管理者与被管理者直接对立。这一时期被称为“传统管理时期”。尽管这一时期还没有产生比较系统的管理理论，但是在管理理论的研究上，已经在不少方面出现了对管理理论的建立和发展具有深远影响的若干管理思想。

（一）亚当·斯密的管理思想

亚当·斯密是苏格兰的政治经济学家与哲学家（Adam Smith，1723—1790），他在1776年发表了代表作《国富论》。该著作不仅对经济和政治理论的发展有着突出的贡献，对管理思想的发展也有重要的贡献。亚当·斯密在他的《国富论》

中以制针业为例说明了劳动分工给制造业带来的变化。

他提到：如果一名工人没有受过专门的训练，恐怕工作一天也难以制造出一枚针来。如果希望他每天制造 20 枚针那就更不可能了。如果把制针程序分为若干项目，每一项就都变成一门特殊的工作。一个人担任抽线工作，另一个人专门拉直，第三个人负责剪断，第四个人进行磨尖，第五个在另一头打孔并磨角。这样一来，平均一个人每天可以生产 48 000 枚针，生产效率提高的幅度是相当惊人的。亚当·斯密认为，劳动分工之所以能大大提高生产效率，可归结为下面三个原因：

（1）增加了每个工人的技术熟练程度；

（2）节省了从一种工作转换为另一种工作所需要的时间；

（3）发明了许多便于工作又节省劳动时间的机器。

这段生动论述，形象地把劳动分工的优越性展现出来了。

亚当·斯密认为，劳动是国民财富的源泉，国民每年消耗的一切生活日用必需品的源泉是该国人民每年的劳动。这种生活日用必需品的供应情况取决于两个因素：一个是这个国家人民的劳动熟练程度、劳动技巧和判断能力的高低；另一个是从事有用劳动人数和不从事有用劳动人数的比例。即若要增加国民财富，必须增加生产性劳动，减少非生产性劳动，特别是必须提高劳动者的劳动熟练程度和劳动技能。此观点已成为后来组织管理理论的一个重要论点。

亚当·斯密在研究经济现象时，提出的一个根本的观点是，经济现象是具有利己主义的人们的活动所产生的。他认为，人们在经济行为中，追求的完全是私人利益。但是，每个人的私人利益又受到其他人的利益所限制，即迫使每个人必须顾及其他人的利益，正是这种限制进而产生了社会利益，社会利益是以个人利益为立足点的。他在《国富论》一书中曾用这样的话来描述人们的相互关系，“人类几乎随时随地都需要同胞的协助，要想仅仅依赖他人的恩惠，那是一定不行的。他如果能够刺激他们的利己心，使有利于他，并告诉他们，给他做事，是对他们自己有利，他要达到目的就容易得多了。不论是谁，如果他要与旁人做买卖，他首先就要这样提议：请给我我所要的东西吧，同时，你也可获得你所要的东西。这句话是交易的通义”。这种将人类的行为始点归于“经济”因素的“经济人”的观点，即认为人类是由于追求物质、经济利益才产生了行为的动机，是当时生产关系的反映。正因为如此，此观点对于传统管理时期和科学管理时代的管理实践和理论，都产生了极其重要的影响。

（二）罗伯特·欧文

罗伯特·欧文（Robert Owen，1771—1858）是 19 世纪初期英国卓越的空想社会主义者。他早年在苏格兰的纽拉纳克经营一家大纺织厂，并以在该厂进行了前所未有的试验而闻名于世。欧文认为，试验前此厂是当时“社会的缩影”，集中了“工厂制度下的一切罪恶”，如劳动时间长、劳动强度高、工资低、生活条件恶劣等。他认为人是环境的产物，两者相互作用，并强调只有“社会主义”才能克服“资本主义的一切罪恶”。为此，他在自己开办的纺织厂里实行了一系列大胆的改革，改善工作条件，包括将劳动时间缩短为 10.5 小时、严禁未满 9 岁的儿童参加劳动等；提高工资，并免费供应膳食；建设工人住宅区，改善工人的生活条件；开设工厂商店，按成本出售工人所需要的生活必需品；设立幼儿园和模范学校；创办互助储金会和医院，发放抚恤金等。其目的是探索在改善工人生活条件的前提下，能否有利于工厂所有者大幅度地提高劳动生产率。事实证明，尽管试验最终以失败告终，但不可否认的是，他的设想在“一定条件下”是能成功的。他的改革确实改善了工人阶级的生活条件，同时也使工厂所有者获得了丰厚的利润。

另外，欧文还提出，工厂所有者不仅要“关心”工人，还应该“关心”工厂的股东，分给其应得的红利。总而言之，作为工厂的所有者必须重视“人”的作用。欧文的管理思想主要体现在以下几个方面：

(1) 重视人的因素和人的作用；

(2) 实行灵活稳健的人事政策和待人处事的方法；

(3) 主张对人力进行投资；

(4) 主张改善劳动条件和工资待遇；

(5) 主张与工人和睦相处；

(6) 强调对人的本性进行深入的了解与剖析；

(7) 养成一丝不苟、准确无误的工作习惯。

可能正因为罗伯特·欧文最先注意到“人”的因素，并开始关心“人”，所以在某些管理学著作中，他被誉为“人事管理之父”。

（三）查尔斯·巴贝奇

查尔斯·巴贝奇（Charles Babbage，1792—1871）是英国剑桥大学的数学教授，同时又是科学家和作家。他曾走遍英国和欧洲大陆，用多年时间对英、法等国的一些工厂进行考察研究，了解有关制造业方面的各种问题，研究经理人员解决这类问题的方法。他于 1832 年出版了《论机器和制造业的经济》一书，对专业分工、作业方法、机器与工具的使用和成本记录等都进行了专门论述，是管理学历史上一本重要的文献。

查尔斯·巴贝奇不仅赞同亚当·斯密关于分工能提高劳动生产率的观点，他还进一步地分析了劳动分工使生产率提高的原因，他的解释比亚当·斯密更全面、更细致。他认为劳动分工使生产率提高的原因是：

(1) 节省了学习所需要的时间；

(2) 节省了学习期间所耗费的材料；

（3）节省了从一道工序转移到下一道工序所需要的时间；

（4）经常从事某一工作，肌肉能够得到锻炼，不易引起疲劳；

（5）节省了改变工具、调整工具所需要的时间；

（6）重复同一操作，技术熟练，工作速度较快；

（7）注意力集中于单一作业，便于改进工具和机器。

查尔斯·巴贝奇还提出了一种工资加利润分享制度，以此来调动劳动者的工作积极性。他认为，工人除了拿工资外，还应按工厂所创利润的百分比额外地得到一部分报酬。这种做法有以下几点好处：

（1）使每个工人的利益同工厂的发展及其所创利润的多少直接有关；

（2）每个工人都会关心浪费和管理不善等问题；

（3）能促使每个部门改进工作；

（4）有助于激励工人提高技术及品德；

（5）工人同雇主的利益一致，可以消除隔阂，共求企业的发展。

他的这种工资加利润分享制度的管理思想对我们当今的企业管理仍然有一定的参考价值。查尔斯·巴贝奇还对经理人员提出了许多建设性意见，如：

（1）应分析制造程序及成本；

（2）应花时间研究技术；

（3）搜集资料时应使用印好的标准表格；

（4）分析企业机构的实际工作时，宜采用比较分析法；

（5）应研究各种不同颜色的纸张与油墨的效果，以确定何种颜色不易使眼睛疲劳；

（6）提问题时，要研究如何发问才能获得最佳效果；

（7）应根据以所得为基础的统计资料，来确定所需；

（8）生产程序的管理应该集权化，以求经济；

（9）应重视研究发展工作；

（10）应以是否邻近原料供应地来确定厂址；

（11）应建立一套对人人都有利的建议制度。

查尔斯·巴贝奇的这些思想无论在深度上还是广度上，都比前人甚至同代人有较大的进步。他几乎研究了制造业的各个方面，他提出的许多原则不但适用于企业，也适用于其他类型的组织。

第二节　古典管理思想

古典管理理论是在19世纪末20世纪初形成的，主要包括科学管理理论和古典组织管理理论两大部分。其中，科学管理理论主要源于泰勒的“科学管理”，而古典组织管理理论则包括法约尔的管理理论和韦伯的行政组织体系理论等。

一、泰勒的科学管理

科学管理理论是由美国的弗雷德里克·泰勒（Frederick W. Taylor，1856—1915）首先提出，并在他和他的追随者的不断努力下形成的理论体系。因此，在很多管理学著作中，泰勒都被称为"科学管理之父"。林德尔·厄威克曾指出："泰勒所做的工作并不是发明了某种全新的东西，而是形成的一整套思想。他使一系列无条理的首创事物和实验有了一个哲学体系，称之为科学管理。"泰勒出生于美国费城的一个律师家庭，中学时期以优异的成绩考取哈佛大学法学院，但因高度近视而不得不放弃学业。19岁时进入一家机械厂当徒工，22岁时进入费城米德维尔钢铁公司，开始当技工，后来被迅速提升为工长、总技师，28岁时任钢铁公司总工程师。1890年泰勒离开这家公司，开始从事顾问工作。1898年进入伯利恒钢铁公司继续从事管理方面的研究，后来他取得了发明高速工具钢的专利。1895年、1903年，他先后发表了《计件工资制度》、《车间管理》等文章。1911年，他出版了现在被认为是管理学经典著作的《科学管理原理》。

（一）泰勒科学管理的主要内容

泰勒科学管理的内容概括起来主要有五条。

1. *工作定额原理*

泰勒发现当时的生产效率很低，工人们经常"磨洋工"。经过进一步的研究和分析，他认为主要原因是由于雇主和工厂对工人一天究竟能做多少工作心中无数，而且工人工资太低，多劳也不多得。为了发掘工人们劳动生产率的潜力，就要制定出有科学依据的工作量定额。为此，首先应该进行时间和动作研究。所谓时间研究，就是研究人们在工作期间各种活动的时间构成，包括工作日写实与测时。

工作日写实，是对工人在工作日内的工时消耗情况，按照时间顺序进行实地观察、记录和分析。通过工作日写实，可以比较准确地知道工人的工时利用情况，找出时间浪费的原因，提出改进的技术组织措施。如某位工人在工作时间内，进行工作准备用了多长时间，干活用了多长时间，聊天用了多长时间，满足自然需求用了多长时间，停工待料用了多长时间，清洗机器用了多长时间等，都可以通过工作日写实清楚地记录下来，然后加以分析，保留必要时间，去掉不必要的时间，从而达到提高劳动生产率的目的。

测时，是以工序为对象，按照操作步骤进行实地测量并研究工时消耗的方法。测时可以研究、总结先进工人的操作经验，推广先进的操作方法，确定合理的工作结构，为制定工作定额提供参考。

所谓动作研究，是研究工人干活时动作的合理性，即研究工人在干活时，其身体各部位的动作，经过比较分析之后，去掉多余的动作，改善必要的动作，从而减少工人的疲劳，提高劳动生产率。

泰勒进行了一项很有名的试验。当时，他在伯利恒钢铁公司研究管理，初到该公司，发现搬运铁块的工作量非常大，有 75 名搬运工人负责这项工作。每个铁块重 40 多千克，搬运距离为 30 米，尽管每个工人都十分努力，但工作效率并不高，每人每天平均只能把 12.5 吨的铁块搬上火车。泰勒经过认真的观察分析，最后计算出一个好的搬运工每天应该能够搬运 47 吨，而且不会危害健康。他精心地挑选了一名工人开始试验。泰勒的一位助手按照泰勒事先设计好的时间表对这位工人发出指示，如搬起铁块、开步走、放下铁块、坐下休息等。到了下班时间，这名工人如期地把 47 吨铁块搬上了火车。而且从这以后，他每天都能搬运 47 吨。泰勒据此把工作定额提高了将近 3 倍，并使工人的工资也有所提高。

工作定额原理认为工人的工作定额可以通过调查研究的方法，科学地加以确定。

2. 能力与工作相适应原理

泰勒认为，为了提高劳动生产率，必须为工作挑选第一流的工人。第一流的工人包括两个方面：一方面是该工人的能力最适合做这种工作；另一方面是该工人必须愿意做这种工作。因为人的天赋与才能不同，他们所适于做的工作也就不同。身强力壮的人干体力活可能是第一流的，心灵手巧的人干精细活可能是第一流的，所以要根据人的能力和天赋把他们分配到相应的工作岗位上去。而且还要对他们进行培训，教会他们科学的工作方法，激发他们的劳动热情。

所谓能力与工作相适应原理即主张改变工人挑选工作的传统，而坚持以工作挑选工人，每一个岗位都挑选第一流的工人，以确保较高的工作效率。

3. 标准化原理

标准化原理是指工人在工作时要采用标准的操作方法，而且工人所使用的工具、机器、材料和所在工作现场环境等都应该标准化，以利于提高劳动生产率。

泰勒在这方面也做过一项试验。当时伯利恒钢铁公司的铲运工人每天上班时都拿着自己家的铲子，这些铲子大小各异、参差不齐。泰勒观察一段时间之后发现，这样做是十分不合理的。每天，所铲运的物料是不一样的，有铁矿石、煤粉、焦炭等，相同体积的情况下，每铲的重量却相差很大。那么，铲上的载荷究竟多大才合适？为此，他几星期改变一次铲上的载荷。最后，泰勒发现，对于第一流的铲运工人来说，铲上的载荷大约在 21 磅[①]时生产效率最高。根据这项试验所得到的结论，泰勒依据不同的物料设计了几种规格的铲子，小铲用于铲运重物料如铁矿石等，大铲用于铲运轻物料如焦炭等。这样就使每铲的载荷都在 21 磅

---

① 1 磅≈0.453 千克。

左右。以后工人上班时都不自带铲子了，而是根据物料情况从公司领取特制的标准铲子。这种做法大大地提高了生产效率。这是标准化原理的一个典型例子。

4. 差别计件付酬制

泰勒认为，工人“磨洋工”的重要原因之一是付酬制度不合理，计时工资不能体现按劳付酬，干多干少在时间上无法确切地体现出来。计件工资虽然表面上是按工人劳动的数量支付报酬，但工人们逐渐明白了一个事实：只要劳动效率提高，雇主必然降低每件的报酬单价。这样一来，实际上是提高了劳动强度。因此，工人们只要做到一定数量就不再多干。个别人想要多干，周围的人就会向他施加压力、排挤他，迫使他向其他人看齐。

泰勒分析了原有的报酬制度后，提出了自己全新的看法。他认为，在科学地制定劳动定额的前提下，采用差别计件工资制鼓励工人完成或超额完成定额。如果工人完成或超额完成定额，可按比正常单价高出25%计酬。不仅超额部分，而且定额内的部分也按此单价计酬。如果工人完不成定额，则按比正常单价低20%计酬。泰勒指出，这种工资制度会大大提高工人们的劳动积极性。雇主的支出虽然有所增加，但由于利润提高的幅度大于工资提高的幅度，所以对雇主也是有利的。

5. 计划和执行相分离原理

泰勒认为，应该用科学工作方法取代经验工作方法。经验工作方法的特点是，工人使用什么工具、采用什么样的操作方法都根据自己的经验来定。所以工效的高低取决于他们的操作方法与使用的工具是否合理，以及个人的熟练程度与努力程度。科学工作方法就是前面提到过的在实验和研究的基础上，确定标准的操作方法和采用标准的工具设备。泰勒认为，工人凭经验很难找到科学的工作方法，而且他们也没有时间研究这方面的问题。所以应该把计划同执行分离开来。计划由管理当局负责，执行由工长和工人负责，这样有助于采用科学的工作方法。这里的计划包括三个方面的内容：

（1）时间和动作研究；

（2）制定劳动定额和标准的操作方法，并选用标准工具；

（3）比较标准和执行的实际情况，并进行控制。

以上所述就是科学管理的主要内容。泰勒认为科学管理的关键是工人和雇主都必须进行一场精神革命，要相互协作，努力提高生产效率。当然，雇主关心的是低成本，工人关心的是高工资。关键是要使双方都认识到提高劳动生产率对双方都是有利的。泰勒对此有这样的论述：“劳资双方在科学管理中所发生的精神革命是双方都不把盈余的分配看成头等大事，而把注意力转移到增加盈余的量上来，直到盈余大到这样的程度，以至不必为如何分配而进行争吵……他们共同努力所创造的盈余，足够给工人大量增加工资，并同样给雇主大量增加利润。”这就是泰勒所说的精神革命。遗憾的是，泰勒所希望的这种精神革命一直没有出现。

（二）对泰勒科学管理的分析

1. 泰勒科学管理的主要贡献

（1）泰勒在历史上第一次使管理从经验上升为科学。泰勒科学管理的最大贡献在于他所提倡的在管理中运用科学方法和他本人的科学实践精神。科学管理的精髓是用精确的调查研究和科学知识来代替个人的判断、意见和经验，强调的是一种与传统的经验方法相区别的科学方法。

泰勒在进行科学管理的研究时以及在推行他的科学管理的过程中遇到了巨大的阻力，有来自工人阶层的，也有来自雇主们的。但泰勒没有屈服，坚韧不拔、百折不挠，为科学管理献出了自己的毕生精力。

（2）追求效率的优化思想和调查研究的科学方法。泰勒理论的核心是寻求最佳工作方法，追求最高生产效率。他和他的同事创造和发展了一系列有助于提高生产效率的技术和方法，如时间与动作研究技术和差别计件工资制等。这些技术和方法不仅是过去，而且也是近代合理组织生产的基础。

泰勒的科学管理和传统管理相比，一个是科学地制定操作规程和改进管理，另一个是拼体力和时间；一个是金钱刺激，另一个是饥饿政策。从这几点看，比起传统管理，科学管理有了很大的进步。

2. 泰勒科学管理的缺陷

（1）将人看成是赚钱的机器（“经济人”）。泰勒认为工人的主要动机是经济，工人最关心的是提高自己的金钱收入，即坚持“经济人”假设。他还认为工人只有单独劳动才能好好干，集体的鼓励通常是无效的。他在伯利恒钢铁公司工作时，规定不准工人4人以上在一起工作，经过工长的特别允许除外，但不得超过一周。他认为工人是很笨拙的、对作业的科学化完全是无知的。工人的一举一动只能严格按照管理者的批示去做，只能服从命令和接受工资。他曾说：“现在我们需要最佳的搬运铁块的工人，最好他蠢得和冷漠得像公牛一样，这样他才会受到有智慧人的训练。”

（2）管理侧重于技术因素。泰勒的科学管理仅重视技术的因素，而不重视人群社会的因素。他所主张的专业分工、管理与执行分离、作业科学化和严格的监督等，加剧了劳资之间及管理人员和工人之间的矛盾。由于强调采用科学的合理的最快的方法，工人的分工越来越细，操作越来越简单，控制越来越严密，管理越来越专横，越来越强调服从。

（3）侧重于低层的管理。泰勒的科学管理仅仅解决了个别具体工作的作业效率问题，对于企业如何进行整体性的经营和管理则没有涉及。属于企业中、下层次的管理，对非制造业适用性不强。

二、法约尔的一般管理

亨利·法约尔（Henri Fayol，1841—1925）出生于法国，1860 年以优异的成绩毕业于法国国立采矿学校，并以采矿工程师的身份进入康门塔里福尔香包采矿冶金公司。由于其出色的组织管理才能很快被提升为公司经理、总经理和矿业集团总经理。法约尔不仅有长期管理大企业的经验，而且还担任过法国陆军大学和海军学校的管理学教授，晚年又创立了研究机构，为推广自己和泰勒的思想而不懈地努力。1916 年，出版了《工业管理和一般管理》一书，是阐述其基本思想的代表著作。

（一）法约尔一般管理的主要内容

法约尔的管理思想概括起来主要有以下几点。

1. 企业的六大职能活动

法约尔将“经营”和“管理”的概念区分开来，他认为经营是指导或引导一个整体趋向一个目标，而管理则是经营的一部分。经营包含以下六种活动：

（1）技术活动，包括生产、制造和加工；

（2）营业活动，包括购买、销售和交换；

（3）财务活动，包括资金的筹集、控制和运用；

（4）安全活动，包括设备和人员的安全；

（5）会计活动，包括编制财产目录、制作资产负债表、成本核算和统计表；

（6）管理活动，包括计划、组织、控制、指挥和协调等要素（职能）。

法约尔认为，与六种活动相对应的六种能力，即技术能力、营业能力、财务能力、安全能力、会计能力和管理能力应是所有经营人员所必须具有的，但因其活动不同而有所侧重。一般的原则是，对基层工人主要要求其具有技术能力；对管理人员，随着其在组织层次中职位的升高，技术能力的相对重要性降低，而管理能力的要求则逐步加大，并且随着企业规模的增大，管理能力显得更加重要。

2. 管理的五大职能

（1）计划职能。它包括预见和计划两部分。预见未来成为决策职能的一部分，而计划则发展成为计划职能。计划的制订不仅应该考虑各方面的因素，还应将全面计划和专门计划相结合、短期计划和长期计划相结合、灵活性和精确性相结合。

（2）组织职能。它包括有关组织结构、活动和相互关系的规章制度，以及职工的招聘、评价和训练。组织活动就是要为组织提供所需的原料、工具、资本、人员等，以确保组织目标的实现。

（3）控制职能。控制是核实情况的发展是否与计划、原则相符合，以便及时发现问题和错误，并加以解决和纠正，保证实际情况与计划活动始终一致。法约尔强调，为了进行有效的控制，必须做到迅速、及时、公正、独立和全面。

（4）指挥职能。指挥是管理者使组织中的成员履行其职责，并通过组织运转而实现组织整体的目标。法约尔还归纳出指挥者必须遵循的原则：正确拟订雇佣合同；充分了解下属并要求其团结、努力、忠诚和富于主动性；实行不充分的授权；解雇不称职者；坚持以身作则；定期检查工作；充分利用助手；避免陷于琐事。

（5）协调职能。协调是让企业人员团结一致，力图使组织的所有活动和努力得到统一与和谐。法约尔认为收入与支出之间、计划与组织之间、授权与集权之间都需要协调，这就像机器的运转不能缺少润滑油一样。

法约尔对于管理职能的分类以及部分管理职能的分析，为现代管理理论奠定了基础，直到现在还对管理理论产生着重要的影响，现代管理理论仍然沿袭着法约尔的管理理论框架。

3. 一般管理的14条原则

法约尔在他的《工业管理与一般管理》一书中，提出了一般管理的14条原则。

（1）劳动分工。实行劳动的专业化分工可以提高效率。这种分工不仅适用于技术工作，也适用于管理工作。但专业化分工要适度，不是分得越细就越好。

（2）权力与责任。权力与责任是互为依存、互为因果的。权力是指“指挥他人服从的力量”。而责任则是随着权力而来的奖罚。法约尔认为，一个人在组织阶梯上的位置越高，明确其责任范围就越困难。避免滥用权力的最好办法是提高个人的素质，尤其是道德方面的素质。

法约尔将管理人员职位权力和个人权力划出明确的界限。职位权力由个人的职位高低而来。个人权力则是由个人的智慧、知识、品德及指挥能力等个性形成的。一个优秀的领导人必须兼有职位权力及个人权力，以个人权力补充职位权力。

（3）纪律。法约尔认为，纪律是企业领导人同下属人员之间在服从、勤勉、积极、举止和尊敬方面所达成的一种协议。纪律是领导人创造的，无论哪种社会组织，其纪律状况取决于领导人的道德状况。一般人在纪律不良时，总是批评下级。其实，不良的纪律来自不良的领导。高层领导人和下属一样，必须接受纪律的约束。

（4）统一指挥。无论什么时候，在任何活动中，一个人只能接受一个上级的命令。多重命令对于权威、纪律和稳定性都是一种威胁。

（5）统一领导。凡是具有同一目标的全部活动，只能在一个领导和一个计划下进行。这对于正常组织中的行动的统一、力量的协调和集中有着至关重要的意义。

（6）个人利益服从于集体利益。集体的目标必须包含员工个人的目标。但个人均不免有私心和缺点。这往往使员工将个人利益放在集体利益之上。如何协调个人与集体之间的关系在管理上至今仍然是个难题。

（7）合理的报酬。薪酬制度应当公平，对工作成绩与工作效率优良者应有奖励。奖励应以能激起职工的热情为限，否则将会出现副作用。

（8）集权和分权。提高下属重要性的做法就是分权，降低这种重要性的做法就是集权。集权与分权作为一种管理方法，无所谓好坏。一个组织机构，必须有某种程度的集权，但程度如何将决定管理的效果，这需要根据组织的规模、条件和管理者的个性、道德、品质以及下属的素质来决定。

（9）跳板原则。企业管理中的等级制度是从最高管理人员直到最基层管理人员的领导系列，它显示出执行权力的路线和信息传递的渠道。从理论上说，为了保证命令的统一，各种沟通都应按层次逐级进行，但这样可能产生信息延误现象。为了解决这一问题，法约尔提出了“跳板”原则，如图2－1所示。

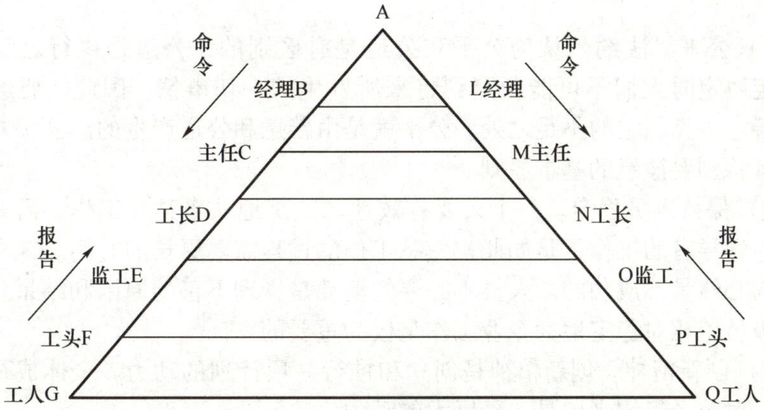

图2－1　法约尔跳板原则

法约尔跳板原则意指在层级划分严格的组织中，为提高办事效率，两个分属不同系统的部门遇到只有协作才能解决的问题时，可先自行商量、自行解决，只有协商不成时才报请上级部门解决。

在贯彻等级制度原则中，为了使组织既能坚持统一指挥原则，又能缩短信息联系的路线，法约尔提出可以在需要进行沟通的两个部门之间建立联系的渠道，即法约尔天桥。通过这个“法约尔天桥”就可以使需要进行联系的两个部门取得联系，从而缩短相互之间信息沟通的时间，有利于企业迅速决策。但其中的不利因素是会造成“多头指挥”的局面。

A代表这个组织的最高领导，按照组织系统，F与P之间发生了必须两者协议才能解决的问题，F必须将问题向E报告，E再报告D，如此层层由下而上，由上而下到达P，然后P将研讨意见向O报告，层层上报到A，再经过B、C……最后回到F。这样往返一趟，既费时又误事，所以法约尔提出做一“跳板”，使F与P

之间可以直接商议解决问题，再分头上报。

如果F想同P联系，他可以直接进行联系，而不用向上级报告（F通过E到A）以及按顺序A向下传递给P。但是这种联系只有等级中所有各方都同意而且上级人员随时都了解情况的时候才能进行，E与O同意各自的下属F和P直接联系，就“捍卫了等级原则”；F与P分别向各自的上级汇报了情况，“整个情况就完全合乎规则”。因此，“跳板”原则使得侧向联系可以迅速有效地进行，而且既不使路线负担过重，又维护了统一指挥原则、捍卫了等级原则。法约尔的等级制度倾向于所有的员工安排均有明确的等级机构，但他也意识到上下级之间存在沟通问题，因此，他也提倡适当的横向联系。跳板原则既能维护命令统一原则，又能迅速、及时地处理一般事务，是组织理论上的一个重要原则。

（10）秩序。法约尔认为秩序是一种对应关系。“凡事各有其位”，如设备、工具要排列有序，人员要有自己确定的位置。合理的秩序是按照事物的内在联系确定的。他认为要使人们做到这点，不仅有赖于有效的组织，而且也有赖于审慎地选人。

（11）公平。法约尔认为公平和公道是有区别的，公道是执行已订立的协定。制定协定时人们不可能预测到将来所发生的一切事情，因此，要经常地补充、完善它，克服它的不足之处。公平就是由善意和公道产生的。公平对待下属是领导者特别要注意的基本原则。

（12）保持人员稳定。一个人要有效地、熟练地从事某项工作，需要相当长的时间，领导者的工作更是如此，熟悉工作的过程需要更长的时间。人员多有变动的机构必然是不成功的。人员不必要的流动是管理不善的原因和结果。鼓励和保持各级员工相对稳定地为企业工作是极为重要的。

（13）创新精神。创新精神是创立和推行一项计划的动力。全体成员发挥创新精神，对整个组织来说是一种巨大的动力。

（14）人员的团结。一个机构内集体精神的强弱取决于这个机构内职工之间的和谐和团结情况。培养集体精神的有效方法是严守统一指挥的原则并加强情况的交流，多进行口头沟通。在一个企业中，全体成员的和谐与团结是这个企业发展的巨大力量。

以上14条管理原则是法约尔一生管理实践经验的结晶，后来的很多管理文献都不同程度地采用了他的思想和有关术语。因此，它被认为是管理思想发展过程中的一个里程碑。

（二）对法约尔一般管理思想的评价

1. 一般管理的贡献

与泰勒的科学管理思想相比，法约尔管理思想的系统性和理论性更强，他对管理的五大职能的分析为管理科学提供了一套科学的理论架构。后人根据这种架构，建立了系统、完整、科学的管理学并把它引进了课堂。

法约尔是以大型企业最高管理者的身份自上而下地研究管理的。他的管理理论是以企业为研究对象建立起来的，但由于他强调管理的一般性，就使得他的理论在许多方面也适用于政治、军事及其他部门。

法约尔的管理原则，经过多年的研究和实践证明，总的来说仍然是正确的，这些原则曾经给实际管理人员以巨大的帮助，现在仍然为许多人所推崇。这些原则在将来也一定有其实用价值。

2. 一般管理的局限性

法约尔一般管理理论的主要不足之处是它的管理原则缺乏弹性，以至于有时实际管理工作者无法完全遵守。例如，某一分厂的会计人员，在组织上隶属于这个分厂。按照统一指挥的原则，总厂财务部门必然无法指挥分厂的会计人员。同样，一个地区政府的各个职能部门，由于隶属于地区政府，如果上级职能部门遵守统一指挥的原则，也必然无法对地区职能部门进行指挥。

三、马克斯·韦伯的行政组织理论

马克斯·韦伯（Max Weber，1864—1920）出生于德国一个家境殷实的家庭。由于受家庭的影响和熏陶，特别是家庭广泛的社会和政治关系，使他本人在社会学、经济学、政治学、法学和宗教学方面都有一定的研究，并成为德国当时一位颇具影响力的学者。他曾先后在柏林大学、弗莱堡大学、海德堡大学和慕尼黑大学担任教授，还做过政府的顾问。他的代表作有《新教的伦理和资本主义的精神》《社会经济组织的理论》和《经济史》等。在这些著作中，他对经济组织和社会组织的关系提出了许多新的观点和独特的思想，对后来组织理论的研究和发展产生了重要的影响。

韦伯科学管理的核心是强调组织管理的高效率，为此他对政府、教会、军队和经济等各种组织进行了长期的研究，他认为等级制度、权力形态和行政制度是一切社会组织的基础，并从此着手进行分析，最终将其发展为一个完整的理论体系——“理想的”行政组织理论。行政组织也可以直译为“官僚制”。

（一）韦伯行政组织理论的主要内容

1. 权力的基础

韦伯首先从组织的等级制度开始进行分析。他认为组织等级源于组织结构，而组织结构源于组织层次。他从各类组织中归纳出一种由主要负责人、行政官员和一般工作人员三个层次组成的结构。主要负责人的主要职能是进行决策；行政官员的主要职能是贯彻决策；一般工作人员的主要职能是进行实际工作。韦伯将权力归纳为三种基本形态：

（1）合理、合法的权力。它是以“合法性”为依据、以规则为基础的，其前提是在已经存在了一套等级制度的情况下，人们对确认的职务和职位所带来的权力的服从。

（2）传统权力。这是以古老传统的不可侵犯性和执行这种权力的人的地位的正统性为依据，以传统的信念为基础的。对这种权力的服从实际上是对这种不可侵犯的权力地位的服从。

(3)“神授”的权力。这是以对个别人的特殊的、神圣的、英雄主义或模范品德等的崇拜为依据，以对个人尊严、典范品格的信仰为基础的，对这种权力的服从是源于追随者对被崇拜者的威信或信仰的服从。

韦伯认为任何组织的存在都必须以某种形态的权力为基础，缺少某种权力形态的组织不但会混乱不堪，而且也难以达到组织目标。在“理想的”行政组织管理中应以“合理、合法”的权力作为基础，因为，这是一种理性的权力，管理者是在能胜任其职责的基础上被挑选出来的；这是一种合法的权力，管理者具有行使权力的合法地位；这是一种明确的权力，所有的权力都有明确的规定并限制在完成组织的任务所必需的范围内。

2. 官僚制的特征

韦伯指出高效率的组织在行政制度的管理上应具备下列几个主要特征。

(1) 劳动分工。把实现组织目标所需的全部活动划分为各项基本的工作，并分配给每个组织成员。同时，明确规定每个职位的权力和责任，并使之合法化、制度化。

(2) 职权等级。组织中各种职务和职位按照职权的等级原则严格划分，并形成一个自上而下的指挥体系。各级管理者对自己的决定和行为不仅要向上级负责，而且还要向下级负责。

(3) 正式选拔。组织成员的任用应根据职务的要求，通过公开的考试或培训，以及严格的选择标准择优录用。这种不因人而异、人人平等的录用方式，不仅要求任用者必须称职，还要求任用后不可随意被免职。组织成员能领取固定的薪金。

(4) 正式规则和制度。管理者必须倚重正式的规则和制度进行管理，必须严格执行组织规定的规则和纪律。

(5) 非人性化。规则和控制的实施具有一致性，而不能受个人感情和偏好的影响。

(6) 职业定向。管理人员是“专职”的职业人员，从组织领取固定的薪金，而不是他所管理的组织的所有者。

（二）对韦伯官僚制的分析

韦伯的官僚制把个人与权力相分离，认为职位是职业带来的，不是个人身份的象征，权力来源于规章制度，它摆脱了传统组织的随机、易变、主观、偏见的影响，具有比其他管理体制优越得多的精确性、连续性、可靠性和稳定性。

同时，规章制度为每项工作确定了明确的职权和责任，使组织运转和成员行为尽可能少地依赖于个人。由于大型企业组织的规模大、分工细、层次多，需要准确、连续、稳定的秩序来保证组织各部分的协调，所以，官僚制适应大型企业组织的需要。

第三节 近代管理思想

管理的主要对象是人，人是管理体制中最重要和最活跃的因素，无论是组织目标的制定、组织职能的执行，还是技术方法的创造和运用，以及信息的处理和传递等，最终都是由人来实现的，因而对人的研究，特别是对人的行为的研究是管理科学的重要内容。在近代管理理论的发展过程中，人成为研究的中心，其中最具有代表性的是梅奥的人群关系理论和巴纳德的组织理论。

一、霍桑试验和梅奥的人群关系理论

（一）霍桑试验

霍桑试验是1924—1932年，在美国芝加哥郊外的西方电器公司下属的霍桑工厂中进行的。霍桑工厂当时有2.5万名工人，主要从事电话机和电器设备的生产。工厂具有较完善的娱乐设施、医疗制度和养老金制度，但是工人们仍然有很强的不满情绪，生产效率很低。为了探究原因，1924年11月，美国国家研究委员会组织了一个由多方面专家组成的研究小组进驻霍桑工厂，进行试验。试验分成了四个阶段：照明试验、继电器装配工人小组试验（福利试验）、大规模访问交谈（谈话试验）和对接线板接线工作室的研究（群体试验）。

1. 照明试验

照明试验的目的是研究照明对生产效率的影响。试验前，专家小组以泰勒科学管理作为指导思想，他们认为，工作的物理环境是影响工作效率的主要因素之一。专家们选择了两个工作小组，一个为试验组，一个为控制组。前者照明度不断变化；后者照明度始终不变。试验开始后，当试验组的照明度增加时，该组的产量开始增加；当工人要求更换灯泡时，而实际上只给他们换了一个同样光度的灯泡，但产量继续增加。与此同时，控制组的产量也在不断提高。通过试验，专家们发现照明度的改变不是效率变化的决定性因素，另有未被发现的因素在起作用。于是他们决定继续进行研究。

2. 福利试验

专家们选择了五位女装配工和一位划线工，把他们单独安置在一间工作室内工作。研究小组专门派了一位观察员加入这个工人小组，负责记录室内发生的一切。研究人员告诉这些工人，试验不是为了提高产量，而是为了找出最合适的工作环境。要求工人们像平时一样工作。

试验时，研究小组分期改善工作条件。例如，增加工间休息，公司负责供应午餐和茶点，缩短工作时间，实行每周工作五天制等。这个小组的女工们在工作时间内还可以自由交谈，观察员对她们的态度非常和蔼。这些条件的变化使产量不断上升。一年半以后，研究小组决定取消工间休息，取消公司供应的午餐和茶点，每周又改为六天工作，结果产量仍然维持在高水平上。

什么原因使这些女工提高了生产效率？研究小组把可能的因素一一排列出来，提出了以下五个假设：

(1) 改善了材料供应情况和工作方法；

(2) 改善了休息时间，减少了工作天数，从而减轻了工人的疲劳；

(3) 改善了休息时间，从而减缓了工作的单调；

(4) 增加产量后每人所得的奖金增加了；

(5) 改善了监督和指导方式，从而使工人的工作态度有所改善。

研究小组对这五个假设逐一进行论证试验。最后，推翻了前四个假设，认为第五个假设可能性最大。研究小组决定进一步研究工人的工作态度及可能影响工人工作态度的其他因素。

3. 谈话试验

试验进行到第三阶段，研究小组进行了大规模的访问交谈。他们共花了两年时间对两万名职工进行了访问交谈。通过交谈，了解工人对工作、环境、监工、公司和使他们烦恼的所有问题的看法，以及这些看法是如何影响生产效率的。

经过这些研究发现，影响生产力最重要的因素是工作中发展起来的人群关系，而不是待遇及工作环境。研究小组还了解到，每个工人的工作效率的高低，不仅取决于他们自身的情况，而且还与他所在小组中的其他同事有关。任何一个人的工作效率都要受到他的同事们的影响。研究小组决定进行第四阶段的试验。

4. 群体试验

在第四阶段试验中，研究小组决定选择接线板接线工作室进行研究。该室有九位接线工、三位焊接工和两位检查员。研究小组对他们的生产效率和行为持续观察和研究了六个月后，有了许多重要的发现。

(1) 大部分成员都故意自行限制产量。工人们说："假如我们的产量提高了，公司就会提高工作定额，或者造成一部分人失业。"有的工人说："工作不要太快，才能保护那些工作速度较慢的同事，免得他们受到管理阶层的斥责。"

(2) 人对待他们不同层次的上级持不同态度。对于小组长，大部分工人认为是小组的成员之一；对于小组长的上级——股长，认为他有点权威；对于股长的上级——领班，每当他出现时，大家都规规矩矩，表现良好。这说明，个人在组织中职位越高，所受到的尊敬就越大，大家对他的顾忌心理也越强。

(3) 成员中存在一些小派系。工作室中存在着派系。每一个派系都有自己的一套行为规范，派系的成员必须遵守这些规范。如果违反规范，就要受到惩罚。这种派系是非正式组织，这种组织并不是由于工作不同所形成的而是和工作位置有些关系。这种非正式组织中也有领袖人物。他存在的目的是对内控制其成员的行为，对外保护自己派系的成员，并且注意不受管理阶层的干预。

研究小组在霍桑工厂进行了历时八年的研究，获得了大量的第一手资料，为人群关系理论的形成以及后来的行为科学的发展打下了基础。

（二）梅奥及其人群关系理论

乔治·艾尔顿·梅奥（George Elton Mayo，1880—1949）出生于澳大利亚，1899 年在阿得雷德大学取得逻辑学和哲学的硕士学位后，在昆士兰大学教授逻辑学和哲学。后来赴苏格兰学习医学，并参与精神病理学的研究，后移居美国。从 1926 年起，他应聘于哈佛大学，任工业研究副教授，随后带队参加了霍桑试验。梅奥的代表作是《工业文明的人类问题》。在这本书中，他总结了亲身参与并指导的霍桑试验及其他几个试验的初步成果，并阐述了他的人群关系理论的主要思想。梅奥的人群关系理论的内容主要有以下几点。

1. 工人是“社会人”而不是“经济人”

科学管理把人当成“经济人”，认为金钱是刺激人们工作积极性的唯一动力。梅奥则认为，人是“社会人”，影响人们生产积极性的因素，除了物质以外，还有社会和心理方面的因素，人们需要友情、受人尊敬、安全等。

2. 企业中存在着非正式组织和正式组织

梅奥认为，人是“社会人”，在企业的共同工作当中，人们必然相互发生关系，由此就形成了一种非正式团体，在该团体中，人们形成共同的感情，进而构成一个体系，这就是非正式组织。非正式组织形成的原因很多，有地理位置关系、兴趣爱好关系、亲戚朋友关系、工作关系等。总之，这种非正式组织确实存在，它在某种程度上左右着其成员的行为。

在正式组织中，以效率逻辑为其行动标准，为提高效率，企业各成员之间保持着形式上的协作。在非正式组织中，以感情逻辑为其行动的标准，这是出于某种感情而采取行动的一种逻辑。一般说来，管理人员的逻辑多为效率逻辑，而感情逻辑可以认为是工人的逻辑。

梅奥还认为，非正式组织对企业来说有利有弊。它的缺点是可能集体抵制上级的政策或目标，强迫组织内部的一致性，从而限制了部分人的自由和限制产量等。它的优点是，使个人有表达思想的机会，能提高士气，可以促进人员的稳定，有利于沟通，有利于提高工人们的自信心，能减少紧张感觉，在工作中能够使人感到温暖，扩大协作程度，减少厌烦感等。

作为管理者，要充分认识到非正式组织的作用，注意在正式组织的效率逻辑与非正式组织的感情逻辑之间搞好平衡，以便使管理人员之间、工人与工人之间、管理人员与工人之间搞好协作，充分发挥每个人的作用，提高劳动生产率。

3. 生产效率主要取决于职工的工作态度以及他与周围人的关系

梅奥认为，提高生产效率的主要途径是提高工人的满意度，即要力争使职工在安全方面、归属感方面、友谊方面的需求得到满足，而对此的需求是因人而异的，这主要取决于两方面因素：

（1）职工的个人情况，包括由于不同的经历、不同的家庭生活和不同的社会生活所形成的不同的态度；

（2）工作场所情况，包括职工相互之间、职工与领导者之间的人群关系的好坏。梅奥认为，职工的满意度越高，士气就越高，从而生产效率也就越高，作为一个管理人员应该深刻认识到这一点，不但要考虑职工的物质需求，还应该考虑职工的精神需求。

（三）对人群关系理论的评价

1. 人群关系理论的贡献

梅奥的人群关系理论克服了古典管理理论的不足，导致了管理上的一系列改革，其中许多措施到现在仍是管理者所遵循的准则。其贡献主要有以下几点：

（1）激起了管理层对人的因素的研究兴趣；

（2）改变了人与机器没有差别的观点，恢复了人的“社会人”本来面目；

（3）为行为科学奠定了基础；

（4）为管理思想的发展开辟了新领域；

（5）为管理方法的变革指明了方向。

当时，人们根据梅奥的人群关系理论，在管理过程中实施了新的措施，主要可以归纳为以下六点：

（1）强调对管理者和监督者进行教育和训练，以改变他们对工人的态度和监督方式；

（2）提倡下级参与企业的各种决策，否定采取解雇和人事考核制裁等强制性手段迫使职工服从的古典管理方法；

（3）加强意见沟通，允许职工对作业目标、作业标准和作业方法提出意见，鼓励上下级之间实行意见交流；

（4）建立面谈和调解制度，以消除不满和争端；

（5）改变管理人员的标准，重视管理者自身的人群关系，以及协调人群关系的能力；

（6）重视、利用和倡导各种非正式组织，重视美化工作和宿舍环境，建设娱乐、运动、生活福利设施等。

2. 人群关系理论的局限性

（1）过分强调非正式组织的作用。人群关系理论认为，组织内人群行为强烈地受到非正式组织的影响。可是实践证明，非正式组织并非经常地对每个人的行为有决定性的影响，经常起作用的仍然是正式组织。

（2）过多地强调感情的作用，似乎职工的行动主要受感情和关系的支配。事实上，关系好不一定士气高，更不一定生产效率高。

（3）过分否定经济报酬、工作条件、外部监督、作业标准的影响。事实上，这些因素在人们行为中仍然起着重要的作用。

二、巴纳德的组织理论

切斯特·巴纳德（Chester I. Barnard），1886 年出生于美国，1906 年进入哈佛大学经济系学习，三年内他以优异的成绩学完全部课程，但因缺少实验科学学分未获学士学位，1909 年进入美国电报公司统计部服务，1927 年担任美国新泽西贝尔公司的总经理直到退休。他一生中还在许多组织中兼职，如在洛克菲勒基金会任董事长四年，在联合服务组织任主席三年等。巴纳德将社会学概念用于管理上，在组织的性质和理论方面做出了杰出的贡献，他一生中获得了七个荣誉博士学位。他的代表作是 1938 年出版的《经理的职能》，在该书中他详细论述了组织理论。

（一）组织理论的主要内容

1. 组织是一个协作系统

巴纳德认为“组织是两人或两人以上，用人类意识加以协调而成的活动或力量系统”，他所强调的是人的行为，是活动和相互作用的系统。他认为在组织内主管人员是最为重要的因素，只有依靠主管人员的协调，才能维持一个“努力合作”的系统。他认为主管人员有三个主要职能。

（1）制定并维持一套信息传递系统。这是主管人员的基本工作。通过组织系统图（以图表形式表现出组织在某一既定时期的主要职能和权力关系），加上合适的人选，以及可以共存的非正式组织来完成这项工作。非正式组织在沟通中十分重要，管理人员要给予足够的关注。

（2）促使组织中每个人都能做出重要的贡献，这里包括职工的选聘和合理的激励方式等。

（3）阐明并确定本组织的目标。这里包括要有适当的权力分散，组织中的每个人都要接受总体计划的一部分，主管人员要促使他们完成计划，然后经由信息反馈系统来发现计划实施中的阻碍和困难，据此来适当地修改计划。

2. 组织存在的三要素

巴纳德认为，组织不论大小，其存在和发展都必须具备三个基本要素，即明确的目标、协作的意愿和良好的沟通。

（1）明确的目标。首先，一个组织必须有明确的目标，组织的目标不明确，组织成员不知道需要他们做出哪些行为和努力，就不知道协作会给他们个人带来哪些满足，他们的协作意愿也无从发生。其次，目标必须为组织的成员所理解和接受，否则也就无法统一行动和决策。然而组织目标能否为其成员所接受，又要看个人是否有协作意愿，因此，目标的接受与协作意愿是相互依存的。再次，对于组织目标的理解可以分为协作性理解和个人性理解。协作性理解是指组织成员站在组织利益的立场上客观地理解组织目标；个人性理解是指组织成员站在个人的立场上主观地理解组织目标。这两种理解往往是矛盾的，当目标简单、具体时，两者的矛盾较小；当目标复杂、抽象时，两者产生矛盾的可能性较大。一个目标只有当组织成员认为他们彼此的理解没有太大差异时，才能成为协作系统的基础。因此，管理者的重要职能就是向组织成员灌输组织目标，统一对组织目标的理解。最后，必须区分组织目标与组织成员的个人目标。

巴纳德认为参加组织的个人具有双重人格，即组织人格与个人人格。前者是指个人为实现组织目标做出理性行动的一面，后者是指为了满足个人目标所做出非理性行动的一面。组织目标是外在的非个人的客观的目标，个人目标属于内在的个人的主观的目标。这两者之间并无直接的关系，也并不一致。一个人之所以愿意为组织目标做出贡献，并不是因为组织目标就是个人目标，而是因为实现组织目标将有助于达成个人目标。因此，个人目标的实现是个人参与组织活动的决策基础。如何协调组织目标与个人目标的差异是管理者另一项重要的任务。

此外，一个组织要存在和发展，必须适应环境的变化，组织目标也必须随环境做出适当的变更。

（2）协作的意愿。协作的意愿是指组织成员对组织目标做出贡献的意愿。某人有协作的意愿，意味着他需要自我克制，放弃部分个人的行为控制权，服从组织。若无协作意愿，组织目标就无法达成。组织内部个人协作意愿强度的差异性很大，有人强烈，有人一般，有人较弱。对于同一个人，其协作意愿的强度也不是固定不变的，而是随时间和外界条件的变化而变化的。因此，组织内持有强烈协作意愿的人数与持有较弱协作意愿的人数也是变动的。

一个人是否具有协作意愿是依据个人对贡献和诱因进行合理比较而定的。贡献是指个人对实现组织目标做出的有益活动和牺牲，诱因是指为了满足个人的需要而由组织所提供的效应。巴纳德认为，当一个人决定是否参与组织的活动时，首先要将自己对组织可能做出的贡献和从组织那里可能取得的诱因进行比较，只有当诱因大于贡献时，个人才会有协作意愿，而当比较的结果为负数时个人协作意愿会减弱。不仅如此，个人还要将参加这一组织和参加另一组织的净效果进行比较，从而决定是参加这一组织或参加另一组织，还是独立从事生产活动。然而对贡献和诱因以及其净效果的度量都不是客观的而是个人的主观判定，它随个人的价值观念不同而有很大的变化。作为组织，要在条件许可的情况下，针对不同的人来增大诱因，给职工的需求以更大的满足，激发他们为组织做出贡献。

（3）良好的沟通。组织的共同目标和个人的协作意愿只有通过意见交流，将两者联系和统一起来才具有意义和效果。有组织目标而无良好的沟通，将无法统一和协调组织成员为实现组织目标所采取的合理行动。所以，良好的沟通是组织内一切活动的基础。

以上三个要素是一个正式组织存在的必要条件，这三个条件中若有一条不满足，组织就要解体了。

3. 组织效力原则与组织效率原则

巴纳德还认为，要使组织存在和发展，不仅要具备上述三个基本要素，而且必须符合组织效力和组织效率这两个基本原则。

组织效力是组织实现其目标的能力或实现其目标的程度。一个组织协作得很有效，它的组织目标就能实现，这个组织就是有效力的。反之，一个组织无法实现其目标，这个组织就是无效力的，组织本身也必然瓦解。组织具有较高的效力是组织存在的必要前提。组织效力是随组织环境及其适应环境能力而定的。

组织效率是指组织在实现其目标的过程中满足其成员个人目标的能力和程度。一个组织如不能满足其成员的个人目标，就不可能使其成员具有协作意愿和做出实现组织目标所必需的贡献，他们就会不支持或退出该组织，从而使组织的目标无法实现，将导致组织的瓦解。因此组织效率就是组织的生存能力。

4. 权威接受论

巴纳德认为，管理者的权威并不是来自上级的授予，而是来自由下而上的认可。管理者权威的大小和指挥权力的有无取决于下级人员接受其命令的程度。他认为单凭职权发号施令是不足取的，更重要的是取得下级的认可、支持和合作。他在《经理的职能》一书中对权力有这样的论述："如果经理人员发出的一个指示性的沟通交往信息为被通知人所接受，那么对他来说，这个权力就是被遵从或成立了，于是，它就被作为行动的依据。如果被通知人不接受这种沟通交往信息，就是拒绝了这种权力。按照这种说法，一项命令是否具有权威，决定于命令的接受者，而不在于命令的发布者。"

5. 组织平衡

组织提供的诱因能满足组织成员的个人目标，激发他们为组织做出合理的贡献，诱因与贡献平衡称为组织平衡。组织平衡有以下三个特点：

（1）在组织内部个人与组织整体平衡，即组织提供的诱因与成员的贡献平衡；

（2）组织与环境的平衡，即在组织目标的选择与实现过程中维持与环境的平衡；

（3）组织平衡是动态平衡，在组织提供的诱因、组织成员的个人目标发生变化或环境改变时，旧的组织平衡被打破，在新的条件下建立新的组织平衡。

6. 管理的职能

根据上述理论，巴纳德认为，管理即维持组织的能力。管理的职能包括确定组织目标，并设法使其实现；提供适当的诱因，以满足组织成员的动机，确保组织成员对组织的贡献；确定组织的信息传递系统，并使命令具有权威性。

（二）对组织理论的评价

巴纳德的组织理论对管理理论做出了重大贡献，主要表现在以下几个方面：

（1）创立了社会系统学派，首先把组织看作一个社会系统，强调人们之间的协作；

（2）采用了动态性和分析性的研究方式，理论带有演绎色彩，使管理学获得了高度的科学性，在社会科学领域被广泛使用；

（3）对“沟通”“动机”“决策”“目标”和“组织关系”等问题进行了开创性的专题研究；

（4）从心理学和社会学的角度来研究管理，为管理理论的研究开辟了新的领域；

（5）对权威提出了全新的看法，对后人很有启发。

巴纳德的组织管理理论的不足主要在于，某些概念缺乏明确性，如对“组织效力”和“组织效率”的概念，巴纳德没有做出更明确的解释和说明。

第四节　现代管理思想

第二次世界大战以后，世界逐渐趋于稳定，大多数国家都致力于大力发展本国经济，生产力水平得到了飞速提高，经济发展对管理水平及管理理论提出了更高、更新的要求。现代管理理论和思想得到了迅速发展，各种新思想、新理论层出不穷，学派林立，大致可分为这几种类型：以美国为代表的西方管理理论；以日本为代表的东方资本主义管理理论；以苏联和东欧为代表的社会主义管理理论。而西方管理理论又分为七大学派，所以，这一时期被称为“管理理论丛林”时期。本节主要介绍在现代管理思想中占主导地位的西方管理理论的七大学派及管理理论发展的新趋势。

一、管理理论丛林

现代管理理论中，西方管理思想大致可分为七大学派，即管理程序学派、行为科学学派、决策理论学派、系统管理理论学派、权变理论学派、管理科学学派和经验主义学派。所谓学派也就是一种看法，并在这种看法的基础上建立起一套理论。管理理论中的各学派虽然都有自己的独到之处，但他们所研究的对象基本是一致的，并都在接受着实践的检验。

（一）管理程序学派

管理程序学派是在法约尔管理思想的基础上发展起来的。代表人物有美国的哈罗德·孔茨（Harold Koontz）和西里·奥唐奈（Cyril O′ Donnell）。他们合著的《管理学》是其代表作。

第二次世界大战后，法约尔的名著《工业管理和一般管理》在美国广为流传。法约尔将管理分为计划、组织、指挥、协调、控制五种职能，使管理程序学派开阔了视野，迅速成长，发展成为一个完整的学派，并普遍为人们所接受。这一学派的主要特点是：

（1）将管理视为一种程序，并把管理分为若干相互联系着的职能，主要职能都含有计划、组织和控制；

（2）将管理职能逐一进行分析，归纳出若干原则作为指导，以便于更好地提高组织效力，达到组织目标；

（3）提出了一个分析研究管理的思想构架，其内涵广泛，易于理解；

（4）强调管理职能的共同性，任何组织尽管其性质不同，但所应履行的基本管理职能是相同的。

但该学派也存在明显的缺陷：

（1）将管理看成是一些静态的不含人性的程序，忽略了管理中人的因素；

（2）归纳出的管理原则适用性有限，对静态、稳定的生产环境较为合适，而对动态、多变的生产环境难以适应；

（3）管理程序的通用性值得怀疑，管理职能并不是普遍一致的，不仅因职位的高低和下属的情况而异，而且也因组织的性质和结构的不同而发生变化。

（二）行为科学学派

行为科学学派是在人群关系理论的基础上发展起来的。代表人物有美国的马氏罗（Abraham H. Maslow），其代表作是《激励与个人》；赫兹伯格（Frederick Herzberg），其代表作是《工作的推动力》等。

行为科学学派认为管理是经由他人达到组织的目标，管理中最重要的因素是对人的管理，所以要研究人、尊重人、关心人，满足人的需要以调动人的积极性，并创造一种能使下级充分发挥力量的工作环境，在此基础上指导他们的工作。行为科学学派和人群关系理论的共同点都是重视组织中人的因素。这一学派的特点是：

（1）由单纯强调感情的因素、搞好人与人之间的关系转向探索人类行为的规律，提倡善于用人，进行人力资源的开发；

（2）强调个人目标和组织目标的一致性，从个人因素和组织因素这两方面着手，使组织目标包含更多的个人目标，不仅改进工作的外部条件，更重要的是改进工作设计，从工作本身满足人的需要；

（3）认为传统的组织结构和关系容易造成紧张气氛，对组织的各层职工均有不利的影响。主张在企业中恢复人的尊严，实行民主参与管理，改变上下级之间的关系，由命令服从变为支持帮助，由监督变为引导，实行职工的自主自治。

（三）决策理论学派

决策理论学派是从社会系统学派发展而来的。代表人物是美国的卡内基梅隆大学的教授伯特·西蒙（H. A. Simon），其代表作是《管理决策新学科》。西蒙由于在决策理论方面的贡献，曾荣获 1978 年的诺贝尔经济学奖。

该学派认为管理的关键在于决策，因此，管理必须采用一套制定决策的科学方法，要研究科学的决策方法以及合理的决策程序。有人认为西蒙的大部分思想是现代企业经济学和管理科学的基础。决策理论的主要观点有：

（1）决策是一个复杂的过程。决策理论学派认为，决策是一个非常复杂的过程，包括决策前的了解、调查、分析过程，以及在此后的评价过程。决策过程从大的方面可分成四个阶段：提出制定决策的理由；尽可能找出所有可能的方案；在诸行动方案中进行抉择，选出最满意的方案；对该方案进行评价。每一个阶段都含有丰富的内容，并且各个阶段有可能相互交错，因此决策是一个反复的过程。

（2）程序化决策和非程序化决策。西蒙认为，根据决策的性质可以把它们分为程序化决策和非程序化决策。前者是指反复出现和例行的决策，这种决策的问题由于已出现多次，人们会制定出一套程序予以专门解决。后者是指那种从未出现过的，或者其确切的性质和结构还不很清楚或相当复杂的决策。两类决策的方法在一般情况下是各不相同的，两者的划分并不是严格的。因为随着人们认识的深化，许多非程序化决策将转变为程序化决策。

（3）满意的行为准则。西蒙认为，由于组织处于不断变化的外界环境的影响之下，收集到决策所需要的全部资料是困难的，人的知识和能力也是有限的，制定决策时，很难求得最佳方案。实际上，即使求出最佳方案，出于经济方面的考虑，人们也往往不去追求它，而是根据令人满意的准则进行决策。也就是说，制定出一套令人满意的标准，只要达到或超过了这个标准，就是可行方案。这种看法，提示了决策作为环境与人的认识能力交互作用的复杂性。

（4）组织设计的任务就是建立一种制定决策的人机系统。由于计算机的广泛应用，它对管理工作和组织结构产生了重大影响。这使得程序化决策的自动化程度越来越高，许多非程序化决策已逐步进入了程序化决策的领域，从而导致了企业中决策的重大改革。由于组织本身就是一个由决策者个人所组成的系统，现代组织又引入自动化技术，就是要建立这种制定决策的人机系统。

（四）系统管理理论学派

系统管理理论侧重于一般系统理论和控制论。它的代表人物为弗里芒特·卡斯特（F. E. Kast）、詹姆斯·罗森茨韦克（James E. Rosenzweig）等人，卡斯特的代表作是《系统理论和管理》。

系统管理理论认为，组织是人们建立起来的、相互联系并且由共同工作着的要素所构成的系统，这些要素被称为子系统。根据研究的需要，可以把子系统分类。比如，可以根据子系统在企业这个系统中的作用划分为：传感子系统，用来量度并传递企业系统内部和周围环境的变化情况；信息处理子系统，用来进行会计、统计等数据处理工作；决策子系统，用来接受信息、制定决策；加工子系统，用来利用信息、原料、能源、机器加工和制作产品等。根据管理对组织中人的作用可划分为：个人子系统、群体子系统、士气子系统、组织结构子系统、相互关系子系统、目标子系统、权威子系统等。系统的运行效果是通过各个子系统相互作用的效果决定的。它通过和周围环境的交互作用，并通过内部和外部的信息反馈，不断地进行自我调节，以适应自身发展的需要。

该学派将系统管理理论概括为由系统哲学、系统管理和系统分析三个方面内容构成的体系。卡斯特等人认为，所谓系统哲学是建立在系统思想上的一种观念，它主要强调系统本身是一种有组织的、综合的整体，并强调其各个组成部分之间的关系。所谓系统管理是指一种管理方式，其目的是建立一种使组织各部分和各种资源按照系统的要求，进行正常和有效运转的、具有良好的投入和产出的关系。其特征包括：在保证系统的有效性的基础上强调系统的目标；强调系统整体的优化而非部分的优化；在明确管理任务的基础上强调明确管理的责任；强调人的系统是一切管理目标得以实现的基础。所谓系统分析是解决具体问题或做出决策的技术，它包括提出和认识问题、分析和综合各种因素、确定有关变量和建立模型，以及最终确定解决方案的过程。

系统哲学是系统管理理论的核心。为此，在论述系统哲学时，卡斯特曾引用了托马斯·霍普金斯所概括的系统原理：

（1）整体是基本，部分是派生；

（2）一体化是一种事物的各部分相互联系的状况；

（3）各部分组成一个不能分解的整体，以至于没有一个部分能够在不影响其他各部分的情况下而受到影响；

（4）各部分是按照整体的目的发挥其作用的；

（5）各部分的性质和职能是由其在整体中的地位确定的，其行为是受整体和部分的关系限定的；

（6）整体是一种能的系统，或能的综合体，或能的结构，它如同单个部件一样地运转；

（7）一切事物都应以整体为基础，各部分的相互关系应自然地发展。

这种观点给我们提供了一种思想方法，即要求管理者在运用系统理论时应把强调整体、强调部分或分系统之间和整体与它们之间的相互作用的关系放在首要的位置。管理是什么？管理就是把一些本来毫无关系的因素联系起来、集合起来，但这种联系并非简单的堆积，而是在一个目标下组成一定关系的一个整体。

卡斯特等人将系统管理理论应用于企业管理，进而建立起“企业系统管理理论”。这是一种把企业视为一个系统整体而进行的研究。他们认为，在企业这个系统中，系统哲学、系统管理和系统分析各有特色，且在不同的分系统中的地位和作用是不完全一致的。他把企业分成了战略分系统、协调分系统和作业分系统。

系统哲学主要适用于战略分系统，即从系统的观念出发，采用理性的方法，设计全面的计划，将企业和环境一体化；系统管理主要适用于协调分系统，即从重实效的观点出发，采用综合的方法，强调协调企业内部相互之间的关系；系统分析主要适用于作业分系统，即根据优化准则，采用既定的模式，以有效地利用资源，完成规定的目标。

在上述观点的基础之上，所谓企业可以概括为：一个以人为主体的一体化的系统，它是一个由许多分系统组成的开放的、相互影响的社会技术系统。

（1）在企业各部分的相互关系中，“人”是主体，其他不过是被动的组成部分。首先，企业组织的核心是“人”。卡斯特在分析企业组织的特征后，强调组织的中心是“人”，并进而确定了企业组织的目标和准则分系统、社会心理分系统、技术分系统和组织结构分系统。其次，企业组织中最大的变量是人的行为变量。

（2）企业是一个开放的系统。卡斯特认为，以往的企业管理理论都是建立在孤立的、封闭的企业系统观点之上的，它们强调只要研究企业组织内部的结构、内容等就可以解决一切问题。而企业系统管理理论则不然，它强调企业是一个系统，同时还是一个更大系统的分系统，这个系统不仅受环境的影响，而且还影响环境，它是在与环境的相互影响中达到动态平衡的。企业从周围环境系统中接受能量、信息和资源，然后经过其内部的转化系统，将形成的产品和服务输出，返还给环境系统。在这一过程中，企业的最终目标不是单纯消极地与环境相适应，而是积极地、有成效地与环境相适应，即企业按照环境系统的要求，在遵守其准则的前提下，执行其所赋予的职能，并最终完成目标、做出贡献。

（3）企业由许多分系统组成。企业，特别是大型企业是由许多分系统组成的，而这些分系统又由许多子系统组成，在子系统下还能细分，这样就构成了企业组织的等级结构。层次的多寡应视企业的规模而定，同时还应注意层次间内在的关系。如前所述，企业一般可分为目标和准则分系统、社会心理分系统、技术分系统和组织结构分系统等。

尽管这个学派在 20 世纪 60 年代到达了鼎盛时期，以后逐渐衰落，但它的一些思想还是有助于管理研究的。

（五）权变理论学派

权变理论是一种较新的管理思想，它的代表人物是英国的伍德沃德（Joan Woodward）等人。伍德沃德的代表作是《工业组织：理论和实践》。权变理论认为，组织和组织成员的行为是复杂的、不断变化的，这是一种固有的性质。而环境的复杂性又给有效的管理带来困难，从而以前的各种管理理论所适用的范围就十分有限，例外的情况越来越多。所以说，没有任何一种理论和方法适用于所有的情况，因此，管理方式或方法也应该随着情况的不同而改变。为了使问题得到很好的解决，要进行大量的调查和研究，然后把组织的情况进行分类、建立模式，据此选择适当的管理方法。建立模式时应考虑如下因素：组织的规模；工艺技术的模糊性和复杂性；管理者的位置高低；管理者的位置权力；下级个人之间的差别；环境的不确定程度。

（六）管理科学学派

管理科学学派又称数理学派，它是泰勒科学管理理论的继续和发展，它的代表人物为美国的伯法（E. S. Buffa）等人，伯法的代表作是《现代生产管理》。管理科学学派的特点是：

（1）力求减少决策的个人艺术成分。依靠建立一套决策程序和数学模型以增加决策的科学性。将众多方案中的各种变数或因素加以数量化，利用数学模型研究各变数和因素之间的相互关系，寻求一个以数量表示的最优化答案。决策的过程就是建立和运用数学模型的过程。

（2）各种可行的方案均是以经济效果作为评价的依据。如成本、总收入和投资利润率等。

（3）广泛使用计算机。建立模型后依靠计算机完成极为繁重、复杂的统计和运算，得出最佳方案。

管理科学学派重点研究的是操作方法和作业方面的管理问题。现在管理科学也有向组织更高层次发展的趋势，但目前完全采用管理科学的定量方法来解决复杂环境下的组织问题还面临着许多实际困难，有待于进一步的研究，也有待于其他科学的发展。

（七）经验主义学派

经验主义学派的代表人物主要有戴尔（Ernest Dale），代表作是《伟大的组织者》《管理：理论和实践》；德鲁克（Peter Drucker），代表作是《有效的管理者》。

这一学派主要是从管理者的实际管理经验方面来研究管理，他们认为成功的组织管理者的经验是最值得借鉴的。因此，他们重点分析了许多组织管理人员的经验，然后加以概括，找出他们成功经验中具有共性的东西，然后使其系统化、理论化，并据此向管理人员提供实际的建议。

二、管理发展的新趋势

人类已经进入了21世纪，回眸20世纪，是管理理论和实践飞速发展的100年；展望未来，管理面临着更大的创新和变革。纵观管理的发展与变革的历史，大致经历了经验管理、科学管理、文化管理三个阶段。1911年，美国著名管理专家泰勒的《科学管理原理》问世，标志着企业管理由漫长的经验管理阶段，迈进了划时代的科学管理阶段。发端于20世纪30年代、流传于70年代的行为科学，力图纠正和补充科学管理的不足。80年代兴起的企业文化理论，是这种努力的最新成果。这种管理思想和管理框架与科学管理模式完全不同，它是以企业文化建设为龙头的企业管理模式，已经成为世界管理的大趋势。现代企业管理的发展主要表现出以下趋势。

1. 经营化趋势

传统的生产型管理是由垄断造成的，企业管理的目标在于提高生产效率，对于企业来说，生产效率是第一位的，而经营、营销则是第二位的。随着生产力的发展和竞争的加剧，卖方市场变成了买方市场，营销开始被摆到首位，西方管理界提出了“一顾客，二市场，三生产”的经营管理思想，生产型管理也就开始转变为经营型管理，从而使企业管理呈现出愈来愈强烈的经营化趋势。

2. 战略化趋势

随着企业间竞争的日趋激烈、企业与环境联系的日益紧密，企业的经营管理不能再仅仅局限于内部因素和眼前的得失，而必须达到前所未有的高度和广度。因而，中国传统的兵法思想、韬略原则，被国内外企业广泛采用。国际上出现了一门新的管理学科——企业经营战略学，正是管理的战略化趋势在理论上的结晶。越来越多的企业开始重视经营战略的研究和制定，那些行动较早的企业则已经看到了正确的经营战略所带来的巨大利益。

3. 非理性化趋势

1982年，美国管理学者彼德斯（T. Peters）和沃特曼（R. Waterman）出版了《追求卓越——美国管理最佳公司的经验》一书，迅速引起了美国管理界的广泛注意，它所提出的一些论点，至今仍是西方管理界的热门话题。该书的主要观点之一，是对作为美国企业界主流思潮的以泰勒为代表的纯理性主义的批判。作者认为人不是纯理性的，感情因素不容忽视；管理不仅是一门科学，还是一门艺术；管理不仅要靠逻辑和推理，还要靠直觉和热情；理性化的解析手段和技术方法有一定作用，但不能迷信和滥用。在该书的推动下，管理学界对纯理性的科学管理进行了深刻的反思，非理性化思潮一浪高过一浪。表现在企业文化热在全球迅速蔓延；传统的、规范的组织结构和管理模式被按照具体目标而临时构建的各种“团队组织”所否定；对人的非理性因素的关注等。

4. 权变化趋势

所谓权变，即权宜应变。由于市场和企业的外部环境越来越变幻莫测，企业就需要不断地变更自己的管理方式来适应这种变化，权变管理于是应运而生。这种管理方式在管理的诸多方面都提出了相应的、新的管理理论，如组织结构的变异性、经营方式的灵活性、领导模式的权变性，以及运行控制的多元性等。其特点就是随着环境的变化而采取相应的管理方式，所以，又被称为以现实为中心的管理方式。可以预测，这种管理方式在未来将越来越普及。

5. 计算机网络化趋势

计算机和网络技术大概是现今更新最快的技术了，计算机在企业经营管理中普及应用的速度也是惊人的，而且呈现出加速发展的态势。这给现代企业管理带来了很多新的特点。在信息高速膨胀的今天，管理越来越依赖于计算机，现代经济竞争从某种意义上讲已成为信息竞争。网络技术的迅速发展，使“网络购物”“虚拟企业”迅速发展，这对企业及其经营来说是一个新的课题。

6. 风险化趋势

企业管理的风险化趋势是变幻的市场环境和高科技发展的产物。随着经营环境越来越捉摸不定，一方面，企业经营、决策的风险日益增大；另一方面，一种以高科技为导向，追逐新产品和新市场的新兴开拓型企业——风险企业正迅速崛起。不论企业对风险采取何种态度——躲避或是追逐，它们所面临的风险是不可避免地越来越大了。这导致了一门独立的企业管理学科——风险管理的发展。显然，风险管理不是一种可以循规蹈矩的规范管理和逻辑管理，它需要一种极强的冒险精神和创新意识，既要有战略头脑，又要善于把握市场机遇，找到赢利的机会。

7. 国际化趋势

随着冷战的结束，全球经济一体化的时代已到来，跨国经营成为越来越普遍的现象，其中碰到的主要难题是跨文化管理问题。不同地区、不同民族和不同国家的固有文化差异很大，造成管理上难以克服的困难。如何处理文化冲突，实现文化融合，在此基础上弘扬母公司的企业文化，是一个崭新的管理课题。

8. 知识化趋势

美国微软公司的迅速崛起，标志着知识经济时代的到来，知识经济将主导21世纪的全球经济。与此相应，企业的知识管理将很快成为一个热门的前沿领域。知识管理不同于信息管理，它是通过知识共享、运用集体智慧来提高应变能力和创新能力的。如何搞好知识管理，是另一个吸引人们去进行探索的崭新领域。

总之，由科学管理走向文化管理是21世纪的必然发展趋势。未来的企业将更像一所学校、一个文化团体，在公司工作将不再是单纯的谋生手段，而是学习知识、共享知识、创造知识、造福人类的精神享受和强烈需求。对于这种公司的管理，必然只有一种选择——文化管理。

【案例分析】

1. 通用电气的情感管理

通用电气公司创建于1878年，公司总部设在美国康涅狄格州菲尔德镇，在公司创业的100多年后，1991年的销售额达到602.36亿美元，利润额为26.36亿美元，雇员284 000人。在世界500家最大的工业公司中排名第八位。通用电气公司的成就，与它采用的注重员工情感的人本管理方式是分不开的。

通用电气公司的情感管理方式之所以获得成功，是因为其成功地解释并实施了情感管理，提示了情感管理的内涵。通用电气公司认为情感管理由以下要素构成，即理解雇员心理、企业就是大家庭、公司内民主、员工第一等。

一般的公司是以个人或部门的业绩、个人的专业能力等为依据来实施管理者的晋升和考核，可通用电气公司制定的经理晋升考试制度不同寻常。升级考试的题目并不是来自于经济学典籍，也不是来自于那些晦涩难懂的经营理论专著，而是莎士比亚作品中的一部，试卷则是写一篇我们常说的“读后感”而已。

开始时许多人百思不解，甚至提出意见。后经专家一语道破，才恍然大悟，这是对企业高级管理人员的基本心理素质要求。试想，连一部世人皆知的文学作品中的人物都不得而知的人，又怎样去理解公司内部成千上万的雇员的心理呢？通用电气公司抓住了情感管理的要素，即经理人员理解雇员的心理是情感管理的先决条件。

将企业培养为一个大家庭，是一种“高感情”的管理方式。通用电气公司作为高技术企业，所面临的竞争激烈、风险大，更需要这种“高感情”管理。这是医治企业官僚主义顽症的“良药”，也是减少内耗、理顺人际关系的“润滑剂”。通用电气公司总裁斯通就努力打造一种培养全体员工“大家庭情感”的企业文化，公司领导和员工都要对该企业特有的文化身体力行，爱厂如家。从公司的最高领导到各级领导都实行“门户开放”政策，欢迎本厂员工随时进入他们的办公室反映情况，对于员工的来信、来访都能负责地妥善处理，公司的最高首脑与全体员工每年至少举办一次生动活泼的“自由讨论”。通用电气公司像一个和睦、奋进的“大家庭”，从上到下直呼其名，无尊卑之分，互相尊重，彼此信赖，人与人之间的关系融洽、亲切。

至于公司内的民主，不但有利于企业部门及人员之间的关系融洽，而且有利于决策的科学性和提高生产率。公司为使民主典型地反映在公司的人事管理上，近年来改变了以往的人事调配的做法（由企业单方面评价员工的表现、水平和能力，然后指定其工种岗位），反其道而行之，开创了由员工自行判断自己的品格和能力、选择自己希望工作的场所、尽其可能地由自己决定工作前途的“民主化”人事管理制度，称为“建言报告”式人事管理，比传统的人事管理更能收集到员工的容易被埋没的意见和建议，更能发掘人才和对口用人，从而对公司的发展和个人的前途更加有利。

此外，通用电气公司还别出心裁地要求每位雇员写一份“施政报告”，从1983年起每周三由基层员工轮流当一天“厂长”。“一日厂长”九点上班，先听取各部门主管的汇报，对全厂营运有了全盘了解后，即陪同厂长巡视各部门和车间。“一日厂长”的意见，都详细记载在《工作日记》上。各部门、车间的主管依据其意见，随时改进自己的工作，并在干部会上提出改进后的成果报告，获得认可后方能结案。各部门、车间或员工送来的报告，需经“一日厂长”签批后再呈报厂长。厂长在裁决公文时，“一日厂长”可提出自己的意见供其参考。

这项管理制度实行以来，成效显著。第一年施行后，节约生产成本就达到200万美元，并将节约额的提成部分作为员工们的奖金，全厂上下皆大欢喜。

所谓员工第一，不但强调尊重员工，而且表明在企业发展中的作用优先性。1990年2月，机械工程师伯涅特在领工资时，发现少了30美元，这是他一次加班应得的加班费。为此，他找到顶头上司，而上司却无能为力，于是他便给公司总裁斯通写信：“我们总是碰到令人头痛的报酬问题。这已使一大批优秀人才感到失望了。”斯通立即责成最高管理部门妥善处理此事。

三天之后，他们补发了伯涅特的工资，事情似乎可以结束了，但他们利用这件为员工补发工资的小事大做文章。第一是向伯涅特道歉；第二是在这件事情的带动下，了解那些“优秀人才”待遇较低的问题，调整了工资政策，提高了机械工程师的加班费；第三，向著名的《华尔街日报》披露了这一事件的全过程，在美国企业界引起了不小的轰动。事情虽小，却能反映出通用电气公司“员工第一”的管理思想。

“员工第一”的思想在通用电气的日本分公司——左光兴产公司表现得更为明显。左光兴产实施该思想的要点包括不开除员工，不设打卡机，不规定员工退休制度等。左光兴产公司规定即使在公司经营最困难的时候也绝不允许开除任何一个员工，公司要与员工共渡难关。左光兴产是一家经营石油的公司，第二次世界大战后，日本作为战败国，其石油经营权受到限制，该公司在国内外的分公司被迫关闭。公司在经营十分困难的情况下，社长向各级主管下了一个严格的命令，即绝不允许开除任何一个员工。公司到处找活干，从社长到每个员工同心协力拼命干，终于渡过了难关。

总而言之，因为通用电气公司理解了情感管理，实施了这一金牌原则，自然取得了成功。这并不令人费解。

讨论题：

（1）通用电气公司采取了哪些管理措施？这些管理措施在公司的生产经营中起到了什么作用？

（2）通用电气公司在处理工程师加班费问题时，为什么要小题大做？通用电气公司的管理理念体现了什么管理思想？

2. 王永庆用人的两大法宝

在世界化工行业，一提到王永庆几乎无人不晓。他把台湾塑胶集团（以下简称台塑集团）推到世界化工工业的前50名。台塑集团取得如此辉煌的成就是与王永庆善于用人分不开的。他从多年的经营管理实践中，创造了一套科学用人之道，其中最为精辟的是“压力管理”和“奖励管理”两大法宝。

王永庆始终坚信“一勤天下无难事”，他一贯认为承受适度的压力，甚至主动迎接挑战，更能充分表现一个人的生命力。

王永庆的生活阅历，使他对这一问题的感受比一般的人更为深刻。他在总结台塑集团的发展过程时说：“如果中国台湾不是地域如此狭窄，发展经济深为缺乏资源所苦，台塑集团可以不必这样辛苦地致力于谋求合理化经营就能求得自下而上的发展的话，我们是否能做到今天的PVC塑胶粉粒及其他二次加工均达世界第一，不能不说是一个疑问。台塑集团能发展到年营业额逾千亿元的规模，可以说就是在这种压力的逼迫下，一步一步艰苦走过来的。”他又说：“研究经济发展的人都知道，为什么工业革命的经济先进国家会发源于温带国家，主要是由于这些国家气候条件较差，生活条件较难，不得不求取一条生路，这就是压力条件之一。日本工业发展得很好，也是在地瘠民贫之下产生的，这也是压力所促成的；今日台湾工业的发展，也可说是在‘退此一步即无死所’的压力条件下产生的。”

事实的确如此，台塑集团如果当初不存在产品滞销、在台湾没有市场的问题的话，王永庆就不会想出扩大生产，开辟国际市场的高招；没有台湾塑胶粉粒资源贫乏的严酷事实，他就不会有在美国买下那14家PVC塑胶粉粒工厂之举。当然，台塑集团也不会有今天的规模。

王永庆深刻地研究了这一问题，把它用于企业管理中，创立了“压力管理”的方法。压力管理，顾名思义，就是在人为压力逼迫下的管理。具体地说，就是人为地造成企业整体有压迫感和台塑的所有从业人员有压迫感。

首先是企业发展的生命力。随着时间的推移，台塑集团的规模越来越大，生产PVC塑胶粉粒的原料来源将是一个越来越严峻的问题。尽管台塑集团在美国有14家大工厂，但美国的尖端科技与电脑是领先世界各国的，台塑集团与这样的对手竞争，压力是十分巨大的。他们必须去开辟更多的原料基地，企业才会出现第二个春天。这既是企业的压力，也是王永庆的压力。

对于全体从业人员的压力。台塑集团的主管人员最怕“午餐汇报”。王永庆每天中午都在公司里吃一份盒饭，用餐后便在会议室里召见各单位的主管，先听他们的报告，然后会提出很多犀利而细微的问题“逼问”他们。主管人员为应付这个“午餐汇报”，每周工作时间不少于70小时，他们必须对自己所管辖部门的大事小事十分清楚，对出现的问题做过真正的分析研究，才能够过得去。由于压力太大，工作又十分紧张，台塑集团的很多主管人员都患有胃病，医生们戏称是午餐汇报后的“台塑后遗症”。

王永庆本人的情况呢？他每周的工作时间在100小时以上，由于他追根究底、巨细无遗，整个庞大的企业都在他的掌握之中，他对企业的动作的每一个细节也都了如指掌。由于他每天坚持锻炼，尽管年逾古稀，但身体状况仍然很好，而且精力十分充沛。

随着企业规模的扩大，人多事杂，单靠一个人的管理是不够的，必须依靠组织的力量来推动。台塑集团在1969年就成立了专业管理机构，具体包括总经理室及采购部、财政部、营建部、法律事务室、秘书室、电脑处。总经理室下设营业、生产、财务、人事、资材、工程、经营分析、电脑等八个部门。这有如一个金刚石的分子结构，只要自顶端施加一个压力，自上而下的各个层次便都会产生压迫感。

自1982年起，台塑集团又全面实施了电脑化作业，大大提高了经济效益。“压力”是必要的，但是合理的激励机制是不可缺少的。王永庆对员工的要求虽近乎苛刻，但对部属的奖励却极为慷慨。台塑集团的激励方式有两类：一类是物质的，即金钱；一类是精神的。有关台塑集团的金钱奖以年终奖与改善奖最有名。王永庆私下发给干部的奖金称为“另一包”（因为是公开奖金）。这个“另一包”又分为两种：一种是台塑集团内部通称的“黑包”；另一种是给特殊有功人员的“杠上开包”。1986年，“黑包”发放的情形是课长、专员级为新台币10万~20万元；处长、高专级为20万~30万元；经理级为100万元。另外还给予特殊有功人员200万~400万元的杠上开包。走红的经理们每年薪水加红利可达四五百万元，少的也有七八十万元，此外还设有成果奖金。对于一般职员，则采取“创造利润，分享员工”的做法，员工们都知道自己的努力会有代价的，因此他们都拼命地工作。台塑集团的绩效奖金制度造成了“1+1=3”的效果。

讨论题：

（1）台塑集团的老总王永庆是如何管理企业的？主要措施有哪些？

（2）王永庆的两大“法宝”即“压力管理”和“奖励管理”体现了什么管理思想？

【复习思考题】

1. 管理思想的发展可分成几个阶段？
2. 产业革命时期的管理思想主要有哪些？主要代表人物有哪些？
3. 产业革命以后主要有哪些管理思想？

4. 科学管理的主要内容是什么？有哪些重要贡献和局限性？
5. 法约尔的一般管理主要包括哪些内容？一般管理的原则有哪些？
6. 请说明统一指挥与统一领导原则的差别以及跳板原则。
7. 简要叙述法约尔一般管理的贡献与不足。
8. 霍桑试验分成几个阶段？分别得出了哪些重要结果？
9. 什么是非正式组织？它对正式组织有什么影响？
10. 梅奥的人群关系理论有哪些主要内容？有哪些贡献和不足？
11. 现代西方管理思想主要有哪些学派？主要观点分别是什么？

第三章 计 划

【学习目标】

了解计划的含义及特点，了解计划的种类和类型，熟悉制订计划的方法和程序，熟悉目标管理的基本方法和步骤；掌握网络计划技术、滚动计划法和线性规划法几种常见的计划方法。

【案例导读】

凭智慧战胜对手

在东京国际马拉松邀请赛中，名不见经传的日本选手山田本一出人意料地夺得了世界冠军。当记者问他凭什么取得如此惊人的成绩时，他说了这么一句话："凭智慧战胜对手。"

当时许多人都认为这个偶然跑到前面的矮个子选手是在故弄玄虚。马拉松赛是体力和耐力的运动，只要身体素质好又有耐性就有望夺冠，爆发力和速度都还在其次，说用智慧取胜确实有点勉强。

两年后，意大利国际马拉松邀请赛在意大利北部城市米兰举行，山田本一代表日本参加比赛。这一次，他又获得了世界冠军。记者又请他谈经验，山田本一回答的仍是上次那句话："凭智慧战胜对手。"

十年后，这个谜终于被揭开了，他在他的自传中是这么说的：每次比赛之前，我都要乘车把比赛的线路仔细地看一遍，并把沿途比较醒目的标志画下来，比如第一个标志是银行；第二个标志是一棵大树；第三个标志是一座红房子……这样一直画到赛程的终点。比赛开始后，我就以百米的速度奋力地向第一个目标冲去，等到达第一个目标后，我又以同样的速度向第二个目标冲击。40 多千米的赛程，就被我分解成这么几个小目标轻松地跑完了。起初，我并不懂这样的道理，我把我的目标定在40 多千米外终点线上的那面旗帜上，结果我跑到十几千米时就疲惫不堪了，我被前面那段遥远的路程给吓倒了。

点滴感悟，我们不是因失败而放弃，而是因为倦怠而失败。在人生的旅途中，我们稍微有一点山田本一的智慧，一生中也许会少许多懊悔和惋惜。你把远大的目标分解开来，制订出即时的、明确的计划，成功也许就在不远处向你招手了。

计划是组织管理中最主要、经常性的工作，它贯穿于组织各部门和各方面的工作之中，是一项全面性、综合性的管理工作，工商企业的生产经营活动必须在计划的指导下进行。企业经营计划是把企业任务作为一个独立的商品单位，在根据市场总体需要的基础上，依据企业内、外部环境和条件的变化，结合长远和当前的发展需要，组织、筹备和管理企业全部的经营活动，以达到预期的目的。通过计划的执行、检查和控制，使生产过程和经营各个环节按计划协调进行。

第一节 计划的性质

一、计划的含义

管理学家罗宾斯认为，计划是一个确定目标和评估实现目标最佳方式的过程。计划包括确定目标、制定全局战略任务以及完成目标和任务的行动方案。实质上，计划就是一个组织要做什么和怎么做的行动指南。

计划有两种含义：一种是计划，另一种是计划工作。计划与计划工作是两个既有联系又有严格区分的概念。计划是计划工作的结果，是未来行动安排的管理文件，往往是以书面文字或电子文档形式出现的。

而计划工作又有广义和狭义之分。广义的计划工作是指制订计划、执行计划和检查计划的执行情况三个阶段的工作过程。狭义的计划工作则是指制订计划的工作过程。本章所指的计划是狭义计划工作的概念，就是制订计划工作，即通过计划的编制，合理地安排组织内的一切具体管理活动，有效地利用组织的人力、物力和财力资源，以期达到组织决策目标的实现。

计划职能是企业管理的首要职能，是实现组织、领导、控制等职能的前提，它使组织的经营管理活动具有方向性、目的性和自觉性。没有计划的管理是无序的、盲目的管理。

二、计划的性质

（一）计划的目的性

任何组织和个人制订计划都是为了有效地达到某种目标。然而在计划工作开始之前，这种目标可能还不具体，计划工作就是让这些目标具体化，以便执行和完成。在计划工作过程的初始阶段，制定具体的、明确的目标是首要任务，其后的所有工作都是围绕目标进行的。例如，某家百货公司的经理希望明年的销售额和利润额有较大幅度的增长，这就是一种不明确的目标，为此，需要制订计划，根据过去的情况和现在的条件确定一个可行的目标，比如销售额增长20%，利润额增长15%。这种具体的、明确的目标不是单凭主观愿望能确定的，它要符合实际情况，是以许多预测和分析工作为基础的。计划的目的性体现在：

（1）计划是一种协调过程，它给管理者和非管理者指明了方向，当所有人明确目标后，可协调他们的活动，使他们团结协作。

（2）计划工作促使管理者预测未来，考虑变化因素的冲击，制定相应对策，可以降低不确定性。

（3）计划工作设定的目标和标准便于进行控制，通过计划设立目标，在实际管理过程中可以将实际成绩与目标进行比较，及时发现偏差和问题，采取必要的校对和调整。

（二）计划的首要性

计划工作在管理职能中处于首要地位，一方面，这主要是由于管理过程中的其他职能都是为了支持、保证目标的实现，计划职能在时间顺序上处在计划、组织、领导、控制四大管理职能的始发位置。因此，这些职能只有在计划工作确定了目标之后才能进行。一位厂长只有在明确目标之后才能确定合适的组织结构、下级的任务和权力、伴随权力的责任，以及怎样控制组织和个人的行为不偏离计划等。所有这些组织、领导、控制职能都是以计划为标准的。没有计划工作，其他工作就无从谈起。

计划工作的首要性的另一个方面是，有些情况下，计划可能是唯一需要完成的管理工作。计划工作的最终结果可能导致一种结论，即没有必要采取进一步的行动。比如，原打算在某地建立一个新的钢铁厂，首先要做的工作是进行可行性分析，如果分析的结果表明在此地建立钢铁厂是不合适的，那么所有工作也就结束了，无须实行其他的管理职能。

（三）计划的普遍性

虽然计划的特点和范围由于管理层次不同而有所不同，但所有管理者都有制订计划的共同职能，只不过是粗细、时间范围等不同而已。高层管理者不可能也不必要对自己组织内的一切活动做出确切的说明，这也是有效的管理者所必须遵循的一条原则。最常见的情况是高层管理人员仅对组织活动制订结构性的计划。也可以这样说，高层管理人员负责制订战略性的计划，而那些具体的计划由下级完成。这种情况的出现主要是由于一个人的能力是有限的，现代组织的工作是如此繁杂，即使是最聪明、最能干的领导人，也不可能包揽全部计划工作。此外，授予下级某些制订计划的权力，有助于调动下级的积极性，挖掘下级的潜在能力，这无疑对贯彻执行计划，高效地完成组织目标大有好处。

（四）计划的效率性

计划的经济效益可用计划的效率来衡量。计划的效率是指实现目标所获得的利益与执行计划过程中所有耗损总和的比率。换句话说，计划效率是指制订计划与执行计划时所有的产出与所有的投入之比。如果一个计划能够达到目标，但它需要的代价太大，这个计划的效率就很低，因此不是一份好的计划。在制订计划时要时时考虑计划的效率，不但要考虑经济方面的利益和耗损，还要考虑非经济方面的利益和耗损。

计划的效率性主要体现在三个方面：一是有效地实现组织与外部环境的协调，最大限度地减少由于这方面不协调给组织带来损失的可能性；二是有效地实现组织内部的协调，使投入产出比率最佳；三是有效地实现组织目标与组织成员个人目标的协调。因此，计划工作的任务不仅是要确保实现目标，而且要从众多的方案中选择最优的，以求资源的合理利用和提高效率。

三、计划的作用

组织管理的好坏，能否达到预期的目标，有了正确的决策之后，主要取决于计划职能的完善与否。计划职能对于任何组织都是至关重要的。所以，建立和加强组织的计划管理，对于实现组织目标、满足市场需要、提高企业的经济效益，都具有重要的意义和作用。

计划对组织管理的作用主要表现在以下几个方面。

（一）指明方向，协调工作

管理学家孔茨说："计划工作是一座桥梁，它把我们所处的此岸和要去的彼岸连接起来，以克服这一天堑。"这说明，计划起到了目标与现实位置之间桥梁的作用，计划工作使组织全体成员有了明确的努力方向，并在未来不确定性和变化的环境中把注意力始终集中在既定目标上，同时，各部门之间相互协调，有序地展开活动。

尽管实际工作结果往往会偏离预期目标，但是计划会给管理者以明确的方向，从而使偏离比没有计划时要小得多。另外，不管结果如何，计划工作能迫使管理者认真思考工作和工作方式，弄清这两个问题就是计划工作价值体现之一。

（二）预测变化，降低风险

计划是指向未来的，未来常常会有我们无法准确预知的事情发生，对计划产生冲击，因而未来具有一定的不确定性和风险。面对未来的不可控因素，计划促使组织采用科学的预测，提出预案，早做安排，多手准备，变不利为有利，减少变化带来的冲击，从而把风险降低到最低限度。

但是不要误认为“计划可以消除变化”。变化总会有的，计划并不能消除变化，但计划可以预测变化并制定应对措施。

（三）减少浪费，提高效益

一个严密、细致的计划，可以减少未来活动中的随意性，能够消除不必要的重复所带来的浪费，同时，还可以在最短的时间内完成工作，减少非正常工作时间带来的损失，有利于组织实行更经济的管理。

（四）提供标准，便于控制

计划是控制的基础，控制中几乎所有的标准都来自于计划，如果没有既定的目标和指标作为衡量尺度，管理人员就无法检查目标的实现情况以及纠正偏差，也就无法控制。

针对计划有一种误解，认为计划一旦制订，就意味着所有工作必须一成不变地严格按照计划执行，“计划降低灵活性”。事实上，在一个变化的环境中，计划是需要不断地制订和修订，以适应变化。另外，计划并不是死的规章制度没有任何余地，制订的计划内容可以根据不同情况留有一定的弹性空间。

四、计划的表现形式

计划活动的结果可以表现为各种具体的计划形式。美国的管理学家孔茨和韦里克从抽象到具体把计划分为宗旨、目标、战略、政策、程序、规则、规划和预算等八层体系，如图 3－1 所示。

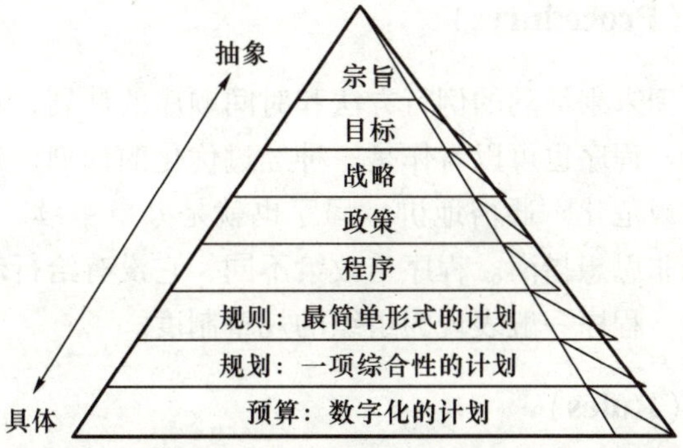

图 3－1　计划层次体系

（一）宗旨（Purposes missions）

宗旨是指社会赋予组织的目的或使命，即一个组织是干什么的和应该干什么。比如，学校的使命是教书育人，法院的使命是解释和执行法律，医院的使命是治病救人等。不同的组织表现为不同的宗旨，这也是一个组织存在的基本理由。

（二）目标（Objectives）

目标是宗旨的具体化，组织的目标是围绕组织存在的使命而制定的，它说明了组织从事这项事业的预期成果。管理者将组织目标细化，从而得出各方面的目标，从确定目标到目标分解，直至形成目标体系，构成了组织全部计划的基础。目标不仅是计划工作的终点，而且也是组织、领导和控制所要达到的最终结果。

（三）战略（Strategies）

宗旨、目标仍不能清楚地描述一个组织的具体实际情况，因此，战略是为了达到组织的长远目标所采取的行动方针和资源利用的总计划，是实现组织目标的途径。它表现为一种总的方案，指出工作的重点和顺序以及人、财、物等各种资源分配的方法。

（四）政策（Policies）

政策是组织在决策或处理问题时用来指导和沟通思想与行为的文字规定。政策作为计划，有助于将一些问题的解决方法事先确定下来，降低对某些例行事件的处理成本，并给其他派生计划以一个全局性概貌，从而使主管人员能够控制全局。制定政策应酌情考虑下级在一定范围内的自由，使下级在不违背政策的前提下，较好地处置问题。

（五）程序（Procedures）

程序是制订处理未来活动的例行方法和时间顺序的计划，它规定了解决例行问题的方法、步骤。程序也可以看作是一种经过优化的计划，是日常工作过程和工作方法的提炼和规范化。通俗地讲，程序也就是办事手续。程序与战略不同，它是行动指南，而非思想指南。程序与政策不同，它没有给行动者自由处理的权力。在实践工作中，程序一般表现为组织的规章制度。

（六）规则（Rules）

规则是指根据具体情况采取或不采取某种特定的行动的规定，通常是一种最简单形式的计划。规则与政策的区别在于，规则在应用中不具有自由处置权，而政策在决策时则有一定的自由处置权；规则与程序的区别在于规则是指导行动但不说明时间顺序，可以把程序看作是一系列的规则的总和，但一条规则可能是或不是程序的组成部分。

（七）规划（Programs）

规划是一个组织比较全面的长远发展计划，包括目标、政策、程序、规则、任务分配、采取的步骤、要使用的资源以及为完成既定行动方针所需要的其他因素。组织的规划是一份综合性的，同时，也是粗线条、纲要性的计划。通常情况下，规划需要资金和预算的支持。

（八）预算（Budgets）

预算是用数字表示的预期结果，也可以被理解为数字化的计划。一般用货币单位来表示，也可以用诸如工时、机时、产品单位或其他的数字指标来表示。预算是一种主要的控制手段，因为作为数字化的预算是计划与控制的连接点，也是控制的衡量标准。

第二节 计划的类型

计划是对未来行动的安排。从不同的角度，对计划有不同的划分方法：按时间跨度可分为短期计划、中期计划、长期计划；按层次可分为战略计划、战术计划、作业计划；按职能可分为业务计划、人事计划、财务计划；按明确程度可分为指导性计划、具体性计划等。这里主要介绍按时间跨度分类和按层次分类的计划。

一、按时间跨度分类

按计划时间跨度划分，计划可分为长期计划、中期计划和短期计划。一般地说，年、季计划是短期计划，两年、三年和五年计划称为中期计划，五年以上的计划为长期计划。企业通常编制短期和长期计划，两者相互联系、相辅相成。下面重点介绍长期计划和年度计划。

（一）长期计划

长期计划是时间跨度一般在五年或五年以上的，是规定企业生产方向和任务的纲领性规划，是组织在对未来市场需求情况进行科学分析和预测的基础上制订出来的。它是一种预测性较强，为组织发展方向、规模等确立一个较长时期的战略目标的计划，其特点是战略性、预见性和纲领性。

长期计划的内容，一般根据不同行业和企业的特点而有所不同。一般来说，包括以下主要计划。

1. 发展计划

发展计划是为适应企业发展的要求，而对生产规模和产品开发进行的规划。扩大生产规模方面的规划主要包括资金筹措计划，大、中型基本建设项目计划，技术改造和技术措施计划，以及与此相适应的物质资源需求计划，职工人数和结构计划等。产品开发方面的规划主要有科研和新产品开发计划、产品质量计划等。它主要是规定企业产品品种的发展方向、新产品发展和老产品整顿的任务以及科学研究项目的安排等。产品开发规划是生产规模发展规划的依据。

2. 经济效益计划

经济效益计划主要包括企业赢利计划、生产效益提高计划、降低成本计划、资金利用效益提高计划、产品品种与数量计划等。赢利计划对制订产品品种与数量计划、成本计划、效率计划等有指导作用，但同时，它的制订又要以这些计划为基础。

3. 市场开拓计划

市场开拓计划是企业编制其他计划的出发点和落脚点。它包括资源供应和产品销售两个方面。资源市场计划包括技术装备采购引进计划、配套件专业化协作计划等。产品销售市场计划包括市场开拓计划、产品销售计划和技术服务计划。

4. 职工队伍建设和生活福利方面的计划

职工队伍建设和生活福利方面的计划主要包括职工培训计划即企业智力投资和开发计划，职工住宅、生活福利设施计划，职工收益水平提高计划等。

5. 环境保护计划

环境保护计划主要是规定预期达到国家环境保护标准的程度，废水、废气、废物的清除和利用的程度，厂区内、外绿化面积的增加等。

长期计划是从整个企业的全局出发，确定在较长时间所要达到的目标和为实现这一目标应采取的各种具体措施。不仅考虑了企业的当前利益，而且考虑了长远的经济效果。因此，这种计划带有战略意义。有了长期计划，可以使企业的全体员工的眼光不被眼前走出的第一步所限制，从而更好地激励全体员工不断提高企业的生产水平、技术水平和管理水平。

由于长期计划的时间跨度比较大，在这个较大的时间跨度内，企业内、外的技术经济条件通常会发生较大的变化，很难做出精确的判断。因此，长期计划通常是比较难以概括全面的。

（二）年度计划（短期计划）

企业的年度计划，又称为年度综合计划，或称生产技术财务计划，是根据企业的长期计划、长期经济协议书、对市场情况的预测制订的。它比较详细、具体地规定了企业在计划年度内的任务，是指导企业生产经营的主要计划，包括企业年度内各个生产环节和各个方面的活动，如生产、技术、财务等活动。年度计划的特点是各计划指标分类、分月，使企业经济计划的各组成部分具体化和各项落实措施具体化。

年度计划的内容，在不同的行业、不同规模的企业是不尽相同的。根据企业现有的计划内容和经济体制改革后的发展情况，企业年度计划通常由以下主要内容组成。

1. 生产与销售计划

它规定企业计划年度内生产的各种产品的数量、生产期限、生产能力的利用程度，以及可供销售的产品数量等。

2. 新产品试制与科研计划

它规定企业在计划年度内的新产品试制、老产品的改进，以及主要的科学研究项目。

3. 产品质量计划

它规定企业在计划年度内为提高产品技术方面所要达到的目标及主要指标。

4. 劳动工资计划

它规定企业为保证完成生产任务所需要的各类人员数量、所要达到的劳动生产率水平，以及职工的工资总额和平均工资水平。

5. 物资供应计划

它根据生产计划规定各种原材料、燃料、动力、工具以及外购件等各类物资的需要量、储备量和供应期等。

6. 机器设备维修计划

它规定在计划期内主要机器设备的大修、中修、小修的台数、期限、工作量，以及备品配件制造任务等。

7. 成本计划

它规定企业为完成生产计划需要支出的生产费用、生产计划成本，以及可变成本降低的任务等。

8. 财务计划

它规定企业为完成生产计划所必需的财务收入和支出，主要包括固定资产、流动资产、产品成本和利润计划等。

9. 技术组织措施计划

它规定为了保证全面完成企业计划任务所采取的改进生产技术、生产组织和劳动组织等方面的措施和项目，以及实施这些项目的效果、期限、负责单位和费用来源等。

二、按计划的层次分类

按计划的层次分类，计划可分为战略计划、战术计划和作业计划。

（一）战略计划

战略计划是由企业高层管理部门制订的、涉及企业长远发展目标的计划。它包括经营目的和经营方向、目标，即一定时期内企业经营活动的出发点和归宿。战略，即达到目标的指导思想或基本途径。

（二）战术计划

战术计划是由企业中层管理部门制订的、涉及企业生产经营资源分配和利用的计划。它把战略计划转化为能够实施的具体行动计划，因而较具体。例如，人员、资金、物资分配和使用计划；各种费用支出的预算方案等。

（三）作业计划

作业计划是由企业基层管理部门制订的计划，也属于资源分配和利用的计划，但比战术计划更具体、更详细，以便于具体执行和检查。作业计划的对象是例行的重复性工作。

第三节　制订计划的步骤

长期计划是在组织经营目标和经营方针、决策确定之后编制的，是保证经营方针如期顺利实现的计划过程。这是一项极其复杂、涉及范围极广的主要决策工作。长期经营计划既要考虑企业的外部环境（如社会环境、市场环境和竞争环境），又要考虑企业的内部条件（如资源因素、技术因素、人员因素和管理因素等），还要考虑到国际、国内和本地区的因素等。一般说来，可按以下程序进行：

（1）环境分析；

（2）确定目标；

（3）拟订各种可行性计划方案；

（4）对各种可行性方案进行评估；

（5）选择最优计划方案；

（6）拟定政策；

（7）拟订引申计划。

一、环境分析

在计划开始前，管理者应该对组织的外部环境和内部条件进行分析，认清组织的长处和不足、外部环境存在的机会和威胁，并评估把握机会所需的资源和能力。可以说，环境分析是计划的起点。

（一）宏观环境

（1）政治环境，如政府的各种经济政策、方针、法令等。

（2）社会环境，如社会风气、风俗习惯、消费倾向等。

（3）经济环境，如人口趋势、就业状况、国民收入水平、社会需求量的变化、价格水平、上级对企业经济发展的要求等。

（4）技术环境，如国内外科学技术发展的趋势、国内科学技术发展的水平等。

（5）资源环境，如人力资源、物质资源、自然资源，包括水、电、油等各项生产资源。

（二）微观环境

（1）供应商：供货的及时和稳定、供货的质量和价格、供货货源的选择性等。

（2）顾客：顾客的需求质量、需求数量、购买能力等。

（3）竞争对手：竞争对手的市场占有率、竞争对手产品质量、产品价格、竞争对手的服务质量、竞争对手的品牌。

（4）替代新产品：替代产品的种类、质量、价格、技术，以及替代产品的市场占有率等。

（5）社会公众：组织在社会中的形象、组织与媒体的关系、组织与金融机构的关系、组织与政府机构的关系等。

（三）环境分析的作用

一般地说，企、事业单位组织的管理人员都必须花大量的时间去调查和分析各种有关的信息、情报。从下述几个方面，我们可以更清楚地看出环境分析对一个组织的重要作用。

（1）一个企业要进入一个新的市场，就必须调查有关市场的情况。通过对搜集的情报进行分析，管理者才能做出是否进入这个新的市场的决定，或需再观察一段时间才能做出决定。只有通过分析才能做到既可避免因冒险造成的失败，又能及时地抓住有利的时机。

(2) 搜集并分析关于技术环境的情报，管理者才能做出是否扩大对技术发展的投资，是否购买新的技术设备，是否放弃原有较落后的设备等方面的决定。

(3) 如果了解并分析了有关政府的一些倡导或行将出台的政策或法律，管理者就可以采取相应的行动，提前到位。

因此，环境分析可以使管理者对搜集到的信息情报进行分析和鉴别，以利捕捉良机，制订出正确的计划。

二、确定目标

计划目标是企业预定的、在计划期内生产经营活动的结果，它应在分析企业外部和内部情况的基础上确定。各种情况与计划目标的具体内容的关系是错综复杂的，往往某个情况对计划目标中的一个或几个具体内容有利，而对另一个或几个具体内容不利；也可能某个情况对某个具体内容适合，而却受到另一个情况的限制。因此，对各种情况要进行全面的分析和衡量，权衡利弊得失，避免顾此失彼，然后确定计划目标。

（一）计划目标的类型

我国工业企业所确立的计划目标是多方面的，通常，计划目标有以下四类。

1. 贡献的目标

即对社会贡献的大小，这是我国企业的首要目标，工业企业之所以能够生存和发展，就是因为它能为社会做出贡献。每个企业应根据自身的条件和客观的需要，力争对社会做出更多的贡献。贡献的目标可用产品品种、质量、数量、上缴税金和利润等表示。

2. 市场的目标

企业生产经营活动有无活力，就要看它占有市场的深度和广度，即市场面和市场占有份额的大小。企业的市场目标应是通过扩大市场范围和提高市场占有率，增加销售额。

3. 发展的目标

企业为了对社会做出更大的贡献，为企业和职工谋求更多的利益，必须不断发展自己。企业应从国民经济的需要出发，考虑国家对企业的投资和自筹资金的可能性，确定企业改造和更新设备，扩大再生产，也可以通过联合的办法来壮大自己。

4. 利益的目标

利益目标是企业生产经营活动的内在动力。它不仅关系到企业职工的利益，而且也关系到企业自身的发展。因此，企业应争取扩大经济效益，增加盈利，提高盈利水平。

（二）企业计划目标的要求

（1）企业计划目标应兼顾多方面的利益。既要考虑国家的利益，又要考虑企业本身和职工的利益，同时也要考虑消费者和社会的利益。要防止牺牲国家、社会、消费者的利益，片面追求企业利益的倾向。

（2）企业目标的确定应当明确，并且尽可能使之数量化。有些难以直接用数量陈述的目标，也可以用间接方式来表示。只有明确陈述目标并数量化，才能使企业全体职工清楚地了解努力方向，从而有利于提高工作效率，同时，也便于对计划执行情况的检查。

（3）企业计划目标的确定必须先进、合理。目标的先进性，可以鼓励职工的进取心；目标的合理性，即目标的现实性，可以不挫伤职工的积极性。为此，必须吸引职工参与计划目标的拟定。

（4）企业计划目标应具有执行上的弹性。所谓计划目标执行上的弹性，是指允许目标有适当的变通性，以便遇到环境的改变或意外的困难可以及时做出适应性的改变。当然，这并非否定计划目标的严肃性，而是使计划目标更加切合已经改变了的客观现实。

三、拟订各种可行性计划方案

计划目标确定后，下一步的工作就是拟订各种可行的计划方案。由于实现计划目标的可行性方案往往不止一个，而是多个，因此，企业应拟订各种实现计划目标的方案，以便寻求实现目标的最好计划方案。拟订各种可行的计划方案，一方面要依赖过去的经验，已经成功的或失败的经验对于拟订可行的计划方案都有借鉴作用；另一方面，也是更重要的方面，就是依赖于创新。因为企业内、外部情况的迅速发展变化，使昨天的答案不一定适应今天的要求，要拟订切合实际情况的计划方案必须创新。

拟订各种可行的计划方案应注意以下两点。

（1）要尽可能齐备地收集实现计划目标的各种可行方案，因为只有如此，才能选择最好的方案。如果漏掉一些可行方案，就难以确定所选方案是否是最好的。当然，在实际工作中要想详尽无遗地获得所有可行方案是十分困难的，但认识到这一点，就不致产生获得少量可行方案即进行选择最好方案的草率行为。

（2）各种可行方案必须是相互排斥的。只有各种可行方案是相互排斥的，才可能进行选择和必须进行选择。如果甲可行方案包含了乙可行方案，或甲、乙两个可行方案是互相补充的，这样的选择意义不大。

四、对各种可行性方案进行评估

所谓对可行方案的评估，就是根据企业的内、外部条件和对计划目标的研究，分析各个可行方案的优、缺点。在各种备选方案中，有的方案利润大，但支出资金多、回收慢；有的方案利润小，但风险也小；有的方案对长远规划有效益；有的方案对当前工作有好处。这样就必须进行认真的评价，进行充分的分析和比较，比较时要考虑下面几个问题。

(1) 要特别注意发现每一个方案的制约因素或隐患。所谓制约因素是指那些妨碍目标达成的因素。在评估各种可行方案时，对制约因素认识得越深刻，选择方案时的效率就越高。

(2) 在将一个方案的预测结果和原有目标进行比较、评估时，既要考虑到许多有形的可以用数量表示的因素，也要考虑到许多无形的不能用数量表示的因素：例如，一个人或一个企业的声誉和人际关系等。

(3) 要用总体的效益观点来衡量方案。这是因为对某一部门有利的不一定对全局有利，对某项目标有利的不一定对总体目标有利。

五、选择最优计划方案

这是编制计划的一个重要环节，因为它关系到计划目标的实现，关系到企业的经济效益甚至经营的成败。

从众多的可行方案中选择最优方案，要充分比较各个方案的优、缺点。选择方案的标准，主要是看哪一个方案最接近许可的条件和计划目标的要求，而且风险最小。在比较各方案的时候，如果必须考虑的条件不多且较肯定，那么这种方案的比较就容易一些，可以利用数学方法帮助确定最优方案。如果需要考虑的因素较多，而其中又包括一系列不确定的因素，方案的比较就困难一些。这时，主要依靠决策人员的经验、实验和研究分析进行比较。在实际工作中，人们往往综合运用以下三种方法来选择较优方案。

（一）经验

经验在抉择时起着重要的作用。人们通常都认为经验是最好的教师，“前事不忘，后事之师”就是这个意思。某一项已成功的计划，如果重要的因素没有变化则没有理由相信同样的计划会失败。以往犯过的错误，如能对错误的产生原因进行正确分析并吸取教训，则同一个人再犯同样错误的可能性一定较小。然而只凭经验抉择常造成失误。这是因为真正能根据自己的经验客观地了解自己过去的失败与错误者并不多见，人们通常都过分夸大自己成功的经验。此外，客观的情况总在不断地变化。目标前提在改变，行动也要改变。好的抉择是为未来而做的，经验只是历史的写照，所以不能留恋过去，更重要的是创造未来。需要注意的是，经验不仅是某一个管理者的个人经验，也包括众人的经验；不是事物表面的偶然联系，而是事物内在的本质联系。为了做好抉择，管理者要清醒地估计自己以往的经验，要学习别人的经验和科学知识，要分析客观情况的内在本质的联系。

（二）试验和试点

对于一些依靠经验和直觉以及数学分析都不能做出正确决定的问题，通常是依靠试验和试点来解决的。例如，一项新产品都要经过试制、试销并加以改进才投入大批生产。一项新的重大的政策只有在局部进行试点后才可做出抉择。此种方法虽好，但费钱、费时、费力，所以只有当其他方法都不宜采用时才采用本方法，并要尽量吸取以往的经验以减少试验量。另外，试验的条件要尽可能和未来的情况一致，要防止试验和试点是成功的，但据此做出抉择推广以后却是失败的现象。避免这种现象的关键在于正确分析试验的前提，即正确分析那些影响试验结果的主要因素，以及试验条件与推广条件之间的异同。

（三）借助于建立数学模型进行研究与分析

这种方法首先是将问题分解为各部分，找出影响目标达成的所有重要参数和限制因素；其次是分析并找出各参数和限制因素与目标之间的因果关系，建立数学模型；最后是将各可行方案的假设变量值代入模型求出结果，并互相比较，确定较优方案。任何模型的价值都取决于它是否能较好地代表所考虑的系统，能否真实地反映各变量之间的相互关系。一个准确的、高度简化的模型要比一个管理者靠智力建立起来的概念更为有用。当然这种方法也有它的局限性：一是某些问题无法使之定量化；二是任何模型都不可能包括所有的变量；三是各变量之间的数学关系常常是近似的，因此模型的精确度总是相对的。

六、拟定政策

政策是贯彻和达到目标的保证，政策为整个组织采取行动规定了指导方针，以保证行动符合目标，并指导人们去实现目标。例如，我们确定了提高产品质量、打入国际市场的目标，也选择了优质优价、创名牌、承包奖励等一系列措施，为了这一系列措施能够有效地贯彻，必须拟定政策。当然，一个企业要拟定的政策是很多的，如选择与开发产品的政策、投资政策、销售政策、人事和奖励政策等，但这些政策都不是由国家规定的，许多要由企业自己来定。即使是一些全局性的政策也往往来自基层、来自实践。有效的政策应具备以下特点。

（一）稳定性和灵活性

没有稳定性就没有方向和秩序，朝令夕改会导致人们无所适从。但是情况又是在变化着，要使政策能够很好地指导实践，它就必须随着条件的变化而变化。这就是稳定性和灵活性的辩证关系。

（二）全面性、协调性和一致性

政策的作用是保证实现计划目标，而计划目标往往是多方面的，因此政策也应包括多方面内容，以便应付各种可能出现的情况。不能只顾局部不顾全局，只顾当前不顾长远。政策必须能够协调下级的活动，否则，下级将会单纯地追求自己的目标而不顾整体的目标。某一政策还应保证和其他政策的一致性，以便于贯彻和评价。

七、拟订引申计划

虽然选择了方案，也拟定了政策，但不能说计划就是完整的，还必须拟订引申计划，即各个业务部门和下属单位还要拟订细节计划或称之为付次计划，如生产计划、销售计划和财务计划等。在这一阶段中要考虑以下问题。

(1) 务必使有关人员和部门了解企业的总体计划目标、计划前提、主要政策、抉择理由，掌握总体计划的指导思想和内容。

(2) 协调并保证各付次计划的方向一致以支持总体计划，防止仅追求本单位目标而妨碍总体目标。

(3) 协调各付次计划的工作时间顺序。如制造与采购、加工与装配的时间配合等。

(4) 组织每一个重要部门制定预算，协调资金的使用，保证经济目标的实现。

预算是数字化了的计划，是企业各种计划的综合反映，也是一个单位的经济目标。它既是评估计划的重要标准，也是协调下属部门活动的主要手段。下属部门的每一项活动无一不直接或间接地和预算相关联。

预算在管理中非常重要。我国人大每年都讨论财政部的预算和决算，通过它可以反映和控制工业、农业、国防和文教等各项事业的发展。一个厂长对下属的各单项计划可能不看，但是企业的预算则非看不可。由于实际情况总是在变化，所以预算也应有所变化，以便能更好地指导实际工作。

以上论述了计划编制的一般程序，按照这个程序一步步地去做，可以使编制计划的工作条理化，减少随意性，避免盲目性。但应当指出在实际工作中，各步骤之间的关系比较复杂，不一定机械地照上述顺序逐步进行，有可能进行到下一步需要返回到上一步或更上一步。例如，在拟订各种可行性计划方案时，发现各种方案都达不到计划目标的要求，这时就不得不返回来重新修订计划目标。总之，编制计划的程序既有严格的规律性，又有运用的灵活性，只有从实际出发，才能使编制的计划合理、科学。

第四节 目标管理

目标管理是由彼得·德鲁克提出，并由其他一些学者发展，逐步成为许多西方国家所普遍采用的一种系统制定目标、管理目标的有效方法。

一、目标管理的定义

根据德鲁克和一些“目标管理”理论家的观点，目标管理是一种综合的以工作为中心的管理方法，是一个组织中，上级管理人员同下级管理人员以及职工一起共同制定的组织目标，同组织内每个人的责任和成果相互联系，明确地规定了每个人的职责范围，并用这些措施来进行管理，评价和决定对每个成员贡献的奖励和报酬等。因此，目标管理就是一个组织的上、下级管理人员和组织内的所有成员共同制定目标、实施目标的一种管理方法。从目标管理的体系中，我们可以看到目标管理是从组织的最高领导层开始的，最高管理层的目标应体现整个组织的目标。

目标管理的基本内容是：年（期）初，企业首先确定企业本年（期）的工作总目标，然后围绕实现总目标，自上而下将总目标分解成为部门、车间、班组和个人目标，并层层落实为实现这些目标应采取的措施，开展一系列组织、激励、控制等活动。年（期）末，对完成目标的情况进行考核，并给予相应的奖惩，在实现预测目标的基础上，企业开始制定新的目标，进行新的循环。

目标管理体现了系统论和控制论的思想，目标管理中所说的目标，是把企业目标作为一个“系统”看待，从整体考虑问题，也就是说，在确定企业总目标时，就充分注意企业内部各分目标的确定和落实，从上到下构成一个有机的企业目标体系。这就把企业内部的各个部分、各个环节、企业内部与外部的各种因素，都与完成企业目标紧密地联系在一起，从这些联系中，企业可以通盘考虑，准确、有效、完整地掌握完成企业总体目标的进程。

简单地说，目标管理的要素主要包括明确目标、参与决策、规定期限、反馈绩效四大要素。

二、目标管理的性质

目标管理的目的在于让组织内的每个人对目标的制定和实施都有发言权，使每个人都了解自己在规定的时间内应完成的工作任务以及可能得到的相应报酬和奖励。

（一）目的性

企业实行目标管理，使企业在一定的时间内各项活动的目的都非常简单、明了，它是以企业目标的形式表现出来的。目标管理中所制定的企业目标都非常具体、明确，它包括质量目标和数量目标，如使产品质量达到国家标准；使利润增长率达到一定水平；使费用率降低到一定水平等。目标管理的目的性还反映在企业目标的制定上，在社会主义条件下，制定目标要体现社会主义基本经济规律的要求，适应市场的变化，保证企业的生产目的与社会主义基本经济规律要求的一致性。

（二）整体性

现代化的大企业要求精细的劳动分工和严密的协作，以适应生产过程中机器运转体系的要求和高度社会化的要求，而且生产过程具有高度的比例性和连续性，以及适应外界条件变化的应变性。在这样的情况下，局部与整体的利益并不总是一致的。有些工作，从局部看是有利的，但是从整体上看，并不一定理想。目标管理对企业生产经营活动的全过程实行全面的综合性管理。企业管理通过确定和落实目标，建立纵横交错、全面完整的目标体系，这个体系使企业上下的每个层次、每个环节都互相关联，融为一体，每个职工的目光都集中到企业的总目标上，每个分目标都是企业总目标的组成部分，每个人的工作都与企业的总目标紧密相连。因此，目标管理对企业生产经营活动的全局，具有决定性的影响。

（三）层次性

企业目标能否按期、按质、按量地实现，很大程度上取决于能否分清层次。目标管理系统中研究的层次性，主要是研究和解决目标管理中上下级之间的领导关系和领导方法问题。

随着企业总目标的逐层分解、展开，也要逐层下放目标管理的自主权。这时，企业内部承担目标的车间（部门）之间的横向联系，就可以由各单位自己进行。只有在他们不协调或发生矛盾时，才需要上一层次的领导出面解决。这样才能更大程度地发挥下层次的积极性和主动性。企业领导在目标管理中只抓两项工作：一是根据企业总目标向下一层次发出指令性信息，最后考核指令的执行结果；二是解决下一层次各单位间的不协调关系，对有争议的问题做出裁决，使目标管理的层次清晰，各层次的任务明确。

（四）民主性

目标管理是组织职工群众的意见和要求，上级与下级共同协商、共同讨论、共同决定。在实施目标时，职工不是依靠上级摊派任务，而是上下结合，自觉地对照自己的工作目标，对目标的要求与进度负责，有效地实行自我控制，自觉地发挥自己最大的积极性，尽最大的可能把工作做好。

三、目标设立的原则

（一）目标应尽量地定量化，便于考核

根据目标值，依据严格规定的定量分析的各项指标，客观地进行评价。这样，一方面使每个职工都对自己的工作目标，做到心中有数；另一方面，也有利于企业根据职工完成目标的情况，进行考核。

（二）目标要适中，不宜太多、太高

目标太多或太高，都会给职工在实施目标的过程中施加过多的压力，不利于调动职工的积极性，也不利于企业提高经济效益。

（三）目标要具体落实到部门和个人

这样有利于各部门、全体员工在工作中对照目标进行调整，以及时发现、修正偏离目标的做法。目标管理的基本要求是根据每个岗位的工作目标或职工的个人工作目标定责任，使每个岗位、每个人都明确自己在实现企业目标过程中所应担负的责任，明确岗位责任制。

明确目标责任也应从上到下，上下结合，按层次要求层层落实。在不同的层次上，由于人员的不同，对目标责任的具体要求也有所不同。企业领导的主要责任是负责各项经济技术指标的完成，做好整体的管理工作，包括计划决策的组织指挥、监督控制、统筹协调等；职能科室的领导及管理人员主要负责分管的有关经济技术指标或专业指标的完成，做好部门的管理工作、管理业务基础工作，为基层服务与对外协作等；车间（商品部）领导主要负责直接指挥生产经营，完成本车间（商品部）所承担的各项指标，做好车间（商品部）的各项基础管理工作；班（柜）组领导主要负责执行车间（商品部）计划，做好班（柜）组日常生产经营活动，保质保量地按时完成各项生产经营任务。

四、目标管理的程序

目标管理是根据企业目标，对企业生产经营活动的全过程进行有效控制的一种科学方法，它是按照一定的程序进行的。

（一）确定目标

确定企业目标必须以满足国家计划的要求和市场的需要为前提，从本企业实际出发，充分考虑需要与可能，促使企业不断提高经济效益。

1. 企业目标的内容

每个企业都应根据自己的任务和本企业的具体情况，确定企业目标的内容。企业的具体情况不同，企业目标的具体内容也不同。就是同一个企业，在不同时期内，其企业目标的内容也是不断发展变化的，不论何种企业，一般都从以下方面考虑企业目标的基本内容。

（1）计划目标。即企业按既定计划应达到的成果。其目标可用产品（销售量）、品种、规格、产值（销售额）、成本、费用、利润等统计数表示，也可用劳动效益、废品率、费用率、利润率等相对数表示。

（2）市场目标。即企业在经营活动方面应达到的成果，体现企业占有市场的广度和深度。其数量可用市场覆盖面、市场占有率等表示。

（3）发展目标。即企业在增加品种、推进技术、提高质量、扩大市场、开发人才等方面应达到的成果，体现企业的实力与潜力。其数量可用企业规模的扩大，固定资产、流动资金的增加，品种、产量和销售额的上升，机械化、自动化水平的提高等来表示。

（4）利润目标。即企业在物质利益方面应达到的成果，体现企业生产经营成果的好坏与职工切身利益的直接关系。其数量可用利润总额、产值利润率和由此决定的利润留成和奖励、福利基金等来表示。

除了从以上四个方面考虑企业目标的内容外，也可以以国家考核企业经济的指标为基础，在综合分析的基础上，确定企业目标的内容。根据企业目标的内容和目标值，可用高度概括的语言，归纳出企业的方针。企业方针和目标值组合构成企业目标。

2. 确定企业目标的过程

确定企业目标，实际上是一个完整的决策过程，它不是单指拍板定案的瞬间，而是指制定目标前后需进行的大量工作，包括采取一定的步骤和应用必要的科学预测、决策方法。一般说来，制定企业目标的过程可分为以下步骤。

（1）掌握情报信息。即全面收集、调查、了解、掌握企业系统的外部环境和内部条件的资料，作为确定企业目标的依据。企业外部环境资料，主要包括社会环境、政策法令、市场预测等；企业内部资料，主要包括企业的人力、物力、财力、技术状况等。

（2）拟定目标方案。即要在对情报信息进行系统整理分析的基础上，提出目标方案。方案所规定的目标应明确表示将把企业引向何处，达到什么目的，对国家、集体、个人将起到什么作用等。拟定的方案应有若干个，以便比较、鉴别和选择。

（3）评估目标方案。即对拟定的目标方案进行分析论证，主要应从以下几方面进行。

第一，限制因果分析：分析实现每一个目标方案的各项条件是否具备，包括时间、资源、技术及其他各种内、外部条件。

第二，效益的综合分析：对每一个目标方案，要综合分析该方案将带来的经济效益（包括企业效益和社会效益）及其对自然环境的影响。

第三，潜在问题分析：对实现每一个目标方案可能发生的问题、困难和障碍，做出预测。例如，确定发生问题可能性的大小，分析发生问题的原因，有无预防措施或补救措施，一旦发生问题其后果的严重程度如何。评估目标方案应发动和依靠全厂职工运用座谈会、调查会、讨论会等各种形式，广泛征集广大职工对制定企业目标的意见，对提出合理化建议者应给予必要的奖励。

第四，选择最优方案：即在评估目标方案的基础上，从各个方案中选出相对最优的目标方案。在方案优选过程中，应全面权衡各方案的利弊得失，有时应对原方案进行必要的修改补充；有时需在综合原方案的基础上设计出新的方案。在许多情况下，决定最优方案只能从实际出发，保证企业目标中的主要指标是最优的，而有些指标可能是较优的，绝不能把最优方案绝对化。

第五，确定企业目标：对最优的方案进行讨论、修改、审查，一经通过，即制定了企业目标。

（二）目标展开

将企业目标从上到下、层层分解落实的过程，称为目标展开。主要包括以下内容。

1. 目标分解

企业目标确定以后，要把它分解为部门、车间、班组和个人等各个层次的分目标和目标最小单位，以便于采取措施实现目标。企业总目标和分目标之和，构成企业目标体系。

企业目标体系（目标分解）的基本要求如下。

（1）各个分目标的集合构成企业总目标，分目标应能保证总目标的实现，企业总目标与分目标的内容是上下贯通的。

（2）各个分目标之间应考虑时间上的协调与平衡，注意同步进行，防止因时差而影响实现企业目标的进程。

（3）各个分目标力求简明，有必要的计量标准。

（4）充分考虑完成各分目标所需要的条件及限制因素。

分解目标的基本方法是自上而下，将企业目标按其内部机构设置和组织层次依次分解，从经理层分解到各个职能科室，再分解到各个车间（部门），一直分解到每一个班组、岗位和个人。分目标自上而下层层分解，直到能具体地采取措施为止；同时还要自下而上地层层保证，保证总目标的实现。从而形成一层接一层、一环套一环的目标体系。

2. 目标对策

企业目标经过分解，形成企业的目标体系后，还要进一步采取对策，并进行对策展开。

对策就是实现目标的具体措施，它是企业总目标实现的保证，由于企业总目标要分解成各个分目标，因此，要在各个层次上针对分目标，制定出实现该目标的具体对策或措施。

制定对策的基本方法是按照层次，通过对企业的诊断分析和所掌握的现状，找出各部门的实际情况与目标（或分目标）之间存在的差距。对这些差距进行归纳、整理、分类，就可以找出实现企业目标所必须解决的重要问题即问题点。针对各个问题点，研究、制定其对策，以便有的放矢地缩短现状与目标之间的差距，保证企业目标的实现。

3. 目标协商

在目标展开过程中，企业上下级之间围绕企业目标的分解、层次目标的落实所进行的思想交流和意见商讨，称为目标协商。目标协商是目标展开中的一个重要环节，也是目标民主管理的重要内容。它可以使企业目标上下统一，消除各级领导管理人员及全体职工的意见分歧，加深对目标的了解和理解，调动各方面的积极性，保证总目标和分目标的实现。

目标协商有如下基本要求。

（1）要有民主气氛。领导者要把自己放到与下级平等的地位上，加强上下级之间、干群之间的相互信任，使目标的协商按照民主的方式进行。

（2）要尊重下级的意见。一方面，要让下级充分地思考，并提出意见、问题和措施，正确的就采纳，不正确的则疏导；另一方面，要尊重下级的自尊心，不要随意地、过早地下结论。

（3）要上下结合，切忌上级居高临下，单纯地说服，并命令其服从。而要让下级实事求是地提出自己的要求和应该承担的任务。

（4）要做好协商前的准备工作。对要协商的内容、问题、目的等事先进行研究，并通知下级，以保证下级对协商的问题也有充分的准备。

4. 目标责任

经过目标协商，确定了企业部门、车间、班组和个人等各个层次上的目标，然后，把各层次目标与各层次上的具体人员紧密地结合起来。明确目标责任是目标展开中的一个重要环节。

在每一层次上，都应该在明确集体目标责任的基础上，再明确个人目标责任。因为如果只有个人目标责任而无集体目标责任，个人的力量就难以聚合为完成集体目标的力量；同样如果只有集体目标责任而无个人目标责任，显然，大家负责势必会导致无人负责，集体目标责任就有落空的危险。在具体明确目标责任时，应注意从目标要求出发，明确对目标责任在范围、内容、数量、质量、时间、程度等多方面的要求。

5. 目标展开图

经过目标分解、目标展开、目标协商和明确目标责任，企业目标就得到了基本展开。为使全企业职工更直观地明确各自的目标和目标责任，还要编制好目标展开图，将企业目标、层次目标和目标对策等方面的主要内容用图表的形式表示出来，公布于众，由职工自觉执行，这是目标展开的最后一个环节。

除以上所介绍的目标展开图形式外，还可将目标展开图绘制成 PDCA 循环的形式，供企业根据实际情况编制目标展开图时参考。

五、目标管理的分析

（一）目标的实施

企业目标一经确定和展开，企业从上到下、方方面面都要按照目标体系的要求，同心协力，分工协作，努力为实现企业的共同目标而尽职、尽责、尽力。这就是目标的实施过程。目标实施得好坏，直接关系到预期目标能否稳步实现。因此，实施目标在目标管理中处于极其重要的地位。

1. 实施前的准备工作

目标实施前的准备工作，主要有以下几个方面。

（1）人员准备。实施目标是靠人——企业全体职工，去实现企业目标，它对企业人员的基本要求是：一要有一定的数量保证；二要有一定的质量保证，即职工必须具有实施目标所具备的科学知识、生产经营经验和劳动技能；三要考虑到实施目标过程中人员的流动、补充和调整，并有储备。

（2）技术文件准备。技术准备工作包括设计图纸、配方、工艺文件等。在实施目标前，按计划进度，把技术文件及时送到工作地，使职工在实施前就熟悉技术文件，了解实现目标所要达到的质量标准，掌握操作规程的具体要求。

（3）设备、工具准备。机器设备和备件工具是实施目标的重要手段，因此，要按照设备修理计划的规定，提前为待修设备建立备件储备，以便按期进行修理。

（4）原材料准备。实施目标必须具备质量合格、品种齐全、数量合适的备件原料、材料、外购半成品、燃料、动力等。因此，物资供应部门应当按照计划的进度要求，把生产所需的各种物资及时供给车间和工作地，并要保持有合理的储备。同时，生产部门要建立联系制度，避免不合理的现象出现。

（5）资金准备。企业进行生产经营活动，要有一定的资金保证。对资金的管理要注意开源节流，管好、用好。

（6）做好计划和检查。为了把各项准备工作很好地组织起来，必须加强准备工作的计划性，编制企业的统一目标实施准备计划，并对准备计划的执行情况经常地进行检查，发现问题及时解决，务必使目标实施所需的各种人员、物资、资金、技术条件等均能得到切实保证。

2. 目标实施的自我控制

自我控制是实施目标管理中一个很重要的指导思想。这是针对许多企业在管理中上级对下级时常采用“紧逼”或鞭策的不良办法而提出来的。所谓自我控制，就是企业职工按照自己所担负的目标责任，按照目标责任制的要求，在实施目标中进行自主的管理。自我控制的最大成效，就是使广大职工感到“不是哪个上级要我干，而是从内心发出我要干”，并以此指导自己的行动，从而充分发挥自己最大的积极性，把此项工作做好。

自我控制在实行过程中要做到以下几点。

（1）要不断进行自我分析和自我检查，不断发现在目标实施中做出了什么成绩、还存在什么问题，以便采取措施、发扬成绩、克服缺点，达到目标的要求。

（2）要把握实施目标的进度、质量和协作情况。因为总目标是由若干分目标组合而成的，各分目标应在进度上大体相适应，在质量上不断改进提高，互相配合，密切协作，协同前进，以实现总目标的要求。

（3）要进行对比、分析和检查。经常把自己实施目标的情况与目标要求对比，看是否符合要求，找出差距，予以分析、检查，采取措施，设法缩小差距。

（4）要下情上达，统一行动。实行自我控制要和加强领导统一起来。下级要与上级保持密切联系，并与协作部门加强联系，把联系经常化、制度化，使整个企业真正形成目标管理的系统组织机构，统一行动，提高组织领导的有效性。

3. 实施目标的监督和检查

实施目标，一方面要依靠广大职工的自我控制；另一方面为使目标实施过程有秩序、有成效地进行，还要实行目标实施中的监督和检查。实施目标中的监督和检查，是指企业各级管理组织对实施目标过程所进行的察看和督导。通过监督和检查，对实施目标中好的典型要加以表扬和宣传；对偏离原定目标的情况，要及时指出和纠正；对实施目标中遇到的其他问题，要认真采取措施，加以解决。

（1）监督检查的基本要求。时间上要定期进行；内容上包括目标项目数和目标实施的均衡情况、目标实施的质量情况，如产品（商品）质量、工作质量、服务质量等；方法上要把自检（即由目标执行部门或个人定期进行自我检查）和上级检查（即由目标执行者的直接领导检查）两种形式结合起来，并规定明确的检查程序。

(2) 归口检查与全面检查。实施目标中还要进行归口检查，由各职能科室按自己的业务范围，对各车间（商品部）目标实施情况进行监督和检查。归口检查要和企业全面检查结合起来，全面检查是在目标实施中，通过掌握目标的实施情况，为了促进目标实施工作，而对目标的整个情况所做的了解和观察。归口检查是全面检查的保证，全面检查是归口检查的综合。每一项归口检查都是单方面的，是某一个归口职能部门对下级进行的检查；而全面检查是对全部目标的实施情况统一进行检查。

在目标实施中，开展全面检查工作，可以了解和掌握整个企业目标实施的全貌，了解和掌握目标项目之间的协调情况，并及时发现实施中的薄弱环节，为企业领导的决策提供依据。

(3) 综合诊断。在全面检查中发现的问题要及时解决，这主要依靠综合诊断。综合诊断是在对目标实施情况进行全面检查的基础上，发现存在的问题，找出原因，采取补救措施，这是使目标实施工作正常进行的一种科学管理方法。

在目标实施中采取综合诊断，首先可以通过全面检查发现目标实施中带有关键性的薄弱环节，采取措施，解决根本问题，从而避免“头疼医头，脚疼医脚”的盲目性；其次可以分清主次，综合平衡，分轻重缓急解决目标实施中的各种问题。

在目标实施中开展综合诊断的基本步骤是：

第一，对目标实施情况进行全面的检查；

第二，认真分析并找出存在的问题；

第三，通过综合诊断，找出问题的根本原因；

第四，制定相应的对策措施；

第五，实施对策措施并反馈实施信息，验证综合诊断的结果。

目标实施中，无论采取哪一种检查方法，其目的都是发现问题，及时解决，使目标管理得以正常进行。因此，在进行某一阶段或某个目标项目的检查时，都要认真总结实施中的经验和教训，纠正目标实施中的偏差，以保证目标的最终实现。

4. 实施目标中的调节

在实施目标的过程中，必须注意各个方面、各个环节上进程的均衡与协调，这就要求抓好实施过程中的调节。

(1) 保证均衡。从实施目标开始到最后完成目标，保证实施的均衡性是企业随时要掌握的问题，均衡的主要内容是纵向均衡和横向均衡。纵向均衡，就是企业在规定的目标期（年）内，均衡地完成企业总目标规定的任务。纵向平衡有平均分配，即将总目标按时间等量分配，使每月完成的目标值大致相等；有分期递增，即将总目标值分成几个阶段，使每段时间有一个增长幅度，但在每个阶段内，按月完成的目标值大致相等；有小幅度连续增长，即随着企业内生产技术水平与工人技术熟练程度的提高，各月的目标值小幅度连续上升；还有抛物线形递增，即期初按正常进度实施目标，等到采用新技术、设备改造等目标项目完成后，实施进度加快，以后又在新的基础上趋于稳定的上升状态。横向均衡，是以承担目标项目的主体部门为中心，按实现该目标项目实际需要的时间进度，编排其他部门与本项目有关的协作项目的时间进度。

（2）搞好协作。企业总体目标层层分解后，每个部门和个人都有了自己的明确目标项目及目标责任。在实施中，每个部门和个人不仅要把自己分担的目标完成好，还要积极开展相互间的协作和配合，协作的主要内容如下。

第一，供求关系的协作，包括原材料供应部门与生产车间之间的协作、生产部门各道工序之间的协作、商品经营各个环节的协作等。

第二，质量协作，包括上下工序（环节）之间交接的半成品（商品）质量、设备维修质量、各项工作与服务质量等。

第三，技术协作，包括技术部门为生产部门提供技术资料和工艺方面的协作等。

第四，劳动力协作，包括各部门、车间之间人员上的互相支援等。

（3）掌握信息。在实施目标时，应及时掌握有关目标管理的控制信息，管理人员要掌握目标实施过程中的人力、物力、财力和技术等各种资源的利用情况，并将实际结果与计划进度相比较，了解是否达到了预定目标。一旦发现偏差，就可以及时采取必要的纠正措施。实施目标过程中的控制信息，一般来自本单位所隶属的各个部门。

（二）目标成果评价

在实施目标的基础上，应对实施目标的成果做出客观的评价，以总结本期目标管理的经验教训，发扬成绩，克服缺点，为开展下一期目标管理、进行新的循环做好准备。

1. 目标成果评价的基本要求

（1）评价标准只有一个——目标。应按目标中严格规定的定量和定性分析的各项指标，客观地进行评价。

（2）坚持一视同仁，不讲情面，不照顾“关系”，不夹杂私人感情。

（3）分清功过，不搞“好人主义”。评价就是要按标准分出上下高低，避免吃“大锅饭”的现象出现。

（4）实事求是。不能弄虚作假，随意另立或降低评价标准。

只有按以上要求去做，才能激励先进、教育后进，改进工作方法，推动新的循环。

2. 评价的内容

目标成果评价的内容，概括地说，就是制定目标时有什么内容，成果评价时就有什么内容，主要包括以下内容。

(1) 目标值。它是目标内容的数量表现形式。评价目标值，可以从最直观的角度，说明目标的完成情况。

目标值最后评价的标准公式是：

评价标准目标值 = 原定标准目标值 + 新增加目标值 - 新减少目标值

(2) 协作情况。目标管理中的协作是指企业内部各部门之间、车间（环节）之间、班组之间在实施各自的目标中，为了实现共同的目标，相互之间的联合与配合。评价协作的基本内容是制定分目标时规定的协作项目；承担目标单位临时向其他部门求援的协作情况；主动对其他部门或个人的求援提供协作的情况。

(3) 目标进度的均衡性。它是指企业（车间或部门、班组、工作地等各个环节）按照预定的计划进度实施目标，在相等的时间内，完成相等或递增的目标任务的一种特性。

评价目标进度均衡性的公式是：

月份目标进度均衡率(%) = 1 - 月份目标进度偏离程度(%)

月份目标进度偏离程度(%) = 月份目标完成率(%) - 100%

月份目标完成率(%) = (月份实际完成的目标值/月份计划目标值) × 100%

年度目标进度均衡率(%) = 1 - 年度目标进度偏离程度(%)

年度目标进度偏离程度(%) = 月份目标进度偏离程度(%)/年度内目标实际月份

理想的目标进度均衡率是 100%，目标进度偏离程度小于（或大于）零时，这两种情况都表明有偏离目标进度的现象存在。

(4) 措施手段。它是指目标展开后，承担目标项目的单位为了实现目标自己采取的措施手段，不包括上级和企业制定的措施手段。

评价措施和手段，主要应考虑技术方面的措施和手段是否符合技术进步的要求；管理方面的措施和手段是否符合向现代管理方向发展的要求；劳动组织方面的措施和手段是否符合调动职工群众的积极性；生产经营方面的措施和手段是否符合长远规划的战略要求；实施分目标的措施和手段是否符合实现整个企业总体目标的要求。

(5) 评价个人工作。其范围是上自厂长（经理），下至每个职工。通过评价，鼓励先进、带动后进，有利于下一时期目标的实施和实现。同时，通过对个人的评价，也为人事部门考核职工提供了依据。

评价个人工作的主要内容包括：

第一，目标的达到程度，指个人的实际工作成绩与本人承担的目标值之比，它反映个人对实现企业目标所做出的贡献；

第二，目标的困难程度，指由于目标任务本身的性质和客观条件、环境的变化，实现目标任务所付出的代价大小；

第三，达标过程中的努力程度，指在达标过程中，本人发挥主观能动性的情况。

在实际开展目标成果评价时，对上述各项内容，重点要抓住目标值和个人成绩两项。因为这两项直接涉及评价后企业的全面总结和表彰先进问题，其他内容可作为参考，但不能丢掉。评价中缺少哪一项，对下期目标的制定、实施和完成都是不利的。

3. 评价的方法

（1）自我评价，是站在个人角度的评价成果。它分为部门自我评价和个人自我评价两种。自我评价要用数据说话，严格掌握标准。既要看到成绩的一面，又要看到不足和存在问题的一面，以便总结经验，吸取教训。

（2）领导评价，是上级对下级的评价，上级要允许下级讲话，说明问题。评价时要以事实为出发点，客观地评价。在事实的基础上得出结论，并考虑客观条件的变化情况，肯定成绩，指出不足，提出如何有效地适应情况变化的要求和希望。

（3）打分法，是按照一定的评分标准计算应得分数，以得分多少来评价成果。这种方法可以综合地反映对目标成果的评价。评分标准要由企业目标管理小组提出，经企业职工反复讨论，由领导小组修订，经审核通过后贯彻执行。由于各个企业生产类型、组织方式不同，打分评价的方法也不尽相同。各企业可根据本企业的情况自行拟定。

（4）逐月评分累计法，是一种月评分累计的评价方式，它是把根据年目标分解的各项具体目标按 12 个月平均，确定目标，每月进行一次考核。

（5）评价表法，是从重视成果评价的原则出发，对个人的工作评价，通过目标完成程度、目标复杂程度、主观努力程度等三个内容的评价可基本完成。如果再考虑各个评价因素的比重、修正值等，所得的综合评价成绩就有更强的代表性。

4. 评价结果的处理

目标管理具有周期性。一个周期的结束，恰恰是下一个周期的开始，所以说，目标成果的评价，既是上一周期的总结，又是下一周期开始前的动员。要使评价达到这两个目的，做好评价结果的处理是一项十分关键的工作。

对评价结果的处理，应着重从以下三个方面进行。

（1）把目标成果评价作为奖惩的依据。因为，其一，制定的目标一般都略高于责任者原有能力，目标责任者必须通过努力才能达到目标；其二，评价是根据目标项目责任者的目标值完成情况和完成目标过程中的表现进行的。所以，评价的结果就是对目标项目责任者成绩和缺点的最后结论。

（2）个人评价存档。目标评价的结果一般比较客观地反映了目标责任者的工作能力、技术水平、克服困难的能力、组织能力及思想觉悟水平等方面的情况，使企业领导者了解职工的情况，有助于领导者任人唯贤、知人善任。

（3）总结经验教训。对目标成果做出正确的评价结论，这只是完成了目标评价阶段的一部分任务，更主要的是要组织职工认真回顾自己在目标实施过程中取得了哪些成功，并总结获得成功的经验，以便在下一周期目标循环中发扬光大。同时，还要找出自己在目标实施中的缺点，分析其原因，以便在下一周期的目标循环中引以为戒，并有所改进。

（三）目标管理的优缺点

在美国，相当多的企业公司如杜邦和通用汽车公司等都采用了目标管理。根据美国《幸福》杂志的最新调查，在美国最大的500家工业企业公司中有40%的公司采用了目标管理。当然，进行目标管理有许多优点，但也有不少的缺点。

1. 目标管理的优点

采用目标管理最突出的优点在于能调动广大管理人员和职工的积极性。由于在目标管理的整个过程中能较好地听取大家的意见，吸收职工参加管理，职工对自己的职责比较明确，又有一个较好的报酬奖励制度，这就形成了一个调动大家积极性的良好环境。

目标管理在目标的制定和实施过程中都注意了相互的联系和合作；对每个人工作表现的评价也更为具体、更为合理；有利于管理人员发挥自己的管理才能；有利于每个人发挥自己的创造性和积极性，形成了一个完整的组织管理系统，使这个系统能有效地运转。

目标管理也有利于各级领导对下属进行管理。在目标实施过程中，大家都能进行自我管理、自我控制，又有定期性的检查总结，能及时发现问题、及时进行调整，这样就有利于整个组织向着组织长期目标的实现迈进。

2. 目标管理的缺点

不少人对目标管理所存在的缺点进行了批评。目标管理的主要缺点是缺乏组织内最高级领导人的支持。总目标、总战略虽然由最高管理层做出，但是他们常常把任务交给较低级的管理人员去负责执行，这样，一些高层领导人实际上就没有为此承担起自己的真正责任，其积极性自然也就没有得到发挥，这就必然会影响到目标管理的效果。

第二个缺点是有些采用目标管理的公司过分强调了数量目标，要求的报表和总结过多。以至于有些管理人员忙于写总结、编报表，对下级只是分派任务和提提建议，很少坐下来与下级共同研究问题，结果就造成了个别人的工作流于形式，缺乏深度。

总而言之，目标管理是管理体系中一种极为有用的方法，它有助于阐明组织内各单位和个人的职责，有利于调动积极性，更有利于进行总结和评价。然而，要使目标管理获得更佳的效果，管理者也必须注意克服上面所提到的缺点。

第五节 计划方法

制订计划时，根据工作的性质不同可选择的计划方法有很多种，这里主要介绍滚动计划法和网络计划技术。

一、滚动计划法

经营计划是人们主观制订的，不可能与客观条件完全相符合，一些不确定的因素又难以准确预测。因此，经营计划在执行的过程中由于环境和条件的变化等原因，需要对计划进行调整和修改。滚动计划是一种较好的制订与修改计划的方法。

（一）滚动计划的概念

滚动计划法是根据运筹学的重要分支规划论的原理，编制灵活、有弹性的计划，使企业在适应市场需求的同时，保持生产的稳定和均衡的计划管理，是企业进行全面管理、编制和修改计划的一种科学方法。

滚动计划是用于编制长、短期计划的一种方法。具体方法是每次制定和修改计划时，均将计划期按时间顺序向前推一个计划期，也即向前滚动一次，而不是等全部计划执行完了后再重新编制下一期计划，它是变静态为动态的一种编制计划的方法。

（二）滚动计划程序及应用范围

1. 滚动计划程序

应用滚动计划编制企业五年计划，其程序如图 3 - 2 所示。

从图 3 - 2 中可以看出，五年计划的滚动程序，首先是企业编制出 2006—2010 年五年计划，到 2006 年年末，企业根据当年计划完成情况及客观条件变化等因素对原定的上期五年计划进行必要的调整，在此基础上编出 2007—2011 年新的五年计划。同理，到 2007 年年末再根据 2007 年计划执行情况、计划修整因素等编出 2008—2012 年的五年计划。在编制时，近期计划部分较详细，远期计划部分较粗略，如此不断地向前滚动，编制出各期计划。

2. 滚动计划的应用范围

滚动计划最初是应用于编制长期计划，即五年、七年以上时期的计划，近几年来也有许多企业将其用于编制中、短期计划，取得良好的效果。企业对滚动计划的应用，一般有以下几个方面。

（1）按月（旬）度滚动的月度生产作业计划（一次编排 2 ~ 3 个月）；

（2）按月滚动的季度生产计划（一次编排 3～6 个月）；

（3）按季滚动的季度生产计划（一次编排 2～3 个季度）；

（4）按年滚动的年度生产计划（一次编排 2～3 个年度）；

（5）按年滚动的三年计划（一次编排 3 个年度）；

（6）按年滚动的五年计划（一次编排 5 个年度）。

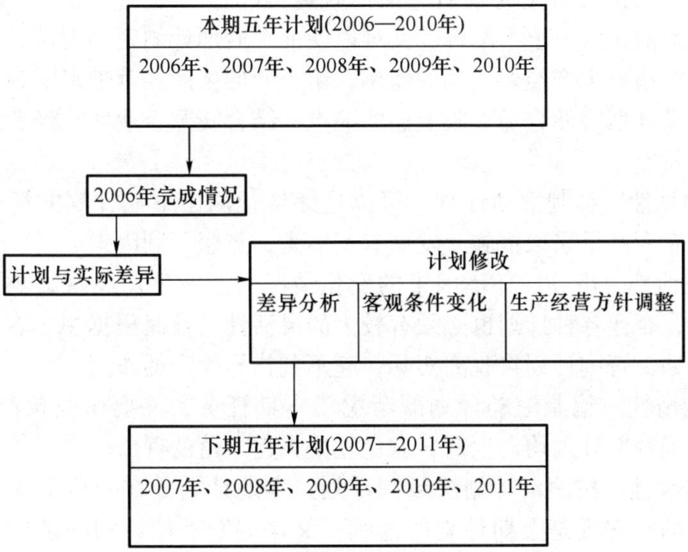

图 3－2　应用滚动计划法编制五年计划的程序

五年计划由于时间较长，计划期内预测的准确性难度较大；年度计划又较短，因此有的企业采用三年滚动计划（中期计划），其程序图如图 3－3 所示。

图 3－3　三年计划滚动程序

从图 3－3 中可以看出，编制 2006 年计划时对 2007 年、2008 年进行预测，将 2006 年的计划与后两年的计划衔接起来。根据 2006 年的实际执行情况及修正因素等调整 2007 年计划，并对 2008 年、2009 年进行预测。形成“干当年、看明年、想后年”的格局，使企业始终有一个比较切合实际的中期计划用以指导生产。

（三）滚动计划的特点

滚动计划法不仅仅是编制计划的方法和程序的改变，而且与我国的经济体制改革密切相关。随着经济体制改革的深入开展，企业已由生产型向生产经营型转变，习惯上的计划编制方法，当主、客观因素不断发生变化时，便产生一系列问题：一是原计划执行一定时期后，往往脱离实际；二是一次编出一定时期的计划，若不能瞻前顾后、上下配合，又难以使前、后期计划密切衔接，这样必然使计划不能发挥指导生产经营活动的作用，给企业的生产经营带来困难。

采用滚动计划法便容易克服上述的缺点。结合我国企业实践经验，滚动计划法具有以下特点。

(1) 预见性。编制滚动计划，可以连续地预测出下期计划的情况及存在的问题，便于企业及早采取措施，发展有利因素，克服不利因素。

(2) 灵活性。市场、环境因素的变化情况对企业生产经营影响很大，为了适应此情况，企业各种计划也必须有较大的灵活性，及时根据主、客观条件，调整、修改计划，否则计划将脱离实际，起不到指导生产的作用。

(3) 均衡性。编制滚动计划既考虑了本期任务，又要研究预测下期情况，因而易于做到各期计划均衡生产，避免发生大起大落的现象。

(4) 连续性。按滚动计划法编制计划，本期计划是在分析上期实际情况的基础上制定的，它既是上期计划的连续，又是编制下期计划的基础，因而可使前、后期计划密切衔接。同时也便于长期计划与年度计划，年度计划与季度、月份计划紧密衔接，可以充分发挥长期计划对短期计划的指导作用。

二、网络计划技术

网络计划技术是把一项工作或项目分成各种作业，然后根据作业顺序进行排列，通过网络的形成对整个工作或项目进行统筹规划和控制，以便用最少的人力、物力和财力资源及最快的速度完成任务。

网络图是网络计划技术的基础。任何一项任务都可分解成许多步骤的工作，根据这些工作在时间上的衔接关系，用箭线表示它们的先后顺序，画出一个由各项工作相互联系、并注明所需时间的箭线图，箭线图 3－4 就称作网络图。

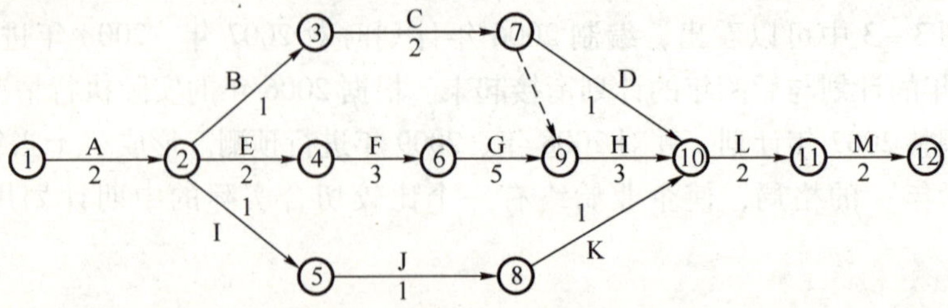

图 3－4　网络图

（一）网络图的构成要素

（1）箭线。“→”代表工序（活动、工作、作业），箭线上面标写作业代号，下面标写作业完成时间。有些工序既不占时间，也不消耗资源，是虚设的，用虚线来表示，虚工序是为了清楚地表示作业之间的关系，避免工序间关系的含混不清。

（2）结点。“○”代表事项，是两个工序间的连接点。一个网络图中只有一个始点事项和一个终点事项，其余为中间事项。

（3）路线是网络图中由始点事项出发，沿箭线方向前进，连续不断地到达终点事项为止的一条通道。一个网络图中往往存在多条路线，比较各路线的路长，可以找出一条或几条最长的路线。这种路线被称为关键路线。关键路线上的工序被称为关键工序。

（二）网络图的绘制原则

（1）有向性：各工序都用箭头表示。

（2）无回路：不能出现循环回路。

（3）两点一线：两个节点之间只能有一条箭头，不能出现双箭头和无箭头连线。

（4）从左到右：结点编号应从小到大，从左到右。

【案例分析】

1. 大卫的烦恼

大卫是农场家庭食品公司的一位地区经理，管辖一批连锁超市。他在新年前夕向各商店经理发出以下通知。

我们打算在价格上成为最具竞争力的连锁公司，为了保持这种地位，希望每一位商店经理做到：

①将食品的腐损降低到最低程度；

②将加班费尽可能地降下来；

③把商店库存压缩到最低程度；

④订货单尽早发出，以便公司采购员有足够的时间去讨价还价；

⑤确保广告费不超支；

⑥对采用购物优惠券要格外谨慎。

六个月后，公司总经理玛莉把大卫叫去训斥，他再也高兴不起来了。玛莉向大卫提出了几个问题：

①在他管辖的那个地区，利润并非预计得那么高；

②她认为食品的质量和对顾客的服务比削价更能获得利润。她还出示了大卫管辖的各个商店的上半年经营财务分析报表，食品腐损与加班费都超出了公司的平均水平，广告开支也是如此。不过，库存积压减少了，购物优惠券的费用减少了。但是，各商店经理的订单要么来得太晚，要么急得要命，采购部门一再向她抱怨这类事。

讨论题：

（1）这位总经理的抱怨中，哪些地方是不公平的？

（2）为了使年底总报表富有成效，这位地区经理还能做些什么？

（3）这一事件对我们有什么启示？

2. 通辽第一毛纺厂营销计划

1998年10月，位于我国东北通辽的第一毛纺厂的厂长邱政廉，从在广西柳州召开的用户座谈会上得到如下信息：全国抢购风潮过后，产品销售市场将出现困难，资金紧张将成为企业发展的主要矛盾，销售旺季11—12月将会“旺季不旺”。面对这一客观形势，作为厂长的邱政廉感到肩上的担子很重，压力很大。他一直在思考，该怎么做才好？

通辽第一毛纺厂坐落于通辽市，是内蒙古自治区哲里木盟[①]的一家拥有2 000多名职工、7 500锭生产能力的中型纺织企业。1986年实现利税1 358万元，创历史最好水平；1987年上缴利税升到2 040万元，较上年增长32%；1988年上半年在极其困难的情况下，仍完成工业产值3 841.72万元，实现利税600多万元，均接近完成计划的60%。显然，企业的形势不错，但企业要在市场竞争中立于不败之地，必须要再接再厉。企业面对新的情况，如不采取新的经营决策，资金紧张这一难关是很难闯过去的。为此，邱厂长认为，企业的龙头必须由抓原材料转为抓经营销售，大打经营战。那么，这一仗该怎么打？邱厂长在思考以下三个方案。

第一方案：正当国内毛纺织品价格居高不下，并且继续酝酿上调之时，降低产品价格，分品种下降5%～8%，个别品种下降10%以上，使产品价格处于较低水平。用这种方法既可以减少产品积压带来的贷款利息和罚息损失，又可回笼资金。这样做，预计一季度可收回货款2 088万元，其中3月可回收1 200万元，但用这种方式降价，经计算将会减少销售收入800万元。

第二方案：企业过去基本上是做大宗买卖的，现在要改变经营战略，重点改为向中小城市、农村、牧区、国家重点工矿企业推销产品，这样大宗和小笔生意

---

① 哲里木盟：今为通辽市。

都不放过，双管齐下。预计年底销售、回收货款可达 1 086 万元，约占同期货款回收额的 42%，上半年预计销售实现货款 1 250 万元，占同期货款回收额的 39%。但是，这样做又存在销售人员（商品推销员和售货员）严重缺乏的问题。

第三方案：为了提高市场占有率，还可以组成由产品设计人员、经销人员参加的调研队伍，深入市场，走访用户和销售网点，研究消费者习惯及心理变化，筛选和处理产品需求信息，及时开发和生产适销对路的产品，提高市场占有率。另外，还可以在生产中从原料到产品及售后服务道道工序把住质量，做到不合格的半成品不流入下道工序，不合格产品不出厂。这样做可以提高产品在市场上的信誉，从而扩大市场占有率，多售产品，回收货款。但是，由于重点技术力量薄弱，迅速开发新产品还存在一定难度。另外，新产品开发到投放市场还需要一个过程。恐怕采取这种方法明年年底才能产生效果，远水解不了近渴。因此，这种做法的资金回收效果并不明显，仍不能很好地解决资金紧张这一问题。

讨论题：

（1）结合案例分析如何制订计划。

（2）这是什么类型的计划？

（3）假如你是邱厂长，你将如何选择计划的各种备选方案？为什么？

【复习思考题】

1. 什么是计划？在市场经济条件下，计划具有什么作用？
2. 计划有哪几种类型？试制订你的五年计划。
3. 简述制订计划的步骤。在选择计划方案时应考虑到哪些因素？
4. 目标管理的含义是什么？日常管理中应注意哪些方面？
5. 滚动计划有何特点？

第四章　管理决策

【学习目标】

通过本章的学习，基本了解决策的地位、作用及种类；重点掌握决策的含义、步骤和方法，并且能够根据实际情况熟练应用各种决策方法对某一具体问题做出决策。

【案例导读】

苏格拉底弟子的选择

古希腊哲学大师苏格拉底的三个弟子求教老师：怎样才能成功呢？苏格拉底没有直接回答，而是让他们去走麦田埂，只许前进，且仅给一次机会，要求选摘一个最大最好的麦穗。

第一个弟子没走几步就看见一个又大又漂亮的麦穗，高兴地摘了下来。但是他继续前进时，发现前面又有许多麦穗比他摘的那个大，但是他已经没有机会了，只得遗憾地走完了全程。

第二个弟子正好相反，每当要摘时，总是自我提醒：后面可能还有更好的。他一直走到终点才发现自已失去了很多机会。

第三个弟子的做法是，当他走过全程的1/3时，即把麦穗分成大、中、小三类；再走过1/3时，验证分类是否正确；最后在剩下的1/3里，他较早地选择了一个美丽的麦穗。虽然这个麦穗不一定是麦田里最大的，但肯定是比较令人满意的。

有组织就有管理，有管理就有决策。本章主要介绍管理决策的基本理论与方法。在决策的基本理论中，将通过了解管理决策的定义、特点与类型，使我们更全面地理解管理决策的含义，由此认识到管理决策绝不是人们通常所理解的“拍板”这样一个瞬间的举动。决策实际上是一个有一定顺序和条理化过程的一门科学，它需要按照一定的程序进行，才有可能拿出较为合理的解决方案，使组织达到预期的目标。要进行科学、合理的决策，还必须利用科学的决策方法。这些决策方法有些主要依靠决策者的经验和能力，有些则是建立在数学模型的基础上，运用各种现代技术来进行量化研究。但无论如何，决策正确与否直接影响到组织的生存与发展，决策能力是衡量一个管理者管理能力高低的重要指标。

第一节 管理决策概述

决策贯穿于管理活动的始终，在管理活动中发挥着重要作用。事实上，管理活动中的每一个具体环节都有具体的决策问题，无论进行计划、组织还是领导和控制，各项管理职能的开展都离不开决策，决策是管理工作的基本要素。例如，目标的制定、行动方案的选择等，都离不开决策；组织机构的设置、部门化方式的选择、职责和权限的分配，以及各职位人员的选配等，这些是组织工作中的决策问题；而人员配备以后如何加以使用和激励，这属于领导职能，也同样有一系列的决策要做；至于控制职能中，绩效标准的制定，实际成绩与绩效标准之间偏差容许范围的确定，以及纠正偏差措施的选择等方面，也都需要进行决策。从这个意义上可以说，管理实际上是由一连串决策组成的，决策贯穿于管理过程的始终。

从管理者的角度来说，不论管理者在组织中的地位如何，决策都是管理者最重要、最困难、最花费精力和最冒风险的事情。有人曾对高层管理者做过一项调查，要他们回答三个问题：“你每天花时间最多的是哪些方面?”“你认为你每天最重要的事情是什么?”“你在履行你的职责时感到最困难的工作是什么?”结果，绝大多数人的答案只有两个字“决策”。不仅如此，决策选择的优劣直接影响到管理的效率，管理者管理水平的高低在很大程度上取决于其决策水平的高低。

一、管理决策的定义

对于决策的定义，许多管理学家都进行过探讨，但至今没有统一的结论。有人说，决策就是在几种行动方案中做出选择。这是从抉择、决定、拍板定案角度对“决策”概念的传统认识。这种认识应该说是狭义的，它抓住了决策的最直接、最本质的含义，即需要做出选择，而不能模棱两可。

但在管理学研究中，决策远比抉择、决定的范围广泛，它不仅仅指最终做出决定的那一时刻的行为。还应该包括在做最后决定之前进行一系列的活动，并在决定之后采取具体措施落实决策方案。这是从广义上，将决策作为“决策制定过程”来理解的。这时，决策是指组织为了实现某一目标，从若干个行动方案中选择一个满意的方案，并把其付诸实施的活动过程。简单地说，所谓决策，就是选择决定行动目标和行动方案的活动。

二、管理决策的特点

从定义可以看出，决策具有以下几个方面的特点。

（一）目标性

决策是为了解决某个问题，为达到一定目标而采取的决断行为，因此，要有明确的目标，这是决策的前提条件。没有目标，人们就难以拟订未来的活动方案，评价和比较这些方案也就没有了标准，对未来活动效果的检查更失去了依据。

（二）可行性

组织的任何活动都需要利用一定资源。缺少必要的人力、物力和技术条件的支持，理论上非常完善的决策方案也只会是空中楼阁。因此，决策方案的拟订和选择，不仅要考察采取某种行动的必要性，而且要注意实施条件的限制。

（三）选择性

决策的实质是选择，或者说“从中择一”。而要能有所选择，就必须提供可以相互替代的多种方案。事实上，为了实现相同的目标，组织总是可以从事多种不同的活动。这些活动在资源需求、可能结果及风险程度等方面均有所不同。因此，组织决策时不仅要具有选择的可能，而且还要有选择的必要，即提出多种备选方案并提供选择的标准和准则。

（四）过程性

组织决策往往不是一项决策，而是一系列决策的综合。通过决策，组织不仅要选择业务活动的内容和方向，还要决定如何具体地展开组织的业务活动，以及决定资源如何筹措与分配。并且，这一系列决策中的每一项决策，其本身就是一个包含了许多工作的过程，从决策目标的确定，到决策方案的拟订、评价和选择，再到决策方案执行结果的评价。只有制定了这一系列的具体决策，才能认为组织的决策已经形成。

（五）动态性

决策不仅是一个过程，而且是一个不断循环的过程。因此，决策没有真正的起点，也没有真正的终点，是动态的。同时，决策是建立在大量的组织内外信息的基础上，而环境又总是在不断发生变化，这就要求决策者必须不断监视和研究这些变化，并在必要时做出新的决策，以及时调整组织的活动，从而更好地实现组织与环境的动态平衡。

三、管理决策的类型

（一）程序化决策与非程序化决策

1. 程序化决策

程序化决策是常规的、基本上是自动化的过程。对于有些决策，管理者曾多次做过，从而形成相应的规则或指导原则——当特定情况再度出现时，可直接应用这些现成的规则或指导原则，这样的决策就是程序化决策。程序化决策发生于下列情境中：当一名工人无故缺勤时，主管应该如何处理；当工人加班时间超出正常上班时间的10%时，生产主管决定雇佣新工人时；当基本的办公用品库存量低于订货点量时，办公室主任打算订购一个固定批量时。在许多情况下，程序化决策是一种仿造先例的决策，像餐馆招待不小心将饮料洒在顾客衣服上的这类问题，因为这种事情不是第一次发生，所以处理这类问题有一些标准的程序，不需要管理者再去识别问题，开发多种可能的解决方案，管理者可以提出由餐馆来支付顾客衣服的清洗费用。

2. 非程序化决策

非程序化决策是针对非常规性决策而言的。管理者对某一做法是否带来预期的结果心中无数，在某些较为捉摸不定的情况下，管理者甚至连努力要实现的目标都不清楚。显然，在这种情况下，不可能形成可用于预测不确定性事件的规则。非程序化决策通常用于对异常的、新出现的机会和威胁做出反应的情况中。在某些决策情境中，管理者没有现成可依的规则，此时所做的决策就是非程序化决策。诸如要不要对一种新技术予以投资，要不要开发一种新产品，要不要进行新一轮的促销活动，要不要进入一个新兴的市场，或者要不要开展国际化经营等都是非程序化决策。非程序化决策是具有唯一性和不可重复性的决策。

图4－1描述了决策问题类型、决策类型和组织层次之间的关系。从图中可以看到，较低层次的管理者面对的通常是熟悉的和重复性的问题，也就是结构良好的问题，在大多数情况下是进行程序化决策，即依靠诸如程序、规则或组织的政策来进行决策。随着管理者所处的层次的上升，他们面对的问题通常具有更多的结构不良的特征。这是因为底层管理者往往自行处理那些程序化的决策，而把不寻常的和困难的决策问题提交上级来解决。类似的，高层管理者通常会将程序化的决策授权给他们的下级来处理，从而使他们能够集中精力处理那些更困难的问题。

（二）个体决策和群体决策

按照决策主体的多少不同划分，可以将决策划分为个体决策和群体决策。

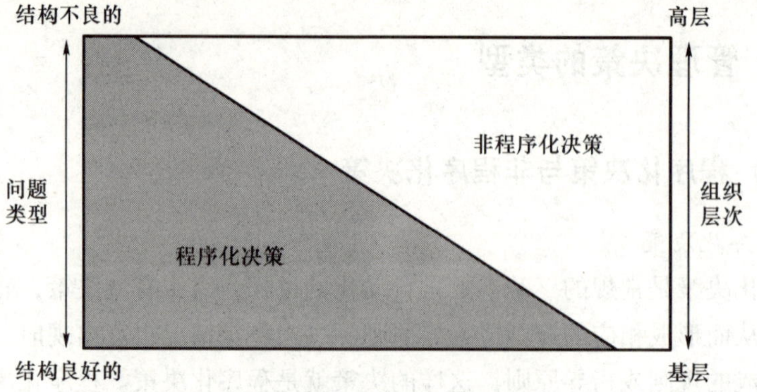

图 4-1 问题类型、决策类型和组织层次

1. 个体决策

个体决策是指决策是由某一人独立做出的。其优点是决策速度快、责任明确，可明显地提高决策效率，在瞬息万变的市场中抓住机会。但决策结果是否有效取决于决策人的经验、智慧和阅历等综合素质。个体决策的缺点是容易出现因循守旧、先入为主。

2. 群体决策

群体决策是指由多人共同参与做出的决策。相对于个人决策，群体决策的优点是能更大范围地汇总信息；能拟订更多的备选方案；能得到更多的认同；能更好地沟通；更有利于决策质量的提高等。特别是当群体的组成成员来自于不同专业、不同学科的专家时，这些优点会更加凸显。所谓“三个臭皮匠胜过一个诸葛亮”正说明了群体决策的优势。

群体决策的缺点也是明显的，如花费较多时间，效率比较低，容易产生责任不明的情况以及“从众现象”等。因此，组织在决定是否采用群体决策方式时，必须考虑其决策质量和可接受性的提高是否足以抵消决策效率方面的损失。

个体决策与群体决策各有优缺点，两者都不可能适用于所有情况。对于复杂、重要和需有关人员广泛接受的决策问题，特别是对企业有重大意义的关键性问题，如国家的大政方针、企业的战略目标、资产运作、高层人事变动等，组织最好要采取群体决策的方式来制定决策。反之，简单、次要和不需体现共同意志的决策，采取个体决策方式可能更适宜。

（三）单目标决策与多目标决策

按照决策目标的多寡划分，可以将决策划分为单目标决策和多目标决策。

1. 单目标决策

单目标决策是指判断一项决策的优劣，只考察某一重要目标就可得出结论的决策。例如，有一笔资金，三年后才用，那么是把资金以三年定期方式存到银行，还是购买三年期国债呢？评价方案优劣的指标只要利息率一个即可。在单目标决策中，决策行动只力求实现一种目标，因而容易掌握和做出决策。但单目标决策往往强调一点，容易以偏概全。

2. 多目标决策

多目标决策是指决策中包含两个或两个以上的目标的决策。一般来说，不论组织还是个人，所确定的目标往往是多个而非单一的。例如，私人购买小汽车的决策，就需要考虑价格、性能、舒适性、操作便利性、维修情况、品牌等。这多重目标很难在某一品牌车型中完全实现，所以，购买者做出购车决策时需要妥善处理多目标的冲突问题。这时，可以给第一个目标规定相对重要的程度，即权重，然后进行加权平均，这是处理多目标决策的一种常用方法。这样，倾向购买“经济车”的人可能会给“舒适性”以更高的权重，而倾向购买“豪华车”的人，则可能更注重“价格”等。在对多目标问题进行决策时，因为多个目标之间往往是相互联系、相互制约的，因此应注意分清目标的主次，不能没有重心。

（四）确定型决策、风险型决策和非确定型决策

按照决策所面临的自然状态的不同，可以将决策划分为确定型决策、风险型决策和非确定型决策。

1. 确定型决策

确定型决策是指决策者确切地知道自然状态的发生，并且每种状态的结果是唯一且可以预见的决策。

由于确定型决策需要解决的问题非常明确，解决问题的过程以及环境也一目了然，几种不同可行方案的结果也是清楚的，所以这种决策比较容易做，决策者只要比较各个方案的结果就可做出最终决策。这是做决策的理想状态。

例如，企业拟投资 1 000 万元，投资方案有三个，每个方案的经济效果值都非常清楚，年投资回报率分别为 15%、12%、10%，在其他条件均不变的情况下，理所当然选择投资回报率为 15% 的方案。

2. 风险型决策

风险型决策，也称随机决策，是指决策事件未来的自然状态虽不能预先肯定，但可以预测出每一种自然状态出现的概率的决策。这样的决策有一定的风险，可以通过比较各方案的期望值来进行决策。

例如，冷饮的销量和天气有很大关系，天气晴好时，销量多，应该多进货，天气不好则应少进货；但天气到底如何，我们只能通过天气预报知道概率情况，据此做出的进货数量决策就有一定风险。

3. 非确定型决策

非确定型决策指决策事件未来的各种自然状态完全未知，各种状态出现的概率也无法估计，方案实施的结果是未知的，只能凭决策者主观做出的决策。例

如，某一企业要生产一定数量的某种产品，由于无法控制市场变化情况，销售难以预测，因此，盈利和亏本这两种可能性都存在。到底生产还是不生产，很难做出决策，需要冒点风险。

四、古典决策模型和管理决策模型

（一）古典决策模型

古典决策模型是早期的决策模型。古典决策模型是描述性的，说明应该如何进行决策。管理者在运用这一模型时，需要对决策过程做出一系列简化的假设。古典决策模型的基本观点是，一旦管理者认为需要进行决策，他们能够构思出所有的可供选择的方案及其结果，并据此做出最佳的选择。换言之，古典决策模型假设管理者获得了做出最优化决策所需要的所有信息（没有时间和成本约束），能够很容易地列出他们对每一备选方案的选择偏好，并按偏好程度的大小进行排列。最优化决策就是按照管理者认为今后最理想的结果所做出的最恰当的决策。由于我们关注的是管理决策，所以还需要假定决策者追求的是组织利益最大化，而不是他的个人利益最大化。

（二）管理决策模型

詹姆斯·马奇和赫伯特·西蒙并不认同古典决策模型的基本假设。他们认为，现实社会中的管理者并不拥有决策所需要的所有信息，即使管理者能够获得决策所需要的所有信息，他们还可能不具备正确解释这些信息的心智。因此，他们提出的管理决策模型，用以解释为什么决策总是一个具有内在不确定性和充满风险的过程，用以说明管理者为什么很少运用古典决策模型所描述的方法进行决策。

管理决策模型基于三个重要的基础：有限理性、信息不充分和满意。

1. 有限理性

马奇和西蒙认为人的决策能力受认知局限的制约。认知局限是指人在对信息进行理解、处理以及运用的过程中，是存在着局限性的。他们认为人在智力方面的局限性限制了决策者做出最优化决策的能力，一位管理者需要识别的备选方案是那么多，需要分析的信息量是那么大，以至于他难以在做出决策之前对它们均加以细致考量。

2. 信息不充分

即使管理者拥有非凡的信息分析能力，但由于他们可能存在信息不充分的问题，他们仍然难以做出最优化决策。信息之所以不充分，是因为绝大多数情境中的决策备选方案是不可尽知的，而且已知备选方案的预期结果又是不确定的。具体来说，信息不充分是由于存在着风险与不确定性、模糊性、时间限制与信息成本等因素所致。

3. 满意

马奇和西蒙认为，在有限理性、未来的不确定性、难以测定风险、相当大的模糊性、时间限制和高信息成本等因素的制约下，管理者不会试图去探求所有的可能方案。他们采用的是一种称为“满意”的决策思路，所探寻和择取的是可接受的、令人满意的应对问题和机会的决策方案，而并不是竭力做出最优化决策。假设海尔集团的一位采购经理需要在一个月的时间内选择一家变压器部件的供应商。生产这种部件的供应商全球有几千家之多。在一个月时间内，这位采购经理不可能与所有可能成为供应商的厂家就有关情况（如价格、质量、交货时间等）进行沟通。而且，即使一个月能够与这些厂家的每一家联系上，获得信息所需的成本也不允许他这么做。这位采购经理可能只会向不多的厂家询问一些愿意交易的条件，相信这些供应商提出的条件在所有供应商那里是具有代表性的，并据以选择一家变压器部件生产厂家作为供应商。

马奇和西蒙认为，管理决策是艺术，而不是科学。在现实中，面对不确定性和模糊性，管理者必须依赖他们的直觉和判断做出在他们看来是最佳的决策。而且，管理者要在信息不充分的条件下，运用经验和判断，快速做出决策。但决策者还是应该意识到人的判断常常是有缺陷的。因而，即便是最优秀的管理者也会做出错误的决策。

第二节　管理决策的步骤

管理中的决策是一个动态的过程，一般而言，决策程序大致包括以下几个基本步骤。

一、识别问题

决策是为了解决组织面临的一定问题而制定的，人们只有发现问题后，才会去想办法解决问题，即为什么决策？决策什么？因此，决策者首先要研究组织的现状，发现存在的问题。

所谓问题，就是实际状况和理想状况之间的差异。问题可以是消极的，也可以是积极的。消极的问题指组织被迫要去应对的，来自外界不可预料事件的一次威胁或者组织内部出现的一个故障或麻烦。如生产线上一台机器坏了，车间管理者要进行检查，然后决定是立刻进行抢修还是调换新的机器。积极的问题指组织内外部环境中出现的有利于组织的变化。如一个管理者面临着如何把多余的钱用来扩大投资。这里有待进行决策的“问题”，实际上是一种“机会”，而不是前一意义下的“麻烦”。

发现问题在决策过程中是比较难的，必须不断地对组织与环境状况进行深入的调查研究和创造性的思考才能做到。发现问题后还必须对问题进行分析，确定所要解决的问题的基本性质和涉及范围，包括要弄清问题的性质、范围、程度、影响、后果、起因等各个方面；包括要弄清问题包含着哪些主要因素，各因素之间的相互关系，以及与外界环境之间的相互关系。只有这样，确定的问题才会明白、切合实际，以便为决策的下一步做准备。就像医生看病一样，要是病情诊断错了，如何对症下药?

二、明确目标

针对发现的问题，组织将要研究是否要采取决策行动，采取何种行动，必须达到何种效果。这就取决于决策目标的确定。明确决策目标，不仅为方案的制定和选择提供了依据，而且为决策的实施和控制、为组织资源的分配和各种力量的协调提供了标准。并且，同样的问题，目标不同，采取的决策方案可能就会不同，因此在确定目标时，必须把要解决问题的性质、结构及未解决的原因分析清楚，有针对性地确定出合理的决策目标。

三、拟订备选方案

为了解决问题，实现既定的目标，管理者必须积极地寻找各种切实可行的方案。一般情况下，一个问题的解决方案都有若干个，而这若干个方案就是我们这里所说的备选方案。

为了使在所拟订方案基础上进行的选择具有实质意义，这些备选的不同方案必须是能够相互替代、相互排斥，而不能是相互包容的。即拟制的方案之间不能雷同，要有原则的区别，否则备选方案的拟制就毫无意义。因此，对同一个决策目标人们要从不同角度、立场出发，采用不同的方法、技术和途径来拟制各种各样的行动方案。通常来说，找到的备选方案越多，决策的风险越小，决策的质量和正确率会越高。

四、评价备选方案

备选方案拟制出来后，决策者还要根据决策目标和环境约束的要求，对备选方案的优缺点进行综合分析与评价。在确切地说明机会和威胁的基础上，确定出将对各备选方案的取舍产生影响的标准，是做好备选方案评价的关键所在。做出不良决策的原因之一就在于管理者经常没能够或没有确定出重要的决策标准。决策标准就是管理者认为什么因素与所要进行的决策有关。一般来说，成功的决策者依次从以下四个标准对各个备选方案进行正反两方面的评价。

（一）合法性

管理者必须确保各个备选方案是合法的，不违背国内外的法律以及法规。

（二）伦理性

管理者必须确保各备选方案是合乎伦理的，不会对任何利益相关群体带来不必要的损害。管理者所做的许多决策，可能对一些组织利益相关者有益，对另一些利益相关者则可能有损害。在仔细分析各备选方案时，管理者应当对自己的决策可能产生的结果心中有数。

（三）经济性

管理者必须明确各个备选方案在经济上是否划算，也就是说，从特定的组织绩效目标的要求来看，各备选方案是否能得到实施。为此，管理者一般要对各备选方案进行成本—收益分析，以确定哪一个备选方案可能会带来最佳的经济回报。

（四）可操作性

管理者必须明确他们是否拥有实施备选方案的能力和资源，他们还需要确保备选方案的实施不会威胁到其他组织目标的实现。

在评价和选择各种方案时，通常采用定量分析、定性分析或两者相结合的评价方法。这时经验和决策者对待风险的态度往往会起较大的作用。到底如何取舍，有时取决于决策者的价值观、风险意识、审时度势的能力等。因此，为了充分体现决策的科学性，降低经验主义的作用，应提倡通过多种定量化的分析手段的运用。

五、选择备选方案

在对各备选方案做出详细评价之后，接下来的任务就是对各个备选方案进行排序（使用四个标准），并从中做出选择。决策方案不但必须在技术上和经济上可行，而且应当考虑社会、政治、文化等方面的因素，并且要准备好环境发生预料中的变化时，可以启用的备用方案，以避免临时仓促应变可能造成的混乱。

六、实施选定的方案

没有决策的执行，就不能达到决策的目的。在方案选定之后，决策者就要及时制定实施方案的具体措施和步骤。

对于重大决策，由于其实施往往需要投入大量的人力与物力，如果出现决策方案或目标错误，全面实施决策就会造成巨大损失。为此，应对重大决策在普遍实施之前，进行局部试验，以验证其可靠性，通过试点，如果确实可行再进行推广。对于那些不宜或无法进行试验的决策方案，则应在实施过程中，加强管理与控制。发现问题，及时反馈，做到早发现、早诊断、早调整，及时采取补救措施。

七、追踪反馈

决策结果的正确与否是通过实践检验出来的，同时，在实践过程中，随着环境的变化，原来的决策方案可能已经不符合实际情况。因此，必须通过定期的检查评价，及时掌握决策执行的情况，将有关信息反馈到决策机构，以便采取措施进行处理。这样，一方面可以及时发现并纠正决策过程中出现的偏差，以保证既定目标的实现；另一方面对客观条件发生重大变化而导致原决策目标确实难以实现的，则要进一步寻找问题，确定新的决策目标，重新制定可行的决策方案并进行评估和选择。

以上这些步骤结合起来便组成了一个完整的决策过程。在这个过程中，每一阶段都相互影响着，并时常产生一些大大小小的反馈。为了研究和介绍的方便，我们在理论上常把决策过程划分成不同的阶段，但实际工作中应该注意，决策过程的各步骤往往是相互联系、交错重叠的，不能将决策的各个步骤工作截然分割。

案例：

1965 年 11 月间，美国曾发生过这样一个事件：那天整个东北部地区，从罗伦斯到华盛顿一带，出现了一次美国历史上最严重的全面停电事故。在大停电的那天早上，纽约市有的报纸都没能出版，唯有《纽约时报》例外。原来在那天停电时，《纽约时报》总编当即决定把报纸改在赫德逊河对岸的纽华克印刷。当时，纽华克还没有停电。但虽有此英明决策，通常发行一百多万份的《纽约时报》，那天也只有不到半数的读者得到了报纸。这其中的原因在于：当《纽约时报》上了印刷机后，总编的三位助手发生了争论，争论的问题只是某一英文单词如何分节。据说争论持续了 48 分钟之久，恰好占去了该报有限的印刷时间的一半。争论的理由是该报制定有一套英文写作标准，印出的报纸绝不允许有任何方法上的错误。教条地恪守质量标准使得这位总编在出现意外停电的情况时，认识不到保证时报每天的发行量已成为更紧迫的目标，从而使上述“英明”的异地印报决策未能取得预期的效果。

启示：在决策过程中重要的并不是对各种备选方案的选择，而首先是对决策目标的选择，因为决策目标是决策方案选择的依据。

第三节 管理决策的方法

一、定性决策方法

定性决策方法，又称“软”方法、经验判断法。它是在对决策过程进行全面系统分析的基础上，依靠运用决策者本人或有关专家的有关专业知识、经验和能力进行决策的方法。这种方法适用于受社会经济因素影响较大的、错综复杂以及涉及社会心理因素较多的综合性的战略问题。常用的定性决策方法有以下几种。

（一）德尔菲法（Delphi Technique）

德尔菲法也叫专家意见法，是由美国兰德公司首创和使用的一种特殊的策划方法，最早用于预测，后来推广应用到决策中来。

德尔菲法是以匿名方式通过几轮函询征求专家意见的决策方法。其具体做法是通过书面方式向专家们提出所要预测的问题，在得到专家不同意见的答复后，将意见汇总整理，并作为参考资料再次发给每一个专家，让他们再次进行分析并发表意见。如此反复多次，最终形成代表专家组意见的方案。

在这种方法下，被征询的专家互不通气、彼此隔离，能够自由充分地发表自己的意见，包括分歧点，由此可以达到集思广益、扬长避短的效果。但德尔菲法也有缺点，表现为：主要凭专家判断，缺乏客观标准；过程比较复杂，花费时间较长。

（二）头脑风暴法（Brain Storming）

头脑风暴法，又称智力激励法。它是由英国心理学家奥斯本（A. F. Oshom）于 1939 年首次提出的一种激发创造性思维的方法。

头脑风暴法，是指依靠一定数量专家的创造性逻辑思维对决策对象未来的发展趋势及其状况做出集体判断的方法。其具体做法是通过小型会议的形式，将对解决某一问题有兴趣的人集合在一起，在完全不受约束的条件下，敞开思路、畅所欲言，随心所欲地发表自己的看法，并以此激发与会者的创意及灵感，使各种设想在相互碰撞中激起脑海的创造性“风暴”。在这一过程中，鼓励一切思维，包括看起来不可能的想法，而且暂时不允许对任何想法做出评论或批评。这种方法的时间安排应在 1 ~2 小时，参加者以 5 ~6 人为宜。

（三）电子会议法（Electronic Meeting）

电子会议法是一种将专家会议法与尖端的计算机技术相结合的决策方法，是目前较新的定性决策方法。其具体做法是安排为数众多的参与者（可能多达50人）围坐在一张马蹄形的桌子旁，这张桌子上除了一系列的计算机终端外别无他物；将问题显示给决策参与者；决策参与者在不透露自己姓名的情况下，打出自己所要表达的任何信息并立即显示在计算机屏幕上，使所有人都能看到；个人评论和票数统计也都投影在会议室的屏幕上。

电子会议的主要优点是匿名、诚实和快速。它使人们充分地表达他们的想法而不会受到惩罚，它消除了闲聊和讨论偏题，且不必担心打断别人的“讲话”。专家们声称电子会议比传统的面对面会议快一半以上。例如，菲尔普斯·道奇矿业公司采用此方法将原来需要几天的年计划会议缩短到12小时。但是，电子会议也有缺点，它使得那些口才好但打字慢的人相形见绌，并且可能丧失由于缺乏面对面的口头交流所传递的丰富信息。

二、定量决策方法

定量决策方法，又称“硬”方法，它是建立在数学模型的基础上，运用统计学、运筹学和电子计算机技术来对决策对象进行计算和量化研究，以供决策参考的方法。根据决策方案在未来实施的经济效果的确定程度，定量决策方法又可分为确定型、风险型和非确定型三类。

（一）确定型决策方法

如前所述，确定型决策是指决策者确切地知道自然状态的发生，并且每种状态的结果是唯一且可以预见的决策。也就是说，确定型决策所涉及问题的相关因素是确定的，这是一种理想化的决策状态。在实际中，如果决策的主要因素或者关键因素是确定的，我们可以暂时忽略那些次要的或非关键性因素的不确定性，将问题简化成确定型决策问题加以解决。

1. 盈亏平衡分析法

盈亏平衡分析法，又称量本利分析法或保本分析法，是进行产量决策时经常使用的一种定量分析方法。这种方法主要通过分析总成本、总收入和销售数量三个变量之间的关系，掌握盈亏变化的规律来为决策提供依据。

进行盈亏平衡分析的核心是进行盈亏平衡点的计算。盈亏平衡点是指在这一点上，生产经营活动正好处于不盈不亏的状态，即总收入等于总成本，与这一点相对应的产量称为临界点产量或保本点，相对应的价格称为临界点价格。

其具体做法是：假设企业的总收入即销售收入，企业的总成本包含固定成本和可变成本两部分，且企业生产的产品全部售出，即产品产量等于产品的销售量。然后将总成本与总收入进行对比，就可以确定盈亏平衡时的产量或某一盈利水平的产量。根据总成本、总收入和销售量（产量）三个变量之间的关系可推导出如下公式：

利润 = 总收入 - 总成本

= 总收入 - 变动成本总额 - 固定成本总额

= 销售量 × 单价 - 销售量 × 单位变动成本 - 固定成本总额

若设：

R——利润；S——总收入；C——总成本；FC——固定成本总额；VC——单位可变成本；P——单价；Q——产量或销售量；$Q*$——盈亏平衡点的销售量。则以上公式可表示为：

$$R = S - C = PQ - VC \times Q - FC = Q\ (P - VC)\ - FC$$

$$Q = \ (R + FC)\ /\ (P - VC)$$

当企业处于盈亏临界点时，即总收入等于总成本，如不计税收，企业利润为零，即 $R = 0$。则盈亏平衡点的销售量 $Q* = FC/\ (P - VC)$

上述公式中有四个变量，给定任何三个便可求出另外一个变量的值。

【例 4 - 1】 某电子器件厂的主要产品生产能力为 10 万件，产销固定成本为 250 万元，单位变动成本为 60 元。根据全国订货会上签订的产销合同，国内订货共 8 万件，单价为 100 元。最近有一外商要求订货，但他的出价仅为 75 元，订货量为 2 万件，并自己承担运输费用。由于这外销的 2 万件不需要企业支付推销和运输费用，这样使单位变动成本降至 50 元。现该厂要做出是否接受外商订货的决策。

解：首先计算该电子器件厂盈亏平衡点产量

$$Q* = FC/\ (P - VC)\ = 250/\ (100 - 60)\ = 6.25\ (\text{万件})$$

从计算出来的结果，可以确定，该电子器件厂接受国内订货 8 万件，不仅可以收回固定成本投资 250 万元，而且还会有 70 万元的利润。

$$R = Q\ (P - VC)\ - FC = 8\ (100 - 60)\ - 250 = 70\ (\text{万元})$$

然后分析国外 2 万件的订货是否可以接受。从该厂的生产能力来看，在接受国内 8 万件订货后，还有剩余生产能力 2 万件。是否接受该外商的订货，要看降低了售价后是否还能给企业带来利润。从表面上看，外销价格明显低于内销价格，但是，实际上该电子器件厂所投入的固定成本已在内销产品中得到全额补偿还盈余 70 万元，所以接受外商订货可使企业再净赚 50 万元。

$$R = Q\ (P - VC)\ - FC = 2 \times\ (75 - 50)\ - 0 = 50\ (\text{万元})$$

因此，如果这家企业没有更好的销售机会，应该做出接受外商订货的决策。

2. 线性规划法

线性规划法就是在一定约束条件下追求最优方案的数学方法。一般来讲，用线性规划模型来解决问题要满足以下条件：问题的目标能用数值指标来反映；存在着达到目标的多种方案；要达到的目标是在一定约束条件下实现的。

用线性规划建立数学模型的步骤是：先确定影响目标大小的变量；然后列出目标函数方程；最后找出实现目标的约束条件，列出约束条件方程组，并从中找到一组能使目标函数达到最大值或最小值的可行性，即最优可行解。

【例4-2】某药厂生产A、B、C三种药物，可供选择的原料有甲、乙、丙、丁四种，成本分别是每千克5元、6元、7元、8元。每千克不同原料所能提供的各种药物如表4-1所示。药厂要求每天生产A药品恰好100克、B药品至少530克、C药品不超过160克，如何合理选配各种原料的数量，才能既满足生产的需要，又使总成本最低？

表4-1 某药厂不同原料所能提供的药物

原料 药品	甲	乙	丙	丁	产量/克
A	1	1	1	1	100
B	5	4	5	6	530
C	2	1	1	2	160

解：根据题意建立此问题的线性规划模型。设X_1、X_2、X_3、X_4分别表示甲、乙、丙、丁原料的用量。

目标函数为$\min Z=5X_1+6X_2+7X_3+8X_4$

约束条件为：

$X_1+X_2+X_3+X_4=100$

$5X_1+4X_2+5X_3+6X_4\geqslant 530$

$2X_1+X_2+X_3+2X_4\leqslant 160$

$X_1\geqslant 0$，$X_2\geqslant 0$，$X_3\geqslant 0$，$X_4\geqslant 0$

运用线性规划软件包，得到的运算结果为：当甲30 000克、丙40 000克、丁30 000克，而乙为0克时，成本达到最小，此时最小成本为670元。

（二）风险型决策方法

风险型决策方法主要用于人们对未来有一定程度认识，但又不能肯定的情况。这时，实施方案在未来可能出现几种不同情况，我们把它称为自然状态。每种自然状态虽然无法事先确定，但可以推断它们出现的概率。这样，根据已知的概率就可以计算期望收益。但决策者在决策时无论采用哪一个方案，都要承担一定风险。

1. 决策收益表法

决策收益表法，又称决策损益矩阵法。它是以决策收益表为基础，通过计算不同方案在不同自然状态下的期望收益值，来分析和选择方案的决策方法。决策收益表法主要适用于单级决策。

2. 决策树法

决策树法就是运用树形图来分析和选择方案的决策方法。它以图形方式，把可行方案、期望收益以及发生的概率等直观地表示在图形上。它既适用于单级决策，也适用于多级决策。决策树的基本形状结构如图 4－2 所示。

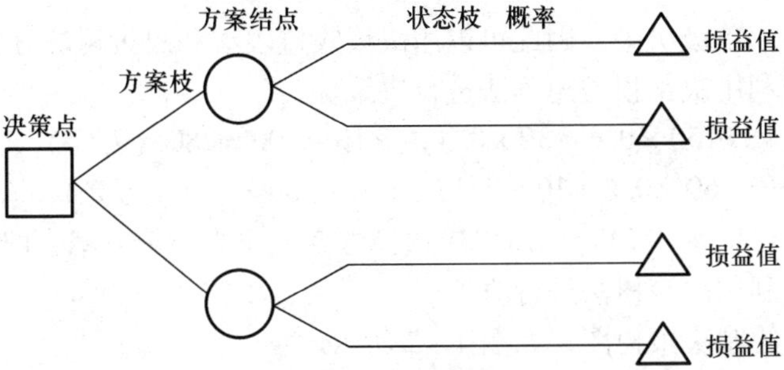

图 4－2　决策树

图中，“□”表示决策点；由决策点引出的若干条一级树枝叫作方案枝，它表示该项决策中可供选择的几种备选方案，分别以“○”来表示；由各圆形节点进一步向右边引出的枝条称为方案的状态枝，每一状态出现的概率标在每条状态枝的上方，直线右端的“△”表示该种状态下方案执行所带来的损益值。

用决策树法进行决策一般需要进行以下几个步骤：

第一步绘制决策树。根据备选方案的数目和对未来环境状态的了解，从左到右绘出决策树图形。

第二步计算期望收益值。计算各概率枝的损益值，将各损益值乘上该损益值出现的概率并累加，得出各方案的期望收益值，该数值可标记在相应方案的圆形状态节点上方。

第三步剪枝决策。将每个方案的期望收益值减去该方案实施所需要的投资额（该数额可标记在相应的方案枝的下方），比较余值后就可以选出决策方案。剪去的方案枝以“//”号表示剪断。

【例 4－3】某公司准备生产某种新产品，有两个方案可供选择：一是建大厂，需投资 500 万元，建成后如果销路好，每年可获利 150 万元，如果销路差，每年要亏损 30 万元；二是建小厂，需投资 300 万元，如果销路好，每年可获利 60 万元，如果销路差，每年可获利 30 万元，如表 4－2 所示。两方案的使用期限均为 10 年，根据市场预测，产品销路好的概率为 0.6，销路差的概率为 0.4，请问应如何进行决策？

表4－2 某厂新产品开发的两种方案

可行方案 \ 自然状态 \ 损益值	销路好 $P=0.6$	销路不好 $P=0.4$	期望收益值 $E(Vi)$
建大厂（投资500万元）	150	－30	280（Max）
建小厂（投资300万元）	60	30	180

此问题属于单级决策，因此可以用决策收益表法和决策树法分别分析。

方法一：利用决策损益矩阵法进行决策。

$E(V_1)=(150\times 0.6-30\times 0.4)\times 10-500=280$（万元）

$E(V_2)=(60\times 0.6+30\times 0.4)\times 10-300=180$（万元）

因为$E(V_1)>E(V_2)$，所以应选择方案一作为决策方案，即建大厂。

方法二：利用决策树法进行决策。

第一步：绘制决策树图，如图4－3所示。

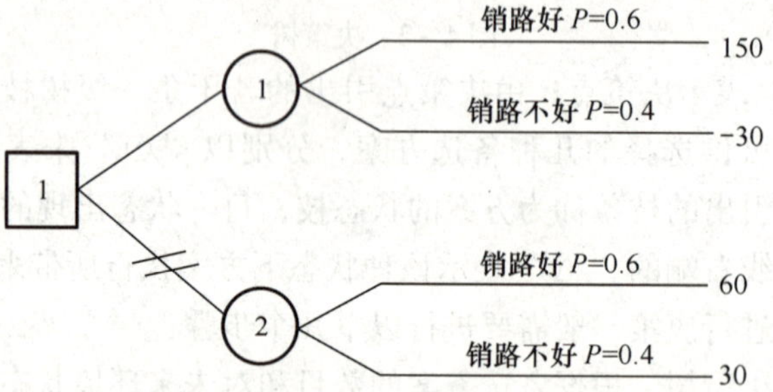

图4－3 决策树

第二步：计算各节点的期望收益值。

节点①：

$E(V_1)=(150\times 0.6-30\times 0.4)\times 10-500=280$（万元）

节点②：

$E(V_2)=(60\times 0.6+30\times 0.4)\times 10-300=180$（万元）

第三步：剪枝决策。

因为$E(V_1)>E(V_2)$，所以应选择方案一作为决策方案，即建大厂。

【例4－4】某企业为扩大某产品的生产，拟建设新厂。据市场预测，产品销路好的概率为0.7，销路差的概率为0.3，有以下三种方案可供企业选择。

方案一：新建大厂，需投资300万元，据初步估计，销路好时，每年可获利100万元；销路差时，每年亏损20万元，服务期为10年。

方案二：新建小厂，需投资140万元，销路好时，每年可获利40万元；销路差时，每年仍可获利30万元，服务期为10年。

方案三：先建小厂，3年后销路好时再扩建，需追加投资200万元，服务期为7年，估计每年获利95万元。

应如何进行决策?

此问题属于多级决策，因此要用决策树法进行分析。

解：第一步：画出此问题的决策树，如图4-4所示。

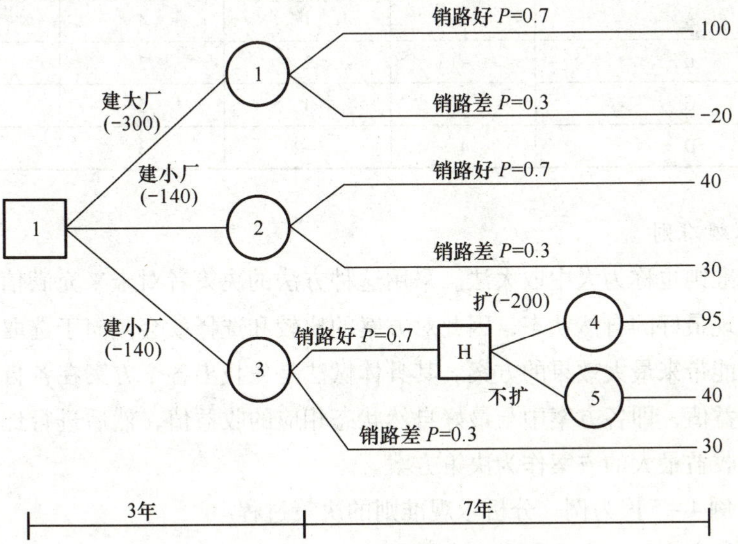

图4-4 决策树

第二步：先计算节点④、⑤的期望收益值，进行第一级决策。

$E_4 = 95 \times 7 - 200 = 465$（万元）

$E_5 = 40 \times 7 = 280$（万元）

由于 $E_4 > E_5$，故若先建小厂，3年后销路好时应选择扩建方案。

第三步：计算①、②、③3个点的期望收益值，进行第二级决策。

$E_1 = [0.7 \times 100 + 0.3 \times (-20)] \times 10 - 300 = 340$（万元）

$E_2 = (0.7 \times 40 + 0.3 \times 30) \times 10 - 140 = 230$（万元）

$E_3 = (0.7 \times 40 \times 3 + 0.7 \times 465 + 0.3 \times 30 \times 10) - 140 = 359.5$（万元）

由于 E_3 最大，所以应选择方案三作为决策方案，即先建小厂，3年后若市场销路好就进行扩建。

（三）非确定型决策方法

在非确定型决策中，由于方案实施可能会出现的自然状态或者带来的后果不能做出预计，因此处理这类问题的方法主要有两种：一种是通过一些科学方法来补充信息，将不确定型问题变为风险型问题来处理；另一种是依经验进行模糊决策，这与决策者对待风险的态度和所采取的决策准则有直接关系。下面将以例【4-5】为例，分析不同方法下的决策方案选择。

【例4-5】某决策问题的损益矩阵如表4-3所示。

表 4-3　某决策问题的损益矩阵

可行方案＼损益值＼自然状态	Q_1	Q_2	Q_3	Q_4
A	2	1	4	8
B	-1	2	3	6
C	3	4	5	2
D	4	-2	3	6

1. 乐观准则

乐观准则也称为大中取大法。采用这种方法的决策者对未来充满信心，认为未来会出现最好的自然状态，因此对方案的比较和选择就会倾向于选取那个在最好状态下能带来最大效果的方案。其具体做法是先找出各个方案在各自然状态下的最大收益值，即各方案中与最好自然状态相应的收益值，然后进行比较，从中选取相对收益最大的方案作为决策方案。

以【例 4-5】为例，分析乐观准则的决策过程。

解：①求出每一个方案在各自然状态下的最大效果值。

方案 A = max {2，1，4，8} = 8

方案 B = max {-1，2，3，6} = 6

方案 C = max {3，4，5，2} = 5

方案 D = max {4，-2，3，6} = 6

②求出各最大效果值的最大值。

max {8，6，5，6} = 8

因此，对应的方案 A 就是按照乐观准则要选择的决策方案。

2. 悲观准则

悲观准则也称为小中取大法。采用这种方法的决策者对未来持比较悲观的态度，认为未来会出现最差的自然状态，为避免风险，则会选择在最差自然状态下仍能带来最大收益或最小损失的方案作为决策方案。其具体做法是：先找出各方案在各自然状态下的最小收益值，即各方案中与最差自然状态相应的收益值，然后进行比较，从中选取相对收益为最大的方案作为决策方案。

以【例 4-5】为例，分析悲观准则的决策过程。

解：①求出每一个方案在各自然状态下的最小效果值。

方案 A = min {2，1，4，8} = 1

方案 B = min {-1，2，3，6} = -1

方案 C = min {3，4，5，2} =2

方案 D = min {4，-2，3，6} = -2

②求出各最小效果值的最大值。

max {1，-1，2，-2} =2

因此，对应的方案 C 就是悲观准则要选择的决策方案。

3. 折中准则

折中法也称乐观系数法。采用这种方法的决策者认为自然状态出现最好和最差的可能性都存在，因此要在乐观与悲观两种极端中求得平衡。

其具体做法是根据决策者的估计，引入一个乐观系数 a（$a \in [0, 1]$），相对应的悲观系数为 $1-a$。当 $a=0$ 时决策者感到完全悲观，当 $a=1$ 时决策者感到完全乐观。然后，将各方案在最好自然状态下的收益值与乐观系数的乘积，加上各方案在最差自然状态下的收益值与悲观系数的乘积，得出各方案的期望收益值；比较各方案的期望收益值，从中选出期望收益值最大的方案作为决策方案。

以【例 4-5】为例，假设乐观系数 $a=0.7$，悲观系数 $1-a=0.3$，分析折中准则的决策过程。

解：①求出各方案的现实估计值。

$V_A = 8 \times 0.7 + 1 \times 0.3 = 5.9$

$V_B = 6 \times 0.7 + (-1) \times 0.3 = 3.9$

$V_C = 5 \times 0.7 + 2 \times 0.3 = 4.1$

$V_D = 6 \times 0.7 + (-2) \times 0.3 = 3.6$

②求出现实估计值的最大值。

max {5.9，3.9，4.1，3.6} =5.9

因此，对应的方案 A 就是折中准则要选择的决策方案。

4. 后悔值法

后悔值法也称遗憾值法或大中取小法。采用这种准则的决策者认为在选择方案并组织实施时，如果遇到的自然状态表明采用另外的方案会取得更好的收益，组织就会遭到机会损失，决策者将为此而感到后悔。

其具体做法是先确定出各方案在各种自然状态下的最大收益值，然后用这个最大值与相应方案在不同自然状态下的收益值相减，得出各方案在各种自然状态下的后悔值；最后找出每一种方案的最大后悔值，从中选择一个最小值，该值对应的方案即决策方案。

以【例 4-5】为例，分析后悔值法的决策过程。

解：①求出每一自然状态下的效果最大值。

E_1 = max {2，-1，3，4} =4

E_2 = max {1，2，4，-2} =4

E_3 = max {4，3，5，3} =5

E_4 = max {8，6，2，6} =8

②求出每一自然状态下的后悔值，并写在相应方案与相应状态的交叉点上。

方案后悔值等于各自然状态最佳效果值（最大收益或最小支付）减去方案在该自然状态下的损益值，如表4－4所示。

表4－4 计算方案后悔值

可行方案 \ 后悔值 \ 自然状态	Q_1	Q_2	Q_3	Q_4
A	4－2	4－1	5－4	8－8
B	4－（－1）	4－2	5－3	8－6
C	4－3	4－4	5－5	8－2
D	4－4	4－（－2）	5－3	8－6

③求出后悔值矩阵。

计算表4－4得出后悔值矩阵，如表4－5所示。

表4－5 后悔值矩阵

可行方案 \ 后悔值 \ 自然状态	Q_1	Q_2	Q_3	Q_4
A	2	3	1	0
B	5	2	2	2
C	1	0	0	6
D	0	6	2	2

④求出后悔值矩阵中各行（方案）的最大后悔值。

方案A＝max｛2，3，1，0｝＝3

方案B＝max｛5，2，2，2｝＝5

方案C＝max｛1，0，0，6｝＝6

方案D＝max｛0，6，2，2｝＝6

⑤求出最大后悔值中的最小值。

min｛3，5，6，6｝＝3

因此，对应的方案A就是后悔值法要选择的决策方案。

把决策方法分为两大类只是相对而言的。定性决策方法注重于决策者本人的直觉，定量决策方法则是注重于决策问题各因素之间客观的数量关系。鉴于两者各有长处和不足，在实际应用中，通常将定量决策方法与定性决策方法相结合，从而使组织决策更加科学。

【案例分析】

安娜该如何决策

安娜在一家中等规模的电脑公司当程序设计员。现在，她的年薪为5万美元。公司的前景很好，也增加了很多新的管理职位。其中有些职位，包括优厚的年终分红在内，公司每年要付给 9 万美元。有时，还提升程序员为分公司的经理。安娜相信，在不久的将来她会得到这样的机会。

安娜的父亲雷森先生自己开了一家电脑维修公司，主要是维修计算机硬件，并为一些大的电脑公司做售后服务，同时也销售一些计算机配件。雷森先生雇了一位刚毕业的大学生来临时经营电脑维修公司，店里的其他部门继续由安娜的母亲经营。雷森想让女儿安娜回来经营她最终要继承的电脑维修公司。而且，由于近年来购买电脑的个人不断增加，电脑维修行业的前景是十分看好的。雷森先生在前几年的经营过程中，建立了良好的信誉，维修公司发展和扩大的可能性是很大的。

安娜和父母讨论时，得知维修公司现在一年的营业额大约为 40 万美元，而毛利润差不多是 17 万美元。目前，雷森付给他新雇用的大学毕业生的薪金为每年 3.6 万美元，雷森夫人得到的薪金为每年 3.5 万美元，雷森先生自己不再从维修公司支取薪金了。

如果安娜决定担任起维修公司的管理工作，雷森先生打算付给她 5 万美元的年薪。他还打算，开始时把维修公司经营所得利润的 25% 作为安娜的分红；两年后增加到 50%。因为雷森夫人将不再在该公司任职，就必须再雇一个非全日制的办事员帮助安娜经营维修公司，他估计这笔费用大约需要 1.6 万美元。雷森先生已知有人试图出 60 万美元购买他的维修公司。这笔款项的大部分，安娜在不久的将来是要继承的。对于雷森夫妇来说，他们的经济状况并不需要过多地去用这笔资产来养老送终。

讨论题：

（1）对安娜来说，有什么行动方案可供选择？

（2）你建议采取哪种备选方案？

（3）安娜的个人价值观与她做出的决策有何关联？

【复习思考题】

1. 结合自己的实际生活，分析你所做的某一项实际决策所受到的影响因素。

2. 请以你的亲身经历为例，谈谈在日常生活中，你都是如何进行决策的，这些决策方法有什么样的特点。

3. 我们常会发现，即使决策是正确的，但未必都能达到预期的目标。这是为什么？请结合具体事例分析原因。

4. 决策的实际效果往往要经过相当长的时间才能得到检验，那么，怎样才能评价决策工作本身的有效性？

第五章 组 织

【学习目标】

本章主要介绍组织的概念、组织设计、组织运行，以及组织变革。通过本章的学习，了解组织的概念、类型和组织工作的内容；掌握组织结构设计的原则、依据和步骤；熟悉常见的组织结构类型；领会组织运营中的集权与分权、正式组织与非正式组织，以及组织整合、制度化管理与现代公司制度的建立等问题；理解组织变革的动力、阻力和变革的内容与一般过程；掌握团队的特点、类型和团队建设的步骤。

【案例导读】

光华的组织结构之重

光华公司是一家生产照相机、测量仪器等光学仪器的公司，上任经理因为一些个人原因辞职以后，公司新上任的总经理秦升是某名牌大学精密仪器制造专业的本科毕业生，长期在公司工作，担任过技术员、车间主任、分公司经理等职位，又学习过企业管理。秦升上任之后，看到组织机构存在不少问题：全公司有职工 2 400 多人，有行政科室 56 个，每个科室有科长、副科长，还有好几名科员，全公司科室干部就有 800 多人，占全公司职工人数的 1/3。科室人多，推诿扯皮现象非常严重，造成公司管理效率低下。

为此，秦升经理决定进行组织机构调整，把相关科室合并，精减出来的人充实到生产第一线去。这一方案在各层次决策会上顺利通过，各级干部也拥护，但是到具体实施方案时，却难以进行下去。

每项管理活动都是在组织内进行的，并且都需要运用组织这一基本职能，因此组织设计和运转机制是否科学，直接关系到组织未来的生存状况和竞争能力。只有科学、合理地构建组织，才能使组织高效地运转，实现组织与环境的动态平衡。随着时间和环境的变化，必须对组织进行适时变革，才能保持组织活力。

第一节 组织概述

一、组织的概念

组织包括两层含义：一是静态的组织含义，即从组织结构上来讲，是指由若干因素构成的有序的结构系统；二是动态的组织含义，即组织工作，是指一种根据一定的目的，按照一定的程序，对一些事物进行安排和处理的活动或行为。组织是分工的前提，又是协作的基础。在管理活动中，组织是一种管理主体，同时又是管理客体、管理对象。

综合以上两层含义，可以把组织的概念定义为：为了有效地配置内部资源和开展活动，实现一定的共同目标而按照一定的规则、程序所构成的一种责权结构安排和人员协作关系，其目的在于以最高的效率使目标得以实现。

二、组织的分类

从不同的角度，组织可以划分为不同的类别。按组织规模划分，可分为小型组织、中型组织和大型组织；按社会职能划分，可分为文化性组织、经济性组织和政治性组织；按内部是否有正式分工关系划分，可分为正式组织和非正式组织。这里主要介绍正式组织和非正式组织。

（一）正式组织

为了建立合理的组织机构和结构，规范组织成员在活动中的关系，从而形成所谓的正式组织。正式组织是为实现组织目标而建立；是按组织的章程和组织规程建立；其成员有明确的编制；是建立在组织效率逻辑和成本逻辑的基础之上的。

正式组织有明确的目标、任务、结构、职能以及由此决定的成员间的责权关系，对个人具有某种程度的强制性。合理、健康的正式组织无疑为组织活动的效率提供了保证。

（二）非正式组织

非正式组织是伴随着正式组织的运转而形成的。在正式组织展开活动的过程中，组织成员必须发生业务上的联系，这种工作上的接触会促进成员之间的相互认识和了解，并开始工作以外的联系，频繁的非正式联系又促进了他们之间的相互了解。久而久之，一些正式组织成员之间的私人关系从相互接受、了解逐步上升为友谊，一些无形的、与正式组织有联系但又独立于正式组织的小群体便慢慢地形成了。其成员由于工作性质相近、社会地位相当、对一些具体问题的认识基本一致、观点基本相同，或者在性格、业余爱好以及感情相投的基础上，产生了一些被大家所接受并遵守的行为规则，从而使原来松散、随机性的群体渐渐成为趋向固定的非正式组织，如图5－1所示。

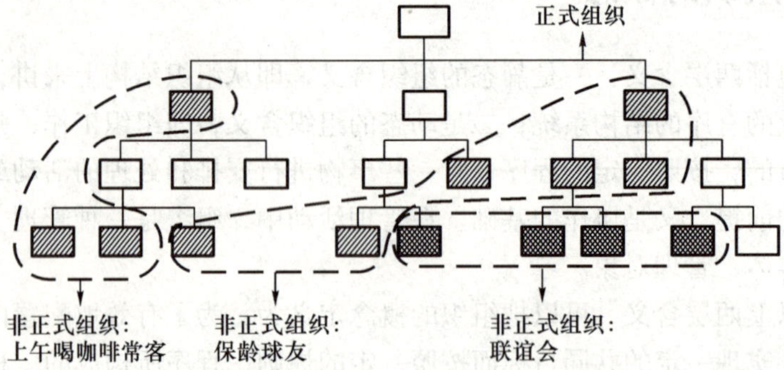

图5－1　正式组织中的非正式组织

（三）非正式组织的作用

非正式组织的存在，可以为员工提供在正式组织中很难得到的心理需要的满足，创造一种更加和谐、融洽的人际关系，提高和加强员工的相互合作精神；帮助正式组织起到一定的培训作用，规范成员行为；提供一种非正式的信息沟通渠道，有助于促进组织中信息的交流与传递，是正式信息通道的补充。

非正式组织也可能产生消极作用，主要在于非正式组织的目标如果与正式组织冲突，则可能对正式组织的工作产生极为不利的影响，并可能扩大抵触情绪；非正式组织要求成员一致性的压力，往往也会束缚成员的个人发展；非正式组织的压力还会影响正式组织的变革，从而形成组织发展中的障碍。

（四）正式组织与非正式组织的区别

正式组织和非正式组织都有自己的目标，但两者的目标可能一致也可能不一致甚至相反。二者之间各有不同的特点，其主要区别如表5－1所示。

表5－1　正式组织与非正式组织的区别

项　目	正式组织	非正式组织
形成原因	为了实现共同目标而有意识地组织起来	因人们性格、爱好、交往、感情等逐渐形成，并无自觉的共同目标
表现形式	是有形的组织，表现为组织图、职务说明书等	是无形的组织，无任何成文的表现形式

续表

项　目	正式组织	非正式组织
成员范围	按组织设计规定的层次、部门配备合格的人员，人数相对稳定	自愿结合，不受正式组织规定的层次、部门、职务等的限制，人数不定
行为标准	以效率逻辑作为标准，有明确的方针、程序、规章制度，要求严格执行	以感情逻辑作为标准，只有不成文的约定，如有违反，则受到疏远或排斥
领导者的产生方式	按有关规定选拔产生	自然产生，往往是团体中交往最多的或威望最高者

（五）对待非正式组织的策略

由于非正式组织的存在是一个客观的、自然的现象，也由于非正式组织对正式组织具有正负两方面的作用，所以管理者不能采取简单的禁止或取缔态度，而应该对它加以妥善地管理。

（1）要因势利导，善于最大限度地发挥非正式组织的积极作用而克服其消极的作用，以有效实现正式组织的目标。

（2）利用非正式组织，首先要认识到非正式组织存在的客观必然性和必要性，允许甚至鼓励非正式组织的存在，为非正式组织的形成提供条件，并努力使之与正式组织吻合。

（3）注意做好非正式组织领导人物的工作，充分发挥他们的作用，使他们成为正式组织的重要助手。

三、组织工作的内容

组织的职能是在组织结构的基础上的组织运作所发挥出来的功能，或者说组织的职能是通过组织工作体现出来的。组织工作是组织为实现其目标而对组织自身进行结构的设计与调整、业务活动的分类、管理人员职位的设置、管理职权的分配以及对组织成员的行为进行规范和协调等方面的工作。具体内容如下：

（一）组织结构设计

组织结构设计是组织工作中最重要、最核心的一个环节，它着重建立一种有效的组织结构框架。具体地说，组织结构设计包括以下步骤。

（1）在研究组织环境和内外资源条件，并确定组织战略目标的基础上，明确实现组织战略目标所要完成的工作任务。

（2）对要完成的工作任务进行适当的分工和组合，从而形成职位、部门和层次。

（3）为这些职位和部门分配责任和权限。

（4）为使他们能有效地一起工作，还要设置必要的规范和协调关系。组织结构设计的目的就是要形成组织目标所需要的正式组织体系。

（二）组织运行

组织运行就是使设计好的组织结构运作起来。在组织的运作过程中，需要进行适度的集权与分权的选择，实行合理的组织授权，建立现代公司制度，完善并保证组织的有效运行，提高组织运行效率。从一定意义上说，使设计好的组织投入运作的过程是与管理工作其他方面的职能密切联系在一起的。为了使整个组织能够有机运转，不仅要设计合理的组织架构，而且还要选拔适当的人员，建立一系列规范、制度，采取有效的领导方式和激励手段，建立良好的信息沟通渠道，并对组织运行中出现的各种问题进行及时、有效的控制等。

（三）组织变革

组织变革就是对组织的调整、改革和再设计，它属于组织工作过程中的反馈与修正阶段。当组织在运行中出现了不完善之处，或者环境发生了变化而引起组织目标的调整时，原有的组织结构设计就要进行修改，以提高组织的效能，增强组织的适应性。

组织工作的具体内容和过程可以用图 5－2 来表示。

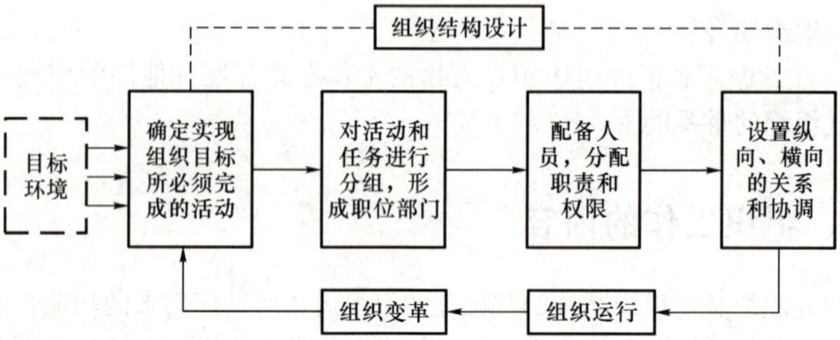

图 5－2　组织工作的内容和过程

第二节　组织设计

一、组织设计的任务

组织设计就是进行专业分工和建立使各部门相互有机地协调配合的系统过程。具体地说，组织设计的任务是建立组织结构和明确组织内部的相互关系，提供组织结构图和职务说明书。

（一）组织结构图

组织结构的设计应该明确谁去做什么，谁要对什么结果负责，并且消除由于分工含混不清造成的执行中的障碍，还要提供能反映和支持企业目标的决策和沟通网络，设计合理的组织结构，其目的在于有效地实现组织的目标和计划，达到良好的组织业绩。

组织设计的结果是绘制出清晰的组织结构图，规划和设计组织中各部门的职能、职权和职责，确定组织中直线职权、参谋职权、职能职权等的活动范围及相互关系。组织结构图如图 5－3 所示。

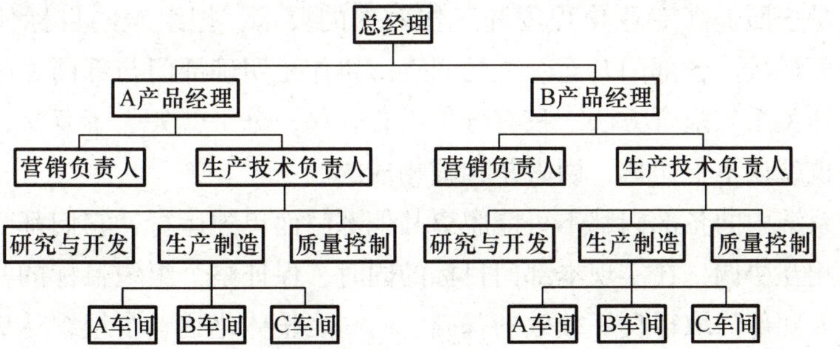

图 5－3　组织结构图

（二）职务说明书

职务说明书要求能够简单而明确地指出该管理职务的工作内容、职责与权力、与组织中其他部门和职务的关系，以及要求担任该项职务者所必须具备的基本素质、技术知识、工作经验、处理问题的能力等。如 A 产品生产技术负责人的职务说明书应该包括以下内容：他要对 A 产品的生产情况负总责；对产品的研究与开发、生产制造、质量控制有决策权，要对结果负责；他受 A 产品经理的直接领导，与营销负责人是平级关系，他领导三个下属；另外，担任该职务的主管人员，应该具备中层管理人员的基本素质，同时还要对 A 产品的生产技术熟悉等。

编制职务说明书是防止企业内各工作岗位之间互相扯皮、推诿的有效方法。同时，制定职务说明书有利于改进工作方法，并可作为招聘、培训、任用、提升、调动、考评等人力资源管理各种功能的依据。

二、组织设计的原则

组织所处的环境、采用的技术、制定的战略、发展的规模等情况不同，所需的职务和部门及其相互关系也不同。尽管如此，在进行组织设计时，还是可以找到一些需要共同遵守的原则。

（一）目标统一原则

该原则是指组织结构的设计和组织形式的选择必须有利于组织目标的实现。组织目标层层分解，机构层层建立下去，直到每一个人都了解自己在总目标实现中应完成的任务，这样建立起来的组织机构才是一个有机整体，才能为保证组织目标的实现奠定基础。在组织设计时要求从工作特点和需要出发，因事设机构、设职，因职用人。

（二）分工协作原则

分工是按照提高专业化程度和工作效率的要求，把组织的目标任务进行分解，明确各层次、各部门乃至个人的职责。协作是明确部门与部门之间以及部门内部的协调关系与配合方法。只有分工没有合作，分工就失去了意义；但如果没有分工，也就谈不上协作，两者是相辅相成的。

组织系统中的各部门都不可能脱离其他部门而单独运行，它们都必须经常与其他部门相互协调，在实现本部门目标的同时，保证整个组织目标的实现。高度分工是个人和部门取得良好绩效的基础，而高度整体化是整个组织达成目标、取得整体效益的基础。因此，组织设计必须坚持统一领导下的分工负责和密切合作，以实现高度分工与高度整体化的统一。

（三）职、责、权、利相对应原则

有了分工，就意味着明确了职务，承担了责任，就要有与职务和责任相等的权力，并享有相应的利益。这就是职、责、权、利相对应的原则，简称权责对等原则。该原则要求职务要实在、责任要明确、权力要恰当、利益要合理。它们的关系应当是相互对应的正方形。

如果责任大而权力和利益小，会导致下属缺乏主动性、积极性，难以有效履行责任；如果权力和利益偏大而责任较小，下属就有可能不负责任地滥用权力，容易助长官僚主义的习气。

（四）统一指挥原则

统一指挥原则是指组织中的每位下属都应当有一个而且只能有一个上级主管，向一个人直接汇报工作，从而形成一条清晰的指挥链。如果一个下属有多个上级，那么就会由于上级之间可能彼此不同甚至互相冲突的命令而导致政出多门、指挥不统一，令下属产生无所适从之感。该原则要求如下：

（1）在确定管理层次时，要使上下级之间形成等级链。从最高级到最低级的等级链必须是连续的，不能中断，并要明确上下级的职责、权力和联系方式。

(2) 任何一级组织只能一个人负责，实行首长负责制。

(3) 正职领导副职，副职对正职负责。

(4) 下级组织只接受一个上级组织的命令和指挥，防止出现多头领导的现象。

(5) 下级只能向直接上级请示工作，不能越级请示工作，下级必须服从上级命令和指挥，不能各自为政、各行其是。如有不同意见，可以越级上诉。

(6) 上级不能越级指挥下级，以维护下级组织的领导权威。但是可以越级检查工作。

(7) 职能管理部门一般只能作为同级直线指挥系统的参谋，但无权对下属直线领导者下达命令和指挥。

（五）有效管理跨度原则

管理跨度是指一名主管人员有效地指挥、监督、管理的直接下属的人数。一般来说，任何主管人员能够有效地指挥和监督的下属的数量是有限的。因为理论上，当直接指挥的下级数目呈算术级数增长时，领导人需要协调的关系（可能存在的联系）呈几何级数增长。按厄威克的公式，需要协调的关系数目 $=n\ (2^{n-1}+n-1)$，式中的 n 为管理跨度。

例如，一个主管领导两个下属，他需要协调六种关系。设主管为 M，两下属为 A 与 B，则六种关系为：直接单独两种（M 对 A，M 对 B），直接小组两种（M 对 A 和 B，M 对 B 和 A）和交叉两种（A 对 B，B 对 A）。若增加一个下属，可能存在的关系总数就从 6 增加到 18。

所以，每个主管都要根据管理的职责和职权，考虑各种影响因素，来慎重确定自己的管理跨度。

（六）集权与分权相结合原则

集权与分权是反映组织纵向职权关系的一个特征，用于描述组织中决策权限的集中与分散程度。所谓分权，指的是组织的决策权分配给较低层次的部门或人员的一种倾向。而集权则是指组织的决策权主要集中在较高层次的管理人员手中。集权和分权各有优缺点，过分集权或分权都会给组织带来问题。实际中的组织应根据自身的具体条件选择合适的分权程度，从而在集权和分权的平衡中获得良好发展。

（七）精简与效率原则

德鲁克说，组织设计要“努力用经济来维持管理，并把摩擦减至最小限度”。组织的管理机构必须精干简明、以一当十，这样才能提高效率。如果机构臃肿、层次繁多、手续繁杂，则必然导致人浮于事、效率低下。国际上著名的“帕金森定律”揭示了组织管理中的职位数与效率之间恶性循环的特征，即在金字塔结构的组织中，随着各级管理人员职位的增多，人们之间的相互关系会进一步复杂化，推诿扯皮的现象会增加，内耗也就增大，于是又要增加管理人员……如此反复，机构不断膨胀，管理效率却日益降低，从而呈现出恶性循环。

（八）稳定性与弹性结构相结合原则

该原则是指组织结构及其形式要有相对的稳定性，不能轻易变动。因为组织的变动，涉及人员、分工、职责、协调等方面的调整，对人员的情绪、工作方法、工作习惯带来各种影响，都要有一个适应过程。但同时组织为了适应多变的环境、提高竞争能力和效率，又必须能够灵活地对所涉及的结构进行动态的调整。

所以作为领导必须懂得一个一成不变的组织，是个僵化了的组织；一个经常变化的组织，则是个创不出业绩的组织。故应该在保持稳定性的基础上进一步加强和提高企业组织机构的适应性。

（九）执行与监督分离原则

在组织设计时，应将外部监督人员与执行人员分设，否则由于监督者与被监督者在利益上趋于一体化，会导致监督职能形同虚设。比如，车间的专职质量检查员应归属总厂质检部编制，由质检部对其工作进行考核和奖惩，而不应归车间编制、由车间考核和奖惩，只有这样才能确保其严格履行质量检查职责。

三、组织设计的依据与步骤

（一）组织设计的依据

组织设计的目的是合理安排组织中管理人员的活动，而组织活动总是发生在一定的环境中，受制于一定的技术条件，并在组织总体战略的指导下进行的。此外，组织规模及其所处的发展阶段不同，也会对组织结构形式提出不同的要求。因此，组织设计必须考虑以下这些因素的影响。

1. 组织目标与任务

组织设计必须遵循目标任务的原则，必须从组织要实现的目标任务出发，并为优先实现目标任务服务。其设计应以组织的目标任务为基本依据，如目标任务发生变化则组织结构将相应地做必要的调整。与此同时，在不同时期，组织的战略目标和重点任务是不同的，就应该有不同的组织结构与之相适应。

2. 组织环境

一个组织是一个与其外部环境相互作用、相互依存的系统。外部环境由于它的变化程度和复杂程度，造就了它的不确定性。一个组织面临的外部环境不确定性越大，外部环境对组织的选择和决定自身命运的自由的限制就越大。从本质上讲，在稳定的外部环境中采用机械式组织结构最为有效；而动态的不确定的外部环境则与弹性组织结构最为匹配。

3. 组织战略

组织战略是决定和影响组织活动性质及根本方向的总目标，它涉及一定时期内组织的全局方针、主要政策与任务的运筹谋划，它是制订策略和计划的准绳。组织结构是实现组织目标和战略的手段和工具，而目标产生于组织的总体战略。因此，组织结构与组织的总体战略是紧密联系在一起的，组织战略对组织结构起着决定性作用，组织结构必须服从组织战略，并与战略紧密结合。

4. 生产条件与技术状况

生产技术水平不仅影响组织活动的效果和效率，而且还会作用于组织工作的各个方面。采用不同的技术手段都需要对组织活动运用不同的管理方式，因而也就必然影响组织结构的选择和设计。生产技术越高或越复杂，组织结构垂直分工就越复杂，反之则越简单。查尔斯·裴洛（Charles Perrow）以二向度指针说明结构与组织之间的关系，即工作的变化性与问题的可分析性形成惯性、工程性、技艺性与非惯性四种生产技术。惯性高的工作可考虑标准化协调与控制结构，组织结构需较高正式性、集权性。

5. 组织规模及其所处发展阶段

组织的规模往往是与组织的发展阶段相联系的。随着组织的发展，组织活动的内容会日趋复杂，人数会逐渐增多，组织的结构也需要随之调整，以适应变化了的情况。一般来说，规模大的组织要比规模小的组织更趋向于高程度的专业化和横向及纵向的分化，规则条例也更多。美国学者托马斯·卡曼提出了“组织发展五阶段”理论，他认为组织的发展过程要经历创业、职能发展、分权、参谋激增和再集权五个阶段，不同的发展阶段要求与之相适应的组织结构形态。

6. 人员结构与素质

各级管理者及其下属人员的素质，对组织结构的各要素（层次、机构、权责分工、协作配合等）都有影响，从而带来组织结构的差别和变化。握有权力的决策者，往往会选择惯性技术以降低运作过程中的不确定感，选择惯性技术的理由主要是因方便控制。决策阶层偏好稳定而往往会选择机械性结构方式，即倾向复杂度低、正式化而集权化程度高的结构方式。

（二）组织设计的步骤

组织设计的整个过程可分为以下五个步骤，如图5－4所示。

1. 职务设计

职务设计是组织设计最基础的工作。职务设计就是将实现组织目标所必须进行的活动逐步分解，划分成若干较小的任务单元，以便于每个人专门从事某一部分的活动，而不是全部活动，这就是劳动分工。劳动分工的重要意义在于把复杂的工作分成一项项简单的工作，每个人不断重复地做相同的工作、利用同一种设备，从而大大提高劳动生产率。

对活动进行分工后，还要将若干工作任务组合起来构成一个完整的职位，以便由组织员工来承担相应的职务。有些职务是常规性的、包含大量重复工作的，有些职务是非常规性的；有些职务要求广泛、多样化的技能，有些职务只要求范围较窄的技能；有些职务具有严格的程序规范，有些职务则有相当的自由度和灵活性。

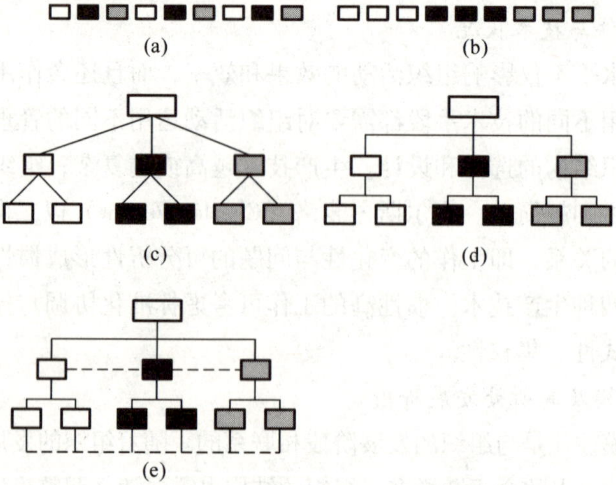

图5－4 组织设计的步骤

（a）职务设计；（b）部门划分；（c）建立层次；（d）分配责权；（e）协调活动

2. 部门划分

在选择和设计好职务和工作岗位后，就需要考虑如何将这些工作岗位按照一定的逻辑科学地加以安排，形成部门或工作单位，以便进行有效管理。部门是一个组织中把不同工作组织起来的基本单位，是组织中的主管人员为完成规定的任务而有权管辖的一个特定领域。部门的划分是组织的横向分工，其目的在于确定组织中各项任务的分配与责任的归属，做到分工合理、职责分明，从而有效地达到组织的目标。

3. 建立层次

部门划分是对组织活动进行横向的分工，在此基础上还需要进行纵向的划分，即建立上下级报告的层次关系，构成多层次结构的组织系统。建立层次需要解决好管理跨度与管理层次的关系问题。

4. 分配责权

通过建立层次形成的组织结构，表明了组织内各层次上下级相互作用的关系模式，在此基础上还应将一个组织中的责权分配到各个层次、各个部门和各个岗位上去，即规定哪个岗位应该对哪些工作负责，规定不同岗位所应具备的权力，并最终形成组织中从最高领导层一直贯穿到最低操作层的权力线，即通常所说的指挥链。

5. 协调活动

分工和协作是组织管理中的两大要素。在把实现组织目标所需完成的任务分配到不同的职位和部门，并进行责权安排之后，还必须在此基础上进行整合，以使组织中的个人或部门协同运作，实现组织的整体目标。根据系统论的观点，组织设计的目的就是发挥整体大于部分之和的优势，使有限的资源形成最佳的综合效果。因此，协调是组织设计的重要步骤，也是组织目标得以顺利实现的根本保障。

四、职务设计

一个组织在设计其组织结构时，必须将为完成其目标任务所不可缺少的业务活动进行分类，然后对每类活动实行劳动分工，划分成许多职务或岗位，并对每个职务或岗位所承担的任务、职责进行规定，这一工作就称为职务设计。职务设计是组织设计的基础，是实现层次、部门化结构的前提。

（一）职务设计的要求

1. 因事设职而不能因人设职

因事设职是指所设计的职务都来自为完成目标任务所不可缺少的业务活动，如不设此职务，无人从事此项活动，就将影响组织目标的实现。相反，因人设职是指根据现有人员的需要来设置职务，有人就得有职，而不问此职是否是完成目标任务所不可缺少的。按照前述的组织设计原则要求，我们显然应当因事设职、因职设人，而不能因人设职。

2. 劳动分工要科学

劳动分工是组织工作的重要原则，又是职务设计的主要工作内容。过去对劳动分工的理解有些绝对化，认为分工越细越好，越能提高生产率，于是将各种业务活动划分成许多极小、极为简单的部分，职工容易掌握，而且长期重复操作，易于熟练，确实收到了较好的效果。但这样做，职工会产生厌倦感，对工作不满，导致怠工、缺勤和跳槽现象增加，生产率下降。这就使人们对分工的理解趋于灵活，即分工不宜过细，必要时还要扩大或丰富工作内容。

3. 编制出完善的职务说明书

职务设计的结果表现为职务说明书，它是一种书面文件，简要说明该职务的工作内容、职责与职权、与组织的其他部门或职务之间的关系、担任此职务者须具备的条件（如基本素质、技术业务知识、处理问题的能力、工作经验）等。

（二）职务设计方法

1. 职务专业化

职务专业化最早是由亚当·斯密提出的，在泰勒的科学管理方法中又得到强调。在20世纪上半叶，职务设计是与劳动分工或职务专门化属同一意义的。职务专门化意味着将职务划分为细小的、专业化的岗位，管理者要尽可能地将职务设计得简单。

职务专业化原则现在仍在继续指导着许多企业的职务设计，但过分的专业化很容易让员工产生厌烦感，导致工作效率降低，现在它有着被逐渐改进的趋势。

2. 职务轮换

职务轮换是指让员工先后承担不同的，但在内容上很相似的工作。职务轮换是避免职务专业化及其缺陷的一种早期努力，这一职务设计方法使工人的活动得以多样化，从而避免产生厌倦。职务轮换拓宽了员工的工作领域，给予他们更多的发展机会，让员工感受到工作的刺激和新鲜感，使员工掌握更多的技能；增进不同工作之间员工的理解，提高协作效率。但是工作轮换需要增加培训成本，还有可能导致生产效率下降，因为员工在先前岗位上的效率正创造着组织的经济性，岗位的轮换需要一定时间来学习，这里存在一个学习成本问题。

一般来说，有纵向和横向两种类型的职务轮换。纵向轮换指的是升职或降职，但我们通常谈及的职务轮换多意味着水平方向上的多样变化，即横向的职务轮换。横向轮换可以有计划地予以实施，即制订培训计划，让员工在一个岗位上从事两三个月时间的活动，然后再换到另一个岗位，以此作为培训手段。

3. 职务扩大化

职务扩大化是指扩大员工的工作范围，将几种工作纳入一个职务中，增加了一项职务所完成的不同任务数目。比如由一个人负责一道工序，改为几个人共同负责几道工序，或者在单调的工作中增加一些如维护保养、清洗润滑之类的辅助工作等。这样，在一定程度上降低了员工对工作的单调感和厌烦情绪，提高了员工对工作的满意程度。

职务扩大化能够给员工增加同一责任的工作内容，提高了工作的多样性和工作质量，使员工感到工作更加充实。不足之处是没有给员工的工作提供多少挑战性，因为纳入同一职务的那些工作具有极大相似性。

4. 职务丰富化

职务丰富化是加深工作的深度，让员工除完成职务规定的工作以外，还担负一些通常由管理者完成的任务，如计划和评价他们自己的工作。职务丰富化是在工作内容和责任层次上的基本改变，是通过增加工作内容、工作责任、工作自主权以及自我控制，使职务工作多样化，让员工更加完整、更加负责地工作，以满足员工的心理需要，达到激励的目的。

职务丰富化能够提供更大的激励和更多的满意机会，从而提高了生产效率和产品质量，降低员工的离职率和缺勤率。但要增加企业的培训费，扩充工作设备费，支付给员工更高的工资等。

5. 以员工为中心的工作再设计

这是一种将企业战略、使命与员工对工作的满意度结合起来，从员工出发，鼓励员工参与，充分采纳员工对某些问题的改进建议，进行工作再设计的过程。以员工为中心的工作再设计，员工可以提出对工作进行某种改进的建议，这不仅可以增加员工对工作的满意度，而且也有利于企业目标的更好实现。

（三）编制职务说明书

企业为找到对企业发展有用的合适的人才，对应聘人员提出各种要求是理所当然的。而我国的许多企业，在招聘启事中存在这样的问题：对某一职务的职能描述不清楚，如工作内容、职责、范围、机构等，并缺少向相应的人员做专项交待和培训。由此造成的直接后果往往是挑选和录用的员工与工作要求不相符；绩效考核时感到缺乏依据，无从着手；培训方案不适合工作要求；经常造成生产力和服务质量的降低……这些问题的出现，很大程度上是由于企业未能设计好职务说明书，没有发挥其在管理中应有的作用。

1. 职务说明书的“成长”：职务分析

进行科学而有效的职务分析是职务设计的前提。职务分析主要是对企业职务的设置目的、中心职责、工作内容、权限范围、结构关系以及工作环境、工作条件等进行全面的分析、描述和记录，然后形成重要的文字说明——概念文件。通过职务分析可以明确每个工作职务在企业中所处的层次，以及该职务与其他职务之间的关系，使每个任职者的权力与责任分清。

（1）职务分析的程序。一般说来，首先应由专业人员运用一定的调查手段搜集职务信息，进行初步信息处理；其次进行职务现场考察和面谈，进行第二次信息搜集和处理；最后根据正确而合适的信息设计企业职务说明书，以保证职务说明书符合企业职务要求和组织目标。

（2）职务分析的方法。职务分析的方法通常有以下几种：①工作要素分析法；②员工状况分析法；③职务要求调查法；④工作内容日记法；⑤关键事件描述法。

2. 职务说明书的“思想”：解决问题

通过职务分析，把每个职务的性质、任务、责任、权力、工作内容等用书面记录下来即成为企业的职务说明书。企业在制定职务说明书时必须要解决以下几个问题。

(1) 描述职务目标。企业中不同的职务有不同的目标。描述职务目标应遵循“3W”法，即为什么要设计本职务（目的）——Why；职务有多大权力（职权范围）——Within；本职务主要干哪些工作（工作内容）——What。

(2) 确定职务职责。光描述职务工作内容还远远不够，还需要确定能保证工作内容高效率完成的职责。职责要按照由主到次顺序书写，用关键词描述所应担负的责任。

(3) 指明关键因素。即明确每一个职务最关键、最重要的因素。如新建企业招聘部门经理，“经验”即为该岗位的关键因素；而运转成熟的企业部门经理，“创新”则成了关键因素。司机的良好心态是安全驾驶的关键，因此，“良好心态”则为驾驶员的关键因素。

(4) 规定核心能力。核心能力是完成职务工作的前提和保证。如企业的销售人员说服他人、影响他人的能力即为其核心能力。因为只有具有特佳的心理素质和特强的心理承受能力，才能成为一个成功和出色的销售人员。

3. 职务说明书的“骨髓”：具体内容

一般来讲，规范的企业职务说明书应包含以下几个要素。

(1) 表头格式。注明企业中各职务名称、归属部门、隶属关系、级别、编号等。

(2) 任职条件。描述某职务所需的相关知识和学历要求、培训经历和相关工作经验及其他条件。

(3) 工作要求。主要描述该职务对一个合格员工来讲，工作的具体要求。这主要从工作本身的性质、数量、范围、时效性等全方位考虑。

(4) 责任范围。描述该职务所承担的主要责任及其影响范围。

(5) 管理结构。描述实施管理的性质、管理人员或员工性质。包括水平、类型、管理的多样性、职务权限、直接和间接管理员工的层次和数量。

(6) 工作关系。根据职务在企业组织中的地位和协作职务的数量，描述完成此项工作需要与企业其他部门（人员）的联系要求，描述相互关系的重要性和发生频率等。

(7) 操作技能。描述完成该项工作对任职者的灵活性、精确性、速度和协调性的要求，所要求的技能水平。操作技能对于此项工作的重要性程度如何？技能应如何改善和提升？

4. 职务说明书的“模特”：范例（如表5-2和表5-3所示）

表 5－2　职务说明书（总经理）

一、基本资料

文件编号：001

1. 职务名称：总经理	2. 直接上级职位：董事长
3. 辖员人数：4 人	4. 定员人数：1

二、工作概要

1. 工作摘要

拟订公司的发展规划和经营目标，主持日常经营管理，实施董事会决议，签订合同，任免高级经理

2. 职务说明

编号	工作任务的内容	权限	管制基准	工作规范号
1	拟订公司的发展规划和经营目标	需报审后承办		
2	主持日常经营管理	承办		
3	实施董事会决议	承办		
4	签订合同	承办		
5	任免高级经理	承办		
6	研究经营法规，协调外部关系	承办		
7	塑造企业形象，确立企业文化	承办		

三、任职资格

1. 学历要求

所需最低学历	专业
大学本科	管理

2. 所需技能培训

培训科目	培训期限
人力资源管理、战略管理、市场营销、财务管理、公共关系、生产管理、质量管理、管理心理学、客户关系管理	两年
国家薪资、福利政策、劳动政策	半年

3. 工作经验要求

从事管理工作三年以上

4. 职位关系

可直接晋升的职位	董事

表 5－3　IBM 销售工程师职务说明书

一、基本资料

文件编号：002

1. 职务名称：销售工程师	2. 直接上级：客户总监	3. 所属部门：客户中心
4. 工资等级：B 职系四等	5. 工资水平：	6. 分析日期：2006.7
7. 辖员人数：	8. 定员人数：1 人	9. 工作性质：业务人员

二、工作内容

1. 工作概要

负责客户中心 IBM 产品的销售

2. 职务说明

编号	工作内容及职责	权限	耗时/%
1	与市场部共同组织 IBM 产品市场策划	协助	
2	开发有 IBM 产品需求的用户：电话联系、演示、安装试用软件	负责	
3	对有 IBM 产品需求的用户进行跟踪	负责	
4	做好工作日记和客户档案	执行	
5	为普通用户制作方案说明书和价格	负责	
6	协同技术中心工程师为特殊需求用户制作方案说明书及报价	协助	
7	处理顾客的售后服务、技术支持事宜。对不能解决的问题，提交给技术中心，并协助其工作	协助	
8	完成岗位目标和上级下达的其他任务	执行	

3. 工作关系

所施监督	在规定的权限内，自行处理有关的工作，遇特殊情况向部门主管请示	
所受监督	客户总监	
职位关系	可直接升迁的职位	部门经理
	可相互转换的职位	销售代表
	可升迁至此的职位	

续表

三、任职资格

所需学历及专业	最低学历	专业	其他说明
	大专以上学历	计算机	其他专业同等学力也可

所需技能培训（方可上岗）	培训时间	培训科目
	三个月	企业文化、计算机
所需经验	一年以上相关工作经验	

一般能力	项目	激励能力	计划能力	人际关系	协调能力	实施能力	信息能力	公共关系	冲突管理	组织人事	指导能力	领导能力	沟通能力			
	需求程度（满分为5）	3		3	3	3	3	3				3	3			

基本素质		个性特征	
	1. 大学本科以上学历 2. 计算机及相关专业 3. 认同公司的企业文化和经营理念 4. 有敬业精神 5. 团队合作精神强 6. 遵守公司的各项规章制度		1. 性格开朗、自信、热情 2. 有较强的沟通能力、口才好 3. 心理承受力强 4. 敢于接受挑战和压力 5. 有开拓创新精神 6. 有合作精神 7. 心胸开阔

体能要求：身体健康，能承受快节奏、满负荷的工作，保证经常加班

四、工作场所

工作时间	工作环境和条件	工作均衡性
早9：00—晚6：00，经常加班	室内、室外各一半	比较忙碌

五、考核标准

1. 工作绩效	2. 工作态度	3. 工作能力	4. 专业知识	5. 责任感
6. 企业文化	7. 发展潜力	8. 协调合作	9. 品德言行	10. 成本意识

六、备注

五、部门划分

部门划分，就是将组织总的管理职能进行科学分解，按照分工合作原则，相应组成各个管理部门，使之各负其责，形成部门分工体系的过程。主要解决组织

内部，如何按照分工协作原则，对组织的业务与管理工作进行分析归类，组成横向合作的部门问题。

（一）部门划分的原则

1. 有效性原则

即部门划分必须以有利于组织目标的实现作为出发点和归属。

2. 专业化原则

即按专业化分工，将相似职能、产品、业务汇集到一个部门中。

3. 满足社会心理需要原则

划分部门也不宜过度专业化，而应按照现代工作设计的原理，使员工的工作实现扩大化、丰富化，尽可能使其满意于自己的工作。

4. 精干高效原则

部门划分要以组织目标为导向，保持适度弹性，力求精简。

（二）部门划分的方法

1. 按人数划分部门

由于某项工作必须由若干人一起劳动才能完成，则采用按人数划分部门的方法。其特点是部门内的人员在同一个领导人的领导下做同样的工作。这种方法主要适用于某些技术含量比较低的组织。

2. 按时间划分部门

按时间划分部门是将人员按时间进行分组，即倒班作业。在一些需要不间断工作的组织中，或由于经济或技术的需要，常按时间来划分部门，采用轮班作业的方法。其特点是可以保证工作的连续性。这种方法通常用于生产经营一线的基层组织。

3. 按职能划分部门

按照职能划分部门是根据专业化的原则，以工作或任务的性质为依据来划分部门，如图 5 – 5 所示。

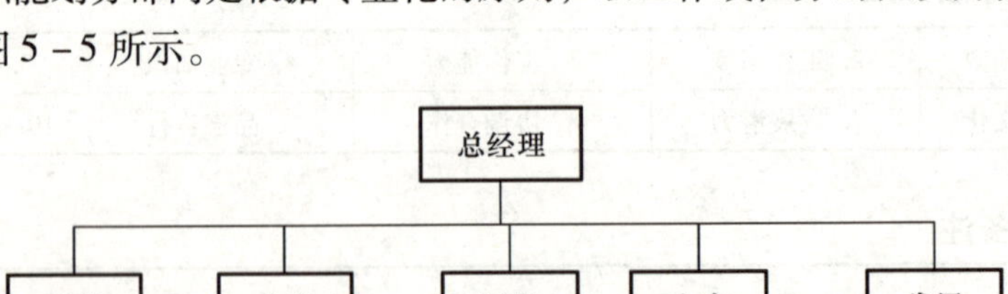

图 5 – 5　按职能业务划分的部门

它的优点在于合理地反映职能，符合分工和专业化原则，有利于发挥各职能领域专家的特长，提高人员的使用效率；有利于使组织的基本活动得到重视和保证，从而有利于对整个组织活动实施严格控制。但是这种部门化方法也存在一些缺点：总体决策需要最高层做出，因而速度较慢；由于人员过度专业化，因此容易形成本位主义，给各部门之间的协调带来一定困难；随着组织规模的扩大，容易导致机构臃肿，缺乏对环境变化的适应能力；只有最高层对最终成果负责，因而对各部门的绩效和责任不易考核。这种方法较多用于管理或服务部门的划分。

4. 按产品划分部门

按照产品划分部门是根据产品或产品系列来组织业务活动，这种方法是从职能部门化发展而来的。随着组织规模的不断扩大，管理工作越来越复杂，实行职能部门化组织中的管理人员的工作负担越来越重，管理跨度的限制使得他们难以通过增加直接下属的办法来解决问题，此时就有必要按照产品重新组织活动。进行多元化经营的组织常采用这种部门划分方法，如图 5－6 所示。

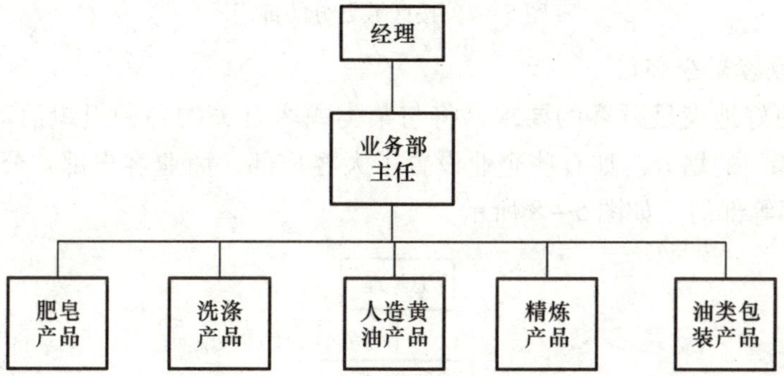

图 5－6　按产品系列划分的部门

实行这种部门化方法的优点在于能够充分利用专项资本和设备、发挥个人的技术知识和专长；有利于部门内的协调；利润、责任明确划分到部门一级，易于评价各部门的业绩，也便于最高主管把握各种产品或产品系列对总利润的贡献；可促进企业内部竞争，有利于产品和服务的改进和发展；有利于增加新的产品和服务；有利于锻炼和培养全面的综合性管理人才。但是这种方法需要足够的具备全面知识和技能的人才来担任部门负责人；总部和分部的职能部门和人员须重复设置，会导致管理成本增加；由于各产品部门的独立性较强而整体性较差，因此给高层管理造成困难。

5. 按区域划分部门

按区域划分部门就是将某个区域内的业务活动集中起来，委派相应的管理者，形成区域性部门，如图 5－7 所示。

这种方法将责任下放到区域，因此有利于调动各区域的积极性；便于与当地的供应商、用户进行面对面的联系，降低运输等费用，从而取得区域化经营的优势效益；有利于适应区域的特殊要求与特定环境，促进区域性活动的协调；有利于促进企业内部竞争；有利于培养能力全面的管理者。但其缺点在于由于机构重复设置而使得管理成本增加，增加了最高主管部门对区域控制的难度，要求区域部门主管人员具有全面的管理能力。这种方法主要是用于空间分布很广的企业的生产经营业务部门。

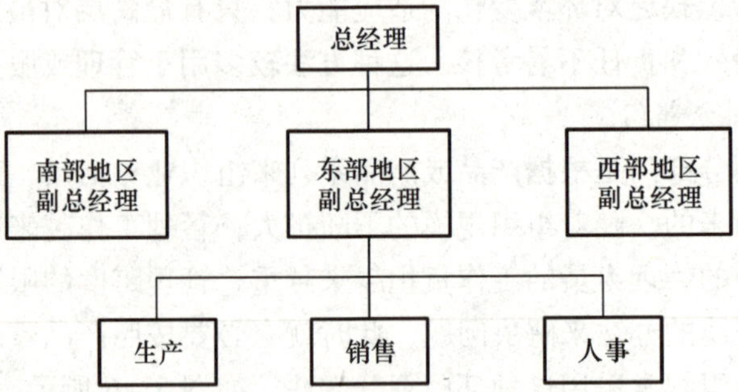

图 5－7　按区域划分的部门

6. 按顾客划分部门

为了更好地满足顾客的要求，将与某类顾客有关的各种组织活动集中在一起，形成部门的划分。如有些企业设置了大客户部、商业客户部、公众客户部、VIP 服务部等部门，如图 5－8 所示。

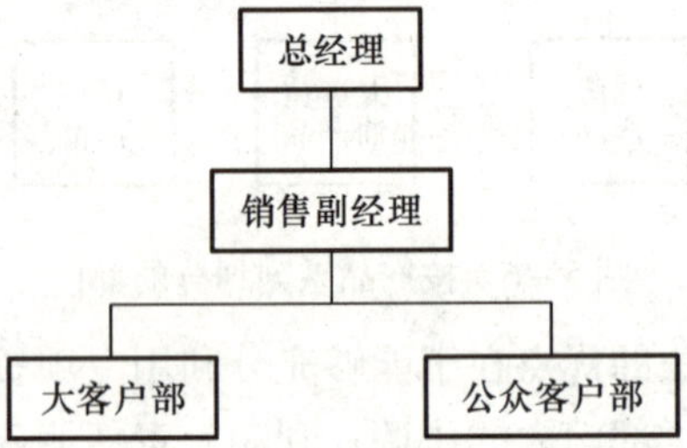

图 5－8　按顾客划分的部门

这种方法最大的优点是有利于重视和满足顾客的某种需要，针对不同顾客的特点和需要开展组织活动，从而增加顾客的满意度和忠诚度；有利于本组织形成针对特定顾客需求的经营技巧和诀窍。但这种划分方法不能使设备和专业人员得到充分利用；为满足特定顾客需要，可能导致部门间的协调变得困难。这种方法适用于服务对象差异较大、对产品和服务有特殊要求的企业。

7. 按生产过程划分部门

按生产过程根据技术作业将工作化分成部门，如图 5－9 所示。

这种方法因是建立在特殊技能和训练的基础上的，在部门内的协调要简单得多；但由于生产过程需要将自然的工作流程打断，将工作流程的不同部分交给不同的部门去完成，故就要求每个部门的管理者必须将自己的任务与其他部门管理者的任务协调起来。

图 5-9 按生产过程划分的部门

（三）部门间的横向联系

一般来说，即使部门划分得再合理，但由于部门分工的不同，部门之间的横向联系必然会存在一定的矛盾，其主要体现在：

（1）各部门追求的目标不同，各部门可能会因为忙于部门的具体任务而忽视了企业的整体目标。

（2）各部门的职权不同，专业化导致了职权的分散，可是稍微复杂一点的管理问题都或许会涉及好几个部门，这需要职权的汇集才能办到。

（3）各部门的利益不同。在处理横向关系时，部门主管人员往往会有意无意地将本部门的利益放在首位，从而贬低和排挤其他部门，在这种情况下，企业的共同任务、目标、战略就会受到冲击。

（4）各部门的思维习惯和行为特征不同，这使得他们有可能缺乏深刻的理解和共同语言，难以紧密配合，协调一致。

为了使横向联系真正达到加强协作、提高企业管理整体功能的目的，必须从企业整体目标出发，客观地看待横向联系存在的矛盾，加强部门间的横向协作与沟通。

首先要正确判断企业管理组织的横向联系状况。为了改善企业组织内部的横向联系，先要正确判断横向联系的状况是否良好，是否有必要加以改善，这是企业组织设计所必须搞清楚的前提条件。

其次以整体观点为指导，以分工为基础，加强横向联系。加强横向联系必须从整体出发，整体指的是企业的整体效益，以及为此而制定的企业战略任务和经营目标。组织设计，特别是横向联系设计，其目标直接就是企业的任务与目标。

同时要实行层层协调，减少“矛盾上交”。为了既保证统一指挥，又能让下级及时解决问题，提高管理工作效率，应该由上级授权，允许下级在处理日常业务时，由有关双方直接协调解决。

六、建立层次

（一）管理跨度

管理跨度，又称管理幅度，是指一名主管人员能有效直接指挥、监督、管理的直接下属的人数，如图5－10所示。图中主管人员甲的管理跨度为3，乙的管理跨度为5，丙的管理跨度为7，丁的管理跨度为8。

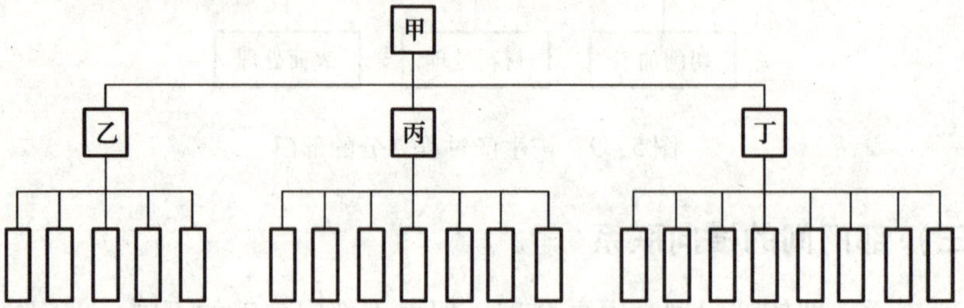

图5－10 管理跨度

管理跨度是影响组织内部各单位规模大小的重要决定因素。任何组织在进行结构设计时，都必须考虑到管理跨度的问题。一般来说，即使在同样获得成功的组织中，每位主管直接管辖的下属数量也不相同。有效管理跨度的大小受到管理者本身素质及被管理者的工作内容、能力、工作环境与工作条件等诸多因素的影响，每个组织都必须根据自身的特点，确定适当的管理跨度。

（二）管理层次

由于主管人员能够直接有效地指挥和监督的下属数量是有限的，因此，最高主管的被委托人也需要将受托担任的部分管理工作再委托给另一些人来协助进行，依此类推，直至受托人能直接安排和协调组织成员的具体业务活动，由此就形成了组织中最高主管到具体工作人员之间的不同管理层次。

因此，管理层次是指组织内部从最高一级管理组织到最低一级管理组织的职位等级数目，如在图5－10中，管理层次为3。

（三）管理跨度与管理层次的关系

组织的管理层次受到组织规模和管理跨度两方面的影响。在管理跨度给定的条件下，管理层次与组织规模大小成正比，组织规模越大，成员数目越多，其所需的管理层次就越多；在组织规模既定的条件下，管理层次与管理跨度成反比，管理跨度越大所需的管理层次就越少，反之管理跨度越小所需的管理层次就越多。如果各层次的管理跨度相同的话，则一般有：

$$m = b^a$$

$$n = \sum b^j \quad (j\text{ 从 }0\text{ 直到 }a-1)$$

其中：m为作业人员数；n为管理人员数；a为管理层次；b为管理跨度。

主管人员委托一定数量的人分担其管理的工作，结果是减少了他必须直接从事的业务工作量，但与此同时，也增加了他协调受托人关系的工作量。所以，增加管理层次节约出来的时间，一定要大于用于监督的时间，这是衡量增加一个管理层次是否合理的重要标准。

以一家拥有 4 096 名员工的企业为例，假设各层次的管理跨度相同，如果按管理跨度分别为 4、8 和 16 对其进行组织设计，那么其相应的管理层次为 6、4 和 3，所需的管理人员数为 1 365、585 和 273 名。如表 5－4 和图 5－11 所示。

表 5－4 管理跨度与管理层次的对应关系表

项 目	(a)	(b)	(c)
管理跨度	4	8	16
管理层次	6	4	3
管理人员数	1 365	585	273

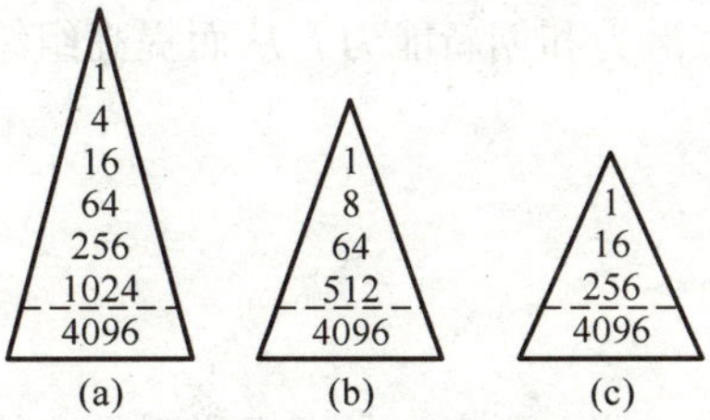

图 5－11 管理跨度与管理层次的关系

管理跨度的宽窄对组织形态和组织活动会产生显著的影响。在组织中人员数量一定的情况下，管理跨度越窄，组织层次就越多，从而组织就表现为高而瘦的结构特征，这种组织称为高耸型组织，如图 5－11（a）；反之，管理跨度越宽，组织层次就越少，从而该组织就称为扁平型组织，如图 5－11（c）。一般，高层最适宜的管理跨度为 3～6 人；中层为 5～9 人，基层为 7～15 人。

（四）高耸型结构与扁平型结构

如上所述，由于管理跨度与管理层次这两个变量的取值不同，就会形成高耸型结构和扁平型结构两种组织结构类型。

1. 高耸型结构

高耸型结构是指组织的管理跨度较小，从而形成管理层次较多的组织结构。具有管理严密、分工明确、上下级易于协调的特点，但层次较多，需要从事管理的人员也迅速增加，彼此之间的协调工作也急剧增加。如图 5－11 中，当管理跨度从 16 变为 4 时，管理人员从 273 名增至 1 365 名，增加 4 倍多。高耸型结构的优点在于有利于上级对下属进行及时的指导和控制，层级之间关系较为紧密；权责关系明确，有利于工作任务的衔接；有利于增强管理者权威；为下属提供更多的晋升机会。但也存在一定缺点，即过多的层次不仅会增加高层与基层之间沟通的难度，影响信息传递的速度和质量，而且还会因管理人员的迅速增加而增大协调的工作量和管理成本，同时由于管理严密，影响下级人员的主动性和创造性。

2. 扁平型结构

扁平型结构是指组织的管理跨度较大，从而形成管理层次较少的组织结构。其优点在于缩短了上下级距离，密切上下级关系，加快了信息纵向沟通的速度，减少了信息的失真，从而可以提高决策的质量、降低管理成本；由于管理跨度的增加迫使上级授权，可以大大提高下级的积极性和自主性，增强其满足感；同时也有利于更好地选择和培训下属人员，培养和提高下级管理能力。但也存在一定缺点，即由于管理跨度较大，不能严密地监督下属，上下级协调较差，而且也加重了横向沟通与协调的难度。

随着经济的发展和技术的进步，为了达到高效，组织结构越趋于扁平化，就是组织通过增大管理跨度、减少层次来提高组织信息收集、传递和组织决策的效率，最终发挥组织的内在潜力和创新能力，从而提高组织的整体绩效，完成组织的战略目标。

七、职权设计

职权是构成组织结构的核心要素，是组织联系的主线，对于组织的合理构建与有效运行具有关键性作用。

（一）职权的种类

职权是管理人员在职务范围内所拥有的管理权限，是履行管理职能的前提。一个正式组织的职权有直线职权、参谋职权和职能职权三种。

1. 直线职权

直线职权是指直接从事产品和业务的生产指挥、直接领导下属工作的直线管理人员所拥有的职权，包括决策权、发布命令权和执行权三个部分，也就是通常所说的决策指挥权。

直线职权是组织中一种最基本、最重要的职权。缺少了直线职权的有效行使，整个组织的运转就会出现混乱，乃至陷入瘫痪。直线职权是循着组织等级链发生的职权关系。例如，在企业生产系统中，总裁—负责生产制造的副总裁—制造分部总经理—分厂经理—车间主任—工段长—班组长，从上级到下级构成了严密的指挥链关系。在组织的等级链中的每个管理人员称为直线人员（如公司的总裁到基层的班组长），他们都拥有各自的直线职权，但由于所处的管理层次不同，其职权大小及职权范围也就有所不同。

2. 参谋职权

参谋职权的产生是由于组织规模的不断扩大，高层管理者面临的管理问题日益复杂，此时仅凭直线管理人员个人的知识和经验已显得很不够，于是需要借助参谋专家的作用来帮助他们行使直接指挥的权力。参谋职权是顾问性质或服务性质的，他们为直线管理人员提供服务的形式有两种：一是个人参谋的形式，如总经理助理；二是专业化参谋的形式，如智囊团、顾问委员会等。因此，参谋职权是指作为主管人员的参谋或幕僚所拥有的辅助性职权，主要是评价直线系统的活动情况，进而提出建议或提供咨询的权力和专业指导权。

3. 职能职权

职能职权是指参谋人员或某职能部门的主管人员所拥有的、由直线主管人员授予的、在一定范围内行使的决策与指挥权。职能职权的设立主要是为了能充分发挥专家的核心作用，减轻直线主管的工作负荷，提高管理工作效率。

必须指出参谋部门有了职能权力以后，虽然可以保证参谋人员专业知识和作用的发挥，但也有带来多头领导、破坏命令统一性的危险。企业中的分厂厂长或事业部经理除了有一个直线上司以外，可能同时还要接受好几个职能部门负责人的指导甚至是领导。这些职能上司的存在虽然是由解决复杂问题所必需的专业知识决定的，但同样不可忽视的是，多头领导往往会造成组织关系的混乱和职责不清。因此，组织中要谨慎地授予职能权力。首先，只在必要的领域中使用它，以避免削弱直线经理的地位；其次，规定职能权力主要用来指导组织中较低层次的直线经理怎么干，而不是用于决定干什么的。同时，为了避免命令的多重性，组织中较高层次的直线主管还应注意，在授予某些职能权力后，要让相应的参谋人员放手展开工作，而不能仍然频繁地使用已经授予的权力。

（二）职权分配

职权分配是指为有效履行职责，实现工作目标，而将组织的权力在各管理部门、管理层次、管理职位中进行配置。职权分配的类型主要有两种：

（1）职权横向分配。即依目标需要而将职权在同一管理层次的各管理部门和人员之间进行合理配置。

（2）职权纵向分配。即依目标需要而将职权在不同管理层次的部门或人员之间进行配置。职权纵向分配的关键，是解决好集权与分权的关系问题。

（三）直线与参谋的关系

一般参谋人员的职责范围不外乎以下七个方面：

（1）提供私人秘书性质的服务。比如个人参谋中的经理助理，主要是在直线经理的指派下，协助经理本人来处理某些问题，是为经理本人提供专门服务的。

（2）提供对上级的咨询服务。参谋人员仅负责对其直线主管提供咨询性意见，是否采纳则由直线主管来决定。只对其上司发生直接关系，只有建议权和咨询权，而对下级不发生任何直接关系。

(3) 提供全方位的咨询服务。参谋人员一方面要对其上司提供意见、建议和咨询，并代为制定政策与计划；另一方面也要负责对下级直线人员提供咨询，并对下级参谋机构和参谋人员提供业务上的帮助和指导。

(4) 按规定要求提供服务。由直线人员对服务的内容、方式、时间等做出具体的要求和规定，参谋机构和参谋人员按质、按量、按时提供相应的服务。

(5) 提供特定的专家技术服务。参谋专家提供规定性的、专门领域内的、专业性很强的技术服务。例如，财务专家提供财务方面的服务，检查下属各分部的财务工作；技术专家帮助下属各单位解决技术上的问题等。这时，参谋在行政隶属关系上接受专门的参谋部门主管的领导，而接受服务的单位无权直接指挥专家们的工作，但可以对其工作提出建议和要求。

(6) 参谋行使职能职权。有一些工作本应由直线主管人员亲自指挥，但由于某些原因也可能授权给参谋部门或参谋人员去处理。这时，参谋部门或参谋人员不仅对其上级提供咨询、代拟政策与计划，而且还可以在其授权范围内直接指挥下级单位，享有部分的直线指挥权，甚至当直线主管因事外出时，参谋还可代行全部的指挥权。

(7) 提供独立的监督服务。为了保证组织的良好运行和发展，建立稳定、严密的监督机制是非常必要的。如建立监事会、审计部等独立的监督服务机构，由他们负责对包括各级直线管理人员在内的所有机构和人员行使独立的审计、监督和检查权，这时的直线—参谋关系就变成了一种监督与被监督的关系。

直线与参谋概念除了指职权关系以外，还可以泛指部门的设置。直线部门通常被认为是对组织目标的实现直接做出贡献的单位，如大工业公司中的生产系统、销售系统都被列为直线部门；而把采购、会计、人事、设备维修和质量管理等列为参谋部门。但从职权关系来看，无论是在生产系统、销售系统内部，还是在辅助性的参谋单位内部，只要存在上下级关系，就必定存在直线职权。生产系统和销售系统同是直线部门，但它们是两条线上的直线关系，如果销售部门主管跨系统对生产部门人员提出如包装产品的要求，这就不是直线关系，而是非直线关系了。我们将跨系统发生的非直线关系，以及参谋部门对直线部门提供的辅助关系，统称为参谋职权或参谋关系。

从理论上来说，设置参谋职务不仅可以保证直线的统一指挥，而且能够适应管理复杂活动需要多种专业知识的要求。然而在实践中，直线与参谋的矛盾往往是组织缺乏效率的原因之一。考察这些低效率的组织活动，通常可以发现两种不同的倾向，或者虽然保持了命令的统一性，但参谋作用不能充分发挥；或者参谋作用发挥失当，破坏了统一指挥的原则。因此，在实际工作中，直线与参谋都有可能产生对对方的不满情绪。

直线人员需要对自己所辖部门的工作结果负责，因此有时可能认为参谋人员和部门干预了自己的工作，闯进了自己的领地，从而可能对他们产生不满。直线人员对参谋作用的敌视或忽视会导致参谋的不满。引起直线与参谋矛盾的另一个可能原因是参谋人员过高估计了自己的作用。

解决这对矛盾的关键是要合理利用参谋的工作，明确直线与参谋的关系，授予参谋机构必要的职能权力。为此，首先要建立清晰的等级链，其次要明确划分权责界限，然后要制定并严格执行政策、程序和规范，最后各级管理人员必须充分尊重别人的职权，同时无论是上下级之间，还是同级之间，必须注意及时沟通，并加强工作中的支持与配合，以建立融洽的职权关系。

八、组织结构的类型

组织结构是表现组织各部分排列顺序、空间位置、联系方式以及各要素之间相互关系的一种模式。它是执行管理任务的体制，在整个管理系统中所起到的是“框架”的作用。现实中的组织是多种多样的，每一个具体的组织都与其他组织不同，没有一种统一的、适用于任何条件的组织形式。通常，实际中主要存在直线型、职能型、直线职能型、矩阵型、事业部型、多维立体型、网络型、控股型等基本的组织结构类型。

（一）直线型组织结构

直线型组织结构是指组织没有职能机构，从最高管理层到最基层，实行直线垂直领导，如图 5－12 所示。直线型组织结构把职务按垂直系统直线排列，各级管理者对所属下级拥有直接的一切职权，下属必须绝对服从其上级主管，又称为“军队式组织”。

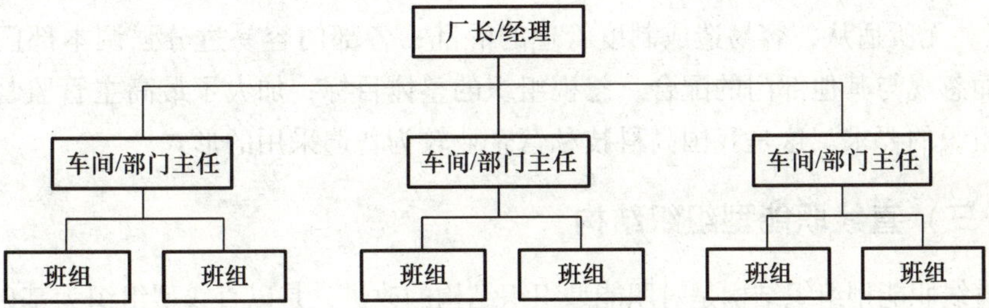

图 5－12 直线型组织结构形式

这种组织结构简单，责任分明，权力集中，命令统一，联系简捷，沟通迅速。但在组织规模较大的情况下，所有的管理职能都集中由一人承担，往往由于个人的知识及能力有限而感到难于应付，顾此失彼，可能会出现较多失误。此外，组织中的成员只注意上情下达和下情上达，每个部门只关心本部门的工作，因而部门间的横向联系与协调比较差，难以在组织内部培养出全能型、熟悉组织情况的管理者。该组织结构主要适用于规模较小、任务比较单一的小型组织，或者是现场的作业管理。

（二）职能型组织结构

职能型组织结构的特点是采用专业分工的管理者，代替直线型组织中的全能型管理者。即在组织内设置若干职能部门，各职能部门都有权在各自业务范围内向下级下达命令和指示，也就是各基层组织服从上级直接领导外，还要接受各职能部门的领导。即各级领导者都配有通晓各门业务的专门人员和职能机构作为辅助者直接向下发号施令，如图 5－13 所示。

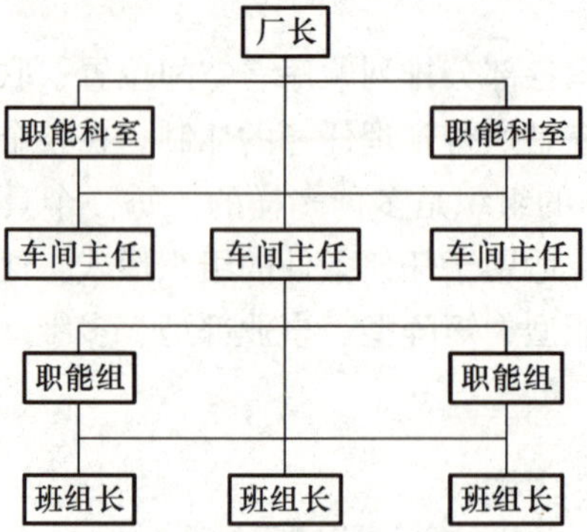

图 5－13　职能型组织结构形式

这种组织结构适应现代组织技术比较复杂和制度管理分工较细的企业，能够发挥职能机构的专业管理作用，从而减轻上层管理者的负担。但是，它违背了集中管理和统一指挥原则，形成了多头领导，对基层来讲是“上边千条线，下面一根针”，无所适从，容易造成制度管理的混乱；各部门容易过分强调本部门的重要性而忽视与其他部门的配合、忽视组织的整体目标；加大了最高主管监督协调整个组织的要求。这是我国高科技私营企业较为普遍采用的形式。

（三）直线职能型组织结构

直线职能型组织结构是对职能型组织结构的改进，是以直线型组织为基础，在各级直线主管之下设置相应的职能部门而建立的二维组织结构。即设置了两套系统，一套是按命令统一原则组织的纵向指挥系统，另一套是按专业化原则组织的横向管理职能系统。其特点是直线部门和人员在自己的职责范围内有决定权，对其所属下级的工作进行指挥和命令，并负全部责任，而职能部门和人员仅是直线主管的参谋，只能对下级机构提供建议和业务指导，没有指挥和命令的权力。职能部门拟订的计划、方案以及有关的指令，统一由直线领导批准下达。如图 5－14 所示。

直线职能型组织结构既保持了直线型的集中统一指挥的优点，又吸取了职能型的发挥专业化管理的长处，管理权力高度集中，任务明确，决策迅速，指挥灵活，效率高，稳定性高。缺点是权力集中于高层领导，下级缺乏必要的自主权，职能人员之间横向联系较差，目标不易统一，缺乏全局观念，信息传递较慢，难以适应环境变化。

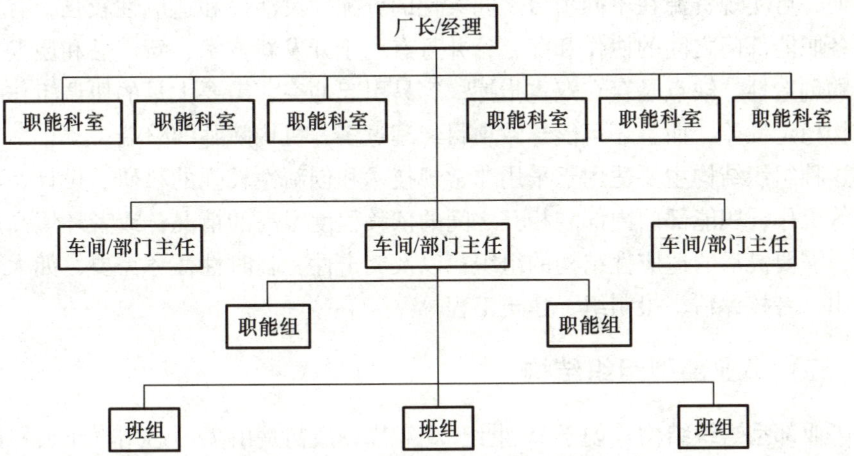

图 5－14 直线职能型组织结构形式

直线职能型组织结构属于典型的“集权”式结构，是一种普遍适用的组织形式。目前，绝大多数企业和非营利性组织均采用这种组织形式。

（四）矩阵型组织结构

这是一种把按职能划分的部门同按产品、服务、活动、研究或工程项目划分的部门结合起来的组织形式，如图 5－15 所示。

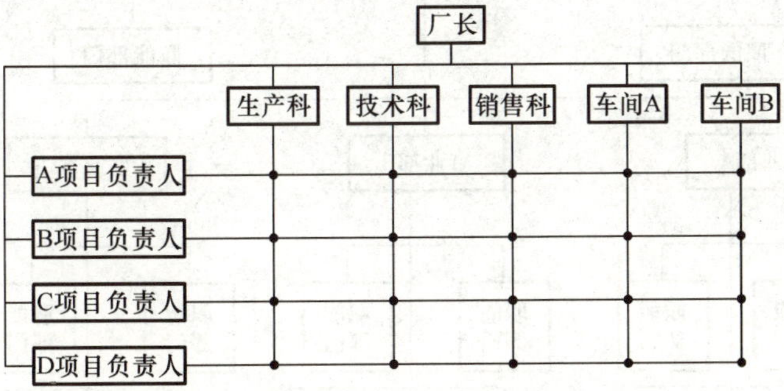

图 5－15 矩阵型组织结构形式

在这种组织中，每个成员既要接受垂直部门的领导，又要在执行某项任务时接受项目负责人的指挥。两者结合就形成一个矩阵，故借助数学语言，称为矩阵制结构。可以说，矩阵结构是对统一指挥原则的一种有意识的违背。特点是在项目负责人的主持下，从纵向的各职能部门抽调人员，组成项目组，共同从事活动项目或研究项目的工作。项目完成后，人员返回本部门，项目组随即撤销。每个项目负责人都是在厂长的直接领导下专门负责。

矩阵型组织结构在不增加机构和人员的条件下，将不同部门集中在一起，组建方便，可实现资源在不同项目之间柔性的分配，灵活性和适应性较强，有利于加强各职能部门之间的协作和配合，并且有利于开发新技术、新产品和激发组织成员的创造性。缺点是存在双重指挥，容易引起冲突，需要大量的协调工作，组织结构稳定性差，而且还可能导致项目经理过多、机构臃肿的弊端。

这种组织结构主要适用于采用非常规技术和创新性较强的科研、设计、项目规划等工作，职能部门内部和相互之间的依赖程度很高的情况；或者环境高度不确定，需要灵活的适应性结构的组织；以及突击性、临时性任务需要，如大型赛事组织、考核评估、摄制组、建筑工程等。

（五）事业部型组织结构

事业部型组织结构首创于19世纪20年代，最初是由美国通用汽车公司副总经理斯隆创立，故又称“斯隆模型”。该结构是在直线职能型框架基础上，按地区或所经营的各种产品、项目或地域设置独立核算、自主经营、自计盈亏的事业部，同时，事关大政方针、长远目标以及一些全局性问题的重大决策集中在总部，以保证企业的统一性。这种组织结构形式最突出的特点是“集中决策，分散经营”，这是在组织领导方式上由集权制向分权制转化的一种改革，如图5－16所示。

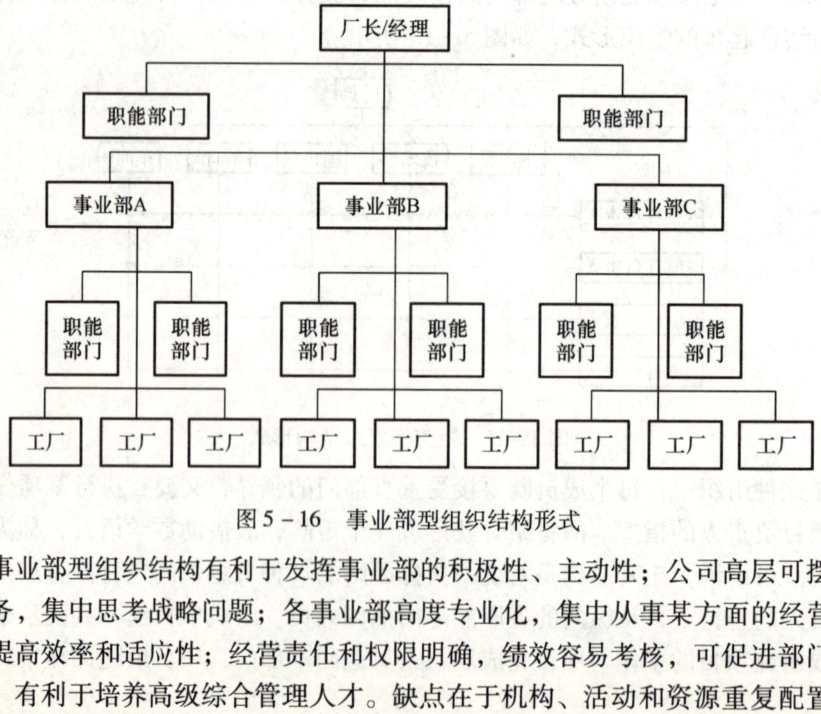

图5－16 事业部型组织结构形式

事业部型组织结构有利于发挥事业部的积极性、主动性；公司高层可摆脱日常事务，集中思考战略问题；各事业部高度专业化，集中从事某方面的经营，有利于提高效率和适应性；经营责任和权限明确，绩效容易考核，可促进部门间的竞争；有利于培养高级综合管理人才。缺点在于机构、活动和资源重复配置，管理成本高；各事业部独立经营，易形成本位主义，相互支援和协作较差；对管理者要求较高，事业部经理需要熟悉全面业务和管理知识。

这种组织结构是“集权”与“分权”相结合的形式，主要适用于生产经营多样化、面对多个不同市场或者所处地理位置差异大、要求适应性较强的大型企业。

（六）多维立体型组织结构（三维矩阵结构）

多维立体型组织结构是矩阵型组织形式和事业部型组织形式的综合发展。它由三类管理系统组成：一是按产品（项目或服务）划分的事业部，是产品利润中心；二是按职能，如市场研究、生产、技术、质量管理等划分的专业参谋机构，是职能利润中心；三是按地区划分的管理机构，是地区利润中心，如图 5－17 所示。

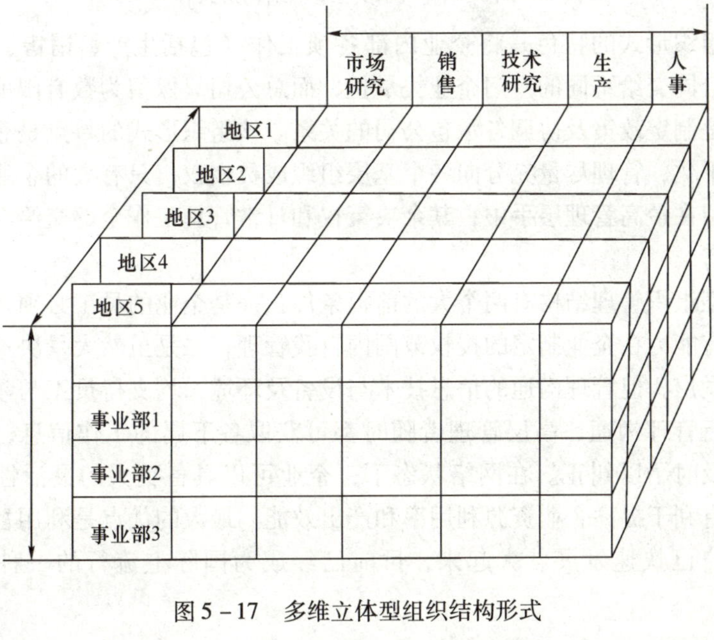

图 5－17　多维立体型组织结构形式

每一系统都不能单独做出决定，必须由三方代表通过共同协调才能采取行动。这要求每个部门都要从整个组织制度的全局来考虑问题，以减少产品、职能、地区各部门之间的矛盾。这种类型的组织结构形式最适用于多种产品开发、跨地区经营的跨国公司或规模巨大的跨地区公司，可以为这些企业在不同产品、不同地区增强市场竞争力提供组织保证。

（七）网络型组织结构

网络型组织结构是基于当今飞速发展的现代信息技术手段而建立和发展起来的一种新型企业组织结构。网络型组织结构是一种很精干的中心机构，以合同（契约）关系的建立和维持为基础，依靠外部机构进行制造、销售或其他重要业务经营活动的组织结构形式。被联结的各经营单位之间并没有正式的资本所有关系和行政隶属关系，只是通过相对松散的契约为纽带，通过一种互惠互利、相互协作、相互信任和支持的机制来进行密切的合作，如图 5-18 所示。

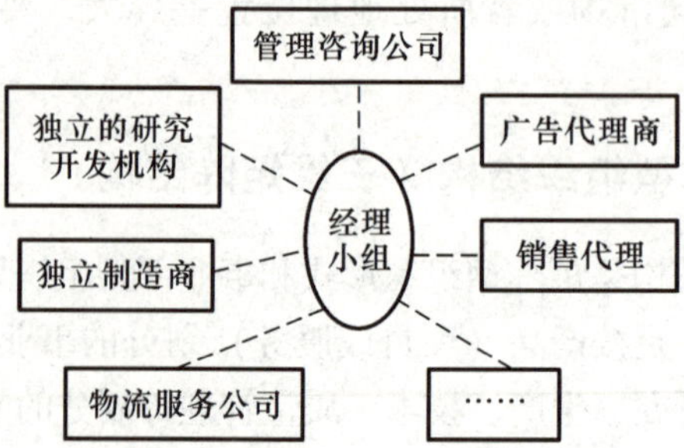

图 5-18　网络型组织结构形式

这种组织形式的特色是将企业内部各项工作（包括生产、销售、财务等），通过承包合同交给不同的专门企业去承担，而总公司只保留为数有限的职员，其主要工作是制定政策及协调各承包公司的关系。该组织形式的特点是企业组织结构相当扁平化，管理尽量充分向各个基层组织成员授权，只有大的企业战略性的决策权仍留在最高管理层手中，其余决策权和日常管理工作全部交给企业员工自己独立进行。

网络型组织管理结构有两个大的前提条件：一是企业的员工必须是分工明确并且完全有能力在企业制定的授权范围内自我管理；二是虽然大量决策是由员工自己现场做出，但管理沟通的信息技术与设备及环境，均支持员工与领导者及时高效地进行管理沟通，高层管理者随时都可获取各下属的工作信息，发现偏差时，能够及时予以纠正。在网络状态下，企业可以具备更大的灵活性和工作效率，从而有利于提高企业资源利用率和产出效能。最大的优点是利用社会上现有的资源使自己快速发展壮大起来，目前已经成为国际上流行的一种组织结构形式。

（八）控股型组织结构

控股型组织结构是在非相关领域开展多种经营的企业所常用的一种组织结构形式。由于经营业务的非相关，因此大公司不对这些业务经营单位进行直接的管理和控制，而代之以产权关系为纽带对其进行持股控制。如图 5-19 所示，母公司或集团公司处于企业集团的核心层，故称之为集团的核心企业。相应的，各子公司、关联公司就是围绕该核心企业的集团紧密层或半紧密层的组成单位。

控股型组织结构是建立在企业间资本参与关系的基础上。母公司与它所持股的企业单位之间不是上下级之间的行政管理关系，而是出资人对被持股企业的产权管理关系。母公司作为大股东，对持股单位进行产权管理控制的主要手段是凭借所掌握的股权向子公司派遣产权代表和董事、监事，通过这些人员在子公司股东会、董事会、监事会中发挥积极作用而影响子公司的经营决策。

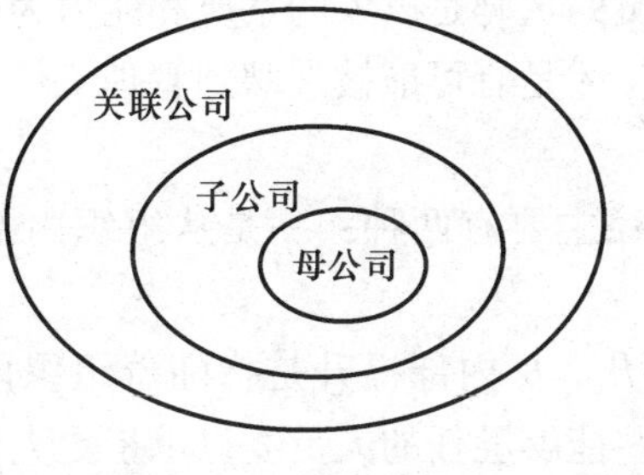

图 5－19　控股型组织结构形式

九、人员配备

组织设计仅为系统运行提供了可供依托的框架，框架要能够发挥作用，使其有效地运转，组织机构中的每一个岗位都要有适当的人去占据，实现管理目标所必须进行的每项活动也要有合格的人去完成。人员配备就是根据组织结构中所规定的职务的数量和要求，对所需管理人员进行恰当而有效的选择、考评、培训，其目的是配备合适的人员去充实组织中的各项职务，以保证组织活动的正常进行，进而实现管理目标。换言之，就是利用合格的人力资源对组织结构中的职位进行不断填充的过程。因此，人员配备是组织设计的逻辑延续，它通过分析人与事的特点，谋求人与事的最佳组合，实现人与事的不断发展。

（一）人员配备的原则

为求得人与事的优化组合，人员配备过程必须依循因事择人、因材使用、动态平衡的原则。

（1）因事择人的原则。就是根据岗位要求，选择具备相应知识与能力的人员到合适的岗位，以使工作卓有成效地完成。

（2）因材使用的原则。要求根据人的不同特点来安排工作，使人的潜能得到最充分的发挥。

（3）人事动态平衡原则。要求以发展的眼光看待人与事的配合关系，不断根据变化的情况，进行适时调整，实现人与工作的动态平衡与最佳匹配。

（二）管理人员的选聘（选人）

“得人者昌，失人者亡”，这是古今中外公认的一个组织成功的要诀。在人才选用中，关键是管理人员的选用，因为管理人员的质量是任何一个组织不断取得成功的最重要的决定因素。因此，组织能否选拔和招聘到合适的管理人员，是关系到组织活动成败的关键。

管理人员的选聘就是要把合符管理者职位要求的人员遴选出来，并且聘用到管理岗位上来。管理人员的选聘是以人的素质和能力为标准的，或者说，只有拥有一定素质和能力的人，才是有可能被选聘到管理工作岗位上来的人。

1. 选聘方式

选聘管理人员的途径主要有两种：一是从组织内部提升；二是从组织外部选聘。

（1）从组织内部提升。从内部提升是指随着组织内部成员能力的增强，在得到充分证实后，对那些能够胜任的人员委以承担更大责任的更高职位。内部提升的优点是：

①有利于对选聘对象全面了解，以保证选聘工作的正确性。

②被提升的组织内成员对组织的历史、现状、目标以及现存的问题比较了解，有利于被选聘者迅速开展工作。

③有利于鼓舞士气，激励组织成员的上进心和工作热情，调动成员的积极性。

其缺点是：

①当组织内部人才储备的质或量不能满足组织发展的需要，如果仍然坚持从内部提升，将会使组织既失去得到一流人才的机会，又使不称职的人占据主管职位。

②不易带来新的观念，容易造成“近亲繁殖”。

（2）从外部招聘。从外部招聘是指根据一定的标准和程序，从组织外部的众多候选人中选择符合空缺职位工作要求的管理人员。外部招聘的优点是：

①有比较广泛的人才来源满足组织的需求，有可能招聘到一流的管理人才。

②可给组织带来新的思想、新的方法，防止组织的僵化和停滞。

③大多数应聘者都具有一定的理论知识和实践经验，因而可节省在培训方面所耗费的大量时间和费用。

其缺点是：

①组织内部员工的士气或积极性将受到影响。

②应聘者对组织的历史或现状不了解，不能迅速开展工作。

一般说来，当组织内有能够胜任空缺职位的人选时，应先从内部提升；当空缺的职位不很重要，并且组织已有既定的发展战略时，应当考虑从内部提升。然而，当组织急缺一个关键性的主管人员，而组织内又无胜任这一重要职位的人选时，就需要从外部招聘，否则将会导致组织处于停顿甚至后退状态。

2. 选聘的基本程序

选聘的具体程序应包括的步骤，随组织的规模、性质以及空缺主管职位的特殊性和要求而有所不同。不过在设计步骤时，应考虑到时间、费用、实际意义以及难易程度等因素。一般来说，公开招聘的基本程序是：

①人力资源计划与招聘决策。根据组织目标的需要，制订人力资源计划，并做出具体的招聘决策。

②发布招聘信息。要利用多条渠道，广泛发布招聘信息，以吸引更多的人才应聘。

③初选。根据报名者的背景情况进行初步筛选。

④招聘测试。运用系统的、统一的标准及科学的、规范化的工具，对不同人员的各种素质加以公正而客观的评价。可采用的具体考核方式有：智力与知识测验、竞聘演讲与答辩、案例分析与实际能力考核。

⑤民意测验。在选配管理人员时，特别是选配组织中较高管理层次的管理人员时，可以进行民意测验以判断组织成员对其接受程度。

⑥面试选定管理人员。

（三）管理人员的培训（育人）

管理人员的培训是人员配备职能中的一个重要方面。其目的是要提高组织中各级管理人员的素质、管理知识水平和管理能力，以适应管理工作的需要，适应新的挑战和要求，从而保证组织目标的实现。应当把培训工作作为组织的一项长期活动的内容，建立起有效的培训机构和培训制度，针对各类管理人员的不同要求，采用各种方法进行培训，切实做好培训工作。

1. 管理人员培训的目标

（1）改变态度。通过培训，使他们逐步了解组织文化，接受组织的价值观念，按照组织认同的行动准则从事管理工作。

（2）传递信息。通过培训，要使管理人员了解组织在一定时期内的生产特点、产品性质、工艺流程、营销政策、市场状况等方面情况，熟悉公司的生产经营业务。

（3）更新知识。利用培训的方法，对他们的科学、文化、技术知识进行及时的补充和更新。

（4）发展能力。根据管理工作的要求，努力提高管理人员在决策、用人、激励、沟通、创新等方面的管理能力。

2. 管理人员培训的方法

培训管理人员的方法多种多样，主要有入职培训、岗前培训、日常培训、实战培养、参加短训班、脱产进修、在岗培训、定期轮训、学术交流、出国考察、脱产培训、工作轮换、设立副职和助理职务及临时职务代理等。其中工作轮换是使受训练者在不同部门的不同主管位置或非主管位置上轮流工作，使其全面了解整个组织的不同工作内容，得到各种不同的经验；副职的设立是要让受训者同有经验的主管人员一道密切工作，后者对于受训人员的发展给予特别的注意。这种副职常常以助理等头衔出现；临时职务代理是指当组织中某个主管由于出差、生病或度假等原因暂时不能上岗时，对于这种临时性的职务空缺，组织可以考虑由受培训者临时代理该主管的工作。

管理人员作为一种特殊的人才也有一个成长的过程，定期地、有计划地对管理人员进行培训，是促进管理人员迅速成长的有效途径。通过培训，可以丰富管理人员的知识、增强管理人员的素质和提高管理人员的管理水平。同时，组织投入一定的人力和物力在管理人员的培训上，使管理人员深切感受到组织为其个人发展和职务晋升提供了机会，从而增加了他们的职业安全感和对组织的忠诚感，调动了管理人员的工作热情，促进了管理队伍的稳定。管理人员的培训是一种组织行为，即由组织决定对哪些人进行培训和以什么方式进行培训，但是，培训能否取得预期的效果却需要个人行为与之相配合。

（三）管理人员的考评

考评就是考核、评价，是一种定期对管理人员的工作绩效、能力、素质等进行估计和衡量的过程。其目的是确定占据职位的人员是否确实符合要求，值得进一步提拔还是应当加以调整，管理人员的培训和培养工作的效果，管理人员的薪酬应当依据什么基准确定等。此外，通过考评，还可以起到相互学习、促进组织内部沟通的作用。它是对管理人员选聘的结果加以检查的必要手段，也是进一步做好管理人员选聘工作的前提。

1. 考评的内容

管理人员的考评是从属于组织存在与发展的现实要求和长远利益这两个方面的，因此，它应当包括对管理人员已经取得的业绩的考评和对管理人员素质和能力的考评。即管理人员的考评内容包括贡献考评和能力考评两个方面。

（1）贡献考评。贡献考评是指考评和评估管理人员在一定时期内担任某个职务的过程中对实现企业目标的贡献程度，即评价和对比组织要求某个管理职务及其所辖部门提供的贡献与该部门的实际贡献。贡献考评又称为业绩考评，其结果可以作为决定管理人员报酬的主要依据。

（2）能力考评。能力考评是指通过考察管理人员在一定时间内的管理工作，评估他们的现实能力和发展潜力。即分析他们是否符合现任职务所具备的要求，任现职后素质和能力是否有所提高，从而能否担任更重要的工作。

2. 考评的要求

（1）考评最基本的要求是必须坚持客观、公正的原则。如果考评不能客观、公正，其就失去了意义，不但不能起激励作用，反而还会起消极作用。

（2）要建立由正确的考评标准、科学的考评方法和公正的考评主体组成的考评体系。建立科学的考评体系是实现有效考评的前提、基础和必要条件。

一般主要从德、能、勤、绩和个性五个方面来进行考评。

①德。即考核管理人员的政治立场、理想信念和工作作风，主要包括政治思想、社会道德、职业道德、遵纪守法、奉献精神等。

②能。即考核管理人员所从事的业务技术工作而相应具备的专业理论水平和实际工作能力，主要包括人员的基本业务能力、技术能力、管理能力与创新能力等。

③勤。即考核管理人员主观上的工作积极性和工作态度，包括在工作中表现出来的热情、责任感、纪律性和协调性等。

④绩。考核管理人员的工作业绩，包括可以量化的刚性成果和不易量化的可评估成果。

⑤个性。主要了解管理人员的性格、偏好、思维特点等。

(3) 实行多层次、多渠道、全方位、制度化的考评。为了全面、准确地了解一个人，应该建立完整、规范的考评制度体系，通过多条渠道进行全面考评，并注意不同层次的考评重点。

(4) 注意考评结果的正确运用，包括考评结果同劳动报酬、工作安排与职务晋升挂钩。并根据考评结果，建立组织的个人档案。

3. 考评的方法

管理人员考评通常有下列七种方法：

(1) 实测法，即通过各种项目实际测量进行考评的方法。例如，对员工进行生产技术技能的考评，通常采用现场作业，通过对其实际测量，进行技术测定、能力考核。

(2) 成绩记录法，即将取得的各项成绩记录下来，以最后累积的结果进行评价的方法。这种方法主要适用于能实行日常连续记录的生产经营活动，如生产数量、进度、质量投诉等。

(3) 书面考试法，即通过各种书面考试的形式进行考评的方法。这种方法适用于对管理人员所掌握的理论知识进行测定。

(4) 直观评估法，即依据对被考评者平日的接触与观察，由考评者凭主观判断进行评价的方法。这种方法简便易行，但易受考评者的主观好恶影响，科学性差。

(5) 情景模拟法，即设计特定情境，考察被考评者现场随机处置能力的一种方法。

(6) 民主测评法，即由组织的人员集体打分评估的考评方法，一般采用问卷法进行。

(7) 因素评分法，即分别评估各项考核因素，为各因素评分，然后汇总，确定考核结果的一种考评方法。

第三节 组织运行

一、组织制度

（一）组织制度概述及分类

组织制度是组织为有效实现目标，对组织的活动及其成员的行为进行规范、制约和协调，而制定的具有稳定性与强制力的规定、规程、方法和标准体系。

1. 组织制度的特点

（1）权威性。组织制度是由组织或其上级制定颁布的，要求其成员必须执行，具有很高的权威性。

（2）规范性。组织制度不但具有高度的统一性、标准性，而且体现规律的要求，对组织成员进行科学、合理的指导与规范。

（3）强制性。组织制度就是组织中的法规，强制要求其成员执行、遵守。凡有违反者，就要受到相应的制裁。

（4）稳定性。组织的规章制度一般都是条文性的，一经制定，就具有相对的稳定，要在一定期间内严格执行。

2. 组织制度的类型

（1）组织的基本制度。组织的基本制度是指规定组织构成和组织方式，决定组织性质的基本制度。这是组织的根本制度，决定与制约组织的行为方向、基本活动范围与性质。例如，公司章程、公司产权制度、公司治理制度等。

（2）组织的管理制度。组织的管理制度是指对组织各领域、各层次的管理工作所制定的指导与约束规范体系。例如，组织中的各种职权关系与联系的组织制度、各种部门与岗位的权责制度、各种管理程序与标准的管理制度等。

（3）组织的技术与业务规范。组织的技术与业务规范是指组织中的各种关于技术标准、技术规程的规定，以及对业务活动的工作标准与处理程序的规定。

（4）组织中个人行为规范。这是针对组织中的个人，对其行为进行引导与约束所制定的规范。如员工职业道德规范、礼仪规范等。

（二）现代公司制度

现代公司制度是指适应现代社会化大生产和市场经济要求的产权关系明确、治理结构严谨、责权关系对等、筹资渠道广泛、制约机制健全、企业规模可以迅速扩大并稳定、持久地经营的公司制度。

1. 现代公司制度的特点

从公司制度的基本含义分析可知，现代公司制度具有产权清晰、权责分明、责任有限、政企分开、管理科学的特征。现代公司的产权是清晰的、权责是明确的、出资者按投入企业的资本额享有所有者的权益，即资本受益、重大决策和选择管理者等权利。企业破产时，出资者只以投入企业的资本额对企业债务负有限责任。企业作为市场主体和法人实体，依法自主经营、自负盈亏、参与市场竞争，同时受所有者约束，不能损害所有者权益，不能搞“内部人控制”。现代公司都有公司法人治理结构，规范出资者、经营者和一般职工之间的利益关系，政府不直接干预企业经营活动，不存在政企不分的问题。现代公司为在市场竞争中求生存、求发展，必须不断改善经营管理，进行科学管理。除此之外，还具有以下特点。

（1）所有权与经营权分离。早期个人独资企业、合伙企业以及有限责任公司，由于其规模和组织结构相对简单，出资人都以企业为生存的根本，所以企业的所有者与经营者通常是合二为一的。而在股份有限公司中，股东的所有权与基于公司法人产权之上的权利是完全分离的。当然，股份有限公司两权的完全分离，并不是说经营者可以确定股东的利益而任凭自己意志随心所欲经营，而是在保证股东利益的前提下，经营者可以最充分地支配、调动公司法人的产权，股东非依法定程序不得加以干涉。

（2）公司行为的高度规范性。公司的高度规范性主要决定于公司内部组织构架的规范性，且最终要取决于公司法人治理结构的高度严谨性。因为公司治理结构不仅指其组织构架，更在于其结构之间关系的确定，及各结构职权运作方式的确定，科学、合理地处理股东会、董事会、监事会之间的关系，使治理结构有序规范地运作，才能实现现代公司制度的高度规范性，才能够在法律调整的情况下形成有效的内在运行机制。

2. 现代公司制度的核心

公司制是现代企业制度的载体，公司治理结构是现代公司制的核心。没有公司治理结构，就没有现代企业。公司治理结构实质上要解决的是因所有权和经营权相分离后产生的委托代理问题，它是规范委托代理各方之间关系的一种制度安排，并由此而形成的企业组织结构、体制或制度。现代公司制度要求的法人治理结构如图 5-20 所示。

公司治理结构是指所有者、经营者和监督者之间透过公司权力机关（股东大会）、经营决策与执行机关（董事会、经理）、监督机关（监事会）而形成权责明确、相互制约、协调运转和科学决策的联系，并依法律、法规、规章和公司章程等规定予以制度化的统一机制。通俗地讲，就是公司的领导和组织体制机构，通过治理结构形成公司内部三个机构之间的权力的合理分配，使各行为人权责明确，相互协调、相互制衡，保证公司交易安全，运行平稳、健康，使股东利益及利益相关者（董事、经理、监事、员工、债权人等）的共同利益得到平衡与合法保护。

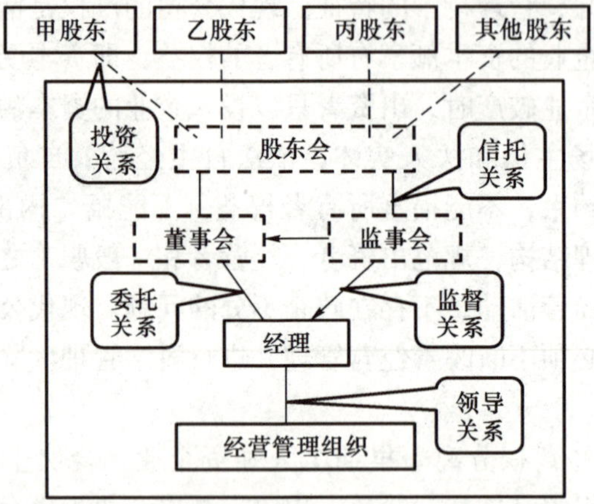

图 5-20 现代公司制度的法人治理结构

3. 建立现代公司制度

公司法人治理结构是现代公司制的核心，建立公司法人治理结构是国有企业进行规范的公司制改革的重要内容。按照《中华人民共和国公司法》（以下简称《公司法》）的要求，建立公司法人治理结构，明确股东会、董事会、监事会和经理层的职责，使他们各负其责，有效制衡。

（1）建立健全董事会制度。鉴于我国国有企业老板不到位，无人对国有资本负责，国有资本大量流失，需要特别重视建立健全董事会制度。董事会应代表出资人和其他相关者的利益，并对股东会负责。董事会要对企业的重大生产经营活动和发展战略作出决策，聘任经营者付诸实施，授权经理人员在一定范围内的决策权。董事会要与经营者签订经营协议，对经营业绩进行审计、考核和评价；经营者负责组织公司日常生产经营活动，按照经营业绩取得报酬。为了确保董事会代表出资人利益，避免“内部人控制”，董事会除了有内部董事外，还必须有相当数量的不属于“内部人”的外部董事。内部董事主要致力于搞好公司的生产经营，外部董事主要是监督。

（2）通过市场选聘经理人员和建立对经营者的激励与约束机制。选聘公司经理人员应严格实行由董事会决定的聘任办法，不再由政府部门任命。董事会尽可能通过市场选聘经理人员。市场选聘可以防止搞垮一个国有企业的人再去搞垮第二个国有企业，同时能促使经理人员尽心尽力搞好公司的生产经营，提高竞争力。建立对经营者的激励和约束机制很重要。对业绩良好的经理人员要给予奖励；有条件的公司可试行年薪制、持股分红制、股票期权（如上市公司允许经理人员按现在市价认购一定数量股票，三年或五年后由于公司业绩好股票涨价后可获得巨额价差收入）等。继续实行稽查特派员制度，有的地方还实行由出资人或出资人代表、机构委派财务总监的做法，也是一种有益的探索。

(3) 处理好“新三会”与“老三会”的关系。目前80%以上的国有控股公司都既有“新三会”(股东会、董事会、监事会)，又有“老三会”(党委会、工会、职工代表大会)，如何处理好它们之间的关系，是许多公司建立法人治理结构中碰到的难题。既然要对国有企业进行规范的公司制改革，就要按《公司法》办事，以“新三会”为主，治理公司事务；同时尽可能同“老三会”相结合，发挥好“老三会”的积极作用。为此，可以采取双向进入的办法，即在国有控股公司中，党委书记和职工代表按照法定程序进入董事会，以便形成对重大问题的统一决策机构。有条件的董事长和党委书记由一人兼任。党委成员和职工代表还可按法定程序进入监事会。另一方面，董事长、监事会负责人和总经理，也可按党章及有关规定，进入党委会。党组织继续在公司中发挥政治核心作用，保证党和政府的方针政策的贯彻，做好政治思想工作，搞好精神文明建设等。

(三) 组织制度优化与制度化管理

1. 组织制度优化

组织制度优化就是本着合理、有效、实用的原则，建立完善配套的组织制度，以达到提高管理工作效率，增强职工主动性和积极性的目的。实施组织制度优化应遵循以下要求：

(1) 组织制度优化要从组织的需要出发，以组织实际状况为基础。

(2) 组织制度优化要以加强科学管理、尊重人为中心。

(3) 组织制度优化要求制定的相关制度要系统配套。

(4) 组织制度的修订要有广泛的群众基础。

(5) 组织制度优化要定期或不定期地审视组织制度。

(6) 组织制度优化要强化制度的执行、监督和管理。

2. 制度化管理

制度化管理是以系统的制度为基本手段，协调共同劳动体中各成员行为的管理方式。制度化管理是组织内部管理由“人治”转变为“法治”的具体表现。其实质就是以科学管理的制度体系为手段协调组织各层次行为的基本准则。

(1) 制度化管理的特点。

①制度化管理的科学性。由于制度化管理是靠管理机制进行管理，因此较好地体现相关规律的要求，使管理更科学、更可行、更有效率。

②制度化管理的客观性。制度化管理实行的是“法治”，而不是“人治”，使管理行为更具有客观性，能最大限度地排除人为因素的不利影响。

③制度管理的规范性。由于有成文的制度，有章可依，管理工作可以按程序进行，可以实现工作的标准化。

④制度化管理的稳定性。制度化管理依靠制度体系与机制进行管理，因此稳

定性比较高。

(2) 制度化管理的要求。

①要建立健全科学系统的制度规范体系，特别是注重管理机制的改革与建设，这是制度化管理的前提与基础。

②要树立“法治”观念，在组织内树立制度规范的基本权威。“法治”是现代社会治理的基本准则之一，组织的全体成员都要牢固树立“依法办事”的观念。

③要加大授权，凭借制度化管理机制进行管理。制度化管理的实质就是以科学管理的制度体系为手段协调组织各层次行为，这就要求以完整的制度体系为基础，实行充分授权，构建科学而权威的规范管理机制，各层次人员要以制度为准绳，自觉规范、约束、协调组织与个体的行为，维系运行秩序，实现组织目标。

④要将坚持制度的严肃性与尊重人、调动人的积极性和创造性有机结合起来。制度化管理注重制度规范的作用，但绝不意味着忽视人的因素。而是将制度化管理与人的积极性、主动性、创造性以及人的社会联系与情感因素有机地结合起来。

二、授权与分权

(一) 集权与分权

集权与分权反映了组织的纵向职权关系，其意思是指组织中决策权限的集中与分散程度，集权意味着决策权在很大程度上向处于较高管理层次的职位集中；分权则表示决策权在很大程度上分散到处于较低管理层次的职位上。

1. 影响集权与分权的主要因素

决定集权与分权的关键在于所集中或分散权力的类型与大小。高层管理者应重点控制计划、人事、财务等决策权；而将业务与日常管理权尽可能多地放给基层。同时，应根据组织目标与环境、条件的需要正确决定集权与分权程度。

(1) 组织因素。包括组织规模的大小、所管理的工作的性质与特点、管理职责与决策的重要性、管理控制技术发展程度。

根据组织生命周期理论，组织创立初期通常采取高度集权的管理方式。但随着组织逐渐成长、规模日益扩大和组织层次的增多，使上下沟通的速度减慢，从而造成信息的延误和失真，工作效率降低，则由集权逐渐转向分权的管理方式。决策的重要程度、难度和代价的大小是决定分权程度的主要因素。通常，决策越是重要、决策的难度越大，可能带来的风险也就越大，因而也越不宜交给下级人员处理。高层主管在向下分权时，必须保证对下级工作和绩效的控制，许多主管之所以不愿意授权，就是担心失去控制，因而控制的技术与手段也是影响分权程度的一个因素。通信技术的发展、统计方法和控制等技术的改进，都有助于组织分权程度的提高。

(2) 环境因素。包括组织所面临环境的复杂程度、组织所属部门各自面临环境的差异程度。

组织在发展过程中，必然要受到外界政治、经济、技术等环境的影响，当组织所处的环境竞争比较激烈时，会促使组织集权化。正如戴尔所说："困难时期和竞争加剧可主张集权制。"当企业面临复杂多变的市场时，必须进行分权，以便更及时、更准确地适应市场的需要。

(3) 管理者与下级因素。包括管理者的素质、偏好与个性风格；被管理者的素质、对工作的熟悉程度与控制能力；管理者与被管理者之间的关系等因素。

管理者的个性与管理哲学对组织的分权程度有很大的影响。专制、独裁的管理者通常具有较强烈的权力需求，不能容忍他人触犯其权力，因而往往采用集权式管理；反之，则倾向于分权。如果组织中的下属管理者数目充足，素质和能力较强，经验丰富，且愿负责任，则可以较多地分权。反之，则会限制分权。

2. 分权程度的标志

通常，组织中分权的程度可以从以下四个方面来衡量：

(1) 下级决策的数量。组织中较低管理层次做出决策的数目越多、越频繁，表明该组织的分权程度越高。

(2) 下级决策的范围。组织中较低管理层次做出决策的影响范围越广、涉及的职能越多、参与决策制定过程的环节越多，则分权程度越高。

(3) 下级决策的重要性。组织中较低管理层次做出决策所涉及的费用越高，重大性质的决策越多，则分权程度较高。例如，如果下级在不请示任何上级的情况下，可以做出购买价值20万元设备的决定，显然比购买决策权被限制在2万元以内的分权程度高。

(4) 对下级决策的控制程度。下级做出的决策需要经常向上级请示与汇报，且要受到严格监控，则表明分权程度较低。反之，如果上级对组织中较低管理层次做出决策的审批手续越少，执行中监控越少，则分权程度越高。

(二) 组织授权

授权就是指上级给予下级一定的权力责任，使下属在一定的监督下，拥有相当的自主权。授权可以使高层管理者从日常事务中解脱出来，专心处理重大问题；可以提高下属的工作热情，增强下属的责任心，并提高工作效率；通过授权，使基层能自主运作，有利于更好地促进组织目标的实现；可以提高下属的才干，有利于管理人员的培养；可以充分发挥下属的专长，弥补授权者自身才能的不足。

1. 授权的要求

依工作任务的实际需要授权，以保证下级能有效地开展工作；适度授权，该放给基层的权力一定要放下去，但也要防止授权过度；授权过程中，必须使下级职、责、权、利相当，真正使被授权者有职、有权、有责、有利；实行最终职责绝对性原则，即上级授权给下级，但对工作的最终责任还是要由上级来承担；上级必须坚持有效监控原则，授权不等于放任自流，上级必须保留必要的控制，使所授之权不失控，确保组织目标的实现。

2. 授权的过程（如图5－21所示）

正确的授权要注意明确授权的目的，职、权、责、利相当，保持命令的统一性，正确选择授权者以及加强对授权者的监督控制。按照这个理解，分权是组织向其下属各级组织进行系统授权的过程。

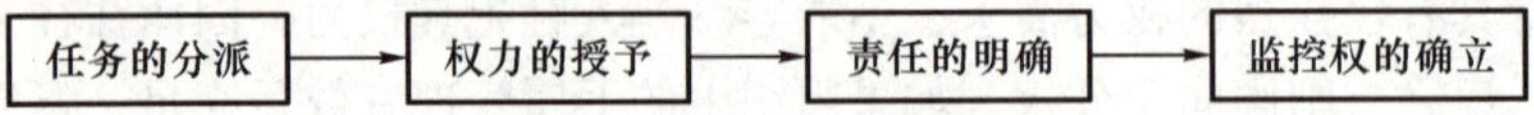

图5－21 组织授权的流程

三、组织整合

（一）组织整合的重要性

组织结构设计的核心问题是企业资源的配置方式和决策权的分配。有效的组织结构应当有利于公司资源的合理配置，有利于核心能力的培育与保持，加快决策速度与决策的科学性，提供个人的发展机会，增强对不断变化环境的适应能力，支持公司各行业的整体策略，并且有利于整体控制及整体协调。企业的组织结构必须要适应企业发展各阶段特定的需要，过度的滞后与超前都会制约组织结构的有效性。目前，企业在组织整合过程中存在以下问题：

（1）许多企业对组织结构的调整往往是“头痛医头、脚痛医脚式”的局部修补，缺少总体的规划与前瞻性，组织结构设置的随意性很大。

（2）组织结构设计没有围绕企业核心竞争力进行，脱离企业成长阶段的需要，片面追求结构的“规范化”“国际化”。

（3）组织结构设置缺少必要的正式沟通渠道和协调方式，各业务部门之间，业务部门与职能部门之间各自为政、条块分割，企业的整体可控性和协调性较差。

（4）在设置组织结构时没能充分考虑市场竞争环境的需要，管理层次过多，决策链条拉长，降低了企业对环境变化的快速反应能力。

（5）很多企业中往往只注重管理层级的划分，而没有明确界定各岗位在管理流程中的具体职责分工，在管理活动中责任不清。

因此，组织整合就是要着眼于提高组织管理效率，增强组织管理权威，降低组织管理成本，建立纵横协调、信息畅达、运转有序的组织管理机制，充分发挥整合企业的组织资源对激活、配置、优化整个社会资源的作用，形成组织资源与社会资源的良性互动。

（二）组织整合的手段

为了实现共同的目标和任务，组织就必须采用有效的整合手段和方法，以达到所需要的协调。

1. 通过组织等级链的直接监督

随着组织中劳动者人数的增加和劳动分工协作关系的发生，通常需要一个人来负责指挥和监督其他人的活动，以达到行动上的配合一致。伴随组织规模的扩大，在最高管理者与作业人员之间往往又产生若干层次的中层管理者，这样就形成了组织监督管理的等级链体系。通过等级链逐层进行协调，是组织实现整合和协调的常用手段。

2. 通过标准化的工作程序

随着组织规模的进一步扩大，单纯依靠等级链上的各层次管理者来进行监督和协调已不能满足需要。为减轻等级链的负担，可以把所要进行工作的内容、过程制定成详细的程序和规则，即建立制度程序，通过规定标准的工作方法来达到各方面行为的协调配合。

3. 通过计划安排的工作成果标准化

工作过程标准运用于那些简单、常规的工作。对于复杂和非常规工作，如果工作过程不易识别或不易分解，无法规定标准化的工作内容和程序，这时就需要变控制工作过程为控制工作者按照一定的程序从事自己的工作，通过目标管理来实现协调和整合。只要产出的成果达到既定的标准要求，就能保证前后工序的顺利衔接。

4. 通过工作技能标准化

如果工作过程和产出的成果都无法预先规定出妥当的标准，这时只能通过对工作者技能素质的控制来确保工作的协调进行。这种方式就是对从事某一工作所必须具备的知识、能力、经验等“投入”做出标准化规定，在招收、聘用人员时遵照执行，并在任职过程中定期地加以检查、考评和培训，由此来保证工作达到统一要求。

5. 通过直接接触和信息沟通

这是下级工作人员之间通过直接接触和信息沟通而主动调整各自的行动，以取得彼此的协调配合。比如，两人同划一条船，通过手势、面部表情、简单的语言沟通密切配合，使船划向前方。

第四节　组织变革和团队建设

一、组织变革的必要性与目标

组织变革是指对组织结构、组织关系、职权层次、指挥和信息系统所进行的调整和改变。组织建立起来，是为实现管理目标服务的，当管理目标发生变化时，组织也需要通过变革自身来适应这种新的变化的要求。即使管理目标没有发生变化，但影响组织的外部环境和内部环境如果发生了变化，那么组织也必须对自身进行变革，才能保证管理目标的实现。因此，组织不是僵硬的、一成不变的。管理目标的变化，或者影响组织存在和管理目标实现的各种因素的变化，必然会带来组织模式、组织结构、组织关系等的相应变化，否则，就无法使管理目标得到实现。

组织变革的目标是通过在人力资源管理、管理机构和体制等方面的有计划的组织干预活动，帮助管理人员计划变革，组织和促进各级管理者与员工形成高度的承诺、协调和岗位胜任力，从而增强组织效能和员工综合胜任力。

二、组织变革的动力及阻力

（一）组织变革的动力

1. 外部变革推动力

组织变革的外部推动力包含政治、经济、文化、技术、市场等方面的各种因素和压力。其中，与变革动力密切相关的有以下几方面。

(1) 社会政治经济变化。国家的经济政策、发展战略和创新思路等社会政治因素，对于各类组织形成强大的变革推动力。同时，国有企业转制、外资企业竞争、各种宏观管理体制改革、加入世界贸易组织和开发西部地区，也是组织变革的推动力。

(2) 技术发展。机械化、自动化，特别是计算机技术对于组织管理产生广泛的影响，成为组织变革的推动力。由于高新技术的日益采用，计算机数控、计算机辅助设计、计算机集成制造以及网络技术等的广泛应用，对组织的结构、体制、群体管理和社会心理系统等提出了变革的要求。尤其是网络系统的应用显著缩短了管理和经营的时间和距离，电子商务打开了新的商业机会，也迫使企业领导人重新思考组织的构架和员工的胜任力要求。

（3）市场竞争。全球化经济形成新的伙伴关系、战略联盟和竞争格局，迫使企业改变原有经营与竞争方式。同时，国内市场竞争也日趋激烈，劳务市场正在发生深刻的变化，使得企业为提高竞争能力而加快重组步伐，大量地裁员和并购，管理人才日益成为竞争的焦点。

2. 内部变革推动力

组织变革的内部推动力包括组织战略、组织再造、人力资源管理、经营决策和组织发展等方面的因素。

（1）组织战略调整的要求。组织机构的设置必须与组织的阶段性战略目标相一致，当组织根据环境的变化进行战略调整时，就要求有新的组织结构和方式为之提供和支持。

（2）组织再造的要求。由于外部的动力带来组织的兼并与重组，或者因为战略的调整，要求对组织结构加以改造。这样往往会影响到整个组织管理的程序和工作的流程。因此，组织再造工程也成为管理学与其他学科研究的新领域。

（3）人力资源管理的要求。由于劳动人事制度的改革不断深入，干部、员工的来源和技能背景构成更为多样化，企业组织需要更为有效的人力资源管理。为了保证组织战略的实现，需要对企业组织的任务做出有效的预测、计划和协调，对组织成员进行多层次的培训，对企业不断进行积极的挖潜和创新等。这些管理活动是组织变革的必要基础和条件。

（4）提高组织效率的要求。组织在运行中可能会出现机能失效的现象，即组织的主要机能不能发挥效用，或不能起到真正的作用，其中的原因可能是由于机构重叠、职责不明，也可能是由于人浮于事、目标冲突，造成信息沟通不良、决策错误或迟缓，这时就需要通过及时的组织变革来消除这些导致低效率的因素。

（5）团队工作模式变化。各类企业组织日益注重团队建设和目标价值观的更新，形成了组织变革的一种新的推动力。组织成员的士气、动机、态度、行为等的改变，对于整个组织有着重要的影响。同时，随着电子商务的迅猛发展，虚拟团队管理对组织变革提出了更新的要求。

（二）组织变革的阻力

组织变革作为战略发展的重要途径，总是伴随着不确定性和风险，并且会遇到各种阻力。常见的组织变革阻力来自组织、群体和个体三个方面。

1. 组织方面的阻力

在组织变革中，组织惰性是形成变革阻力的主要因素。组织惰性是组织在面临变革形势时表现得比较刻板、缺乏灵活性，难以适应环境的要求或者内部的变革需要。造成组织惰性的因素较多。例如，组织内部体制不顺、决策程序不良、职能焦点狭窄、部门利益和陈旧文化等，都会使组织产生惰性。此外，组织文化和奖励制度等组织因素以及变革的时机也会影响组织变革的进程。

2. 群体方面的阻力

研究表明，对组织变革形成阻力的群体因素主要有群体规范和群体内聚力等。群体规范具有层次性，边缘规范比较容易改变，而核心规范由于包含着群体的认同，难以变化。同样，内聚力很高的群体也往往不容易接受组织变革。研究还表明，当推动群体变革的力量和抑制群体变革的力量之间的平衡被打破时，也就形成了组织变革。不平衡状况“解冻”了原有模式，群体在新的、与以前不同的平衡水平上重新“冻结”。

3. 个体方面的阻力

人们往往会由于担心组织变革的后果而抵制变革。一是职业认同与安全感。在组织变革中，人们需要从熟悉、稳定和具有安全感的工作任务，转向不确定性较高的变革过程，其“职业认同”受到影响，产生对组织变革的抵制。二是地位与经济上的考虑。人们会感到变革影响他们在企业组织中的权力和地位，或者担心变革会影响自己的经济收入。三是由于个性特征、职业保障、信任关系、职业习惯等方面的原因，产生对组织变革的抵制。

（三）排除阻力的方法

为了确保组织变革顺利进行并取得预期效果，管理者必须尽可能广泛地动员组织成员积极参与变革活动，化解组织变革的阻力。为此，应采取有效的途径，克服组织变革的阻力。

1. 参与和投入

研究表明，人们对某事的参与程度越大，就越会承担工作责任，支持工作的进程。因此，当有关人员能够参与变革的设计讨论时，参与会导致承诺，抵制变革的情况就显著减少。参与和投入方法在管理人员所得信息不充分或者岗位权力较弱时使用比较有效。但是，这种方法常常比较费时间，在变革计划不充分时，有一定风险。

2. 教育和沟通

加强教育和沟通，是克服组织变革阻力的有效途径。这种方法适用于信息缺乏和对未知环境不熟悉的情况。通过教育和沟通，分享情报资料，不仅带来相同的认识，而且在群体成员中形成一种感觉，即他们在计划变革中起着作用。他们会有一定的责任感。同时，在组织变革中加强培训和信息交流，对于成功实现组织变革是极为重要的。这既有利于及时实施变革的各个步骤，也使得决策者能够及时发现实施中产生的新问题、新情况，获得有效的反馈。这样才能随时排除变革过程中遇到的抵制和障碍。

3. 组织变革的时间和进程

即使不存在对变革的抵制，也需要时间来完成变革。干部、员工需要时间去适应新的制度，排除障碍。如果领导觉得不耐烦，在条件不成熟时加快速度急于变革，对下级会产生一种压迫感，产生以前没有过的抵制。同时，若贻误了变革时机，则可能会降低群体士气，导致变革失败。因此，管理部门和领导者需要清楚地懂得人际关系影响着变革的速度。

4. 群体促进和支持

许多管理心理学家提出，运用“变革的群体动力学”，可以推动组织变革。这里包括创造强烈的群体归属感，设置群体共同目标，培养群体规范，建立关键成员威信，改变成员态度、价值观和行为等。这种方法在人们由于心理调整而不良产生抵制时使用比较有效。

三、组织变革的实施

（一）组织变革的系统模型

组织变革的系统模型可分为三个部分，即输入、变革的目标因素和输出。如图5－22所示。

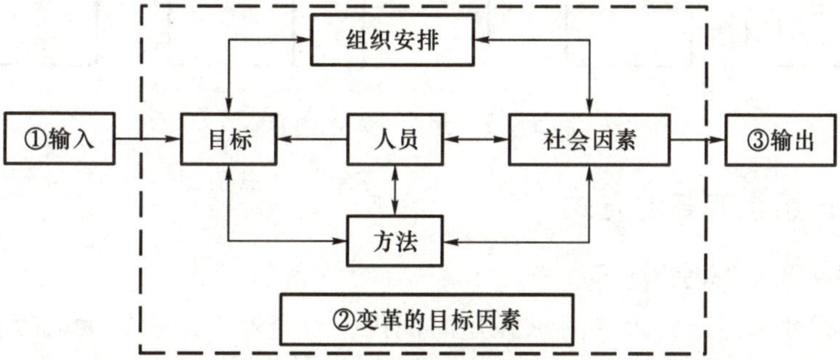

图5－22　组织变革的系统模型

（1）输入。包括内部信息和外部信息的输入。内部信息是指组织的长处和短处；外部信息是指组织面临的外部机会和威胁。输入应与组织的战略相一致。

（2）变革的目标因素。包括人员、目标、组织安排、社会因素和方法。这五个因素是以人员为核心，相互影响的。人员主要有人的知识、能力、态度、动机和行为等；目标是要达到的最终结果，优先考虑的事项、标准、资源，贯穿于整个组织的联系；组织安排包括组织的政策、程序、角色、结构、奖励和物质条件等；社会因素主要有组织文化、群体过程、人际关系、信息沟通和领导等；方法包括工作工序、工作流程、工作设计和技术等。

（3）输出。代表了一次组织变革的最终结果。

（二）组织变革的内容

组织变革是组织根据外部环境和内部情况的变化，及时地改变自己的内在结构，以适应客观发展的需要，更好地实现组织目标。组织变革的内容涉及结构变革、技术变革、物理环境变革、人员变革和组织文化变革等方面，如图 5 - 23 所示。

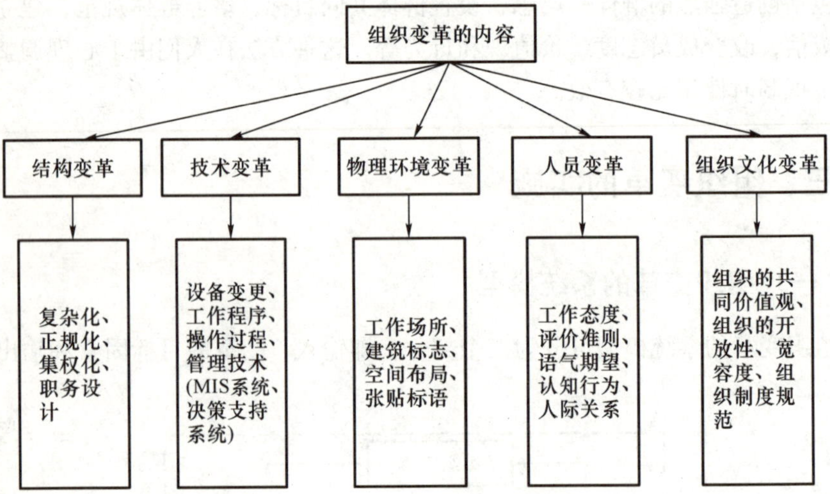

图 5 - 23　组织变革的内容

（三）组织变革的方式

1. 激进式变革与渐进式变革

激进式变革是指管理者力求在短时间内，对企业组织进行大幅度的全面调整，以求彻底打破组织现状模式并迅速建立目的态组织模式。渐进式变革是指通过对组织进行小幅度的局部调整，力求通过一个渐进的过程，实现组织模式从现状向目的态组织模式的转变。

激进式变革能以较快的速度达到目的态，因为这种变革模式对组织进行的调整是大幅度的、全面的，所以变革过程就会较快；与此同时，容易导致组织的平稳性差，严重时会导致组织崩溃。这就是为什么许多企业的组织变革反而加速了企业灭亡的原因。与之相反，渐进式变革依靠持续的、小幅度的变革达到目的态，但波动次数多，变革持续时间长，这样有利于组织的稳定性。渐进式变革是通过局部的修补和调整来实现的，对组织产生震动较小，而且可经常地、局部地进行调整，直至达到目的态，但容易产生路径依赖，导致企业组织长期不能摆脱旧机制的束缚。

2. 自上而下的变革和自下而上的变革

自上而下的变革是由上级推动的变革，这样一种变革是从组织的管理层开始的，由管理层发起，因此一般来说，变革的进程要迅速一些。因为这样一种变革首先解决了领导层问题。

自下而上的变革是由下级或基层率先开展的变革。如我国 1978 年在农村开展的家庭联产承包责任制改革，就是从安徽凤阳县小岗村的农民开始的，后来成为在全国范围开展的农村改革。

（四）组织变革的过程

组织变革要想取得成功，必须有计划、有步骤地进行。只有根据未来发展可能出现的趋势，在科学预测的基础上进行变革，才能事半功倍，使组织得到不断的发展。一个成功而有效的组织变革大体上要经过以下七个步骤。

1. 充分认识变革的必要性

变革的管理者事先要对未来有正确的预见，发现机遇或者洞察组织中潜在的问题，为了适应未来发展形势的需要，积极主动地进行组织变革。不仅发动者本人对于这种变革的必要性要有充分的认识，而且也要获取尽可能多的人的认同和支持，使他们对变革持积极的态度。

2. 明确变革的目标

管理者对计划中的变革必须提出明确的目标，例如，是维持还是扩大市场？是否要引入新产品、服务项目？如何保持员工的良好心态，减少不确定性因素？如何选择最佳的投资？

3. 确定问题，提出方案

要通过具体分析，找出变革所要面对的关键问题。例如，造成职工情绪低落或不安定的因素可能有工作条件差、分配不公、管理监督人员素质低，或外单位工作条件、待遇更优越，或职工对本单位的许多事情都感到不满意等。在这些因素中，必须有一个主要因素。只有找出真正的原因，才能制定出正确的变革方案。

4. 正确地选择变革方法

例如，如果职工的不安定主要是由于分配不公所造成的，那么就需要建立一个新的合理的薪酬分配制度；如果是由于管理人员素质低，那么就要建立管理监督人员培训制度。

5. 制订变革计划

通过分析找出了重点，确定了方法以后，就要具体制订推行变革的计划，要考虑变革的具体步骤、所需的费用和代价、这种变革对其他部门可能带来的影响、职工对变革的认识以及所持的态度等。要预先分析变革中可能遇到的消极阻力及其原因，以求在变革的推行中掌握主动权。

6. 变革计划的执行

管理者要确保变革计划按照预定的设想进行，必须采取妥善的方法，不断激发并维持变革的动力，克服变革的阻力，使变革的措施得以有效推行。

7. 评价总结

随着变革计划的执行，管理者必须对变革的结果进行评价总结，看变革是否已达到意想的效果。如果没有取得意想的效果，那么就应分析原因，及时地采取其他措施。

四、团队建设

在大工业生产时期，企业大都建立传统的垂直式、功能化的组织模式，每个员工都被定位在以功能为核心的部门，分工明晰、权责明确、逐级负责，实行一种“命令型”纵向管理组织。在经济全球化、信息化及市场竞争激烈化、快速化的条件下，一种打破僵化的分工与等级制、管理层次减少、凸现合作、自主与协调的管理组织便应运而生，这就是团队。

（一）团队的特征

所谓团队，是指有明确目标与个人角色定位，强调自主管理、自我控制、沟通良好、合作协调的一种扁平型组织形式。根据团队的上述定义，团队具有以下特征。

1. 团队属扁平型组织

实行团队模式的企业，管理层次较少，取消许多中间管理层，以保证员工可以直接面对顾客和公司的总目标。

2. 团队有明确的目标，成员有明确的定位

团队成员的角色主要有三种，以工作为导向的角色，其主要任务是促进团队目标的实现；以关系为导向的角色，其主要任务是促进团队各种关系的协调与发展；以自我为导向的角色，其主要任务是注重自我价值的实现。

3. 强调自主管理，自我控制

在团队中，领导者逐步由监督者变为协调者，团队成员充分发挥主动性、创造性，为满足顾客的需要与实现企业的总目标而自觉奋斗。

4. 形成一种跨部门、交叉功能的融合体系

团队可以跨部门建立，淡化原有界限，实现功能交叉与融合，来自不同部门的成员以多种技能实现互补，实行一种高度融合的协同作战。

5. 构建合作、协调的团体

团队成员有共同的价值观和理念，建立良好的沟通渠道，相互之间高度信任，团结合作，整体协调，形成强大的凝聚力和战斗力。

（二）团队的类型

按照团队的基本功能不同，可以将团队划分为工作团队、项目团队和管理团队三种。

1. 工作团队

这是最基本、最普遍的团队形式，主要承担企业生产经营等基本工作任务，如研发、制造、储运、销售、服务。工作团队由组织明确定义其职能，属于正式结构的一部分，并由全职、稳定的成员所组成。

2. 项目团队

项目团队主要承担某个工作项目或解决特殊问题等专题性任务，如特别任务小组、流程改善小组、技术攻关小组等。项目团队的成员大多是从工作团队中吸收而来，与工作团队不同的是项目团队往往是暂时性的。

3. 管理团队

管理团队主要负责对下属一些部门或人员进行指导与协调任务，如 QC 小组、督导小组等。管理团队依靠与传统的“命令型”组织的集权式管理不同的方式管理下级或改善团队的绩效，促进团队的协调与整合，管理者从监督者变成协调者。

（三）团队建设的阶段

1. 初始阶段

工作团队建立伊始，管理阶层所任命的正式监督者，仍会对团队的各种活动进行指挥和控制。按照现代团队的理念与模式进行教育与训练，逐渐地，这位监督者的职责会先被分派给某些团队成员，然后再分散至所有的成员身上。

2. 过渡阶段

随着团队成员必须担负起更多与团队每日运作管理有关的职责，团队领导者的角色也逐渐由监督者变为协调者。团队成员开始接管一些较为重要的管理工作，发展团队意识，解决团队内部的冲突，在无监督者指示的情况下做决定，并且从事一些改革政策、流程与执行例外工作方法相关的活动。

3. 成长阶段

随着团队建设的深入，成员们了解了自己的角色与他们必须完成的任务。团队开始发展，并且利用建构好的流程与方式来进行沟通、化解冲突、分配资源，处理与其他团队的关系。这个阶段，团队领导者（或称协调者）脱离了团队，不再直接控制团队的活动。而团队成员则担负起制定例行决策的责任。

4. 成熟阶段

第一线的监督者角色也消失殆尽，团队成员完全负责团队的整个工作。团队有较大的自主性，由较为完整的决策权，可以按照自己的意愿行事，高效地实现团队的目标。

（四）团队建设的步骤

团队建设的目的是以团队成员的相互作用来协调团队工作的步调与规范，提高团队的工作效率。团队建设分为以下几个步骤。

1. 预备活动

在团队建设正式进行之前，需要有一些预备的活动。例如，一些生产班组在参加团队建设的组织发展之前，先参加两天的训练班，讨论存在问题。管理心理学称之为“解冻”，即把问题摆出来，准备接受变革。

2. 诊断活动

对第一线的管理人员进行调研和诊断问卷或访谈，了解有关组织文化、工作与管理内容，存在问题等，并且把所收集的资料与各组讨论，坦率地分析问题，提出初步的改革建议。

3. 团队参与

在团队建设过程中，整个班组或部门一起参与确定解决问题的办法，制订完成目标的计划，同时还在各班组或部门之间举行会议，从而在班组、部门之间建立合作关系，并把组织发展活动扩展到整个组织。

4. 顾问促进

团队建设方案的实施通常要花几个月到一年的时间，在这当中，外来的顾问起着重要的促进与协调作用。团队建设可以在一种开诚布公的、合作的气氛中提高班组或部门的效率，不但会改进沟通过程，而且增强处理人际方面问题的能力。

【案例分析】

1. 陷于困境的经理

彼得·王先生作为一名有能力的工程师，开创了一个小型生产企业。他的朋友帮他得到了一些印刷电路板的订货。

这个公司的厂房位于一间平房之中，员工大约有50个。公司是一人管理体制，王先生几乎处理公司的所有业务，包括从计划、采购、市场、人事到生产监督的每一项工作。由于已经完全投入企业，王先生自然想全盘掌握他的公司。

尽管没有组织结构图，王先生对公司每一部门的参与也可以通过如图5-24所示的组织结构图来表示。

王先生制定所有的决策，其他人开展日常工作并随时向他汇报。王先生处理以下问题：

①企业计划；②建立和保持与现有和潜在顾客的联系；③安排财务筹资并处理日常的财务问题；④招募新员工；⑤解决生产中的问题；⑥监管库存、货物接

收和发运；⑦在秘书的帮助下管理日常的办公事务。

他在工厂投入相当多的时间，指导工人该做什么和不该做什么。一旦他看到了自己不喜欢的事情，他就会叫附近的任何职工来改变它。

最近进行体检时，他的医生告诉他："王先生，如果你再消瘦下去的话，你的心脏病将可能很快发作。"

王先生正在考虑他的健康和公司的生存。

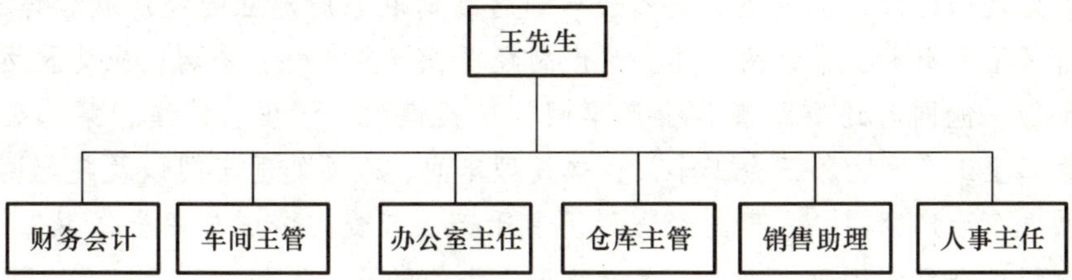

图 5－24　组织结构图

讨论题：

1. 请对该公司的组织结构形式做简单分析。
2. 王先生所面临的问题是什么？如何能得到解决？
3. 授权将怎样帮助王先生呢？请提出授权建议方案。

2. 华海机床制造公司

华海机床制造公司是一家老企业了。早在 20 世纪 30 年代末，就有几个资本家合伙在现在的厂址上办起了一家小铁工厂。起初生产一些粗劣的五金件和简单的农业机械零件。后来逐步发展到 40 年代中、后期，开始能生产一种小型的皮带车床了。但在当时的条件下，百业凋零，这个厂也陷入困境，风雨飘摇，危在旦夕。

新中国成立以后，在政府的支持下，华海厂开始出现转机。1955 年合营后，与若干其他小厂合并，工厂获得了巨大发展，到了 60 年代，已成为以生产各型铣床为特点的专业厂了。经过 20 多年的发展，华海厂已经成为具有近 6 000 名职工，生产几十种精密机床的大企业，产品遍销全国，在用户中颇享盛名的大厂了。

两年多前，华海厂取得了经营自主权，自负盈亏。改为华海机床制造公司，实行经理负责制。在该厂已工作了 21 年的年富力强的中年工程师严金城被任命为经理。原来厂的领导班子进行了大改组，由经理、总经济师、总工程师、总会计师和党委书记组成工厂核心领导班子；而负责本公司日常业务行政管理工作的厂务委员会是以经理为首，总经济师、总工程师、总会计师和三位分别负责生产、人事和福利的副经理组成。

经理手下有经理办公室和企业管理处这两个直属部门直接协助他的工作。工程师出身的严经理认为，搞好这种企业的关键要素还应是技术，要体现总工程师负责的技术管理系统的重要性。总工程师掌管公司设计研究所、工艺处、质量检验处、计量处、设备与维修处、能源动力处、基建处、技术服务处与技术档案处，其中设备与维修处下辖机电维修车间。总工程师责任繁重，配备有三名副总工程师作助手，并设有总工办协助处理日常琐细事务。总经济师属下仅有计划处与销售处两个部门，但他还负责本公司通过横向联系所建立的经济联合体工作。总会计师下有财务及审计两个处。生产副经理管辖生产处、采购供应处及运输处三个部门，他同时还要掌管各生产车间，包括模型、锻压、铸造、第一金工车间、第二金工车间、第三金工车间、热处理车间、表面处理车间以及装配调试车间，共九个生产部门。人事副经理属下有干部、劳资、培训与安全保卫四个处。福利副经理则负责行政、房产、食堂管理三个处和职工医院。

新的结构改革确实显示出了它的优点，企业活力增加了，新班子朝气十足，开拓精神强。公司的产品开始出口创汇，远销到东南亚、非洲、拉丁美洲甚至东西欧和北美20余个国家和地区。引进了新技术，产品更新加快了。但是，它也显示了一些缺点，令严经理担心。首先，新设了总经济师一职，负责原来由总工程师负责的成本、计划的工作。原来下层生产部门与经销部门各自强调技术标准先进与低成本高效益间的矛盾，本是总工程师一人拍板定案的，如今却使矛盾“升级”，变为总工程师与总经济师间的“高级”矛盾。其次，现有机构中，总工程师手下的研究与开发和设计与工程两职能是合在一起的。这些人对引进与开发最新技术及与国外厂商合作，往往极感兴趣，一则可以提高自己，二则提供了出国的机会，是很诱人的。他们对于成本和效益的顾虑较少，这便与经销、计划部门易生抵触。再次，经销部门由于不谙技术，在对外谈判项目时，只能负责商务、价格方面的谈判，而对于技术性谈判，不得不借用设计开发研究部门的工程技术人员。随着销路的扩宽，这种谈判越来越多。加之，本企业未建立标准成本制。每批特种订货都要专门核算成本，使谈判旷日持久，更使大批工程技术人员越来越多、越久地陷入谈判中，使设计开发的人力资源匮缺不足了。

同时，当初原设想为建立以总工程师为核心的技术管理系统，将有关技术的职能部门都划归他的属下，结果使总工程师筋疲力尽，难以兼顾。虽配有三名副总工程师，仍疲于奔命，应接不暇。

严经理觉得是到了下决心彻底改变这种被动局面的时候了。他甚至愿意进行彻底的大改组，只要确实能够改善组织效能，临时性的修修补补不能根本解决问题。现在的问题是具体应如何改组，他还没有多少底。他准备尽快征询本企业内部各方意见与建议，提出几种方案，权衡比较，同时想请外界专家来进行咨询。总之，年内必须抓紧办完这件大事。

讨论题：

1. 请绘制该公司现行的行政系统组织图。

2. 严经理已经意识到了现在组织结构的某些不合理之处。你认为，该结构的问题就如同严经理所认识到的那些吗？还有别的不合理之处吗？

3. 请你以局内人的身份，对公司的组织结构改革提一些具体建议。

3. 重庆移动整合企业组织结构适应市场变化需求

据《人民邮电报》2004年4月8日消息：在持续发展变化的市场环境中，重庆移动为适应更激烈的市场竞争、更高的客户需求和更复杂的业务模式，自去年年底启动了以市场为中心、以客户为导向的动态高效的组织结构整合项目，日前已全面完成。

为了完成组织结构调整的目标，重庆移动严格遵循以市场、客户为中心的总体原则，按照公司中期战略的要求，面对不同的细分客户市场，有针对性地建立专门化的营销组织和队伍；优化网络组织结构和公司管理支撑结构，促进公司营销能力、网络能力、管理能力和创新能力全面提升，同时建立协调、高效的内部运行系统。通过对公司机构、流程、关键绩效指标的重新设计，强化客户驱动的业务流程，简化客户界面，整合营销资源，建立集中化、综合化的内部职能和流程，从而促进公司运作效率的提升。通过机构、职责和流程的调整，建立和明确公司跨部门决策协调机制，整合营销资源，协调网络运行，加强对分公司的管理和支持，改善公司内部跨部门协作。

讨论题：

1. 重庆移动整合企业组织结构，需要考虑哪些因素？

2. 结合该案例，要建立跨部门决策协调机制应怎么做？

3. 针对不同的细分客户市场，如何建立专门化的营销组织和队伍？

4. 员工为何辞职

阳贡公司是一家中外合资的高科技企业，其技术在国内同行业中居于领先水平。公司拥有员工100人左右，其中的技术、业务人员绝大部分为近几年毕业的大学生，其余为高中学历的操作人员。目前，公司员工当中普遍存在着对公司的不满情绪，辞职率也相当高。

员工对公司的不满始于公司筹建初期，当时公司曾派遣一批技术人员出国培训，这批技术人员在培训期间结下了深厚的友谊，回国后也经常聚会。在出国期间，他们合法获得了出国人员的学习补助金，但在回国后公司领导要求他们将补助金交给公司，于是矛盾出现了。技术人员据理不交，双方僵持不下，公司领导便找这些人逐个反复谈话，言辞激烈，并采取一些行政制裁措施给他们施加压力。少数几个人曾经出现了犹豫，却遭到其他人员的强烈批评，最终这批人员当中没有一个人按领导的意图行事，这导致双方矛盾日趋激化。最后，公司领导不得不承认这些人已形成了一个非正式组织团体。由于没有法律依据，公司只好作罢。因为这件事造成公司内耗相当大，公司领导因为这批技术人员“不服从”上级而非常气恼，对他们有了一些成见，而这些技术人员也知道领导对他们的看法。于是，陆续有人开始寻找机会“跳槽”。一次，公司领导得知一家同行业的公司来“挖人”，公司内部也有不少技术人员前去应聘，为了准确地知道公司内部有哪些人去应聘，公司领导特意安排两个心腹装作应聘人员前去打探，并得到了应聘人员的名单。谁知这个秘密不胫而走，应聘人员都知道自己已经上了“黑名单”，便都相继辞职而去。

讨论题：

1. 为什么该公司领导认为一些人已形成了一个非正式组织？
2. 什么是非正式组织？
3. 非正式组织的存在对于企业有何作用与影响？

5. 新疆特变电工组织结构设计

新疆特变电工股份有限公司是中国变压器行业首家上市公司，是电工制造行业的骨干企业、新疆机电行业的支柱企业。该公司位于距乌鲁木齐市 30 千米的昌吉市，距乌鲁木齐国际机场 18 千米。目前，公司拥有总资产 8 亿元，净资产 4.5 亿元，员工 1 100 余人，具有大中专以上学历和中高级专业技术职称的人员占 35%。公司下辖有变压器厂、线缆厂和中英贝斯电子消毒设备有限公司。1998 年组建了特变电工集团，实现强强联合，控股四川德阳电缆股份有限公司。同年组建了进出口公司，其产品销往东南亚周边国家、非洲和海湾国家。特变电工原先是一个街道变压器小厂，负债 73 万元，在当年仅有 26 岁的总经理张新的领导下，短短的 10 年时间发展到拥有 4.5 亿元净资产的上市公司。在此期间兼并了国有线缆厂。这些业绩的取得是张新等一班人的奋力拼搏、勇于开拓的结果。为此，张新总经理在全厂职工的心中威望极高。

新疆特变电工建立健全了合理的组织结构，目前的组织结构如图 5 – 25 所示。

目前特变电工实现的管理方式是把下属的变压器厂、线缆厂和电子消毒厂作为利润中心来考核的。年初由总经理和下属厂长签订承包协议，规定当年必须完成的销售额和利润。但这一管理模式也暴露出一些问题。最突出的是销售多头对外，公司没有形成一个统一的销售网络，无统一的营销策略，造成营销资源严重浪费，其品牌和形象也没有确立。为了改变这一状况，公司领导想把销售部的责权加强，3 月公司宣布由销售部统一掌管全公司的销售。从实行的情况看，由于销售部的人员比较年轻，对变压器的技术也不熟悉，尚不能承担全公司的销售重任。更为困难的是，年初的承包协议规定了各厂厂长的利润指标，使得销售部与各厂之间出现了矛盾，销售部为了扩大销售额，对外报价倾向于降低，而变压器厂追求利润，认为无利可图便不愿接订单。因此，3 月以来施行全公司统一对外销售的方案仅维持了 3 个月，便又回到了老的体制上，还是由各厂各自对外销售。

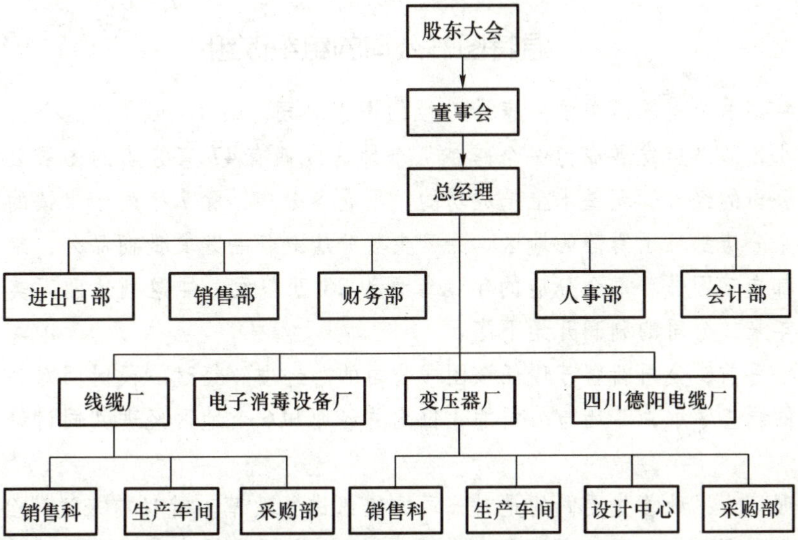

图 5－25　新疆特变电工的组织结构

讨论题：

1. 特变电工是否要对现有的销售组织结构进行调整？
2. 多头对外销售的弊端如何克服？
3. 在进行组织结构调整时要考虑哪些因素？如何解决调整中的冲突？

6. 忙碌的张总经理

刘教授受邀到一个国有大型企业去提供咨询，该企业的张总经理在办公室热情接待了刘教授，并向刘教授介绍企业的总体情况。张总讲了不到 15 分钟，办公室的门就开了一条缝，有人在外面叫张总出去一下。于是张总就说：“对不起，我先出去一下。”10 分钟后回来继续介绍情况。不到 15 分钟，办公室的门又开了，又有人叫张总出去一下，这回张总又去了 10 分钟。整个下午 3 小时，张总共出去了10次之多，刘教授显得很不耐烦。

讨论题：

请根据以上案例情节，分析出现这种情况的原因可能主要是以下的哪一种：

1. 张总不重视管理咨询。
2. 张总的公司可能这几天正好遇到了紧急情况。
3. 张总可能过于集权。
4. 张总重视民主管理。

要分析这个案例，实际上就是要分析其组织的运行状况。

7. 温特图书公司的组织改组

温特图书公司原是美国一家地方性的图书公司。近10年来，这个公司从一个中部小镇的书店发展成为一个跨越7个地区，拥有47家分店的图书公司。多年来，公司的经营管理基本上是成功的。下属各分店，除7个处于市镇的闹市区外，其余分店都位于僻静的地区。除了少数分店兼营一些其他商品外，绝大多数的分店都专营图书。每个分店的年销售量为26万美元，纯盈利达两万美元。但是近3年来，公司的利润开始下降。

两个月前，公司新聘苏珊任该图书公司的总经理。经过一段时间对公司历史和现状的调查了解，苏珊与公司的3位副总经理和6个地区经理共同讨论公司的形势。

苏珊认为，她首先要做的是对公司的组织进行改革。就目前来说，公司的6个地区经理都全权负责各自地区内的所有分店，并且掌握有关资金的借贷、各分店经理的任免、广告宣传和投资等权力。在阐述了自己的观点以后，苏珊便提出了组织改组的问题。

一位副总经理说道："我同意你改组的意见。但是，我认为我们需要的是分权而不是集权。就目前的情况来说，我们虽聘任了各分店的经理，但是我们却没有给他们进行控制指挥的权力，我们应该使他们成为有职有权、名副其实的经理，而不是有名无实、只有经理的虚名，实际上却做销售员的工作。"

另一位副总经理抢着发言："你认为应该对组织结构进行改革，这是对的。但是，在如何改的问题上，我认为你的看法是错误的。我认为，我们不需要设什么分店的业务经理。我们所需要的是更多的集权。我们公司的规模这么大，应该建立管理资讯系统。我们可以透过资讯系统在总部进行统一的控制指挥，广告工作也应由公司统一规划，而不是让各分店自行处理。如果统一集中的话，就用不着花这么多工夫去聘请这么多的分店经理了。"

"你们两位该不是忘记我们了吧?"一位地区经理插话说，"如果我们采用第一种计划，那么所有的工作都推到了分店经理的身上；如果采用第二种方案，那么总部就要包揽一切。我认为，如果不设立一些地区性的部门，要管理好这么多的分店是不可能的。”“我们并不是要让你们失业。”苏珊插话说：“我们只是想把公司的工作做得更好。我要对组织进行改革，并不是要增加人手或是裁员。我只是认为，如果公司某些部门的组织能安排得更好，工作的效率就会提高。”

讨论题：

1. 有哪些因素促使该图书公司要进行组织改革？

2. 你认为该图书公司现有的组织形态和讨论会中两个副总经理所提出的计划怎么样？

8. 美孚重组

如同其他大型公司的高层管理者一样，美孚公司的首席执行官鲁西奥·A·诺托也负有改造组织结构的艰巨任务，使组织能够同时最有效率地利用公司资产，符合顾客的兴趣并将所有的产品协调为一个整体。

1997年以前，美孚基本上是一个职能型结构，由3个主要的单位组成：开采和生产；化工产品；提炼和营销。尽管如此，为了利用新的商机以保证公司的快速增长，诺托重新调整了管理班子，把公司重新组合为11个事业部的经营团队。这11个经营团队反映了特定的市场和地区，分为以下四大类。

（1）北美业务。虽然北美被认为是一个独立的区域，仍然成立了两个独立的公司，一个负责“上游”工作（北美开采和生产），另一个负责“下游”工作（北美营销；提炼和营销）。

（2）一体化的地区业务。除了北美以外，其他四个地区的业务将美孚的开采、生产、营销和提炼合为一体。这些一体化的地区业务包括：①非洲和中东；②亚洲和太平洋；③欧洲；④南美。

（3）全球业务组。在一体化地区业务把世界某些部分的职能工作合并之后，美孚还有一些超越地区市场的产品和加工过程。为了适应全球顾客、竞争者和商机的需要，创建了全球业务组负责：①化工产品；②液化天然气和独立的能源项目；③新的开采和生产事业；④供给、贸易和运输；⑤技术。

（4）经营委员会。除了地区事业单位和全球业务组之外，还建立了两个经营委员会负责监督全球的战略以及美孚营销和提炼、开采和生产、化工产品的工作绩效。这两个委员会分别是下游委员会和上游协调委员会。

按照诺托的说法，美孚重组是为了更好地集中公司的经营能力来把握新的商机，与此同时继续保持对技术的投入和上下游业务职能工作的卓越表现。但是现在在这次重组不到一年的时间里，诺托又一次调整了美孚的结构。现在公司由7

个主要事业组组成。

（1）国际开采和生产。M·W·斯科金斯负责监督美孚在美国以外区域的开采和生产活动并指导美孚全球的钻井、开采和新的风险投资，他还将继续掌管公司上游经营委员会。

（2）美国开采和生产。路易斯·W·沃斯戴特负责监督美孚在美国、加拿大和拉丁美洲的开采和生产经营活动，同时负责这些地区新的风险投资业务。

（3）全球中游业务。托马斯·C·德洛奇将领导这个新机构致力于全球的供应和贸易，增强美孚天然气的战略经营活动，开拓商机。中游的业务包括供应、贸易和运输、液化天然气、独立的能源项目、液化石油、中东的风险投资和卡塔尔的联营工厂。德洛奇还将继续协调美孚的汽车运动协会。

（4）国际营销和提炼。斯蒂芬·D·普爱尔将监督美孚在欧洲、非洲、亚太和拉丁美洲的营销和提炼业务，并负责中东的润滑油业务，在他的新任务中还包括协调美孚全球的润滑油业务。他还将继续担任公司下游经营委员会的主席。

（5）北美的营销和提炼。布恩·R·贝克将继续负责监督美孚在美国和墨西哥的所有营销和提炼业务。

（6）化工产品。雷蒙·J·麦克高恩将继续负责全球的石油化学产品、薄膜和化学产品。

（7）技术。麦克·P·瑞梅基将领导这个经营小组致力于研究、技术服务、资本项目和技术的销售及特许权经营。

按照兰纳的说法，我们认为现在正是返回到职能型结构的时候，这会使我们更好地满足股东的利益。这样的结构会促进公司增长，使我们确保公司有效和有效率地经营运作。

讨论题：

1. 为什么诺托在最近这些年里频繁改变公司结构？
2. 你赞同后一种组织形式还是前一种组织形式，或是其他的什么形式？
3. 在这次重组中美孚将面临什么挑战？

【复习思考题】

1. 什么是组织？组织的目标是什么？请举例说明。
2. 什么是正式组织和非正式组织，二者有何区别？
3. 非正式组织有何作用？企业如何正确对待非正式组织？
4. 组织工作包含哪些内容？组织设计的任务是什么？
5. 如何理解组织设计的基本原则？
6. 组织设计应考虑哪些因素？其步骤有哪些？

7. 职务设计的要求和设计方法是什么?

8. 如何编制一份完善的职务说明书?

9. 部门划分的原则和方法是什么?

10. 什么是管理跨度? 影响管理跨度的因素有哪些?

11. 什么是管理层次? 管理跨度与管理层次的关系如何?

12. 什么是职权分配? 如何正确处理职权关系?

13. 直线型、职能型、直线职能型、矩阵型、事业部型、多维立体型、网络型、控股型组织结构各有何特点?

14. 你愿意在职能型组织结构还是在事业部型组织结构里工作? 为什么?

15. 如果你知道某个公司是矩阵型组织结构，你将更会有兴趣在哪个部门工作或对哪个部门工作的兴趣不大? 解释你的选择。为在矩阵型组织里更有效地工作，你将做哪些准备?

16. 你愿意加入董事会吗? 为什么? 如果你愿意，你喜欢哪种类型的组织? 作为董事会成员，你觉得你将最愿意从事哪种类型的活动?

17. 人员配备的要求是什么? 如何选聘和考评管理人员?

18. 组织制度包括哪些内容? 有何特点?

19. 现代公司制度的特点和核心是什么?

20. 什么是制度化管理? 要实施制度化管理应遵循哪些要求?

21. 影响集权与分权的主要因素有哪些? 衡量分权程度的标志是什么?

22. 为什么要进行组织整合? 有效的组织整合手段有哪些?

23. 你认为管理者在授权上存在哪些困难? 怎样克服困难?

24. 组织变革的动力与阻力各有哪些? 应如何克服组织变革的阻力?

25. 如何理解组织变革的内容和组织变革的步骤?

26. 团队具有哪些特征? 如何加强团队建设?

第六章　控　　制

【学习目标】

本章主要介绍控制的概念、特点、类型，控制的过程以及有效控制系统的建立。通过本章的学习，理解控制的概念、特点和类型，熟悉控制的作用、控制的过程、控制工作的要求和有效控制系统的建立。

【案例导读】

麦当劳的控制

麦当劳的各分店都是由当地人所有并由当地人从事经营管理。鉴于在快餐饮食业中维持产品质量和服务水平是其经营成功的关键，因此，麦当劳公司在采取特许连锁经营这种方式开辟分店和实现地域扩张的方式的同时，特别注意对连锁店的管理控制。

如果管理控制不当，使顾客吃到不对味的汉堡包或受到不友善的接待，其后果不仅是这家分店将失去这批顾客及其亲友的光顾，还会波及影响到其他分店的生意，乃至损害整个公司的信誉。为此，麦当劳公司制定了一套全面、周密的控制方法。

麦当劳公司主要是通过授予特许权的方式来开辟分店。其考虑之一，就是使购买特许经营权的人在成为分店经理人员的同时也成为该分店的所有者，从而使其在直接分享利润的激励中形成了对所扩展业务的强有力控制。麦当劳公司在出售其特许经营权时非常慎重，总是通过各方面调查了解后，挑选那些具有卓越经营管理才能的人作为店主，而且事后如发现其能力不符，则撤回这一授权。

麦当劳公司还通过详细的程序、规则和条例，使分布在世界各地的麦当劳分店的经营者和员工们进行标准化、规范化的作业。麦当劳公司对制作汉堡包、炸土豆条、招待顾客和清理餐桌等工作都事先进行翔实的动作研究，确定各项工作开展的最好方式，然后再编成书面的规定，用以指导和规范各分店管理人员和一般员工的行为。公司在芝加哥开办了专门的培训中心——汉堡包大学，要求所有的特许经营者在开业之前都要接受为期一个月的强化培训。回去之后，还要求他们对所有的工作人员进行培训，确保公司的规章条例得到准确的理解和贯彻执行。

为了确保所有特许经营分店都能按统一的要求开展活动，麦当劳总部的管理人员还经常走访、巡视世界各地的经营店，进行直接的监督和控制。例如，有一次巡视中，公司总部管理人员发现某家分店自作主张，在店厅里摆放电视机和其他物品以吸引顾客，由于这种做法与麦当劳的风格不一致，立即得到了纠正。除了直接控制外，麦当劳公司还定期对各分店的经营业绩进行考评。为此，各分店要及时提供有关营业额、经营成本和利润等方面的信息，这样总部管理人员就能及时把握各分店经营的动态和出现的问题，以便商讨和采取改进的对策。

麦当劳公司的另一个控制手段，就是要求所有经营分店都塑造公司独特的组织文化。这就是大家所熟知的由“质量超群、服务优良，清洁卫生，货真价实”口号所体现的文化价值观。麦当劳公司共享价值观的建设，不仅在世界各地的分店及其上上下下的员工中进行，而且还将公司的一个主要利益团体——顾客也包括进这支队伍中。麦当劳的顾客虽然要自我服务，但公司特别重视顾客的要求，如为他们的孩子们开设游戏场所，提供快乐餐和生日聚会等服务，以形成家庭式的氛围，这样既吸引了孩子们，也增强了成年人对麦当劳的忠诚度。

第一节　控制概述

一、控制的概念

在广义上，控制与计划相对应，控制是指除计划以外的所有保证计划实现的管理行为，包括组织、领导、监督、测量和调节等一系列环节；在狭义上，控制是指继计划、组织、领导职能之后，按照计划标准衡量计划完成情况和纠正偏差，以确保计划目标实现的一系列活动。

理解控制的概念应从以下几个方面认识：一是控制本质是一个“活动”或“过程”；二是控制的标准和依据是计划；三是控制内容包括检查、监督和纠偏；四是控制的目的是“保证计划目标的实现”。

控制主要体现在计划的执行过程中，是一种不断地对照计划来检查现有的作业状况的活动。控制的目的是要保证实际工作与计划一致，管理活动的控制过程也就是管理人员对下属部门或个人的工作进展、实际结果进行统辖，找出偏差并加以纠正的过程。控制是贯穿于其他各项管理职能之中的，是存在于管理活动的全过程的。

控制往往包括两个方面的内容，即对工作的控制（检查和纠正工作中的偏差）和对人员的控制（对下属人员工作表现的考核和评估）。

二、控制的特点

（一）控制具有整体性

这包括两层含义：一是从控制主体上看，完成计划和实现目标是组织全体成员共同的责任，因此参与控制是组织全体成员的职责和共同的任务；二是从控制对象上看，控制涉及组织的各方面，企业的各种资源、各层次、各部门、各个工作阶段甚至各个人的工作都可以是控制的对象。

（二）控制具有动态性

组织在激烈的市场竞争中面临着各种各样的变化，所以管理控制所面临的外部环境和内部环境也都在不断地发生变化，所不同的是，有些变化不会引起大的后果，可以忽略，有些变化则会产生重大影响，必须予以重视。控制就是要关注在执行过程中的种种变化，对其做出评估，一旦发现问题能够及时采取行动。因此，其标准、方法不能固定不变，应是动态发展的，以提高适应性及有效性，一方面，要调整行动本身，利用有利、消除不利；另一方面，要审查计划和目标的可行性，随时做出更正。

（三）控制具有目的性

同其他所有的管理工作一样，控制也是围绕着组织的目标而进行的，控制的意义就在于通过发挥“纠偏”“调适”两方面的功能，促使组织目标的有效实现。

（四）控制具有人性

控制是用既定的标准作为衡量手段，去评估实际的实施情况，并及时做出回应。管理控制过程中，活动的主体是人，因此，管理控制是对人的行为的控制并有人来控制。首先是对人的控制，要靠人来完成执行。因此，管理控制不能忽视人性方面的因素，它不仅是监督，更重要的是指导和帮助，使之成为提高能力的重要手段。

三、控制的作用及地位

（一）控制的作用

1. 控制是实现计划的保障

控制的一个主要功能就是“纠正偏差”。控制通过“纠偏”这一功能，能使计划执行中的偏差得以及时防止或减少，以保证计划目标的实现，有助于组织保持正确的战略方向；同时，通过“调适”，积极调整在实际工作中发现的不合适的原定标准或重新制定新的标准，确保计划运行的适应性，这是控制的最根本作用。

2. 控制有助于提高组织的效率

控制可以使复杂的组织活动能够协调一致，有序地进行，以增强组织活动的有效性，提高组织的效率；控制要解决的不单纯是做什么的问题，还有怎么做的问题。正确的事情以高效的方法来做是难得的，不正确的事情以高效的方法来做是危险的。控制就是要把效能与效率结合起来进行考察，做出评价，尽最大可能改善组织的业绩。

3. 控制增加了组织对环境的适应性

一个组织要想生存发展，就必须适应环境。任何组织的计划都是在确定计划前提条件的基础上制定的。控制可以补充与完善期初制订的计划与目标，以有效减轻环境的不确定性对组织活动的影响。组织的内外部环境都充满了不确定因素。一个组织只有不断地适应变化着的环境，才能更好地生存和发展。计划是组织为适应环境而做的准备，但由于环境在不断变化着，使计划会偏离目标，而通过控制活动，管理者可以及时了解环境变化的程度和原因，进行实时纠正，从而采取有效的调整行动，在一定程度上可防止这种偏离的扩大，使得组织与环境相适应，避免和减少管理失误造成的损失。

4. 控制是强化成员责任心的重要手段

要使组织成员尽职尽责，切实地负起责任来，就必须让他们知道他们的职责是什么，他们的绩效如何评价和考核，以及在评价的过程中有效的绩效标准是什么。通过控制工作，可以不断地对下级的工作进行评估，给其造成持续不断的压力和连续不断的激励，从而使其更好地负起责任来，高效地完成所承担的任务。

5. 控制为管理权利的分散提供保证

只要企业经营达到一定规模，企业主管就不可能直接地、面对面地组织和指挥全体员工的活动。时间与精力的限制要求他委托一些助手代理部分管理事务。由于同样的原因，这些助手也会委托其他人帮自己完成受托的部分管理事务，高一级的主管必然要授予他们相应的权限。因此，任何企业的管理权限都制度化或非制度化地分散在各个管理部门和层次。企业分权程度越高，控制就越有必要。控制系统可以提供被授予了权利的助手的工作绩效的信息和反馈，以保证授予他们的权利得到正确的利用，促使这些权利组织的业务活动符合计划与企业目的的要求。如果没有控制，没有为此而建立的相应的控制系统，管理人员就不能检查下级的工作情况，即使出现权利不负责任的滥用或活动不符合计划要求等其他情况，管理人员也无法发现，更无法采取及时的纠正行动。

6. 检查监督员工由于工作能力出现的偏差

即使企业制订了全面完善的计划，经营环境在一定时期内也相对稳定，对经营活动的控制也仍然是必要的。这是由不同组织成员的认识能力和工作能力的差异所造成的。完善计划的实现要求每个部门的工作严格按计划的要求来协调地进行。然而，由于组织成员是在不同的时空进行工作的，他们的认识能力不同，对计划要求的理解可能发生差异；即使每个员工都能完全正确地理解计划的要求，但由于工作能力的差异，他们的实际工作结果也可能在质和量上与计划要求不符。某个环节可能产生的这种偏离计划的现象，会对整个企业活动造成冲击。因此，加强对这些成员的工作控制是非常必要的。

（二）控制的地位

控制职能是管理职能之一，与计划、组织、领导和创新职能有着密切的关系。因此，在企业组织中控制职能的地位表现为以下几点。

1. 控制是计划、组织、领导职能有效开展的必要保证

计划、组织、领导职能的开展都要以控制为基本手段，离开了控制职能，各项职能就可能流于形式，难以达到实效。

2. 控制要以计划、组织、领导职能为基础

计划职能为控制提供了确定控制标准的基本依据；组织职能为控制职能提供了组织基础；领导职能为控制工作实施的有效性提供了有力保证。

3. 控制是贯穿于管理全过程的一项重要职能

现代组织规模庞大，人员众多，工作复杂，要使组织的各项活动达到协调一致，管理者就必须依赖于控制手段监督管理的全过程。

四、控制的手段

控制的手段有预算控制和非预算控制两大类。

（一）预算控制

1. 预算的含义

预算是各类管理者最基本的一种控制工具。预算控制就是用数字编制未来某一个时期的计划，也就是用财务数字（如在财务预算和投资预算中）或非财务数字（如在生产预算中）来表示预期的结果，其突出的特点就是数字化。由预算的定义可知，预算既是计划的工具，又是控制的工具。当它表示将计划目标与计划方案数字化的时候，它就成为计划的一种形式；而当预算作为标定合理使用资源的界限、衡量实际与计划偏差的工具时，它就成为控制的一种形式。

2. 预算的种类

预算的种类一般可划分为业务预算、财务预算和专门预算三大类。各类预算还可以进一步细分，不同行业其具体内容有所差别。

业务预算是指企业日常发生的各项具有实质性活动的预算，它主要包括销售预算、生产预算、直接材料采购预算、直接人工预算、制造费用预算、单位生产成本预算等。

财务预算是指企业在计划期内反映有关预计现金收支、经营成果和财务状况的预算。它主要包括现金预算、预计收益表、预计资产负债表、预计财务状况变动表等。

专门预算是指企业不经常发生的、一次性的预算，如资本支出预算、专项拨款预算。

业务预算、财务预算、专门预算相互联系，构成企业全部计划的数字说明，即为全面预算体系。

预算的实质是用统一的货币为组织各部门的活动编制计划，能把整个组织内所有部门的活动用可考核的数量化方式表现出来，因此它使得组织在不同时期的活动效果和不同部门的经营绩效具有可比性，能明确组织各部门的目标，为调整组织活动指明了方向，为协调各部门的工作，评价各部门的工作业绩提供了依据。用数量形式的预算标准来对照组织活动的实际效果大大方便了控制过程中的绩效衡量工作，为组织采取纠正措施奠定了基础。

3. 现代预算的编制方法

弹性预算是在编制费用预算时，考虑到计划期业务量可能发生的变动，编制一套能适应多种业务量的费用预算，以便分别反映各业务量所对应的费用水平。由于这种预算是随着业务量的变化做机动调整，故称弹性预算。在编制弹性费用时，把所有费用分为变动费用与固定费用两部分。固定费用在相关范围内不随业务量变动而变动，变动费用随业务量变动而变动。因此，在编制弹性预算时，只需要按业务量的变动调整费用总额即可。

滚动预算是指先确定一定时期的预算，然后每隔一定时间，就要定期修改以使其符合新的情况，从而形成时间向后推移一段的新预算。滚动预算的优点是根据预算的执行情况，调整下一个阶段的预算，使预算更加切合实际和可行。

零基预算是指在每个预算年度开始时，将所有还在进行的管理活动都看作重新开始，即以零为基础。零基预算法的做法是审查预算前，主持这一工作的主管人员首先应明确组织的目标，并将长远目标、近期目标、定量目标和非定量化目标之间的关系和重要次序搞清，建立起一种可考核的目标体系；在开始审查预算时，将所有过去的活动都当重新开始；确定出哪些项目是真正必要的之后，根据已定出的目标体系重新排出各项活动的优先次序；按照所确定的顺序，结合计划期间可动用的资金来源分配资金，落实预算。采用零基预算法，工作量非常大，但它考虑每项费用的效益，可以精打细算，减少不必要的开支，是事前控制的一种好方法。

（二）非预算控制

非预算控制方法包括亲自观察法、报告、比率分析法、审计控制、统计报告法等。

1. 亲自观察法

亲自观察法是一种常用的控制方法。它是管理者亲自到工作现场，对重要管理问题的实际进行调查研究，获取控制所需的各种信息，或由亲自观察企业的生产进度、与员工交谈来获取信息，或者亲自参加某些具体的工作，通过实践来加深对问题的了解。它的基本作用在于获得第一手的信息、亲自辨别情报真伪、及时把握变化情况，并有利于直接与下属沟通，缩短管理者与被管理者之间的心理距离。

2. 报告

它是指负责实施计划的主管人员全面地、系统地阐述计划的进展情况，包括在实际工作中存在的问题及原因分析，已经采取了哪些措施，收到什么效果，还有哪些问题没有解决，预计可能出现的问题等向上级领导报告的形式，是一种常见的方法。

3. 比率分析法

比率分析法是通过对于组织经营活动中的各种不同度量之间的比率分析企业的一些实际情况，是一项非常有益的和必需的控制技术或方法。

企业经营活动分析中常用的比率可以分为两大类财务比率和经营比率。

财务比率即企业的财务状况，综合地反映着企业的生产经营情况。常用的财务比率有流动比率（流动资产与流动负债之比）、速动比率（流动资产和存货之差与流动负债之比）、负债比率（总负债与总资产之比）和赢利比率（利润与销售额或全部资金等因素之比）。

经营比率也称活力比率，常用的经营比率有库存周转率（销售总额与平均库存之间的比率关系）、固定资产周转率（销售总额与固定资产之间的比率关系）和销售收入与销售费用的比率。

4. 审计控制

审计是对反映企业资金运动过程及其结果的会计记录及财务报表进行审核、鉴定，以判断其真实性和可靠性，从而为控制和决策提供依据。审计包括三种类型：财务审计、业务审计和管理审计。

财务审计是以财务活动为中心内容，以检查并核实账目、凭证、财物、债务以及结算关系等客观事物为手段，以判断财务报表中所列出的综合的会计事项是否正确无误，报表本身是否可以领带为目的的控制方法。财务审计一般分为外部财务审计和内部财务审计。外部审计是由外部机构（如会计师事务所）选派的审计人员对企业财务报表及其反映的财务状况进行独立的评估。严格地说这种审计已不是管理控制职能所指的控制了。内部审计是由企业内部的机构或财务部门的专职人员来独立地进行的。其目的也是保证组织系统的财务报表能准确、真实地反映组织的财务状况。

业务审计是内部财务审计的扩展，其审计的范围包括财务、生产、市场、人事等方面。这种审计可以由本组织聘请外部独立的咨询机构和专家来进行。

管理审计是对企业所有管理工作及其绩效进行全面系统的评价和鉴定的方法。反映企业管理绩效及其影响因素主要有经济功能、企业组织结构、收入合理性、研究与开发、财务政策、生产效率、销售能力、对管理当局的评估等。

5. 统计报告法

统计报告法要求企业具备良好的基础工作，有健全的原始记录和统计资料，使用统计方法对大量的数据资料进行汇总、整理、分析，以及各种统计报表的形式及分析报告，自下而上向组织中有关管理者提供控制信息。管理者通过阅读和分析统计报表及有关资料，找出问题、分析问题并解决问题。

除上述介绍的几种控制方法外，常用的控制方法还有多种，如全面质量管理、生产控制、目标管理等。在具体的实际控制中，各组织要根据被控制对象的性质特点及控制者本身的情况选择合适的控制方法。

第二节 控制的类型

一、控制的分类

控制的类型是多种多样的，从不同的角度可以对控制做出不同的分类。

（一）按照控制发生在管理过程中的时间分类

按照控制发生在一个完整的管理过程中的阶段性，分为前馈控制、现场控制与反馈控制。

1. 前馈控制

前馈控制是一种预先控制，是指为增加将来的实际结果达到计划结果的可能性，而在事先所进行的管理活动，它是发生在行为之前的控制行为，即主管人员运用最新信息，包括上一控制循环中的经验教训，对可能出现的结果进行预测，然后将其与计划要求进行比较，从而在必要时调整计划或控制影响因素以确保目标的实现的一种方法。

前馈控制主要是搞好资源配置，包括人员挑选与配置、物质技术设备、商品材料等保证业务需要及资金的控制，是在活动开始之前实施控制。典型的前馈控制，如进厂材料和设备的检查、验收，工厂的招工考试、入学考试、干部的选拔等。

前馈控制的优点有前馈控制是预防式的，它作用于计划执行过程的输入环节上，工作重点是防止所使用的各种资源在质和量上产生偏差，而非控制行动的结果。前馈控制面向未来，由于在工作开始之前进行，可防患于未然，克服了反馈控制中因时间延迟及事后控制对已铸成的差错无能为力的弊端；由于是在工作开始之前针对某项计划行动所依赖的条件进行控制，不是针对具体人员，因而不易造成对立面的冲突，易于被职工接受并付诸实施；适用于一切领域所有工作。

前馈控制的困难在于需要大量、及时和准确的信息，并对管理人员的业务素质要求比较高，有较丰富的经验，能够充分了解前馈控制因素与计划工作的影响关系进行预先控制。

2. 现场控制

现场控制也称为同步控制或同期控制，是指管理人员在计划执行过程中，指导、监督下属完成计划要求的行动，它是监控正在发生的行为。这类控制工作是在活动的进行过程中实施的控制，其纠正措施用于正在进行的计划执行过程。如管理人员发现错误时，立即提出建设性的建议。

现场控制是控制工作的基础。现场控制有监督和指导两项职能。监督是指按照预定的标准检查正在进行的工作，及时发现问题并解决问题，以保证目标的实现。指导是指管理者针对工作中出现的问题，根据自己的经验指导下属改进工作，或与下属共同商讨矫正偏差的措施，以便使工作人员能够正确地完成所规定的任务。

现场控制是一种主要为基层主管人员所采用的控制工作方法。一个主管人员的管理水平和领导能力常常会通过这种工作表现出来，主管人员通过深入现场来亲自监督检查、指导和控制下属的活动。其主要的控制行为有：

（1）向下级指示恰当的工作方法和工作过程；

（2）监督下级的工作以保证计划目标的实现；

（3）发现不合标准的偏差时，立即采取纠正措施。

典型的现场控制如生产制造活动的生产进度控制，每日情况的统计报表，每日对住院病人进行临床检查等。

在现场控制中，管理当局授予主管人员的权力使他们能够使用经济的和非经济的手段来影响其下属。控制工作的标准来自于计划工作所确定的目标、政策、战略、规范和制度。

现场控制的内容应该与被控制对象的工作特点相适应。例如，对简单重复的体力劳动可以实行严格的监督，而对创造性劳动，应为其创造宽松的工作环境。

在现场控制中，控制工作的有效性取决于主管人员的个人素质、个人作风、指导的表达能力以及下属对这些指导的理解程度。其中，主管人员的“言传身教”具有很大意义。在现场控制中，主管人员必须避免单凭主观意志进行工作，注意提高自身素质，亲临第一线进行认真细致的观察和监督，以计划（或控制标准）为控制的依据，服从组织原则，遵从正式指挥系统的统一指挥，逐级实施控制。

现场控制的优点在于指导职能，可提高工作能力及自我控制能力，并且发现问题及时、准确率高。缺点包括受管理者时间、精力、业务水平的制约。现场控制的应用范围较窄，极容易在控制者和被控制者之间形成心理上的对立，因此不可能成为日常性的控制办法，只能是其他方法的补充。

3. 反馈控制

反馈控制是指把对行为最终结果的考核分析作为控制将来行为的依据的一种控制方法。反馈控制将注意力集中于组织活动的历史结果方面，即通过分析工作的执行结果，将其与控制标准相比较，发现已经发生或即将出现的偏差，分析其原因和对未来的可能影响，及时拟定纠正措施并予以实施，以防止偏差继续发展或防止其今后再度发生。

反馈控制的中心问题是分析计划执行的最终结果与计划目标的偏差，即通过财务分析、质量分析及职工绩效考核等来测定与分析产生的偏差，目的在于改进下一过程中资源的配置及运作过程同步。如财务报表就是一种反馈控制，如果财务报表中显示某一部门发生亏损，那么高层就会与该部门管理者商谈如何改善现状。在产品质量控制中，只对成品进行质量检验就是典型的反馈控制。这种控制位于活动过程的终点，把好这最后一关，可使错误的态势不致扩大，有助于保证系统外部处于正常状态。但反馈控制有一个致命的缺陷，即整个活动已告结束，活动中出现的偏差已在系统内部造成损害。

反馈控制是纠正式的，工作结束之后进行的控制，注意力集中于结果上，有利于总结规律，为进一步实施创造条件，矫正今后活动，实现良性循环，提高效率。最大弊端是实施措施前，偏差已产生。

反馈控制并非最好的控制，但它目前仍被广泛地使用着。目前，在组织中应用最广泛的反馈控制方法有如下四种：

（1）财务报告分析；

（2）标准成本分析；

（3）质量控制分析；

（4）工作人员成绩评定。其中，最重要、最困难的是“工作人员成绩评定”。

（二）按照主管人员与控制对象的关系分类

按照主管人员与控制对象的关系，可以分为间接控制和直接控制。

1. 间接控制

间接控制是指根据计划和标准考核工作的实际结果，分析出现偏差的原因，并追究责任者的个人责任以使其改进未来工作的一种控制方法。间接控制是基于这样一些事实为依据的，即人们常常会犯错误，或常常没有察觉到那些将要出现的问题，因而未能及时采取适当的纠正或预防措施。

在实际工作中，管理人员往往是依据计划和标准，对比或考核实际的结果，研究造成偏差的原因，然后才去纠正。如果偏差的原因是由于执行者缺乏知识技能或经验，那么运用间接控制的方法，可以帮助他们总结经验教训，学习知识和技能，改进未来工作。但是，如果偏差是由某些不确定因素造成的，例如未来的国际经济形式变化、技术进步等，那么，间接控制就不能发挥作用了。间接控制多见于上级管理者对下级人员工作过程的控制。

这种控制方式是建立在如下假设基础上的：

(1) 工作成效是可以计量的，因而也是可以相互比较的；

(2) 人们对工作任务负有个人责任，个人责任是清晰的、可以分割的和相互比较的，而且个人的尽责程度也是可以比较的；

(3) 分析偏差和追究责任所需的时间、费用等是有充分保证的；

(4) 出现的偏差可以预料并能及时发现；

(5) 有关责任单位和责任人将会采取纠正措施。

但这些假设在实际当中有时是不能成立的，例如，很多管理部门或职位的绩效是很难计量和相互比较的，即使确定了定量评价的标准，这些定量标准也可能对其绩效起误导作用；有很多活动的责任是多个部门共同承担的，而且工作绩效也可能与个人责任感无关；有时管理人员可能不愿意花费时间和费用去分析引起偏差的原因；有的偏差并不能预先估计或及时发现；有时发现了偏差并查明了原因，可管理者有时却推卸责任或固执己见，而不去及时采取措施等。

因有如上一些原因，间接控制并非普遍有效的控制方法，它尚存在着许多局限性。

2. 直接控制

直接控制是指培训等形式，通过提高主管人员素质和责任感，使他们改善管理工作，在控制过程中实施自我控制，从而防止出现因管理不善而造成的不良后果的一种控制方式。它所依据的是这样的事实，即计划的实施结果取决于执行计划的人。销售额、利润率、产品质量等这些计划目标的完成情况，主要取决于直接对这些计划目标负责的管理部门的主管人员。因此，它着眼于培养更优秀的人才，使他们能够以系统的观点来进行和改进未来的工作，从而防止出现不良后果。

直接控制的有效性依赖于以下假设条件：

(1) 合格人才所犯的错误最少，所谓“合格”，就是指他们能熟练地应用管理的概念、原理和技术，能以系统的观点来进行管理工作；

（2）管理工作的成效是可以计量的；

（3）在计量管理工作的绩效时，管理的概念、原理和方法是有用的判断标准；

（4）管理基本原理的应用情况是可以评价的。

直接控制是一种有效的控制方法。它的优点主要包括：

（1）在对个人委派任务时能有较大的准确性；同时，通过对管理者的执行者不断进行评价，有利于揭露出工作中存在的缺点，并为进行培训提供依据；

（2）鼓励采用自我控制的办法，可以促使主管人员主动地采取纠正措施并使其更加有效，增加主管人员的责任心；

（3）可以获得良好的心理效果。管理人员的素质提高后，得到下属的信任和支持也会增加，从而有利于整个计划目标的顺利实现，利于组织的团结；

（4）由于人员素质提高，减少了偏差和损失的发生，同时也减少了间接控制的成本。

（三）按照控制活动的性质分类

按照控制活动的性质可分为预防性控制和纠正性控制。

预防性控制是指为了避免产生错误和尽量减少今后的纠正活动，防止资金、时间和其他资源的浪费。如规章制度、工作程序和上岗培训等起着预防控制的作用。

纠正性控制在实际管理工作中使用得更普遍。采用纠正性控制往往是由于管理者没有预见到发生问题。其目的是当出现偏差时采取措施使行为或活动返回到事先确定或所希望的水平，如国家打击走私现象。

（四）按照控制的主、客体分类

按照控制的主、客体可划分为正式组织控制、群体控制和自我控制。

正式组织控制是指由管理人员设计和建立起一些机构或规定来进行控制。

群体控制是基于成员共同的价值观和行为准则，由非正式组织发展和维持的。

自我控制是指组织成员有意识地按某一行为规范进行活动，也称个人自我控制。

（五）按照控制活动的范围分类

按照控制活动的范围可分为局部性控制和综合性控制。

局部性控制只侧重于生产经营管理的某个方面。

综合性控制一般着重于财务方面，能综合反映企业的生产经营状况。

（六）按照控制方式分类

按照控制方式可分为集中控制、分散控制和分层控制。

集中控制是指在组织中建立一个控制中心，由它来对所有的信息进行统一的加工、处理，并由这一控制中心发出指令，操纵所有的管理活动。

分散控制是指当信息极大时，适宜采用分散控制方式。它的缺点是难以保证各分散系统的目标和总体目标的一致性，从而危及整体的优化，严重的甚至会导致失控。

分层控制是指把集中控制和分散控制结合起来的控制方式。

二、关键控制点

企业经济活动一般是十分复杂的，从人力、物力、财力到信息管理等，包含了大量的细致的工作。在大多数经营活动中，管理者通常不可能事无巨细地注意到每一件事情，因此管理者必须在影响经营成果的众多因素中选择若干关键环节作为重点控制对象，然后认真监控，以保证整个经营活动按计划进行，这个过程即称为选择关键控制点。

关键控制点是指一些要害问题，是实施控制的关键区域，是被控对象的关键状态的参数。它们是业务活动中的一些限定性不利因素，或是能使计划更好地发挥作用的有利因素。

由于控制工作贯穿于企业各项生产经营活动之中，组织的每一个目标、每一个目的、每一项业务活动、每一项方针政策、每一种程序或每一项预算都可作为管理所依据的标准，这些都可作为控制点。

但关于控制点的选择，一般应统筹考虑如下三个方面：会影响整个工作运行过程的重要操作与事项、能在重大损失出现之前显示出差异的事项以及若干能反映组织主要绩效水平的时间与空间分布均衡的控制点。

在实际工作中，关键控制点的标准一般有以下几种：实物标准、成本标准、资本标准、收益标准、计划标准、无形标准、可考核指标的标准。

（一）实物标准

实物标准，或称物理标准，是非货币形式的衡量标准，在耗用原材料、耗费劳动力、提供服务及生产产品的操作层次中通用，这些标准可以反映任务或工作的数量方面，也可以反映任务或工作的质量方面。从某种意义上讲，实物标准是计划工作的基石，也是控制的基本标准。

（二）成本标准

成本标准，或费用标准，是货币形式的衡量标准，它是以货币价值来衡量因作业造成的消耗，即将经营活动中的成本用货币值来表示。费用标准也适用于基层单位。一般而言，在所有的标准中，成本标准是最重要的。在实际工作中，成本的标准水平一般有以下四种。

1. 实际平均水平

实际平均水平指组织过去时期实际成本数值的平均值，即组织历史上实际已经达到的成本平均水平。由于这种水平是组织过去已经达到过的水平，所以，作为成本的标准的依据，组织轻而易举地可以完成，就很难起到促进的作用。

2. 历史最好水平

历史最好水平指组织过去时期实际数值中的最先进的数值，即组织历史上实际达到过的成本最先进的水平。这种水平反映了组织在生产经营条件最好时的成果，一般也不能作为成本的标准的依据，因为这种水平只有组织少数职工或极少的条件能够达到，不能要求所有职工或所有条件普遍达到，否则只凭主观愿望，不顾客观条件，也达不到管理的目的。

3. 理想水平

理想水平指组织不考虑任何不利因素，最充分地利用生产设备，采用最理想的劳动组织方法和经营管理方式，根据最好的物资供应条件所达到的水平。这种水平，组织在过去可能还没有达到过，当然不能作为成本标准的依据，但可以作为组织今后成本的标准的努力方向。在今后成本管理工作中，应该积极采取措施，创造条件，争取逐渐接近或达到这种水平。

4. 平均先进水平

平均先进水平指介于组织过去时期实际平均数值和先进数值之间的一种水平。这种水平是根据过去时期的实际情况，结合各种主客观条件的分析，经过整理计算求得的。它既有群众性，在正常条件下广大职工经过努力可以达到，又有进取性，考虑了计划期内采取技术组织措施和改进经营管理的因素。所以，成本的标准适合采用这种水平，这样可以发挥职工群众的积极性，促进生产发展，降低成本，使企业的经济效益不断提高。

（三）资金标准

资金标准，或资本标准，是费用标准的变种，是用货币来计量实物项目而引起的。由于应用货币值衡量物资项目，因而产生各种不同的资金标准。这些标准同投入企业的资本有关，而同营运资本无关，所以它们主要是同资产负债表有关，而同损益表无关。对于新的投资和综合控制而言，最广泛运用的标准是投资回收率。资产负债表通常还披露其他资本标准，如流动比率、资产负债率、固定投资与总投资的比率、速动比率、短期负债或债券与股票的比率，以及存货周转率和存货规模的大小等。

（四）收益标准

把货币值用之于销售量即为收益标准，如人均销售额等。

（五）计划标准

计划标准，或称程序标准。主管人员可能奉命编制一个可变动预算计划，一个正式实施新产品开发计划或一个提高销售人员素质的计划。在评估这些计划的执行业绩时，虽然有时只能运用一些判断，但也还可以运用其他因素来作为客观判断标准。在一些工作或任务的评价中需要运用主观判断，时间或其他因素通常被作为客观的判断标准。

（六）无形标准

一些问题要建立清晰的定量和定性标准是极其困难的。如主管人员对下属的人事科长或医务主任的能力的评价。在任何一个组织中，都存在着许多无形标准。在这些情形下，主观判断、反复试验、知觉便成为衡量的依据。

（七）可考核指标的标准

在现代管理较好的企业中，已在其内部每一层次的管理部门建立起可供考核的定性指标或定量指标的整体网络体系。对于复杂计划中的作业及管理都有其自身的绩效，现代管理者发现经过研究和思考有可能确定一些指标用于衡量绩效的目标，不但定量的指标可以成为上述绩效的标准，定性的指标也是在标准领域中的一项新发展。

第三节　管理控制过程

控制是一个有规律的程序化过程，它贯穿于整个管理活动的始末。在组织目标的实施中，不断地在计划与实施结果之间进行比较，发现两者之间差距，并找出这种差距的原因和制定新的改进措施，就是一个控制过程。控制职能的性质与目的决定它的步骤遵循计划的逻辑思路：制定控制标准→对照标准衡量绩效→采取纠正行动。

一、建立标准

（一）拟订标准

控制主要是对组织活动加以监督和约束，保证实际活动按计划进行。因此，控制过程开始时，必须确定某些标准，作为模式或规范而建立起来的测量单位或具体的尺度。

控制的第一步是建立一系列切实可行并已被员工接受的绩效标准，以便确定控制的目标和依据，因而拟订标准是进行控制的基础，管理人员可以对照标准判断绩效和成果。

任何一项具体工作的衡量标准都应该从有利于组织目标实现的总要求出发来加以制定，控制标准是从一个完整的计划中遴选出来的、对工作成果的衡量具有重要意义的关键点。从计划中选择关键控制点的能力是一种艺术，有效的控制取决于这种能力，最理想的控制标准是可考核的标准。

（二）控制标准的种类

组织的计划和目标，无疑是制定这些标准的依据，但是，由于计划的详细程度和复杂程度不一样，管理者也不可能观察每一件事的进展情况，因此，不可能也没有必要对计划和实际活动的所有细节都定出控制标准。一般说来，可操作的控制标准，是从整个计划工作的方案中选择出的对工作成效进行评判的关键控制点的标准。

选择关键控制点的能力是一项管理艺术，因为健全的控制取决于关键点。如影响企业成本的因素很多，但如果能在人工费用、原材料费用和库存、运输和销售费用上有效地进行节约，就可能控制住产品的成本消耗。同时，关键点必须要有相应的控制标准。控制标准可分为定性标准和定量标准两大类。

1. 定性标准

定性标准指难以用计量单位直接计量的标准。这类标准主要用于有关服务质量、组织形象、组织成员的工作表现等方面，这些方面的标准一般能够做出定性的描述，但都难以定量化。尽管如此，为了使定性标准便于掌握和控制，有时也应尽可能地采用一些可度量的方法。如美国著名的麦当劳公司在经营上奉行“质量、服务、清洁、价值”的宗旨，为体现其宗旨，公司制定的工作标准是：95%以上的顾客进餐馆后三分钟内，服务员必须迎上前去接待顾客；事先准备好的汉堡包必须在五分钟内热好供应顾客；服务员必须在就餐人员离开后五分钟内把餐桌打扫干净等。如此一来，对服务质量的控制也就有了明确的标准。

2. 定量标准

定量标准指能够以一定形式的计量单位直接计量的标准。定量标准便于度量和比较，是控制标准的主要表现形式。定量标准主要分为：

（1）实物标准，是指以实物量为计量单位的标准。主要用于在投入和产出方面可用实物计量的场合，反映定量的工作成果。如企业中原材料、能源、劳动力的消耗标准，产品的产量、销售量等；也可用于产品质量的衡量场合，如精确度、强度、可靠度等。实物标准是计划工作的常用指标，也是控制的基本标准。

（2）财务标准，也称为价值标准，是指以货币量为计量单位的标准。主要反映组织在各项活动中的资金效益方面的成果。如企业的产品直接费用、间接费用、投资回收率、流动资产与短期负债的比率、债务与净资产的比率、销售利润等。

（3）时间标准，是指以时间为计量单位的标准。反映组织在各项活动中的时间利用方面的成果。如工期、生产周期、生产投入期和出产期、工时定额等。

（三）制定标准的方法

制定标准的方法通常有如下几种：

1. 统计标准法

统计性标准，也叫历史性标准，是利用统计方法来确定预期结果，以分析反映企业经营在各个历史时期的数据为基础来为未来活动建立的标准。标准所选择的具体统计数字可能是平均数，也可能是高于或低于中点的一个定点。这种方法常用于拟定与企业经济效益有关的标准，能较好地反映过去的平均或一般的水平或状态，为预期未来的行为提供了有益的依据。历史性标准统计资料作为某项工作确定标准具有简便易行的好处，但是当系统波动较大时，这种方法容易忽视新的情况，特别是未来可能出现的变化，因此其准确性就不是很大。

2. 经验估计法

经验估计法，就是根据经验和判断来估计结果，根据评估建立标准。人们有时缺乏对历史数据的积累，而主管人员的经验，可能在一定程度上弥补这一不足。它实际上反映了一种价值判断，管理者对目标的期望及其个人价值系统将起决定作用；同时管理者需要对已经发生变化的新情况，尤其是未来的情况要运用主观判断进行评估。和前一种方法相比较，它更重视新的情况，需要发挥管理人员的主观技能，但在应用时要注意利用各方面管理人员的知识和经验，综合大家的判断，列出一个相对先进合理的标准。

3. 工程（工作）方法

工程（工作）方法是工程标准，通过对工作情况进行客观的分析，并以准确的技术参数和实测的数据为基础来制定的。它既不利用现成的历史数据，也不依靠管理者的经验判断，而是对实际发生的活动进行测量，从而制定出符合实际的可靠标准。这种方法，由于是建立在客观测量基础上的，因此它更客观、更科学。

（四）确立控制标准应注意的问题

1. 获利能力

通过提供某种商品或服务取得一定的利润，这是任何企业从事经营的直接动因之一，也是衡量企业经营成败的综合标志，通常可用与销售额或资金占用量相比较的利润率来表示。它们反映了企业对某段时期内投资应获利润的要求。利润率实现情况与计划的偏离，可能反映了生产成本的变动或资源利用效率的变化，从而为企业采取改进方法指出了方向。

2. 市场地位

市场地位是指对企业产品在市场上占有份额的要求。这是反映企业相对于其他厂家的经营实力和竞争能力的一个重要标志。如果企业占领的市场份额下降，那么意味着由于价格、质量或服务等某个方面的原因，企业产品相对于竞争产品来说其吸引力降低了，因此，应该采取相应的措施。

3. 短期目标与长期目标的平衡

企业目前的生存和未来的发展是相互依存、不可分割的。因此，在制订和实施经营活动计划时，应能统筹长期与短期的关系，检查各时期的经营成果，分析目前的高利润是否会影响未来的收益，以确保目前的利益不是以牺牲未来的收益和经营的稳定性为代价的。

4. 产品领导地位

产品领导地位通常指产品的技术先进水平和功能完善程度。通用电器公司是这样定义产品领导地位的：它表明企业在工程、制造和市场方面领导一个行业的新产品和改良现有产品的能力。为了维持企业产品的领导地位，必须定期评估企业产品在质量、成本方面的状况及其在市场上受欢迎的程度。如果达不到标准，就要采取相应的改善措施。

5. 员工态度

员工的工作态度对企业目前和未来的经营成就有着非常重要的影响。测定员工态度的标准是多个方面的。比如，可以通过分析离职率、缺勤率来判断员工对企业的忠诚，也可通过统计改进作业方法或管理方法的合理化建议的数量来了解员工对企业的关心程度，还可通过对定期调查的评价分析来测定员工态度的变化。如果发现员工态度不符合企业的预期，那么任其恶化是非常危险的，企业应采取有效的措施来提高他们在工作或生活上的满足程度，以改变他们的态度。

6. 人员发展

企业的长期发展在很大程度上依赖于人员素质的提高。为此，需要测定企业目前的活动以及未来的发展对职工的技术、文化素质的要求，并与他们目前的实际能力相比较，以确定如何为提高人员素质采取必要的教育和培训措施，要通过人员发展规划的制订和实施，为企业及时供应足够的经过培训的人员，为员工提供成长和发展的机会。

7. 生产率

生产率标准可用来衡量企业各种资源的利用效果，通常用单位资源所能生产或提供的产品数量来表示。其中，最重要的是劳动生产率标准。企业其他资源的充分利用在很大程度上取决于劳动生产率的提高。

8. 公共责任

企业的存在和延续是以社会的承认为前提的。而要争取社会的承认，企业必须履行必要的社会责任，包括提供稳定的就业机会，参加公益事业等多个方面。公共责任能否很好地履行关系到企业的社会形象。企业应根据有关部门对公共态度的调查，了解企业的实际社会形象同预期的差异，改善对外政策，提高公众对企业的满意程度。

9. 确定控制对象

标准的具体内容涉及需要控制的对象。那么，企业经营与管理中哪些事或物需要加以控制呢？这是在建立标准之前首先要加以分析的。无疑，经营活动的成果是需要控制的重点对象。控制工作的最初始动机就是要促进企业有效地取得预期的活动结果。因此，要分析企业需要什么样的结果。这种分析可以从营利性、市场占有率等多个角度来进行。确定了企业活动需要的结果类型后，要对它们加以明确的、尽可能定量的描述，也就是说，要规定需要的结果在正常情况下希望达到的状况和水平。要保证企业取得预期的结果，必须在成果最终形成以前进行控制，纠正与预期成果的要求不相符的活动。因此，需要分析影响企业经营结果的各种因素，并把它们列为需要控制的对象。影响企业在一定时期经营成果的主要因素有：

（1）资源投入。企业经营成果是通过对一定资源的加工转换得到的，没有或缺乏这些资源，企业经营就会成为无源之水、无本之木。投入的资源不仅会在数量和质量上影响经营活动按期、按量、按要求进行，从而影响最终的物质产品，而且其取得费用会影响生产成本，从而影响经营的盈利程度。因此，必须对资源投入进行控制，使之在数量、质量以及价格等方面符合预期经营成果的要求。

（2）组织的活动。输入到生产经营中的各种资源不可能自然形成产品，企业经营成果是通过全体员工在不同时间和空间上利用一定技术和设备对不同资源进行不同内容的加工劳动才最终得到的。企业员工的工作质量和数量是决定经营成果的重要因素，因此，必须使企业员工的活动符合计划和预期结果的要求，为此，必须建立员工的工作规范、各部门和各员工在各个时期的阶段成果的标准，以便对他们的活动进行控制。

（3）关于环境特点及其发展趋势的假设。企业在特定时期的经营活动是根据决策者对经营环境的认识和预测来计划和安排的。如果预期的市场环境没有出现，或者企业外部发生了某种无法预料和抗拒的变化，那么原来计划的活动就可能无法继续进行，从而难以为组织带来预期的结果。因此，制订计划时所依据的对经营环境的认识应作为控制对象，列出“正常环境”的具体标志或标准。

二、衡量绩效

控制过程的第二个步骤是衡量、对照及测定实际工作的成绩与标准之间的差异，即衡量实际绩效。衡量实际绩效就是依据标准检查工作的实际执行情况，以便与预期的目标相比较。它是控制工作的中间环节，是发现问题的过程。衡量实际绩效的目的是给管理者提供有用的信息，为采取纠正措施提供依据。

这一阶段的具体内容包括确定衡量的手段和方法；落实进行衡量和检查的人员；通过衡量—对比过程获得偏差信息，即确定实际业绩是否满足了预定或计划的标准。

按照标准来衡量实际成效的最好办法应当建立在向前看的基础上（即前馈控制），这样可使差错在其实际发生之前就被发现并采取适当的措施加以避免。富有经验与远见的主管人员常常能预见可能出现的偏差。

但有些工作其成效是很难精确衡量的，甚至其标准也是难以精确确定的。在这种情况下，尽量要拟定一些可考核的标准，用定量的或定性的“有形”标准去取代那些无形的、笼统的、往往掺杂着许多主观因素的标准。

衡量实际绩效经常采取的方法有亲自观察、分析报表资料、召开会议、抽样调查等。

为了能够及时、正确地提供能够反映偏差的信息，同时又符合控制工作在其他方面的要求，管理者在衡量工作成绩的过程中应注意以下几个问题。

（1）通过衡量成效，确定适宜的衡量频度。

控制过多或不足都会影响控制的有效性。这种“过多”或“不足”，不仅体现在控制对象和标准数目的选择上，而且表现在对同一标准的衡量次数或频度上。对影响某种结果的要素或活动过于频繁的衡量，不仅会增加控制的费用，而且可能引起有关人员的不满，从而影响他们的工作态度；而检查和衡量的次数过少，则可能使许多重大的偏差不能及时发现，从而不能及时采取措施。

以什么样的频度，在什么时候对某种活动的绩效进行衡量，取决于被控制活动的性质。例如，对产品的质量控制常常需要以小时或以日为单位进行，而对新产品开发的控制则可能只需以月为单位进行就可以了。需要控制的对象可能发生重大变化的时间间隔是确定适宜的衡量频度所需考虑的主要因素。

管理人员经常在他们方便的时候，而不是在工作绩效仍“在控制中”（即可能因为人们采取的措施而改变时）进行衡量。这种现象必须避免，因为这可能导致行动的迟误。

（2）通过衡量成效，检验标准的客观性和有效性。

衡量工作成效是以预定的标准为依据的。但利用预先制定的标准去检查各部门在各个阶段的工作，这本身也是对标准的客观性和有效性进行检验的过程。

检验标准的客观性和有效性，是要分析通过对标准执行情况的测量能否取得符合控制需要的信息。在为控制对象确定标准的时候，人们可能只考虑了一些次要的因素，或只重视了一些表面的因素，因此利用既定的标准去检查人们的工作，有时并不能达到有效控制的目的。比如，衡量职工出勤率是否达到了正常水平，不足以评价劳动者的工作热情、劳动效率或劳动贡献；分析产品数量是否达到计划目标，不足以判定企业的盈利程度；计算销售人员给顾客打电话的次数和花费在推销上的时间，不足以判定销售人员的工作绩效。在衡量过程中对标准本身进行检验，就是指出能够反映被控制对象的本质特征，从而得出最适宜的标准。要评价员工的工作热情，可以考核他们提供有关经营或技术改造合理化建议的次数；评价他们的工作效率，可以计量他们提供的产品数量和质量；分析企业的盈利程度，可以统计和分析企业的利润额及其与资金、成本或销售额的相对百分比；衡量推销人员的工作绩效，可以检查他们的销售额是否比上年或平均水平高出一定数量等。

由于企业中许多类型的活动难以用精确的手段和方法加以衡量，建立标准也就相对困难。因此，企业可能会选择一些易于衡量，但并不反映控制对象特征的标准。比如，科研人员和管理人员的劳动效果，并不总能用精确的数字表示出来，有关领导可能根据研究小组上交研究报告的数量和质量来判断其工作进展，或根据科室是否整齐划一、办公室是否挂满了各种图表来判断管理人员的工作努力程度。然而，根据这些标准去进行检查，得到的可能是误导信息。科研人员用更多时间去撰写数量更多、结构更严谨的报告，而不是将这些精力真正花在科研上；管理人员花更多的精力去制作和张贴更漂亮的图表，而不是用这些时间去扎扎实实地进行必要的管理基础工作。

衡量过程中的检验就是要辨别并剔除这些不能为有效控制提供必要信息，容易产生误导作用的不适宜标准。

（3）通过衡量成效，建立信息管理系统。

负有控制责任的管理人员只有及时掌握反映实际工作与预期工作绩效之间偏差的信息，才能迅速采取有效的纠正措施，不精确、不完整、过多或延误的信息将会严重地阻碍他们的行动。通常，并不是所有的衡量绩效的工作都是由主管直接进行的，有时需要借助专职的检测人员。然而，管理人员所接受的信息通常是零乱的、彼此孤立的，并且难免混杂着一些不真实、不准确的信息。因此，应该建立有效的信息管理网络，通过分类、比较、判断、加工、提高信息的真实性和清晰度，同时将杂乱的信息变成有序的、系统的、彼此紧密联系的信息，并使反映实际工作情况的信息适时地传递给适当的管理人员，使之能与预定标准相比较，及时发现问题。这个网络还应能及时将偏差信息传递给与被控制活动有关的部门和个人，以使他们及时知道自己的工作状况、为什么错了，以及需要怎样做才能更有效地完成工作。建立这样的信息管理系统，不仅更有利于保证预定计划的实施，而且能防止基层工作人员把衡量和控制视作上级检查工作、进行惩罚的手段，从而避免产生抵触情绪。

在掌握了必要的信息基础上，就可以根据标准对实际活动进行衡量和比较，确定实际工作业绩与标准之间的偏差。对某些活动来说，偏差是难以避免的，因此确定可以接受的偏差范围是十分重要的。如果偏差显著超出这个范围，就应该引起管理者的注意。在比较过程中，管理者要特别注意偏差的大小和方向，分析不同变化的原因，以便采取调整和修正措施。

三、采取纠正措施

衡量实际绩效之后，应将衡量的结果与标准进行比较，以使各项工作按着计划要求的轨道发展。通过实际业绩与控制标准之间的比较，可以检验两者之间有无偏差。若没有偏差，工作按原计划继续进行；若有偏差则要分析其产生的原因，并采取相应的措施。

纠正偏差是控制的关键，体现了执行控制职能的目的。这一阶段可具体分为三个环节。

（一）找出偏差产生的原因

当偏差产生时，应该对许多可能的原因进行调查以发现造成这种偏差产生的诸多原因、条件，并进行深入分析，找出其中主要原因，这样才能有针对性地采取纠正措施，从根本上纠正偏差。

产生偏差的原因，可能是原先计划和标准制定的不科学或计划脱离实际造成的，也可能是由于环境发生预料不到的变化，或者是原来被认为正确的计划不再适应新形势需要。

（二）纠偏措施

当实际业绩（产出）与计划（预定）的业绩标准发生重大差异，一旦查出了偏差的原因后，必须采取特殊有效的行动去纠正这些情况。下面是纠偏措施的重要步骤。

1. 经营阶段

要及时调查偏差原因；决定所需纠偏措施；根据决策，对纠正情况及时予以指导；紧密监督纠偏措施，从而确保它是根据指导的要求得以实行的，并确保其有效性。

2. 行政管理阶段

进一步调查重复出现的问题，确定对此负有责任的人为或物质的基本因素；根据情况的要求，采取积极的或消极的惩罚措施；制定创造性计划防止偏差情况的重复出现；认清所处的环境状况，并引入已计划好的措施。

偏差的产生原因不同，因此其纠正方法也不同。这些方法有改进工作方法、改进组织领导工作、调整或修改原来计划或标准等。

第一，对于因工作的失误造成的问题，控制工作主要是“纠偏”，即加强管理、监督，确保工作与目标的接近或吻合；第二，若计划目标不切合实际，控制工作主要是按实际情况修改计划目标；第三，若组织的运行环境发生重大变化，致使计划失去客观的依据，控制措施是启动备用计划或重新制订新计划。

选择和实施过程中应注意问题：

（1）保持矫正方案双重优化。判断矫正方案的合适性需要考虑两方面的要求：一是矫正工作的经济性。矫正方案实施的成本大于偏差发展可能带来的损失，则放弃矫正行动；二是管理控制工作必须在满足经济性要求的前提下，通过对各种可行矫正方案比较分析，选择投入最少、成本最小、解决偏差效果最好的方案。

（2）充分考虑原先计划实施的影响。“追踪决策”，在制定和选择追踪决策方案时，需要充分考虑组织伴随着初始决策的实施已经消耗的资源和这种消耗对客观环境造成的影响以及人员思想观念的转变问题。

（3）注意消除组织成员对纠偏措施的疑虑。要充分考虑和处理组织成员对拟采取矫正措施的各种态度，特别是消除执行者的疑虑，避免方案实施时出现人为障碍。

（三）纠正行动的时间性

为了提高纠正行动的效率和降低纠正行动的成本，就必须尽可能早、尽可能快的纠正偏差。

第四节　有效控制系统的建立

一、控制系统的概念

控制系统是指由决定和被决定支系统稳定状态的元素有机结合而成的集合。组织中的控制系统主要由以下几个要素构成。

（一）控制的目标系统

任何控制活动都是有一定的目标取向的，在一个组织中，控制应服从于组织发展的总体目标。组织的总体目标及派生出来的分目标都是控制的依据。控制的目标体系与组织的目标体系是相辅相成的。

（二）控制的主体

组织中的控制系统的主体是各级管理者及其所属的职能部门。组织内的控制活动是由人来执行操纵的，它以各层次的管理者为主体，能根据变化了的环境和条件有意识地调节自己的活动。控制主体控制水平的高低是控制系统作用发挥程度的决定要素。

管理者所处的地位不同，控制的任务也不同。一般中层和基础管理者主要实施例行的，程序性的控制；高层管理者主要实施例外的非程序性控制。

（三）控制的对象

组织控制系统中的控制客体，即控制对象，是整个组织的活动。控制的对象可以从不同的角度进行划分。从横向上看，组织中的人、财、物等资源都是控制的对象；从纵向看，组织中的各个层次也都是控制的对象；从控制的阶段看，组织内不同的业务阶段及业务内容也是控制对象。因此，组织的活动应当作一个整体来控制，使整体协调一致，以便达到整体优化的结果。

（四）控制的机构，方法和控制的手段

实施控制必须要有一定的机构及相应的方法和手段。组织的控制机构从纵向可分为各个不同管理层次的控制；从横向上看，可分为不同性质的专业控制。管理层次不同，专业不同，控制的方法和手段也不同。具体情况具体采用。控制工作应注重采用先进的控制方法和手段，以不断提高控制工作的效率和效果。

（五）控制的信息反馈系统

控制过程是通过信息的传输和反馈得以实现的。就是说控制部分有控制信息输入到受控部分，受控部分也有反馈信息返送到控制部分，形成闭合回路。控制正是根据反馈信息才能比较、纠正和调整它发出的控制信息，从而实现有效控制。

二、有效控制的特征

（一）准确性和客观性

一个控制系统如不能提供准确的信息，就会导致管理者在应该采取行动的时候，而没有采取行动；或者在根本没有出现问题的时候，而采取行动，导致控制失效。

另外，在管理中难免会有许多主观因素，管理者不能只凭个人的主观经验或直觉进行判断，而应该采取科学的方法，要尊重客观事实。

（二）适应性

它是指控制应当与计划和工作特点以及主管人员的具体情况相适应，比如要有针对性地收集信息，要使主管人员理解信息的内容，使系统便于使用等。

（三）及时性

它是指能够及时发现偏差，纠正偏差。控制不但要准确而且要及时，再好的信息如果过时了，也是毫无用处的。要避免时滞，使控制失去应有的效果，要估计未来可能发生的变化，使纠正措施的安排具有一定的预见性。最理想的控制应该是在偏差未出现之前，能够预计偏差的产生，做到防患于未然。

（四）灵活性或弹性

它是指控制工作即使在面临计划发生变动、出现了未能预见到的情况或计划失败的情况下，也能发挥作用。控制系统本身应当具有足够的灵活性以适应各种不同的变化，持续地发挥作用，与计划一同变动；不能把控制工作过于死板地同计划拧在一起，以免在整个计划失策或发生突然变动时控制也跟着失控。或者说，控制必须有弹性。比如企业的预算工作、滚动计划、应变计划等都体现了控制的弹性原则。

（五）经济性

控制系统的运行从经济角度看必须是合理的，任何控制系统产生的效益都要与其成本进行比较。要精心选择控制点，降低控制的各种耗费，改进控制方法和手段，防止在无效控制上花费精力和财力，用尽可能少的成本取得所期望的效果。要重视选择关键性问题和注意对例外出现的偏差进行控制。因此，经济性原则也称关键控制点原则和例外情况原则。

（六）匹配性

任何控制或技术都必须适合组织气氛才能奏效。例如，在员工自由度较大，对管理的参与程度较深的组织中，严格监视型的控制系统将不受欢迎，也很难成功。

（七）指示性

有效的控制系统不仅可以指出偏差的产生，而且还必须指出偏差发生在哪一个确切位置，谁应该对偏差负责，并建议如何纠正这种偏差。

（八）理解性

任何控制系统对所涉及的员工来说都必须是可以理解的。

（九）标准的合理性与多重性

控制的标准应是富有挑战性，经过努力可以达到的合理标准；标准过高或过低，都不会起到激励作用。另外，控制应采取多重标准，多重标准比单一标准更难把握，可以防止工作中出现做表面文章的现象，多重标准能够更准确地衡量实际工作。

（十）重点与例外相结合

控制要突出重点，在控制过程中不可能面面俱到，找出最能反映体现成果的关键因素控制；有些偏差无关紧要，有些偏差却意义重大；另外，控制工作要着重于计划实施中的例外情况，可使管理者集中精力解决问题，将其工作集中在需要注意和应该注意的问题上；在对例外的重视程度上，不仅依大小而定，要考虑实际情况；同时例外与重点要结合起来，即控制要注意关键点上的例外情况。

三、有效控制的基础和前提

（一）有效控制的基础和前提

组织控制工作职能的开展必须建立在一定的基础和前提之上，忽视了这些基础和前提，控制工作将无法进行。

1. 控制要有科学的计划（标准）

控制与计划既互相区别，又紧密联系。计划为控制工作提供标准，没有计划，控制也就没有依据。如果只编制计划，而不对其执行情况进行控制，计划目标就很难得到实现。

2. 控制要围绕目标

目标即方向问题，控制过程应避免出现目标扭曲问题。在实际工作中，有关人员对手段的关注可能超过对实现组织目标的关注，或者忘记了手段性措施是为实现组织目标服务的，以致出现为遵守规定或完成预算而不顾实际控制效果的刻板、僵硬、扭曲。

3. 要有明确的组织机构，专门从事控制职能

通过建立专职控制职能的组织机构，配备专门的人员并授予其权力，明确其责任，可解决由谁来控制的问题。因此，明确的组织结构的存在是控制工作的又一个前提。同样，组织结构越明确、越完整，控制工作就越有效。

控制应当反映组织结构类型和状况，并有健全的组织结构来保证，这就要求一方面要渠道畅通，能在组织中将反映实际情况和工作状态的信息迅速地上传下达，保证联络渠道的畅通；另一方面要责权分明，使组织结构中的每个部门、每个人都能切实担负起自己的责任。

4. 要有信息反馈，并配备合适人员，给予正确的指导与领导

控制必须依据有效的信息，没有准确、全面和及时的信息，就难以保证控制的有效性。为了保证获得有效的信息，在组织中必须建立完善的信息收集传递网络和机制，从而保证信息的畅通。

控制工作应注重培养组织成员的自我控制能力，要有畅通的信息反馈渠道，管理者需要信息来完成他们的工作。不精确、不完整、过多的或延迟的信息将会严重阻碍他们的行动。因此，应该开发这样一个信息管理系统，使其能在正确的时间、以正确的数量，为正确的人提供正确的数据信息。

（二）有效控制的要求

1. 适时控制

组织活动中产生的偏差只有及时采取措施加以纠正，才能避免偏差的扩大，

或防止偏差对组织不利影响的扩散。及时纠偏，要求管理人员要能及时地掌握能够反映偏差产生的原因及其严重性的信息。

纠正偏差的最理想方法应是在偏差未产生以前，就注意到偏差产生的可能性，从而预先采取必要的防范措施，防止偏差的产生，或者由于某种企业无力抗拒的原因，出现偏差不可避免，那么这种认识也可指导企业预先采取措施，消除或减少这种偏差产生后可能对企业造成的不利后果。

2. 适度控制

适度控制即控制的范围、程度和频度要恰到好处，为此应注意以下几个问题。

第一，防止控制过多或控制不足。有效的控制应该既能满足对组织活动监督和检查的需要，又要防止与组织成员发生强烈的冲突。适度的控制就能同时体现这两个方面的要求，一方面，控制过多会对组织中的人员造成伤害，对组织成员行为的过多限制，会扼杀他们工作的积极性和创造性，从而影响企业的效率；另一方面，控制不足，将不能使组织活动有序地进行，不能保证各部门活动的进度和比例的协调，也会造成资源的浪费。

第二，处理好全面控制与重点控制的关系。任何组织都不可能对每一部门、每一环节的每一个人在每一个时刻的工作情况进行全面的控制。由于存在对控制者进行再控制的问题，这种全面控制可能会造成控制人员远远多于现场作业者的现象，因此，全面控制不仅代价高，而且也是不可能不必要的。因此，企业在建立控制系统时，应找出影响企业的关键性因素，并据此在相关环节上设立控制点，进行重点控制。

第三，使花费一定的控制费用得到足够的控制效益。任何控制都需要一定的费用，在控制过程中，衡量工作成绩、分析偏差、纠正偏差等都需要支付一定的费用；同时，任何控制，由于纠正了组织活动中存在的偏差，都会给组织带来一定的收益。一项控制，只有当它带来的收益超出其所需成本时，才是值得的。

3. 客观控制

有效的控制必须是客观的，符合组织实际的。客观的控制源于对企业经营活动及其变化的客观了解和评价，为此，控制过程中必须要贯彻“实事求是”的思想，要客观的了解和评价被控制对象的活动状况及其变化，深入实地调查研究，建立客观的标准和准确的检测手段。

4. 弹性控制

企业在生产经营过程中，会遇到各种突发的变化，这些变化可能会导致企业计划与现实严重背离。有效的控制系统应在这样的情况下仍能发挥作用，维持企业正常运行，即应该具有灵活性或弹性。因此，在控制中应建立信息反馈控制系统，通过该系统使被控制对象能够实现自我控制，灵敏适应环境。

四、影响有效控制的因素

任何组织任何活动都需要进行控制，控制的必要性是由如下因素决定的。

（一）外部环境的变化

计划从构思、制定到执行一般都要经历较长的时间。在这段时间内，组织外部环境必然会发生变化，从而影响到已定的计划和目标。为了适应变化的环境，组织必须有一个有效的控制系统，来根据变化的环境采取相应的对策。计划的时间跨度越大，控制就越显得重要。

（二）组织内部的变化

受到组织内部环境因素的影响，组织成员的思想、组织结构、产品结构和组织业务活动范围都有可能发生变化，计划的变化对计划的执行也会产生影响。

（三）组织成员的素质

计划要靠人去执行实现，而组织成员的才能、动机和工作态度是非均质的、不断变化的，人们对计划的理解也不相同。因而，人的素质对计划的执行也会产生影响。控制工作应注重培养组织成员的自我控制能力，这样有助于发挥职工积极性及创造性；减轻管理人员负担；减少企业控制费用的支出；同时有助于提高控制的及时性和准确性。

上述因素的存在，使计划执行过程充满不确定性。为保证计划执行不偏离正确的方向，就必须将控制工作穿插其间。有效的控制工作不仅能衡量计划执行的速度、发现偏差并采取纠正措施，而且在许多情况下，它还可以导致确立新的目标、提出新的计划，甚至改变组织结构、改变人员配备以及在领导方法上做出重大改革。

五、提高控制效率的措施

（一）完善控制系统

控制实施走入误区遇到阻力，从很大程度上说明控制系统的设计不完善，需要加以改进。完善控制系统是避免控制走入误区的最根本途径，它的实质是在进行控制系统设计或再设计时就控制实施中可能遇到的阻力予以考虑。

（二）鼓励员工参与并进行自我控制

员工进行自我控制是提高有效性的根本途径。鼓励员工参与，因为基层人员对自身的工作最了解，而且还因为当一个人真正地参与了筹划计划和制定标准时，他常常会在心理上觉得介入了该项工作，因而变得愿意承担责任，或至少对该事情获得更充分的了解和理解。这样有助于发挥员工的主动性、积极性和创造性；减轻管理人员负担，减少企业控制费用的支出；提高控制的及时性和准确性。但鼓励和引导员工进行自我控制，并不意味对员工可以放任自流。员工的工作目标必须服从于组织的整体目标，并有助于组织整体目标的实现。

（三）实行目标管理

避免控制走入误区，减少控制过程中阻力的另外一条途径便是实行目标管理。这种管理方法建立在将组织目标转化为其成员个人目标的管理哲学基础之上，让组织中的管理人员和一线人员亲自参加工作目标的制定，将所制定的目标作为评价个人绩效的标准，成员在工作中实行“自我控制”。

【案例分析】

1. 西湖公司的控制方法

西湖公司是由李先生靠3 000元创建起来的一家化妆品公司。公司开始时只经营指甲油，后来逐渐发展成为颇具规模的化妆品公司，资产已达6 000万元。李先生于1984年发现自己患癌症之后，对公司的发展采取了两个重要措施：①制定了公司要向科学医疗卫生方面发展的目标；②高薪聘请雷先生接替自己的职位，担任董事长。

雷先生上任以后，采取一系列措施，推进李先生为公司制订的进入医疗卫生行业的计划。在特殊医疗卫生业方面开辟一个新行业，同时开设一个凭处方配药的药店，并开辟上述两个新部门所需产品的货源、运输渠道。与此同时，他要全公司内建立一个严格的控制系统，要求各部门制定出每月的预算报告，每个部门在每月初都要对本部门的问题提出切实的解决方案，每月定期举行一次由各部门经理和顾客参加的管理会议。要求各部门经理在会上提出自己本部门在当月的主要工作目标和经济来往数目。同时他特别强调注意资产回收率、销售边际及生产成本等经济动向。他也注意人事、财务收入和降低费用方面的问题。

由于实施了上述措施，该公司获得了巨大成功。到20世纪80年代末期，年销售量提高24%，到1990年销售额达到了20亿元。然而进入90年代以来，该公司逐渐出现了问题，1992年出现了公司有史以来第一次收入下降，商品滞销、价格下跌。主要原因有：①化妆品市场的销售量已达到饱和状态；②该公司制造的高级香水，一直未能打开市场，销售情况没有预测的那样乐观；③国外公司对本国市场的占领；④公司在国际市场上出现了不少问题，如推销员的冒进得罪了推销商，公司形象未能很好地树立。

雷先生也意识到公司存在的问题。准备采取有力措施，以改变公司目前的处境，他计划对国际市场进行总结和调整。公司已开始配制新产品，他相信用大量资金研制的医疗卫生工业品不久也可进入市场。

讨论题：

（1）雷先生在西湖公司里采用了哪些控制方法？

（2）就西湖公司目前的状况而言，应该如何健全控制系统？

2. 客户服务质量控制

美国某信用卡公司的卡片分部认识到高质量客户服务是多么重要。客户服务不仅影响公司信誉，也和公司利润息息相关。比如，一张信用卡每早到客户手中一天，公司可获得33美分的额外销售收入，这样一年下来，公司将有140万美元的净利润，及时地将新输的和更换的信用卡送到客户手中是客户服务质量的一个重要方面，但这远远不够。

决定对服务质量进行控制来反映其重要性的想法，最初是由卡片分部的一个地区副总裁西·帕克提出来的。她说："一段时间以来，我们对传统的评价客户服务的方法不太满意。向管理部门提交的报告有偏差，因为它们很少包括有问题但没有抱怨的客户，或那些只是勉强满意公司服务的客户。"她相信，真正可行的客户服务的标准必须基于和反映持卡人的见解。这就意味着要对公司控制程序进行彻底检查。第一项工作就是确定用户对公司的期望。对抱怨的信件分析指出了客户服务的三个重要特点：及时性、准确性和反应灵敏性。持卡者希望准时收到账单、快速处理地址变动、采取行动解决抱怨。

了解了客户期望，公司质量保证人员开始建立控制客户服务质量的标准。所建立的180多个标准反映了诸如申请处理信用卡发行，账单查询反应及账户服务代理等服务项目的可接受的服务质量。这些标准都基于用户所期望的服务的及时性、准确性和反应灵敏性上，同时也考虑了劳动保险一些因素。

除了客户见解，服务质量标准还反映了公司竞争性、能力和一些经济因素。比如一些标准因竞争引入，一些标准受组织现行处理能力影响，另一些标准反映了经济上的能力。考虑了每一个因素后，适当的标准就成型了，比如处理信用卡申请的时间由35天降到15天，更换信用卡从15天降到两天，回答用户查询从16天降到10天。这些改进给公司带来的潜在利润是巨大的，例如，办理新卡和更换旧卡节省的时间会给公司带来1 750万美元的额外收入。另外，如果用户能及时收到信用卡，他们就不会使用竞争者的卡片了。

该质量控制计划潜在的收入和利润对公司还有其他的益处，该计划使整个公司都注意客户期望。各部门都以自己的客户服务记录为骄傲，而且记分员在为客户服务时，都认为自己是公司的一部分，是公司的代表。

信用卡客户服务质量控制计划的成功，使公司其他部门纷纷效仿。无疑，它对该公司的贡献是非常巨大的。

讨论题：

（1）该公司控制客户服务质量的计划属于哪类控制？

（2）该公司对计划进行控制的有效因素有哪些？

【复习思考题】

1. 在管理中控制的作用是什么？
2. 反馈控制的优缺点是什么？
3. 试述管理控制的过程。
4. 什么是控制系统？其基础和前提是什么？
5. 如何提高控制系统的效率？

第七章 领 导

【学习目标】

通过本章的学习，引导学生正确地认识领导活动的现象、矛盾、特点、规律，使学生在掌握领导概念、领导原理、领导理论依据的基础上，理解并灵活运用，充分发挥领导艺术，加强学生知识厚度，为成为成功的领导者，打下扎实的专业理论基础。

【案例导读】

管理者困境

鲍勃·罗斯别克公司不折不扣地垄断着俄亥俄州代顿市的汽车市场。这家公司坐落于代顿市几条主要高速公路的交叉口上，连续五年来一直是俄亥俄州最大的一家别克汽车销售商。由于公司创建人老鲍勃·罗斯的意外早逝，他的太太诺玛·罗斯继任公司总裁及首席执行官，儿子小鲍勃·罗斯与女儿吉奈尔担任副总裁职务。诺玛说："我们从来就没想过要把公司卖掉，或与其他公司重组，或脱离这个行当。"实际上，鲍勃去世仅一天之后，诺玛就和孩子们建立起一道联合战线，他们要向员工、客户以及汽车代表证明他们有能力接手老鲍勃创建的产业。

老鲍勃创建了一个代表着卓越和繁荣的商业神话。他 1962 年做汽车推销员起家，由于 10 年间的杰出业绩而进入别克销售精英俱乐部。他的成就使他被选定进入知名的"通用汽车少数民族经销商学院"学习，而且鲍勃成为第一个得到通用汽车特许经销商权的毕业生。而后近 20 年里，他在代顿地盘上建立了一家十分知名的汽车行。

这家公司所取得的卓越业绩并不仅仅因为鲍勃敏锐的商业头脑。女儿吉奈尔说："父亲总是给我们灌输这样的思想，我们和员工都处于同样的地位"。他对员工很好，而且员工的满意度很高，不少员工一直在公司里干了很多年。

现在诺玛不得不取而代之，她面对的挑战是自己的前任如此受到员工的爱戴和尊重！吉奈尔解释道："任何领导人去世时，都是一个人们可能会弃船而去的重要关头。"现在假设你处在诺玛·罗斯的位置，你如何与公司员工建立一种信任的文化，使他们依然对组织具有忠诚感和奉献精神。

诺玛·罗斯面对着艰巨的领导挑战。重要的是，她能否建立这种信任的文化并被视为一个有效的领导者。为什么领导如此重要？因为是组织中的领导者促使工作不断进展。既然领导如此重要，那么很自然会有下一个问题：领导与非领导有哪些区别？最恰当的领导风格是什么样的？如果你希望人们把你看成一名领导者，你可以怎么做？本章中我们将回答这些问题，以及其他一些与领导者有关的问题。

在组织活动中，为了达到组织共同目标，有效的领导是必不可少的。领导职能的实质就是引导组织成员发挥各自的才能和潜力，为组织目标做出贡献。领导主要包括领导行为、激励员工、沟通和组织文化等内容。

第一节　领导的概念

一、领导的概念

领导是管理工作的一个重要组成部分，它是任何社会组织共有的一种现象。在任何社会，无论在任何正式组织或是在群体中，都离不开领导。大量事实证明，大到一个国家，小至一个企业、班组，领导者的领导水平决定着组织运行与发展的方向和水平。

关于领导概念的定义，管理学中有许多不同的表述。斯道戈迪尔和巴纳德编辑的领导手册中，在总结各种学派和观点的基础上提出以下的界定：

领导意味着群体过程的中心；

领导意味着人格及影响；

领导意味着劝导服从的艺术；

领导意味着影响力的运用；

领导意味着一种行动或行为；

领导意味着一种说服的形式；

领导意味着一种权力关系；

领导意味着一种互动中逐渐形成的效果；

领导意味着一种分化出来的角色；

领导意味着结构的创始；

领导意味着一种实现目标的手段。

美国管理学家孔茨、奥唐奈和韦里奇认为，领导是一种影响力，是对人们施加影响的艺术过程，从而使人们情愿地、热心地为实现组织或群体的目标而努力。

首先，它揭示了领导的本质即影响力。影响力是影响和改变他人心理和行为的能力，它是由职权影响力（强制性的，如决策、指挥、用人、奖惩等——法定权力）和自然影响力（如品德、素质、能力、行为方式等威望或威信）构成，拥有影响力的人才称得上是真正的领导者。

其次，它指出了领导是对人们施加影响的过程，它具有艺术性。

最后，它指出领导是一项目的性非常强的行为，它的目的在于使人们情愿地、热心地为实现组织或群体的目标而努力。

本书将领导定义为在社会共同活动中，具有影响力的个人和集体，在特定的结构中通过示范、说服、命令等途径，动员下属实现群体目标的过程。它涉及领导活动的前提、主体、结构、手段和目标。领导活动是存在于群体之中的，一个人不能形成领导，群体活动成为领导诞生的前提。领导活动的主体是由领导活动的发动者、组织者与执行者共同组成的，领导活动的主体包括两个要素即领导者与被领导者。领导活动的结构是领导者发动和组织领导活动所依存的体制或规则，任何组织中的领导活动都是在一种制度化的规则中展开的。领导活动的手段是领导者调动和激励下属的方式。领导活动的目标是领导活动的归宿，没有目标的领导活动不仅没有成效，而且会迷失方向。

在谈到领导与管理时，我们常把领导者与管理者混为一谈，其实他们并不是完全相同的。领导与管理的最大区别体现为领导是一种变革的力量，领导从根本上讲是一种影响力，是一种追随关系。而管理则是一种程序化的控制工作。领导与管理的联系主要体现在领导是从管理中分化出来的，领导活动和管理活动在现实生活中具有较强的复合性和相容性。如近 10 年来，领导学大师 J · 科特等著名学者对领导者和管理者的不同进行了详细的研究，他们认为二者的区别在于管理者是负责把事情做正确，而领导者是率领大家做正确的事情；管理主要侧重于对人员的控制，而领导更看重对人的激励；管理者的任务是按照既定的程序和流程进行计划、组织、协调和控制，而领导者首要的任务是率领部属对现有的程序和流程进行变革；成功变革的驱动力来自于领导者而不是来自于管理者。

二、领导工作的基本原理和原则

对人们通过实践已经认识了的领导活动的规律从理论上加以概括、提炼，就形成了领导科学中的原理和原则。领导原则是从相应的领导原理中引申出来的，是领导者在领导工作中应当遵循的行为规范和准则。领导原理是领导原则的灵魂，它决定着相应的领导原则，领导原则是领导原理的具体体现。两者相辅相成，共同为领导活动提供了基本的理论依据。

（一）领导职能

1. 领导的一般职能

领导的一般职能包括引导、指挥、组织、协调、监督、教育。

领导的具体任务是规定组织的发展方向，主要体现于正确地规划目标、提出任务和制定实现任务的方法。正确地规划目标是引导的核心，领导是为实现某种组织目标而提升的活动，目标应该被视为是领导的导引；正确地提出任务是引导的中心环节。提出任务就是提出计划，计划活动包括确立行动方案和组织落实、评价和修正计划；科学地选择和确定领导方法及领导方式是引导的重要内容，即通过系列技术化的手段保证组织目标的实现。

指挥活动是领导者通过与组织层级相一致的权力线或指挥链实施上级对下级组织和个人的领导。它是领导者运用组织权责，发挥领导权威，推动下属为实现既定目标任务而努力。

组织就是按照目标合理地设置机构、建立体制、分配权力、使用人员等。这是实现领导任务的可靠保证。

协调就是通过及时的调整，使各个方面、各个部分的工作配合得当。

控制就是从外部对执行者和执行组织的活动和运行状况进行宏观把握，对其偏离未来目标的行为及活动进行监控、校正、引导。以保证其组织在实现未来目标的过程中保持相对的稳定和有序运动，从而高效能地实现组织目标。

监督就是经常检查规划目标任务完成的情况，及时发现问题，纠正偏差，确保组织目标的实现。

2. 领导的基本职能

领导的基本职能是指贯穿于领导一般职能始终的职能，它包括决策、用人、思想政治工作。

决策是领导者为了达到预定目标而在几个可供选择的行动方案中选择一个合理方案的过程。正确决策是成功领导者必须具备的本领，决策在领导活动中占据首要地位，是领导者的重要职能。决策是领导过程的起点；决策是领导活动的中心环节；也是事业成功的关键。如我国杭州东方通信公司的总裁史志清力排众议，做出了与摩托罗拉合作生产手机的决策，从而取得了巨大成功。

领导者制定和规划了组织的目标以后，他必须依靠用人并调动被领导者的积极性来实现这个目标。西蒙说，领导者是决策者，而真正开枪打仗却要靠士兵，没有士兵，长官的决策便无法实现。另外，在任何一个较大的组织内部，领导者不可能事必躬亲，他只能是通过层层管理骨干去领导整个组织。所以对领导者来说，“用人”是其最基本的职能。这里所说的用人，包括两方面的内容：一是选拔管理骨干；二是挑选本组织的成员。领导者用人既要遵循符合社会发展规律的一些公认的原则，又要讲究一些方法和技巧，也就是说要道术并用。如比尔·盖茨主张聘用“聪明的人才”——富有创新精神和合作精神的人才；雇用年轻的、有才华的人，特别是刚走出校门的“社会新鲜人”（在微软每年新录用的员工中，这类人员占80%）。

思想政治工作着重对人的思想政治观念、世界观、工作态度和生活态度施加影响，以便调动积极性，服务于组织的生产经营。

领导职能是领导的职责和社会功能，它是领导本质的具体表现。领导的职能主要是处理三方面的关系：

一是处理与人的关系。领导工作首先是做人的工作，通过一系列的措施，了解、掌握人的需要，从而有目的地引导、指挥和协调人的行为，千方百计地通过提高员工的满足度来调动人的积极性。

二是处理与事的关系。作为一个组织或群体是有一定的存在目的的，领导就是在完成制定各种决策，进行现场指挥等大量工作中实现组织的目的。

三是处理与时间的关系。一方面领导需合理安排个人和组织的时间，有计划、有条理地安排组织的各项活动；另一方面领导应面向未来，预测未来，真正做到把握时机，使组织持续发展。

（二）领导原理

1. 人本原理

人本原理，就是把人的因素当作领导活动诸要素中的根本因素，把做人的因素当作领导工作的主题。把做人的工作当作领导工作的主题，是由领导活动的特点决定的。领导工作作为一种特殊的社会活动，是在领导者与被领导者相互作用的过程中进行的，领导者的基本职能主要是对人的工作，目标要通过人的活动去实现，领导的成功与否也主要取决于对人的行为活动的认识，即如何调节人与人之间，人与环境之间的关系。

2. 统筹原理

领导是一个组织或团体营运机构的最高层次，它站在这个组织或团体活动的顶端，统御和筹划着这个组织或团体的活动，使它得以成为相对独立的，能产生整体功能的，并不断完善和发展的社会系统。这就是统筹原理。统筹原理告诉领导者必须明确自己的职责任务就是为了组织或团体的发展，并协同与社会大系统的关系而筹谋、筹划，不断地设计规划未来，谋求更大的社会效益和经济效益，推动组织或团体乃至整个社会的进步。

3. 调控原理

为了使领导活动始终围绕着确定的决策目标运转，保证领导目标的实现，领导者必须对动态的领导过程，进行不间断的监察和及时有效的全程调节和控制，这就是调控原理。调控原理要求每一个领导者必须明确，领导系统是一个动态系统，领导过程是一个动态过程，既要保护领导系统的相对封闭，一环扣一环；又要重视收集信息，经常注意反馈，随时进行控制和调节。

4. 绩效原理

引用了绩效的概念，以强调领导工作必须提高实绩和效益，这就是绩效原理。绩效原理要求每个领导者必须时刻不忘领导工作的根本目的，在于创造出更多更好的、最终可见的实绩和效益，为社会做出贡献，满足人们日益增长的物质和文化的需要。

（三）领导原则

领导原则是指领导者在进行领导活动的过程中所必须坚持和遵循的标准或法则。领导的总原则包括党的基本路线原则、实事求是原则、民主集中制原则、群众路线原则。领导的基本原则包括统一领导原则、分层领导原则、系统整体原则、权责一致原则、民主公开原则、集体领导和分工负责相结合原则。

三、领导的作用

领导的作用主要体现在实现组织目标和在满足组织需要的同时尽可能地满足组织成员的需要，具体表现在以下几方面。

（一）指挥引导

领导者是领导活动的主体，对领导活动的成败起着决定性的作用。领导活动启动的标志是领导目标的确定，而领导目标及其实施方案主要是领导者提出和指导制定的。有了明确的方向，就可以在领导者的领导下，为实现目标而努力奋斗。领导者作为领导活动的组织者和指挥者。在领导活动启动后，要把领导目标和方案变成现实，必须通过被领导者的实践活动，充分发挥人的能动性和首创精神，这就需要领导者进行组织和指挥，统一思想和行动，形成一股强大的合力，才能顺利实现领导目标。

（二）协调作用

领导协调是指领导者为实现领导目标，采取一定的措施和办法，使其所领导的组织同环境、组织内外人员等协同一致，相互配合，高效率地完成工作任务的行为过程。简单地说，领导协调是实现领导活动中的人与人、人与事、事与事之间协调配合，发挥最佳整体效能的活动。领导协调的本质在于解决各方面的矛盾，使整个组织和谐一致，使每个部门、单位和组织成员的工作间既定的领导目标保持一致。

领导协调一般由四个要素构成，即领导者、协调对象、协调手段和协调目标。通过协调可以减少内耗、增加效益；实现组织巩固、人员团结；同时也能有效地调动员工的积极性。

（三）激励作用

领导激励是指领导者通过科学的方法来激发人的动机，开发人的能力，充分调动人的积极性和创造性，使被领导者焕发出旺盛的工作热情的活动过程。

首先，激励是调动人的积极性的重要方法。美国哈佛大学的心理学家威廉·詹姆士在对员工激励的研究中揭示，按时计酬的职工仅能发挥其能力的20%～30%，如果受到充分激励的职工其能力可发挥至80%～90%，其中50%～60%的差距是激励的作用所致。其次，激励是提升人的价值的有效措施，从心理学的一般理论来讲，人的需要和动机是有层次的，一般是由低层次向高层次发展的。领导者的任务就是通过有效的激励，提升人们的价值观，实现人的价值的最大化。最后，激励是增强组织凝聚力的根本途径。领导者运用正确的激励，可以培养组织成员的集体荣誉感，增强组织的向心力和凝聚力。领导激励的过程包括满足需要、激发动机、鼓励行为、引导目标四个方面。

当然，作为领导者在发挥领导的作用时，首先必须坚持原则。最成功的领导者首先是坚持原则的领导者，如对人文领域中的公正、服务、平等、正义、诚实、完美和信任等不可违背的规律的遵循。只要一个人或组织坚持原则，他就会成为其他人或其他组织的典型或模范，才能最大限度地发挥领导的作用。

第二节　领导用权

一、权威的形成

（一）权力

1. 权力的概念

“权力”一词，源于拉丁文“autorias”，意思是指权力主体凭手中拥有的权力，从而使权力客体服从于自己的一种社会力量。领导者的权力是领导者为实现既定的组织目标，在实施领导的过程中，对被领导者所实施的具有强制性的影响力、约束力或控制力。其实质是领导者为实现自己的组织目标，所必需的一种工作条件，是领导者在领导活动中，对被领导者施加影响和控制的主要手段。

2. 权力的构成

领导是一种影响力，影响力来源于权力。在组织中权力分为两大类七种。

（1）职位权力。

职位权力是在组织中担任一定的职务而获得的权力。主要有合法权、奖赏权和惩罚权。

合法权指一个人占据了组织等级中正式职位而拥有的权力，它代表一个人通过组织中正式层级结构中的职位所获得的权力。

奖赏权就是领导者决定提供还是取消奖赏的权力。奖赏权是与强制权相反的一种权力。人们服从于一个人的愿望或指示是因为这种服从能给他们带来益处。

惩罚权是指通过精神、感情或物质上的威胁，强迫下属服从的一种权力。

（2）非职位权力。

非职位权力是指与组织的职位无关的权力，主要有专长权、个人魅力权、背景权和感情权等。

专长权，源于专长、技能和知识，人们往往会听从某一领域专家的忠告，接受他们的影响。知识与专长实际上就是一种权力。谁掌握了知识和专长，谁就拥有了影响他人的专长权。

个人魅力权，是一种无形的很难用语言来描述或概括的权力。它是建立在对个人素质的认同及其人格的赞赏这一基础之上的。领导者个人的魅力构成了他的权力，激起了追随者的忠诚和热忱。

背景权是指那些由于辉煌的经历或特殊的人际关系背景、血缘关系背景而获得的权力。

感情权是指一个人由于和被影响者感情融洽而获得的一种影响力。

3. 权力的特征

（1）法定性。法定性是指领导权力是通过法律、法令的程序，接受任命后才有效力的一种法律上的认定，并受法律的约束和保护。权力的法定性，赋予了领导者一定的权力也明确了领导者的相应责任。

（2）强制性。强制性是指被领导者对所不愿接受的事物所表现的对领导者权力的被动和服从。主要体现在由领导者职位权力而产生的权威上，它往往表现出对下属的要求、命令的强迫性和不可抗拒性。

（3）普遍性。普遍性是指权力是人类社会的一种普遍现象，领导权力几乎是无所不在地渗透到社会生活的每一个方面、每一个角落。

（4）层次性。层次性是指一个组织系统按着纵向划分为若干个层次，每一个层次都有相应的领导权力。

（5）阶级性。阶级性是指在阶级社会中，权力受统治阶级的政治思想、法律制度以及道德、哲学等意识形态的支配，它体现着统治阶级的利益和意志，为统治阶级的利益服务，阶级性是权力的根本特征。

（二）权威

权威的基础是权力。“权威”含有尊严、权力力量的意思。在我国的《辞海》里，“权威”是指权力和威势。权威是一种特殊的社会关系，即领导和服从关系，领导权威就是管理者在领导过程中所拥有的权力与威信，是职务权力与个人权力的总和。

由于权威是一种以职位性权力为基础或以个人拥有的特殊资源（如出生、业绩、品德名望等）为基础而形成的一种影响力，因此我们也可将权威分为职位性权威和人格性权威。职位性权威是指依靠职权所奠定起来的权威，作为信息和权力资源的职位为领导者提供了许多优选。这一权威类型又可以分为积极职位权威和消极职位权威。所谓积极职位权威，是指人们对领导者的职权有一种合法化的认可，故领导者的行为就可以起到积极的效果。在这种权威类型中，人们实现了内在化认可与外在化服从的统一。所谓消极职位权威，是人们对领导者的职权没有一种合法化的认可，故领导者只能应用强制手段去支配下属，其结果必然是消极的、被动的，在这种权威类型中，被领导者只能被动服从。所谓人格权威是建立在个人魅力、知识、才能、资历等要素之上的，它带动的是被领导者自觉服从和主动追随。

职务权力是一种法定权力，是由管理者在组织中所处的地位赋予的，并由法律、制度明文规定，领导者必须用权得当，才能得到下属的理解和支持。下属对职务权力的服从是领导者建立权威的前提。个人权力是一种自然影响力，是由于领导者个人的品德、才能和成绩而带来的对他人的心理和行为影响力，在相当程度上属威信范畴。一个领导者如果在品德或作风上有缺陷，不但不会产生积极影响，还往往起副作用。因此，要建立有效的领导权威，构成权威的两种权力都不能忽视。

领导权威，对于一个集体或组织来说是组织功能体现出的影响力，对于个人而言是领导者的职位及其威望所形成的影响力。一个集体、一位领导干部，有没有领导权威，直接关系到其领导行为是否科学和富有成效，直接关系到事业的兴衰成败。

树立领导权威，必须高度重视领导成员个人素质的提高。从一定意义上说，领导成员素质的高低决定了领导权威的大小。力求博学多才、见多识广，克服盲目性和片面性，创造性地开展工作，而且要有一定的专业特长，掌握领导工作范围内的专业知识，成为本职工作的内行。卡尔·雅斯贝尔斯表示，权威并不是有意而为之的事情，它只能从传承的深度去发现和更新自己的形象，只能从当下的本原中去重新认识其不断变化的内容。所以，领导权威从侧面反映着领导者的人格魅力，可以给人以亲切感，也可以给人以幽默感，可以表现出很高的从容度，也可以流露出作为个体的独特性。

二、权威的来源

（一）权力的来源

领导者要进行有效的领导，必须拥有权力。那么权力从何而来？这是每一个领导者必须要搞清楚的问题。对于权力来源的代表性的观点有：

（1）约翰·P·科特认为权力有四个方面的来源。他在《权力与影响力》中表示：权力的第一个来源是知识，知识就是权力。第二个来源是良好的工作关系，即领导者与下属建立在相互尊敬、羡慕、了解、义务和友谊基础上的良好工作关系。第三个来源是良好的业绩和较高的威望。第四个来源是应用上述三种权力来源的技能，包括认识能力、人际交往能力，同时还有各种各样的施加影响的技能，以及特定的部门和特定的业务相关的技术能力。

（2）费伦奇和雷文的权力基础论。认为权力的基础包括：一是合法权。具有法律和有关规章所给予的权力，或者需要相应的组织和个人根据一定的程序才能授权。二是领导者能够控制被领导者的奖惩，并且具备采取惩罚措施迫使被领导者就范的能力。三是领导者在某一方面具有特别的专长。

（3）伯恩斯的主张。伯恩斯认为权力的来源主要有两个方面：资源与动机，即对资源的占有以及对资源安排与使用的技能。

人类历史发展的不同社会生产力水平和领导体制产生了对权力来源的不同的主张，除了以上的主要观点外，历史上还有以下观点：

（1）神权论。这是关于权力来源的愚昧主张，认为权力来源于上帝。进而创造出“神权论”或“君权神权论”，为封建专制统治辩护并服务。

（2）德仁说。这一学说主张权力是一种来自道德教化的影响力。中国古代孔子的“德治”、孟子的“仁政”等思想，都属于此类学说。

（3）智慧说。古希腊思想家苏格拉底、柏拉图提出了权力应该来源于知识的“哲学王”学说；近代英国思想家培根提出的“知识就是力量”及现代学者提出的“科技治国论”等主张，都属于此类学说。

（4）暴力论。这一观点主张权力应以法律、军队等暴力工具为依托。中国古代的韩非、西方中世纪末思想家马基雅维利是该主张的重要代表。

（5）契约论。这一观点的主要代表者为卢梭与孟德斯鸠等人。他们认为国家是人类根据自己的需要，通过契约建立起来的，国家的权力来自人民，而人民的权力则是天赋的。人民主权学说进而成为资产阶级民主共和国制度的理论基础。

（6）资源说。这一学说把权力的来源归结为对组织资源的拥有与控制。这里的资源包括金钱、信息、武力、社会地位、立法权、投票权等。人们只要掌握了一定的资源便具有了影响他人的力量。

（7）接受论。这一观点是由巴纳德第一次系统地阐述的，他认为“应从组织成员是否接受一项命令、指示或建议的角度来考察权力”。此外，在西蒙的权威论中也有接受论的主张。

以上关于权力来源的学说，除了“神权论”外，其他主张都有一定程度上的合理性，说明权力起源是多种因素的作用与影响。

（二）权力的获取

1. 要尽可能地展现自己的能力

“领导是成长起来的，而不是创造出来的。”将你自己的能力展示在组织和众人面前，赢得人们的信赖和支持，才会成为领导者的人选和被追随者。

2. 同有权势的人形成联盟

通常的优势联盟有三种：与上层领导者形成的联盟，与其他重要部门的领导者形成的联盟，以及与离权力中心很近而看似并无实权的人（如领导者的秘书、至亲好友）结成的联盟。获得他们的支持，就具有了巨大信息与资源优势。

3. 争取最关键的工作

在从事关键工作过程中，应尽量施展自己的才华，将工作做得尽可能地圆满。这不仅可以在上层领导者心中增加你的砝码，而且是你赢得他人的尊重和佩服的绝佳机会。

4. 建立良好的人际关系

良好的人际关系可以获得更多的帮助和支持，更有利于收集信息、分析情况、发现机会并做出准确决策。

三、权力的运用

领导权力的行使即领导权力主体立足于有序的组织结构，遵循特定的原则与规章制度，采取有效的方法手段对领导权力客体施加控制与影响从而使领导权力客体按照领导权力主体意愿采取行动，进而共同达成组织目标的过程。这一过程主要包括计划、组织、用人、指挥、执行、控制、监督与反馈等一系列具体环节。

领导权力的行使是以领导权力的合理划分与配置为前提的，因为领导权力的行使必须首先立足于有序的组织机构，即所谓的在其职，谋其政。

（一）领导权力的合理划分与配置

1. 宏观层面上领导权力的合理划分与配置

宏观层面上领导权力的合理划分与配置主要是从与社会大系统诸要素的互动中探索领导权力的合理划分与配置。

(1) 领导权力的合理划分与配置必须服从于国家的政治制度;

(2) 领导权力的合理划分与配置必须有利于公民权利的充分享有;

(3) 领导权力的合理划分与配置必须与社会经济结构相适应;

(4) 领导权力的合理划分与配置必须考虑民族传统文化的因素。

2. 微观层面上领导权力的合理划分与配置

微观层面上领导权力的合理划分与配置主要是从行政系统内部各要素的联系中寻求领导权力的合理划分与配置。

(1) 组织职能的配置是领导权力的合理划分与配置的基础;

(2) 组织是领导权力合理划分与配置的载体;

(3) 组织人员是领导权力行使的主体。

总之,领导权力的划分与配置必须与社会大系统相适应,并充分考虑领导系统内部的各种要素,从而把各种要素相互融合与协调,才能达到领导权力划分与配置的科学化与合理化。

(二) 领导权力行使的原则

1. 依法性原则

依法性原则就是指领导者要在法律、制度、政策规定的范围之内,正确地运用权力。它要求领导者注重法制,依法用权。

2. 实效性原则

领导者行使权力必须注重权力行使的实效性原则。一要知人善任,做有效决策。二要合理利用时间,提高工作效率。三要精兵简政。

3. 正当性原则

正当性原则就是要求领导者在行使权力的过程中,根据自己的职责范围,尽职尽责,充分行使权力,用权为公,全心全意为人民服务。

4. 廉洁性原则

廉洁性原则就是指领导者在运用权力时,要奉公守法,廉洁自律,不以权谋私,运用权力更好地为人民服务。

5. 可行性原则

可行性原则就是要求领导者在行使权力的过程中,充分考虑组织内外、主客观环境、实现的基础、组织的原则和社会道德规范等制约因素,确保行使权力的可行性。

6. 民主性原则

民主性原则就是指领导者在行使权力的过程中,要发挥集体领导作用,实行民主决策。

7. 灵活性原则

领导者在行使职权时必须时时注意权力行使的灵活性,即根据不同的环境和条件,审时度势,变换行使权力的方法及手段,以确保计划和目标的最终实现。

8. 适度性与适时性相结合的原则

适度性，即把握行使权力的分寸，做到恰如其分、恰到好处，既不过分，又无不及。

适时性，就是把握行使权力的时机。能否抓住时机，对用权效果有很大的甚至是决定性的影响。

9. 集中性与分散性相结合的原则

集中性，也就是集权制，即领导者在行使权力的过程中必须坚持一个权力中心，即由上级领导决定一切重大事情，下级只能根据上级的指示处理事情。

分散性，也叫分权制，即上级领导授予下属一定权力和责任，使下属有相当的自主权，在自己管辖范围内，能独立处理问题和决策，而领导者只实施监督和控制。

10. 强制性与非强制性相结合的原则

强制性与非强制性，是指领导者行使权力过程中相辅相成的两种方法，该强制的必须强制，该说服的必须说服，对同一对象一般应“先说服，然后再强制”。

（三）领导权力行使的方法与艺术

1. 授权

授权的真正含义，是要充分发挥个人的才能、创意、潜力和创造力，并将组织的意图、任务和个人的意图、任务融合起来，让他们去做必要的、符合原则的事情，在做的过程中，实现其自身的价值、理想和任务。

授权是指领导者根据工作的需要，将自己所拥有的一部分权力委托给下属去行使，使下属在一定制约机制下放手工作的领导方法。授权是由传统的、一切听命于领导者的事必躬亲的领导方式，转变为既有集中统一领导，又有下属分层负责的民主领导方式的一种重要表现形式。授权对于减轻领导负担，集中精力想大事干大事，增强组织的凝聚力和战斗力，发挥下属人员的专长等方面有着重要的意义。

2. 必须坚持贯彻民主集中制

建立社会主义市场经济体制，是中国有史以来最深刻、最复杂的社会变革，必然会触动各方面的利益，各种利益关系的矛盾冲突、调整必然要求强有力的集中统一领导，而解决这一问题的核心就是坚持贯彻执行民主集中制，在此基础上行使正确的领导权力，领导权威也正是在民主与集中的过程中产生的。

3. 正确运用权力

慎重用权、公正用权、例外处理。领导者必须维护规章制度的严肃性，但也有权进行例外处理。例外处理不是为了破坏规章制度，而是为了使规章制度更加合理，更能得到职工的拥护和执行。进行例外处理的事务，必须有充分的正当理由，必须光明正大，必须坚持组织的基本工作原则，强化职工的“期望行为”。通过实施例外处理，要使职工知道领导者是通情达理的，同时又要使职工对领导者期望自己表现出何种行为产生明确的认识。

第三节 关于人性的假设

一、从“经济人”到“复杂人”

（一）经济人

以泰勒为代表的古典管理学的人性前提，源于亚当·斯密的古典经济学，认为企业中人（包括工人和资本家、经营者）的行为目的都是以最少的代价投入来获取最大的经济利益，个人想要高工资，资本家想要高利润。

（二）社会人

社会人是梅奥在霍桑试验中提出的人性假设，这种假设起源于著名的霍桑试验。霍桑试验的结论是工人不是机械的、被动的机器，而是活生生的人；不是孤立的个体，而是复杂的社会系统的成员。因此把重视社会需要与自我尊重需要而轻视物质需要与经济利益的人称为“社会人”。

梅奥认为，人的行为动机不只是追求金钱，更包括人的社会需要；工人对同事之间的社会影响力要比组织给予的经济报酬更为重视；工人的工作效率，随着上级能满足他们的社会需要的程度而改变。

（三）自我实现人

谢恩对马斯洛需求理论进行了概括，认为人们因工作而逐渐成熟，人有独立自主的倾向，人有自动自发的能力，能够自我控制。重点在创造一个使人得以发挥才能的工作环境；管理者是给予职工帮助、指导、支持的良师益友；以工作本身进行内在激励；给工人更多的自主权，实行自我设计、自我控制；组织职工参与管理，分享权力。

（四）复杂人

复杂人性假设是由美国心理学家埃得家·谢恩于1965年出版的《组织心理学》一书中首先提出的，20世纪70年代提出，理论要点：①需要多种多样，而且随社会的发展和生活条件的变化而变化；②同一时间内有各种需要和动机，相互作用整合成统一体，形成错综复杂的动机模式；③个人由于其社会经济地位、生活环境及个人素质、个性等方面的不同，产生不同的动机模式；④在组织中的工作、地位和生活条件的改变，会产生新的需要和动机；⑤需要动机模式、素质个性能力各异，对不同的管理方式有不同的反应，对同一种领导方式也会有不同的反应。

复杂人性假设的基本思想是：由于人有着复杂的行为动机，不能简单地归纳为同一类人。复杂人性假设深入分析了个人需要在组织中的变化特点，体现了人性的动态观和辩证观点。

二、X 理论

X 理论，是古典管理理论的人性假设（麦格雷戈）。这种假设起源于享乐主义的哲学观点和亚当·斯密关于劳动交换的经济理论，认为人的行为在于追求本身的最大利益，工作的动机是为获得劳动报酬。假设认为：

第一，管理（领导）人员要负责为了经济目的而把生产性企业的各项要素——金钱、物资、设备、人员——组织起来。

第二，就管理和领导人员来说，这是一个指挥员工、激励员工和控制员工的活动，矫正他们的行为，使之适合于组织需要的过程。

第三，如果管理和领导人员不积极地干预，人们会对组织需要采取消极的，甚至是对抗的态度。因此，必须对他们进行说服、奖励、惩罚、控制，必须指挥他们的活动。领导者通过指挥和控制员工来把事情做成。

第四，人天生懒惰，他们总是尽可能少做工作。员工缺乏雄心壮志，不愿承担责任，宁愿被人领导；他们天生以自我为中心，对组织需要漠不关心；他们本性就反对变革，易于受骗。

基于此，必须用强烈的外部刺激严管重罚来逼迫人们工作，完成工作目标。著名的泰勒制就是“经济人”假设——X 理论的具体体现。泰勒以“时间—动作”分析为出发点，只考虑提高劳动生产率，无视工人的情感，主张管理者与生产工人严格分开，反对工人参与管理。

三、Y 理论

Y 理论，是人群关系学派和行为科学学派的人性假设（麦格雷戈）。Y 理论的假定如下：

第一，工作中所耗费的体力与脑力实质上与玩或者休息时所耗费的体力与脑力是一样的，一般人并非天生不喜欢工作。

第二，外界控制与惩罚的威胁并非是导向组织目标的唯一手段；人只要做出承诺去完成一项工作，他就会自我指挥、自我控制。

第三，对任务所做的承诺与完成任务后所得的回报成正比。这类回报中最为重要的就是自我满足与自我实现的需要，这一回报的直接作用即产生献身于组织目标的努力。

第四，人一般都明白，在恰当条件下，不仅仅是接受责任，而且要寻求责任。逃避责任、丧失进取心、强调安全感，通常是后天经验的结果，并非是人天生的本性。

第五，解决组织问题时，相对而言，水平比较高的想象发明和创造能力在员工中分布很广，而不是很窄。

第六，在现代工业生活条件下，一般人的智力潜能只是部分得到了利用。

基于此，管理者不能局限于发布命令，而要关心满足人的交往、归属需要，重视员工之间的关系，沟通上下之间的感情，培养和形成员工的归属感和集体感。

四、超 Y 理论和 Z 理论

超 Y 理论最早是由莫尔斯和洛希于 1970 年发表的《超 Y 理论》一文中提出的。他们在复杂人性假设基础上提出了如下假设：

第一，人们工作的动机和需要虽然千差万别，但其主要需要是取得胜任感。

第二，实现胜任感的方式取决于一个人的其他需要，如权力、独立、结构、成就和交往等。

第三，胜任感的实现和任务与组织的适合密切相关。

第四，即使胜任感实现了，它仍然起着激励作用，它往往激励一个人树立更高的目标。

这种理论与复杂人性理论的不同之处是超 Y 理论认为对人性的认识要因人而异，人和人不同；具有对人性认识的权变观。

Z 理论是由美国日裔学者威廉·大内在 1981 年出版的《Z 理论》一书中提出来的，其研究的内容为人与企业、人与工作的关系。

在 Z 理论的研究过程中，大内选择了日、美两国的一些典型企业进行研究。这些企业都在本国及对方国家中设有子公司或工厂，采取不同类型的管理方式。大内的研究表明，日本的经营管理方式一般较美国的效率更高，因此提出，美国的企业应该结合本国的特点，向日本企业管理方式学习，形成自己的管理方式。他把这种管理方式归结为 Z 型管理方式，并对这种方式进行了理论上的概括，称为“Z 理论”。

Z 理论是综合了美、日两国企业管理特点的领导理论。该理论认为：

第一，要长期雇佣职工，只有这样才能使职工的职业有保障，从而使职工更关心企业的利益和长远的发展。

第二，企业进行重大决策时，应采取启发、鼓励、支持的态度集中工人的建议，经由上下协商后由上级做决策。

第三，上级不轻易向下级发布硬性指令，下级在向上级汇报前，应先同有关部门拿出自己的解决方案。

第四，领导者对职工要全面关心，要防止上下级之间闹矛盾。

第五，要把对生产或工作的要求，同对职工的劳动条件和生活改善结合起来。

第六，要重视职工业务技能的提高，加强业务技能培训和多方面经验的积累。

第七，对职工的考察也应该是长期和全面的，而不只是考察其生产技术水平。

五、对人性假设理论的分析

（一）领导者应树立正确的人性观念

改革开放以来，随着经济的发展和向国际惯例的靠拢，中国人的人性观念也在不断地发生变化。现阶段的中国人性，其实质仍然是市场经济范畴属性的反映。人们的价值观、思想和行为免不了被打上市场经济的烙印，人的利益首先是经济利益。因此，正确认识中国现阶段的人性，必须从个人的独立经济利益角度出发。现阶段除了个人的利益关系之外，我国的经济制度是以公有制为主导的多种经济成分并存制度，其本质上决定了现阶段存在着国家、集体、个人之间的相互关系。如何将公共利益内在化，进而变为个人行为的动力，是目前关心的焦点问题。中国传统文化的精髓集中表现为个人对社会和集体的依赖，把握中国的人性问题不能离开中国的传统文化。在与国际惯例靠拢上，在人性方面，人们更注重如何激发人的潜能，以个人利益为诱导，进而达到为社会公共利益服务的目的。

（二）在充分考虑人性的基础上制定企业管理制度

研究人性，是为了指导我们的企业管理工作，对企业而言，制度是企业的生命。制定科学合理的制度，严格执行制度，是保证企业有序、高效运转的前提。任何制度都是人定的，但要使制定的制度科学合理，必须尊重人性，满足人的需求；只有这样，制度才有生命力，才能促进人的发展，并进而促进企业的发展。

（三）形成企业文化

企业文化，就是企业思维和行动的习惯，是一个企业的灵魂。企业要塑造核心竞争力，把职工的积极性和才干与企业的目标结合起来，归根到底就是要塑造企业独特的企业文化。而企业文化中最重要的内涵就是对人的态度。如果企业把人的利益看作第一利益，把人的满足、发展、成就看作第一需要，就会得到员工、顾客和社会各阶层的赞同，就会在企业运营过程中不自觉地得到支持与肯定，进而有利于企业文化的形成、深入和传播。

（四）树立正确的人生信念，培养良好的工作态度

人与人是有差别的，从内心的期望到外在的表现各不相同。不同的内心期望

导致不同的信念，信念决定态度，态度导致行为，行为形成习惯并导致结果。按照系统理论，要想改变系统的输出，就必须改变系统的结构和输入。人要改变外在的现状，就必须改变内在的自我，树立积极的人生信念。

第四节 领导理论

领导活动要讲究效益，即以较少的投入获得较大的产出，有效性是领导活动的主要衡量标志，它反映了领导的总体水平。在企业管理中，领导有效性是指通过领导活动实现企业预定目标的程度，其反映形式包括下级的支持；相互关系；员工的评价；激励程度；沟通的效果；工作效率；目标的实现。领导理论研究的目的就在于探讨什么样的企业领导者素质、领导方式方法更能提高领导工作的有效性。

一、领导理论发展的三个阶段

领导理论是西方的产物，把领导活动纳入到科学的研究程式中，通过一些实证式的研究和逻辑化的推理，得出一些普遍性的结论，是西方领导理论的重要特色。在领导理论的形成和发展中有以下三种对领导的不同理解。

1. 从领导特质的角度去理解领导

以领导者为中心，探讨领导者不同于其他人的特质，成为人们理解领导的历史起点和理论起点。

2. 从人际关系、感情因素的角度去观察领导

持这种观点的人认为，领导是对组织内群体或成员施加影响的活动过程，是一门促使下级满怀信心地完成其任务的艺术，是一种说服他人热心于一定目标的努力。

3. 从组织所处的环境这一角度去观察领导

持这种观点的人认为，领导是如何使行政组织有效地适应外在环境以维持存续和发展的一项活动。

由于对领导的理解不同，形成了领导学理论研究的三种类型，即“特质论”“行为论”和“权变论”。

（一）领导特质理论

领导特质理论是研究领导者的个人素质与其影响力和领导有效性的关系的理论。早期的领导特质理论假设不管在什么样的情境下，所有的领导者都具有相同的素质，所以有效领导者有一定数量的相同素质与特性，在很大程度上是先天

的、与生俱来的，不具备天生领导者素质的人是不能当领导的，我们把这个时期的领导素质理论称为“天才论”或“伟人论”。

特质论继承了20世纪初出现的“天才论”的许多传统，但它在研究方法上因为拥有心理学的支持，从而超越了天才论。特质论对领导者先天具有和后天养成的独特性给予了充分的研究，以此探讨领导的有效程度。特质论抓住了领导现象中最为基本的要素——领导者，因此，特质论的研究几乎贯穿领导学发展过程的始终。

（二）领导行为理论

领导行为理论是研究领导者的领导行为及其结构、组成要素与领导有效性的关系的理论。

行为论主要体现在美国的俄亥俄州立大学和密执安大学的研究成果之中。其大致观点是，有效的领导者应该是那些适应性强的人，是那些能考虑到自己的能力、下属的能力和需要完成的任务，而能将权力有效下放的人。

（三）领导权变理论

20世纪60年代之后，进入“权变论”阶段。提出这一理论的菲德勒认为无论领导者的人格特质或行为风格如何，只有领导者使自己的个人特点与领导情境因素相“匹配”，他才能成为一个优秀的领导者。权变论把客观情况与领导行为的相互作用视为领导活动能够成功的关键所在。

对于领导活动来说，并不存在一种永恒的、永远处于决定性地位的要素。领导既是一门科学，又是一门艺术。领导活动的成败取决于多种要素在特定状态下的有机组合。

二、领导特质理论

（一）伟人说（天才论）

早在20世纪30年代，心理学家们进行了大量的研究，希望发现领导者与非领导者在生理、心理、素质、能力等个人特质等方面的差异，以寻求理想的“伟人”式的领导。如有人专门对林肯、罗斯福等著名领导人进行研究，得出结论说领导者的特质主要是由先天性的因素所造就的，也就是说领导者必须具备某些天赋，这就是“伟人说”理论。理论预设即理想的领导是天生的，而非后天造成的。到了20世纪40年代，西方理论界已经基本上否定了“伟人说”的观点，也就是说领导者的才能主要不是天生的。

（二）20 世纪 40 年代到 70 年代对领导者特质的研究

在这一阶段，人们摒弃了伟人说，但学者们普遍认为优秀的领导者的确具备一些异于常人的特质。这些学者通过实地调查对领导者进行研究，诸如年龄、身高、体重、体格、外貌、精力、健康、语言表达能力、智力、学问、知识、洞察力、创造力、适应能力、性格、积极性、坚韧性、志向、责任感、诚信、自信心等方面。

例如美国的斯托格第尔认为领导者应有五种生理特质（精力、外貌、身高等）、四种智慧（果断性、知识广博等）、十六种个性特性（适应性、进取心、特质积极性、自信心等）、六种和工作有关的特质（成就欲、持久性、主动性等）、九种社会特质（合作性、交际能力、行政管理能力等）。

（三）20 世纪 70 年代以后对领导特质的研究

对领导特质的研究在很长一段时期内，并没有给出一些确定性的答案，原因是：

（1）它忽视了下属的需要；

（2）它没有指明各种特质之间的相对重要性；

（3）它没有对因与果进行区分；

（4）它忽视了情境因素。

因此，20 世纪 70 年代以后对领导特质的研究已经不再成为主流学派，但是许多著名学者认为优秀的领导者必须具备某些素质。例如管理学大师德鲁克认为，有效的领导者必须具备五项学习习惯（善于利用时间；确定自己的努力方向；善于发现和发挥别人的长处；集中精力；有效决策）。

哈佛商学院在其《总经理学》教材里提出，优秀的总经理必须具备以下基本素质：领导能力；决断力；预见力；说服力；创造力；洞察力；体力；魄力；勇气与自信；吸引力等。

美国管理学家皮特则把难以胜任领导者的品质归结为十二点：对别人麻木不仁，吹毛求疵；冷漠、孤僻、骄傲自大；背信弃义；野心过大；管头管脚；缺乏建立一支同心协力的队伍的能力；心胸狭窄，挑选无能之辈当下属；犟头犟脑，无法适应不同的上司；目光短浅，缺乏战略头脑；偏听偏信，过分依赖一个顾问；懦弱无能，不敢行动；犹豫不决，缺乏决断力。

三、领导行为理论

领导行为理论的研究是从领导者的风格和领导者的作用入手，把领导者的行为划分为不同类型。然后分析各类领导行为的优缺点，进行相互比较，从而归纳出各种不同的领导方式和领导方法，它在经济和企业管理中影响深远。由于其研究重点是对领导行为进行研究，以找出何种领导行为和领导方式最为有效。特质理论与行为理论在实践意义方面的差异源于两者深层的理论假设不同，如果特质论有效，领导者从根本上说是天生造就的；相反，如果领导者具备一些具体的行为，则我们可以培养领导者，它意味着领导者的队伍可以不断壮大。

（一）勒温和怀特定义的三种领导方式

美国艾奥瓦大学的著名心理学家勒温和他的同事们从 30 年代起就进行了关于团体气氛和领导风格的研究。归纳出的领导方式分为三种：权威（专制）式；民主式；放任式。

专制型的领导者只注重工作的目标，仅仅关心工作的任务和工作的效率。但他们对团队的成员不够关心，被领导者与领导者之间的社会心理距离比较大，专制式的领导方式虽然通过严格管理能够达到目标，但组织成员没有责任感，情绪消极，士气低落。

民主型的领导者注重对团体成员的工作加以鼓励和协助，关心并满足团体成员的需要，营造一种民主与平等的氛围，领导者与被领导者之间的社会心理距离比较近。民主式领导工作效率最高，不但能完成工作目标，而且组织成员之间关系融洽、工作积极主动，有创造性。

放任型的领导者采取的是无政府主义的领导方式，对工作和团体成员的需要都不重视，无规章、无要求、无评估，工作效率低，人际关系淡薄。放任式的领导方式工作效率最低，只能达到组织成员的社交目标，但完不成工作目标。

（二）领导四分图

领导四分图理论也叫二元理论，是美国俄亥俄州大学研究小组在大量调查研究的基础上，于 1945 年提出的一种领导方式理论。他们在研究过程中，将一千多种描述领导行为的因素最终归结为对人的关心—体谅状态和对组织效率的关心—主动状态两大类。领导的体谅行为主要表现为尊重下属意见，重视下属的感情和需要，强调建立相互信任的气氛。领导的主动状态行为主要表现为重视组织设计，明确职责关系，确定工作目标和任务。这两类行为的不同组合，就构成了四种不同的领导方式，如图 7 –1 所示。

从图 7 –1 中可以看出：①型领导既不关心人，又不重视组织效率，是最无能的领导方式。②型领导对组织的效率、工作任务和目标的完成都非常重视，但忽视人的情感和需要，是以工作任务为中心的领导方式。③型领导对人十分关切，对组织效率却缺乏关心，是以人为中心的领导方式。④型领导把对人的关心和对组织效率的关心放在同等重要的地位，既能保证任务的完成，又能充分满足人的需要，是最为理想的领导方式。“四分图理论”的提出者认为，一位两方面都高的领导人，其工作效率与领导的有效性必然较高。

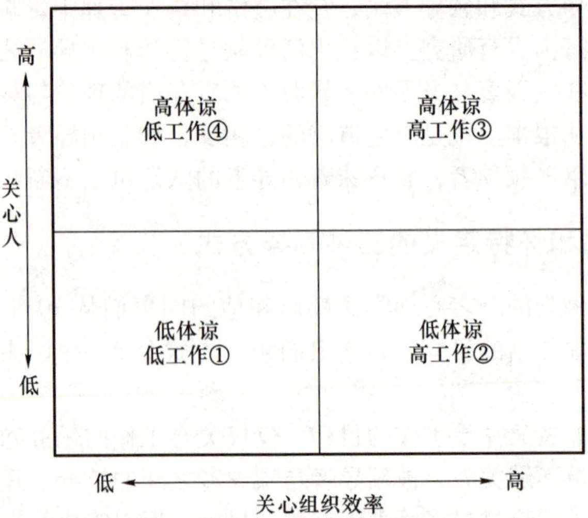

图 7-1 领导四分图

（三）领导连续模型

领导连续模型是美国学者坦南鲍姆和施密特在 1958 年提出的一种领导方式理论，坦南鲍姆和施密特的“领导方式连续流”理论认为，领导方式的基本要素是领导者运用权威的程度和下属制定决策的自由权限，在以领导者为中心的专制式领导和以下属为中心的民主式领导的两极之间，存在着以上两个要素各种不同程度组合的多种领导方式，也就是说从专制到民主之间的领导方式构成了连续流，这就构成了一个连续模型。坦南鲍姆和施密特认为，权威式的领导和民主式的领导只是两个极端，在这两者之间存在着各式各样的若干种领导方式，根据领导把权力授予下属的大小程度不同而形成一系列不同风格的领导方式，即有效的领导者应该根据自己的能力、下属的能力、工作的性质和任务要求等因素，灵活选择最为适当的领导方式。坦南鲍姆和施密特认为领导者主要应考虑三个方面的因素：本人的因素（经历、知识、经验、个性等）；被领导者的因素（基本素质、对参与管理的愿望和需求、对组织目标的认识和理解程度）；环境方面的因素。在综合考虑这三方面的因素以后，领导者才可以选择最恰当的领导方式（如图 7-2 所示）。

说明：(1) 领导做决策，宣布执行。

(2) 领导说服下级，执行决定。

(3) 领导提出观点，征求意见。

(4) 领导提出可做修改的决策草案。

(5) 领导提出问题，征求意见做决策。

(6) 领导明确范围，请集体做决策。

(7) 领导允许下级在上级规定的范围内发挥作用。

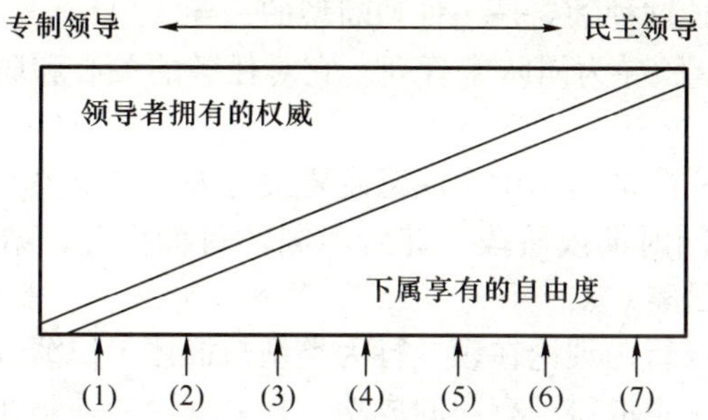

图 7－2 领导连续模型

（四）管理方格图

在俄亥俄州大学领导行为四分图的基础上，美国得克萨斯州立大学心理学教授布莱克和莫顿于 1964 年提出了“管理方格理论”。这是一张对等分的方格图，横坐标表示领导者对生产的关心，纵坐标表示领导者对人的关心（如图 7－3 所示）。评价领导者的工作时，就按其两方面的行为在图上找出交叉点，这个交叉点便是他的归类。

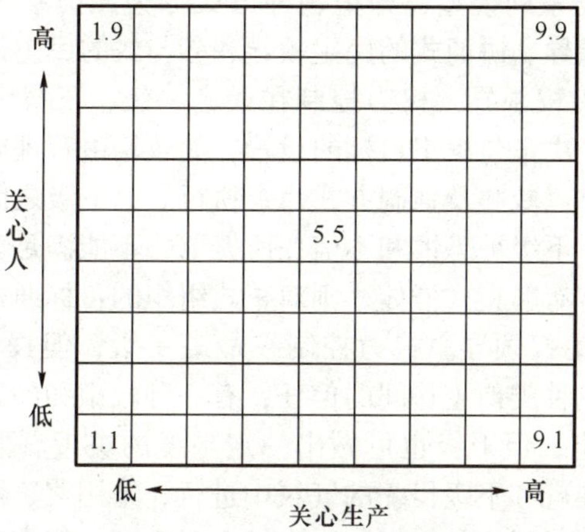

图 7－3 管理方格图

五种典型的领导方式。

（1）“1.1 型”领导为贫乏型。它对工作任务的关心和对职工的关心都做得很差。

（2）“1.9 型”领导为乡村俱乐部型管理。特别关心职工与下属，认为不管工作成绩好不好，都要首先重视职工的态度和情绪，只要职工精神愉快，其工作效率自然很高。

（3）“5.5 型”领导为中间型。它是一种不高不低、不偏不倚的领导方式，既不过分偏重人的因素，也不过分偏重任务，努力保持和谐的妥协，以免顾此失彼。

（4）“9.1 型”领导为任务型。这种领导方式也被称作“权威—服从型管理”。只注重任务的完成，而不注重人的因素，下级只能奉命行事，一切都受到上级的监督和控制，这种领导是一种独断型的领导。

（5）“9.9 型”领导为团队型管理。它对任务的关心和职工的关心都达到了最高点。

管理方格图在实际的运用中应注意既要关心人，又要关心工作，两者不可偏废；同时应根据不同时期或阶段，针对不同的目标任务，结合各种主、客观条件，适度强化某一因素。

总体来说，领导行为理论在领导行为类型与群体工作绩效之间的一致性关系上达成了共识，研究也取得了有限的成功。行为理论的缺陷在于对影响成功与失败的情境因素没有给予重视。

（五）利克特的领导体制

利克特的管理新模式以密执安大学社会研究所自 1947 年以来进行的数十项研究成果为依据，总结了美国企业经营管理环境的变化趋势和部分成绩出众的管理特点，提出了一种“新型管理原则”，并且比较详细系统地阐述了“支持关系理论”和以工作集体为基本单元的新型组织机构。在此基础上，利克特于 1967 年提出了领导的四类系列模型，即把领导方式分为四类系统：剥削式的集权领导、仁慈式的集权领导、协商式的民主领导和参与式的民主领导。

（1）剥削式的集权领导。权力控制在最高一级，下属无任何发言权。管理者对其下属不信任。决策与组织目标的设置，大致均由管理阶层做出，然后下达一系列命令，必要时以威胁及强制方式命令执行。上下级之间极少的交往在互不信任的气氛下进行，下级被恐惧和不信任所笼罩，不能满足其生理上、安全上的低层需要。机构中若有非正式群体，则对正式组织的目标通常持反对态度。

（2）仁慈式的集权领导。权力控制在最高一级，但授予中下层部分权力。管理者对其下属有一种类似主仆间的信任，有一种较谦和的态度。一般决策是由高层管理人员所制定，但下级也可做出一定限度的决策。下级还有恐惧警戒心理，交往是在上级屈就和下级畏缩的气氛中进行，采用奖、惩进行激励。机构中的非正式群体，对正式组织的目标基本上持反对态度，但有时也不反对。

（3）协商式的民主领导。重要问题的决定权在最高一级，中下层在次要问题上也有决定权。管理者对下属有相当程度的（但不是完全的）信任。上下级之间具有双向的信息沟通，大致均能互相信任。采用奖、惩进行激励，也实行某种程度的参与制订计划。机构中的非正式群体有时对正式组织的目标表示支持，有时也会做出轻微的对抗。

（4）参与式的民主领导。让职工参与管理，管理者对下属有完全的信任，上下级处于平等地位，有问题互相民主协商讨论。决策是以各部门广泛参加的形式进行，但由最高领导做出最后决策。不仅有上下级之间的双向沟通，还有平等沟通。在激励方面，让工人参与制订经济报酬，设置目标，改进方法，评估目标的进展。利克特认为只有第四系统——参与式的民主领导才能实现真正有效的领导，才能正确地为组织设定目标和有效地达到目标。

四、领导权变理论

领导行为的好坏不仅取决于领导者本身的素质和行为，而是受很多因素的影响，如果用数学公式来表示就是：

领导 = f（领导者、被领导者、领导环境）

从领导学看来，权变论就是指领导者应该根据情境因素选择有效的领导方式。这种理论认为，没有一种"最好"的领导行为，一切要以时间地点和其他环境条件为转移。领导方式的正确与否，领导效能的有无和高低并不仅取决于领导者及其行为，而与被领导者和领导环境有很大关系。领导权变理论的两大贡献在于：第一，它使领导具有更强的艺术化色彩；第二，它使对领导的判断不再局限于道德标准。

（一）菲德勒领导理论

菲德勒模型指出，有效的群体绩效取决于以下两个因素的合理匹配，即与下属相互作用的领导者的风格及领导环境给领导者提供的控制和影响结果的程度。

影响领导效果好坏的环境包括三方面：

（1）领导者与被领导者的关系。这主要是指领导者对其下属的信任、依赖和尊重的程度，以及下属对其领导人的信任、喜爱、忠诚和愿意追随的程度及领导者对下属的吸引力。

（2）工作结构，即对工作明确规定的程度或规范化程度。

（3）地位权力，即领导者职权的强弱。这是与领导者相关联的职权，取决于领导者从上级和整个组织各方面所获得支持的程度。职权是由领导者对其下属的实有权力所决定的（包括聘用、解雇、指导、晋升、加薪等）。

领导环境与领导方式的匹配关系如表 7－1 所示。

表 7－1　领导环境与领导方式匹配

领导的环境状况 / 影响因素	有利			中间状态				不利
	1	2	3	4	5	6	7	8
上下级关系	好	好	好	好	差	差	差	差
任务结构	明确	明确	不明确	不明确	明确	明确	不明确	不明确
职位权利	强	弱	强	弱	强	弱	强	弱
领导方式	指令性			宽容性				指令性

菲德勒模型认为，领导者的风格是不能改变的，一旦领导风格与情景发生冲突，可更换领导者或改变情景以适应该领导者。

（二）目标途径领导理论

目标途径领导理论是在激励的期望理论基础上，由马丁·埃文斯首先提出，并经罗伯特·豪斯及其他人进一步发展而开发的一种领导权变模型。这种理论是以期望理论和管理四分图理论作为依据的。基本观点是要求领导者不仅要阐明对下属工作任务的要求，还要帮助下属排除实现目标的障碍，使其能够顺利达到目标，在工作过程中给予职工多种满足需要的机会。因为领导者的效率取决于他给下属达成组织目标并在其工作中得到满足的能力。豪斯的“途径—目标理论”（1971年）认为领导者的效率是以能够激励下属达成组织目标，并在其工作中使下属得到满足的能力来衡量的。所以应根据不同的情景选择不同的领导方式。对于不同的情景他提出了四种领导方式：指导型领导方式、支持型领导方式、参与型领导方式、以成就为目标的领导方式。

豪斯认为领导者的风格应该是灵活的，同一领导者可以根据不同的情景选择不同的领导风格。途径—目标理论认为，领导者的工作是利用结构、支持和报酬，建立有助于实现组织目标的工作环境。其内容包括五个方面，即领导过程、目标设置、路径改善、领导风格（四种即指令型、支持型、成就指向型、参与型）和权变因素。

（三）领导生命周期理论（适应性领导理论）

生命周期理论的背景是取自二维模式中的“四分图”，同时吸取了阿吉里斯的成熟—不成熟理论。阿吉里斯认为，大型企业的管理常常无视雇员的社会和自我需求，而雇员之间又不可能互相激励。这样，雇员的个人生活就可能表现出许多不成熟的特点。阿吉里斯还认为，帮助职工从不成熟转向成熟可以更好地为组织服务；而生命周期理论则认为，领导的风格要与下属的成熟度相适应，在下属逐渐成熟的过程中，领导的风格应当逐渐调整。对于不同成熟度的下属要采取不同的领导方式；同一下属，在不同的成熟时期，采用不同的领导方式；同一下属在同一时期，针对不同的工作采用不同的领导方式（如图7－4所示）。

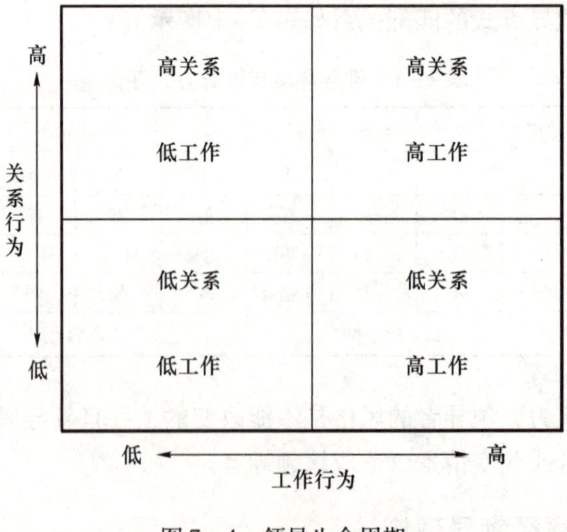

图7－4　领导生命周期

五、领导者的素质要求

（一）领导者素质的概念及特征

领导者素质就是指作为组织的领导者所具备的身体素质、科学文化素质与领导技能、思想道德素质的总称，是作为充当领导者角色的个体为完成特定的领导职责，发挥其特定的影响和作用所必须具备的用来从事领导活动的自身条件，是得自于先天和后天的、凝结在领导者身上的、有利于完成领导职责的个体特征。领导者的素质具有以下特征：

1. 综合性

由于领导活动涉及组织、决策、协调、指挥、沟通等各个方面的复杂过程，因而产生对领导者素质的全面综合性要求。必须要具备政治、思想、道德、知识、心理、身体素质与决策、组织、沟通、激励、用人等各方面的能力。

2. 阶级性

领导者总是处于某一特定社会中，代表着一定阶级的利益。承担着重要而特殊的社会角色，其权力运用会对社会产生深刻、广泛的影响。

3. 动态性

随着时代的不断发展和变化，决定着对领导者素质要求的因素在内容和深度上也会不断地发生变化。因此，领导者素质是一个动态的体系，具有明显的时代特征。

4. 层次性

这是由组织结构中不同层级的领导职位决定的。一般来说，领导层级越高，对领导者的决策力、创造力的素质要求就越强；层级越低，对领导者的技术能力、业务素质的要求也就越强。

（二）领导者的素质要求

在探讨领导者素质与领导绩效之间的相关性问题中，领导者素质理论对实践具有一定的指导作用。为了发挥领导的有效作用，领导者应具备以下素质。

1. 政治素质

领导者的政治素质是指领导者在政治上应当具备的基本素质。领导者必须具备较高的政治思想素质，准确把握组织发展的方向，确保组织发展的方向与国家和政府指引和鼓励的方向一致。同时领导者较高的政治思想素质也是对组织员工进行政治思想教育的基础。政治素质包括正确的世界观、价值观与人生观；强烈的事业心、高度的责任感、正直的品质和民主的作风；实事求是，勇于创新；现代化的管理思想。

2. 知识素质

现代组织的生命力是创新，培养创新能力是领导者的基本职能，创新的基础是知识的获取，因此一个成功的领导者必须具备相应的知识文化素养与领导技能素养，这是培养创新能力的基础。而且现代组织正在向知识型组织转换，知识型员工将成为组织的主力员工，这对现代组织的领导者产生了更高的知识要求。

知识素质具体包括：

（1）业务素质：懂得马克思主义政治经济学的基本原理，掌握社会主义基本经济理论；懂得组织管理的基本原理、方法和各项专业管理的基本知识；懂得思想工作、心理学、人才学、行为科学等方面的知识，以便做好政治思想工作，激发职工士气，充分调动人的积极性。

（2）业务技能：较强的分析、判断和概括能力；决策能力；组织、指挥和控制能力；沟通、协调组织内外各种关系的能力；不断探索和创新的能力；知人善任的能力。

3. 心理素质

心理素质是指人的动机、兴趣、态度、情绪、个性、气质等方面内在因素的总和。领导者在领导活动中展示出来的心理现象的总和，就是领导者的心理素质。领导者是否具有稳定的、正常的心理素质，会对组织产生重要的影响。心理素质包括成就动机；积极、乐观的个性；充分的自信与顽强的意志；丰富的想象力和创造性思维。

4. 身体素质

身体素质是个体道德与智慧的载体，是个体成功的基本物质基础，没有了身体一切就变得毫无意义。领导者必须有强健的体魄、充沛的精力。身体素质包括体力因素、年龄因素等。

【案例分析】

1. 领导权力与能力的挑战

弗瑞德是一位有进取心的年轻管理人员，他在名列《幸福》杂志前500家大公司中的一家著名公司工作。弗瑞德今年40岁，获得过工商管理硕士学位，他为这家公司工作了3年，他特别喜爱自己的工作，并对自己的前途充满信心。

弗瑞德研究生毕业后，曾为一家管理咨询公司工作过5年，回顾这段时期——弗瑞德自称为“分析家”的日子，他说自己在技术工作方面从未遇到过任何困难，而面临的真正挑战是与人打交道和处理人际关系，即如何有效地在项目小组内工作，如何与代理人打交道，如何在那些掌握着工作任务的合伙人那里树立信誉，以及最终学会如何自己管理好项目小组。在这方面遇到的问题比想象的要多得多，在回顾这段日子时，他觉得自己离开学校时还太天真。

在咨询公司任职期间，弗瑞德工作相当出色，并且为自己以后的发展奠定了基础。后来一家代理公司请他担任制造事业部市场分部的主任，这个市场分部的年营业额高达1 000万美元，这对他来说太有吸引力了，他难以拒绝。换到这家公司后，弗瑞德没有花多大力气，但仍然一帆风顺。最初来到公司时，人们对他这位“飞黄腾达又有工商管理硕士学位的咨询人员”的敌视态度是显而易见的，他发现市场部40名职员中，有很多人未能很好地完成本职工作。但不像在咨询公司，他不能轻易地撤换这些人。在这项工作中，他不得不与工程部、制造分厂、销售部的人员打交道，而每个部门几乎都像一个独立王国。同样，不同于以前的咨询公司，他现在的上级的背景与他的背景相差甚远，这些差异常常导致他们的观点大相径庭，而要说服上级接受他的看法又十分困难，有时甚至令人恼火。

弗瑞德认识到，处理人们之间复杂的关系——与上级、下级、同事以及外界人士的关系——是他全部管理工作的核心。同时他也知道，毕业后自己在这方面已学到了不少知识。但是由于他一帆风顺的经历，他被不断地推到新的具有挑战性的工作岗位上，为了弥补某些方面的欠缺，他有时也感到精疲力竭，他常常希望对自己负责的工作及人员有更多的控制权与自主权。

讨论题：

（1）弗瑞德在新的公司获取权力方面遇到了什么困难？你有何建议？

（2）弗瑞德在领导能力方面有哪些不足？

2. 哪种领导类型最有效

ABC公司是一家中等规模的汽车配件生产集团。最近，对该公司的三个重要部门经理进行了一次有关领导类型的调查。

一、李明

李明对他本部门的产出感到自豪。他总是强调对生产过程、出产量控制的必要性，坚持下属人员必须很好地理解生产指令以得到迅速、完整、准确的反馈。当李明遇到小问题时，会放手交给下级去处理，当问题很严重时，他则委派几个有能力的下属人员去解决问题。通常情况下，他只是大致规定下属人员的工作方针、完成怎样的报告及完成期限。李明认为只有这样才能导致更好的合作，避免重复工作。

李明认为对下属人员采取敬而远之的态度对一个经理来说是最好的行为方式，所谓的“亲密无间”会松懈纪律。他不主张公开谴责或表扬某个员工，相信他的每一个下属人员都有自知之明。

据李明说，在管理中的最大问题是下级不愿意接受责任。他认为，他的下属可以有机会做许多事情，但他们并不是很努力地去做。

他表示不能理解之前他的下属人员如何跟毫无能力的前任经理相处，他说，他的上司对他们现在的工作运转情况非常满意。

二、张强

张强认为每个员工都有人权，他偏重于管理者有义务和责任去满足员工需要的学说。他常为他的员工做一些小事，如给员工两张下月在该城举行的艺术展览的入场券。他认为，每张门票才100元，但对员工和他的妻子来说却远远超过100元。通过这种方式，也是对员工过去几个月工作的肯定。张强每天都要到工厂去一趟，与至少25%的员工交谈。张强不愿意为难别人，他认为公司的管理方式过于死板，公司员工也许并不那么满意，但除了忍耐别无他法。

张强已经意识到自己在管理中有不利因素，但大都是由于生产压力造成的。他的想法是以一种友好、粗线条的管理方式对待员工。他承认尽管在生产率上不如其他单位，但他相信他的雇员有高度的忠诚与士气，并坚信他们会因他的开明领导而努力工作。

三、赵力

赵力面临的基本问题是与其他部门的职责分工不清。他认为不论是否属于他们的任务都安排在他的部门，似乎上级并不清楚这些工作应该谁做。赵力承认他没有提出异议，他说这样做会使其他部门的经理产生反感。他们把赵力看成是朋友，而赵力却不这样认为。赵力说过去在不平等的分工会议上，他感到很窘迫，但现在适应了，其他部门的领导也不以为然了。

赵力认为纪律就是使每个员工不停地工作，预测各种问题的发生。他认为作为一个好的管理者，没有时间像张强那样握紧每一个员工的手，告诉他们正在从事一项伟大的工作。他相信如果一个经理声称为了决定将来的提薪与晋职而对员工的工作进行考核，那么员工则会更多地考虑他们自己，由此而产生很多问题。

他主张，一旦给一个员工分配了工作，就让他以自己的方式去做，取消工作检查。他相信大多数员工知道自己把工作做得怎么样。

如果说存在问题，那就是他的工作范围和职责在生产过程中发生的混淆。赵力的确想过，希望公司领导叫他到办公室听听他对某些工作的意见。然而，他并不能保证这样做不会引起风波而使情况有所改变。

讨论题：

1. 你认为这三个部门经理各采取了什么领导方式？这些模式都是建立在什么假设的基础上的？试预测这些模式各将产生的结果。

2. 是否每一种领导方式在特定的环境下都有效？为什么？

【复习思考题】

1. 如何理解领导的概念、原理和作用?

2. 如何认识领导与管理的区别与联系?

3. 何为权力? 如何正确运用权力?

4. 简述领导在组织中的基本作用。

5. 简述不同的人性假设理论的主要观点。

6. 利用相关的领导原理，联系实际分析你所钦佩的一位领导者的特质和领导风格。

第八章 激　励

【学习目标】

通过本章的学习，认识激励的含义，了解激励的作用，熟悉有关激励理论的内容并能进行运用，掌握激励的方法和原则。

【案例导读】

海尔集团的激励机制

海尔认为人力资源是企业最宝贵的资源，如果每个人的潜能都能发挥出来，每个人都是一个太平洋，都是一座喜马拉雅山，要多大有多大，要多深有多深，要多高有多高。所以盘活企业，首先是盘活人。盘活人重要的是激励和约束，只有机制到位，才能充分发挥人的积极性和潜能。

（一）海尔的“斜坡球理论”

海尔集团提出了著名的“斜坡球理论”。海尔集团从斜坡上流动的小球这一极普通的生活现象中，悟出了企业人才发展的规律——斜坡球发展理论：斜坡上的球体好比一个员工个体，球周围代表员工发展的舞台，斜坡代表着企业发展规模和商场竞争程度。根据斜坡球发展理念，海尔的用人机制是“人人是人才，赛马不相马”。相马是将命运交给别人，而赛马则是将命运掌握在自己手中。具体来说，斜坡球理论表现在“三工”并存，动态转换。“三工”即优秀工人、合格工人、试用员工。海尔用工改革的思路是干得好可以成为优秀工人，干得不好可随时转为合格工人或试用人员。这种做法有效地解决了“铁饭碗”的问题，使企业不断激发出新的活力。

（二）奖罚相结合的激励措施

海尔企业内部将激励手段分为正激励（奖）和负激励（罚）两种。正激励是对符合组织目标期望的员工的行为进行的奖励，使这种积极向上的行为更多地出现，即更好地调动员工的积极性。

例如，海尔的奖励制度中有一项叫“命名工具”，这些被改革后的新工具的发明者都是一线的普通工人。如工人李启明发明的焊枪被命名为“启明焊枪”，杨晓玲发明的扳手被命名为“晓玲扳手”。张瑞敏看到了普通工人创新改革的深远意义，并想出了一个激励员工创新的好措施，即用工人的名字来命名他所改革创新的工具。这一措施大大激发了普通员工在本岗位创新的激情，后来不断有新的命名工具出现，员工以此为自豪！最初海尔开始宣传“人人是人才”时，员工反应平淡。他们认为自己又没受过高等教育，当个小工人算什么人才？但是当海尔把一个普通工人发明的一项技术革新成果，以这位工人的名字命名，并且由企业文化中心把这件事作为一个故事登在《海尔人》报纸上，在所有员工中传开之后，工人中很快就兴起了技术革新之风。对员工创造价值的认可，是对他们最好的激励，及时的激励和更大的上升空间，能让员工觉得工作起来有盼头、有奔头，进而也能让员工创造更大的价值。

海尔对干部每月进行考评，考评档次分表扬与批评。表扬得1分，批评减1分，年底二者相抵，达到负3分的就要淘汰。同时，通过制定制度使干部在多个岗位轮换，全面增长其才能，根据轮岗表现决定升迁。

（三）富有特色的分配制度

薪酬是重要的调节杠杆，起着重要的导向作用。海尔的薪酬原则是对内具有公平性，对外具有竞争性。高素质、高技能获得高报酬，人才的价值在分配中得到体现。

（四）强化培训，创造机会

海尔认为没有培训过的员工，是负债；唯有培训过的员工，才是资产。为此，海尔为员工创造各种学习机会，进行以市场拓展为目标的各种形式的培训，以提高员工的能力和素质。

通过培训，能够使员工在思想上和行为上与公司的战略发展高度统一；通过培训，让员工认同企业文化，处处以企业的核心价值观为导向。例如，部队的军事化训练从行为入手，新兵入伍后，一切生活方式和行为都要按照部队的标准，当行为达到高度统一，思想上潜移默化地就形成了统一。而企业的培训是先让员工在思想上与企业的思想达成统一，进而实现工作行为与企业的战略目标相一致。

海尔的激励模式表明，一个企业纵然有雄厚的资金做后盾，有具备市场竞争力的高新技术，但如果不能充分地调动员工的积极性和创造性，把员工看作只会工作不会思考创新的机器，在管理过程中对员工进行“高压式管理”，从而使得员工机械、被动地为了完成工作而工作，是根本不可能实现效益最大化的。企业唯有通过为员工营造积极向上、富有激情的工作环境，并且设立具有实际意义的激励机制，才能使员工在工作过程中变被动的服从为主动创新，才能最终实现企业的目标。

人的积极性是一个巨大的内存潜力，激励就是通过科学的方法激发人的内存潜力，开发人的能力，充分发挥人的积极性和创造性，使每个人都感到力有所用、才有所展、劳有所得、功有所奖，自觉地努力工作。激励是领导的重要职能之一，在领导过程中，激励具有广泛的适应性和普遍性。

第一节 激励的含义和作用

一、激励的含义

激励是指持续地激发人的动机和内在动力，使其心理过程始终保持要激奋的状态中，鼓励人们朝着所期望的目标采取行动的心理过程。也就是说，激励在本质上就是激发、鼓励和努力调动人的积极性的过程。作为管理手段的激励，通常是指管理者运用各种管理手段，利用人的需要的客观性和满足需要的规律性，激励、刺激被管理者的需要，激发其动机，调动人的积极性和创造性，促使满足需要的行为朝着实现组织目标的方向运动。激励手段的运用赋予了管理活动以主动性的特征。因为激励是激发人的内在动力，使人的行为建立在人的希望、愿望的基础上的。这样一来，人的行为就不再是一种外在的强制，而是一种自觉自愿的行为。

构成激励的要素包括动机、需要、外部刺激和行为。其中，激励的核心要素就是动机，需要是激励的起点和基础，外部刺激是激励的条件，而行为则是激励的目的。这四个要素相互组合与作用，构成了对人的激励。从心理学的角度看，人的行为是由动机所支配的，动机是由需要引起的，人的需要是人们积极性的源泉和实质，外部刺激主要指管理者为实现组织目标而对被管理者所采取的种种管理手段及相应形成的管理环境，行为则要在激励状态下，人们为动机驱使所采取的实现目标的一系列动作，行为的方向是寻求目标、满足需要。当人产生需要而未得到满足时，会产生一种紧张不安的心理状态，在遇到能够满足需要的目标时，这种紧张不安的心理就转化为动机，并在动机的推动下，向目标前进，目标达到后，需要得到满足。紧张不安的心理状态就会消除。随后，又会产生新的需要，引起新的动机和行为。由此可见，行为的基本心理过程就是一个激励过程，通过有意识地设置需要，使被激励的人产生动机，进而引起行为，满足需要实现目标。

二、激励的作用

（一）激励有利于调动人的积极性和创造性

激励是调动员工创造性和积极性，使他们始终保持高昂的工作热情的关键。它的主要作用是通过动机的激发，调动被管理者工作的积极性和创造性，自觉自愿地为实现组织目标而努力，其核心作用是调动人的积极性。

激励的过程直接涉及员工的个人利益，直接影响到能否调动员工的积极性。一般来说，每一位员工总是由一种动机或需求而激发自己内在的动力，努力去实现某一目标。当达到某一目标后，他就会自觉或不自觉地衡量自己为达到这个目标所做的努力是否值得。因此，绝大多数人总是把自己努力的过程看作是为获得某种报酬的过程。如果他的努力得到了相应的报酬，那么就有利于巩固和强化他的这种努力。因此，激励的目的就是要调动员工的创造积极性，并使这种创造积极性保持和发挥下去。

（二）激励有利于发挥人的能动作用

激励作为一种管理手段，其最显著的特点就是内在驱动性与自觉自愿性。由于激励是起源于人的需要，它的功能就在于以个人利益和需要的满足为基本作用力，是被管理者追求个人需要满足的过程，因此，激励不仅可以提高人们对自身工作的认识，还能激发人们的工作热情和兴趣，使成员对本职工作产生强烈的积极的情感，并以此为动力，以自己全部精力为达到预定的目标而努力，有利于充分发挥员工的能动性。

（三）激励有利于挖掘人的潜力，提高工作效率

员工的积极性与组织的绩效密切相关，在组织行为学中有这么一个公式：

$$绩效=f（能力，激励，环境）$$

从这个公式中可以看出，组织的绩效本质上取决于组织成员的能力、被激励的情形和工作环境条件。由此可见，激励是提高绩效的一种很重要的有利因素，当然，能力和环境也都是不可或缺的。

（四）激励有利于增强企业凝聚力

企业是由若干员工个体、工作群体组成的，为保证企业作为一个整体协调运行，除了用严密的组织结构和严格的规章制度进行规范外，还需通过运用激励方法，满足员工的多种心理需求，调动职工工作积极性，协调人际关系，进而促进内部各组成部分的协调统一，增强企业的凝聚力和向心力。

第二节 激励理论

激励主要是研究人的动机激发的因素、机制与途径等问题，心理学家和管理学家进行了大量研究，形成了一些著名理论，这些理论大致可划分为三类：内容型激励理论、过程型激励理论、行为改造型激励理论。

一、内容型激励理论

该理论重点研究激发动机的诱因，主要包括马斯洛的“需要层次理论”、赫茨伯格的“双因素理论”、麦克利兰的“成就需要激励理论”等。

（一）需要层次理论

需要层次理论是由美国心理学家和行为学家亚伯拉罕·马斯洛（Abraham Maslow）于1943年在其所著的《调动人积极性的理论》一书中提出的。这一理论揭示人的需求与动机的规律，受到管理学界的普遍重视。在这个理论中，他认为人类都是有需要的“动物”，人类的需要产生了他们工作的动机。他提出需要层次论有三个基本假设：

（1）人要生存，他的需要能够影响他的行为。只有未满足的需要能够影响行为，满足了的需要不能充当激励工具。

（2）人的需要按重要性和层次性排成一定的次序，从基本的需要（如食物和住房）到复杂的需要（如自我实现）。

（3）当人的某一级的需要得到最低限度满足后，才会追求高一级的需要，如此逐级上升，成为推动人继续努力的内在动力。

他将人类的需要归为五个层次，即生理需要、安全需要、社交需要、尊重需要和自我实现需要。按这五种需要的重要性和其先后次序排列成一个需要层次。

（1）生理需要。生理需要是指维持人类自身生命所必需的各种物质上的需要，如衣、食、住、行的基本需要。这些需要是人们维持生存最基本的需要，他认为，在这些需要没有得到满足以维持生命之前，其他需要都不能起激励人的作用，因此，这类需要是推动力最强大的需要。

（2）安全需要。安全需要是指人们希望避免人身危险和不受丧失职业、财物等威胁方面的需要。如生活得到基本保障、不会失业、生病和老年时有所依靠等。马斯洛将各种形式的保险都统归入这一需要之内。生理需要和安全需要同属于物质需要。

（3）社交需要。社交需要是指人们希望与别人交往，避免孤独，与人和睦相处、关系融洽、得到别人的友爱的欲望，以使自己在感情上有所寄托和归属。这种需要是感情和归属方面的需要，如在工作上，希望被组织上的人员所承认，能得到别人的帮助，得到友谊，也能对别人进行帮助等。这一层次的需要比前两个层次的需要更难捉摸。但是，对大多数人来说，它往往是一种极为强烈的需要。

（4）尊重的需要。尊重的需要是指受人尊敬或地位上的需要，它包括自尊和受人尊重两个方面，如自信心、自尊心和对知识名誉地位方面的需要，要求得到别人的承认和尊重等。这类需要的满足程度有很大的差别，也难以得到全面的满足。

(5) 自我实现的需要。自我实现的需要是人类最高一级的需要，它是指使人能最大限度地发挥潜能，实现自我理想和抱负的欲望。这种需要突出表现为工作胜任感、成就感和对理想的不断追求，如科学家、艺术家等要工作时往往把自己的工作看作一种创造性的工作，竭尽全力去做好它，并使自己从中得到满足。最后三个层次的需要属精神需要。

马斯洛认为，一般的人都是按照这个层次从低级到高级。马斯洛所提出的五个需要层次是对人的需要研究的重大创新，他提出了一个比较科学的研究架构，他不仅分析了人的基本需要，而且还把人的需要分为高低不同的层次，强调了人的需要结构的复杂性，这在某种程度上是符合客观实际和人类需要发展一般规律的；而且他既承认满足人的低层次需要在人的发展中的重要性，同时又强调对人的关心与尊重，既有理论意义，又有实践意义。

但是，马斯洛的需要层次观点存在一定的局限性，它把“自我”看成是至高无上的概念，以自我为中心。即使是高层次的自我实现的需要，也仍然是从个人出发的。因此，它不能概括高级的社会需要。

（二）双因素理论

激励因素—保健因素理论是美国的行为科学家弗雷德里克·赫茨伯格（Fredrick Herzberg）1959 年提出来的，又称双因素理论。双因素理论是他最主要的成就，在工作丰富化方面，他也进行了开创性的研究。

20 世纪 50 年代末期，赫茨伯格和他的助手们在美国匹兹堡地区对 200 名工程师、会计师进行了调查访问。访问主要围绕两个问题：在工作中，哪些事项是让他们感到满意的，并估计这种积极情绪持续的时间；又有哪些事项是让他们感到不满意的，并估计这种消极情绪持续的时间。赫茨伯格以对这些问题的回答为材料，着手去研究哪些事情使人们在工作中得到快乐和满足，哪些事情造成不愉快和不满足。结果他发现，使职工感到满意的都是属于工作本身或工作内容方面的；使职工感到不满的，都是属于工作环境或工作关系方面的。他把能带来满意的因素叫作激励因素，而把能够防止不满意的因素叫作保健因素。

1. 激励因素

这是属于和工作本身相关的因素，包括成就、赏识、挑战性的工作、增加的工作责任，以及成长和发展的机会，这些因素能满足个人自我实现需要。当人们得不到这些方面满足时，工作缺乏积极性，但不会产生明显的不满意；当人们得到这些方面的满足时，会对工作产生浓厚的兴趣和积极性，就能对人们产生明显的激励作用。

2. 保健因素

这是属于和工作环境或条件相关的因素，包括公司政策、管理措施、监督、人际关系、职务地位、工资、福利、工作安全等因素。当这些因素恶化到人们认为可以接受的水平以下时，就会产生对工作的不满意。但是，当人们认为这些因素很好时，它只是消除了不满意，并不会导致积极的工作态度，这就形成了某种既不是满意，又不是不满意的中性状态。

因此，赫茨伯格认为作为管理者，首先必须确保职工在保健因素方面得到满足，要给职工提供适当的工资和安全、改善他们的工作条件和环境等，它们能消除不满意，防止产生问题，但这些因素即使达到最佳程度，也不会产生积极的激励。因此，管理者必须充分利用激励因素，丰富工作内容，加强职工责任心，进行有针对性的激励，让职工对所从事的工作本身满意，这样才能使人们有更好的工作成绩。

赫茨伯格注意到，激励因素和保健因素都有若干重叠现象，如赏识属于激励因素，基本上起积极作用；但当没有受到赏识时，又可能起消极作用，这时又表现为保健因素。工资是保健因素，但有时也能产生使职工满意的结果。

赫茨伯格的双因素理论同马斯洛的需要层次论有相似之处。他提出的保健因素相当于马斯洛提出的生理需要、安全需要、感情需要等较低级的需要；激励因素则相当于受人尊敬的需要、自我实现的需要等较高级的需要。当然，它们的具体分析和解释是不同的。但是，这两种理论都没有把“个人需要的满足”同“组织目标的达到”这两点联系起来。

有些西方行为科学家对赫茨伯格的双因素理论的正确性表示怀疑。有人做了许多试验，也未能证实这个理论。赫茨伯格及其同事所做的试验，被有的行为科学家批评为是他们所采用方法本身的产物。人们总是把好的结果归结于自己的努力而把不好的结果归罪于客观条件或他人身上，问卷没有考虑这种一般的心理状态。另外，被调查对象的代表性也不够，事实上不同职业和不同阶层的人，对激励因素和保健因素的反应是各不相同的。实践还证明，高度的工作满足不一定就产生高度的激励。许多行为科学家认为，不论是有关工作环境的因素还是工作内容的因素，都可能产生激励作用，而使职工感到满足，这还取决于环境和职工心理方面的许多条件。

但是，双因素理论促使企业管理人员注意工作内容方面因素的重要性，特别是它们同工作丰富化和工作满足的关系，因此是有积极意义的。赫茨伯格告诉我们，满足各种需要所引起的激励深度和效果是不一样的。物质需求的满足是必要的，没有它会导致不满，但是即使获得满足，它的作用往往是很有限的、不能持久的。要调动人的积极性，不仅要注意物质利益和工作条件等外部因素，更重要的是要注意工作的安排，量才录用，各得其所，注意对人进行精神鼓励，给予表扬和认可，注意给人以成长、发展、晋升的机会。随着温饱问题的解决，这种内在激励的重要性越来越明显。

（三）成就需要激励理论

“成就需要理论”是由美国心理学家大卫·麦克利兰于20世纪50年代提出的，他在这一理论中区分了三种需满足的社会性需求，即成就的需求、权力的需求、归属的需求，这是人类行为的三种基本的驱策力。个人会因对这些需要的优先次序的不同而多样。很多工作行为可以用人们对成就、权力和归属的需要强度来解释，尤其是成就需要的高低对一个人、一个组织的发展和成长起着特别重要的作用。

1. 成就的需求

成就的需求是指人们追求卓越、追求成就的内驱力。有高度成就需求的人有强烈的成功愿望，同样也强烈地担心失败。他们会不断地奋斗，不怕困难的工作，敢于接受挑战，敢于冒风险，对自己树立一定难度（但不是不能实现）的目标，想方设法去实现自己的人生理想，把追求成就和成就的取得看成人生的最大乐趣。对待风险采取一定现实主义的态度，宁愿承担所做工作的个人责任，对他们正在进行的工作情况，希望得到明确而迅速的反馈。

2. 权力的需求

权力的需求是指一种想直接影响和控制别人的欲望。具有这种需求的人对谋求领导职位、影响和控制他人表现出极大的关心；这样的人一般寻求领导者的地位，他们坚强、坦率、冷静，善争辩，好健谈，常好教训别人。

3. 归属的需求

归属的需求是指对良好人际关系和真挚友情的追求。有高度归属感的人，常常因被人喜爱而感到快乐，并尽力避免因被某个团体或社会组织的拒绝而带来的痛苦；作为个人，他们往往关心维持融洽的社会关系，欣赏人与人之间的亲密和相互了解的乐趣，乐于和他人交往，喜欢安慰和帮助有困难的人，并喜欢与他人保持友善关系。

按照麦克利兰的理论，正如我们以上所提及的，人们会对那些对他们最有意义的需要产生偏好。这三种驱策力是和管理特别有关系的，其中成就的需求是最为重要的。

一些人具有获得成功的强烈动机，他们追求的是个人成就而不是成功的报酬本身。他们有一种使事情做得比以前更好或更有效率的欲望，这种内驱力就是成就需要。通过对成就需要的研究，麦克利兰发现高成就需要者与其他人的区别之处在于他们想把事情做得更好。他们在从事某项挑战性的工作以前，往往是经过一番盘算，然后确定一个在他们看来不太难、经过努力能够达到的目标。如果目标太高，难以达到，固然不能满足他们的成就需要；如果目标太容易，轻易就达到了，也不能满足他们的成就需要。所以他们往往把工作及其条件做恰当的安排，使自己不断地获得一定的成就。

在大量研究的基础上，麦克利兰对成就需要与工作绩效的关系进行了十分有说服力的推断。虽然对权力需要和归属需要的研究相对较少，但其结果是较为一致的。首先，高成就需要者喜欢能独立负责、可以获得信息反馈和中度冒险的工作环境。在这种环境下，他们可以被高度激励。其次，高成就需要者并不一定就是一个优秀的管理者，尤其是对规模较大的组织而言。再次，归属需要与权力需要和管理的成功密切相关，最优秀的管理者是权力需要很高而归属需要很低的人。最后，员工可以通过训练来激发他的成就需要。

麦克利兰的激励理论是否具有普遍性，还值得研究，权力的需求、成就的需求不一定是每一个人的需求。

二、过程型激励理论

该理论重点研究从动机的产生到采取行动的心理过程，主要包括弗鲁姆的“期望理论”、波特和劳勒的“期望模式”、亚当斯的“公平理论”等。

（一）期望理论

期望理论是由美国心理学家弗鲁姆于 1964 年提出来的，是研究人的需要与工作目标之间关系的一种激励理论。他的著作《工作与激励》对该理论做了阐述，该理论认为人们对某项工作积极性的高低，取决于他对这种工作能满足其需要的程度及实现可能性大小的评价。当人们认为实现预定目标可能性很大时，且实现这种目标又具有很重要的价值，这时该目标对激励的影响程度最大；反之，若对达到目标不感兴趣，或者虽感兴趣，但根本没在希望达到目标，那他就不会有努力做好这项工作的积极性。也就是说，决定激励程度的因素有两个，即期望值和效价，激励的程度是期望值和效价的乘积所决定的，用公式表示为：

$$M = E \times V$$

M——激励程度，反映一个人工作积极性的高低和持久程度，它决定着人们在工作中会做出多大的努力。

E——期望值，是指人们对想要实现的既定目标的主观概率，即主观估计达到目标的可能性大小。

V——效价，是指人们对某一目标的重视程度与评价高低，即人们在主观上认为实现目标后获得奖酬的价值大小。

由此可见，激励作用的大小，与效价、期望值成正比，即期望值、效价越高，则激励作用越大；反之，则越小。

（二）期望模式

这是美国行为科学家爱德华·劳勒和莱曼·波特以期望理论为基础而提出的

一种激励理论，它在本质上更为完善，这种模式图如8－1所示。

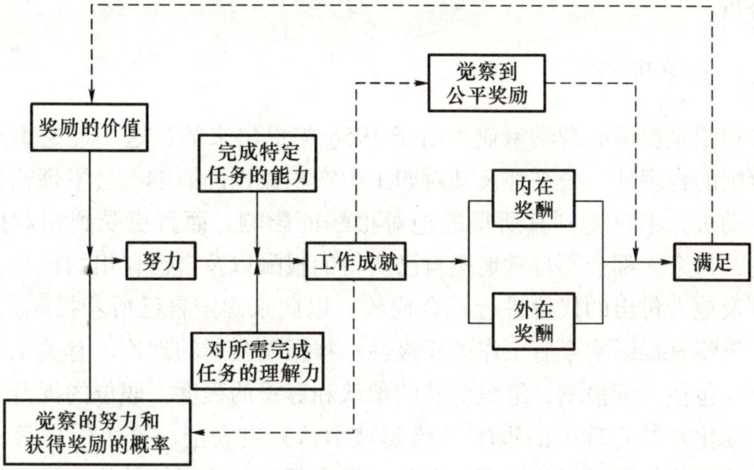

图8－1 期望模式

这个模式的特点是：

（1）努力的程度（激励的强度和发挥出来的能力）取决于报酬的价值；

（2）工作的实际绩效（任务的执行或目标的实现）主要取决于能力（知识和技能）的大小、努力程度以及对所需完成任务理解（对目标、所需进行的活动和有关任务的其他内容的理解程度）的深度。

（3）一个人在做出了成绩后，得到两类报酬：一种是外在报酬，包括工资、地位、提升、安全感等。外在报酬往往满足的是一些低层次的需要。另一种报酬是内在报酬，即一个人由于工作成绩良好而给予自己的报酬，如感到对社会做出了贡献，对自我存在意义及能力的肯定等。外在报酬对应的是一些高层次的需要的满足，而且与工作成绩是直接相关的。

（4）奖励要以绩效为前提，不是先有奖励后有绩效，而是必须先完成组织任务才能导致精神的、物质的奖励。当职工看到他们的奖励与成绩关联性很差时，奖励将不能成为提高绩效的刺激物。

（5）奖惩措施是否会产生满意，取决于被激励者认为获得的报偿是否公正。如果他认为符合公平原则，当然会感到满意，否则就会感到不满。

波特、劳勒期望激励理论在20世纪60—70年代是非常有影响的激励理论，在今天看来仍有相当的现实意义。它告诉我们，不要以为设置了激励目标、采取了激励手段，就一定能获得所需的行动和努力，并使员工满意。要形成激励→努力→绩效→奖励→满足，并从满足回馈努力这样的良性循环，取决于奖励内容、奖惩制度、组织分工、目标导向行动的设置、管理水平、考核的公正性、领导作风及个人心理期望值多种综合性因素。

人是复杂的，激励能产生努力，而有时约束也能产生努力，所以，波特、劳勒期望激励理论也只是对努力与激励之间的关系做了分析，至于努力的其他原因则未做分析。

（三）公平理论

公平理论是美国心理学家亚当斯于 1956 年提出来的，这一理论重点研究工资报酬分配的合理性、公平性及其对职工生产积极性的影响。公平理论认为，人们的工作动机，不仅受到其所得的绝对报酬的影响，而且更受到相对报酬的影响，因此，每个人都会不自觉地把自己所得的报酬以及自己付出的代价，与他人所得报酬及他人付出的代价进行社会比较，以此来确定自己所获报酬是否合理，比较的结果将直接影响今后工作的积极性。根据亚当斯的理论，有关工作成果方面的报酬应包括工资报酬，组织对其的承认和尊重的程度，职位的提升，人际社会关系的变化及其心理上的报酬（感到被承认，更安全、更快乐）等；在工作中所付出的代价包括时间、教育、经验、努力程度和负责精神等，员工进行公平比较的方式有两种。

一是纵向比较，即拿自己不同时期的付出与报酬进行比较。用公式表示为：

$$Op/Ip = Oh/Ih$$

其中，Op 表示自己对现在所获报酬的感觉；Oh 表示自己对过去所获报酬的感觉；Ip 表示自己对个人现在投入的感觉；Ih 表示自己对个人过去投入的感觉。

当上式为不等式时，可能出现以下两种情况：

（1）$Op/Ip < Oh/Ih$。当出现这种情况时，人会有不公平的感觉，这可能导致工作积极性下降。

（2）$Op/Ip > Oh/Ih$。当出现这种情况时，人不会因此产生不公平的感觉，但也不会觉得自己多拿了报偿从而主动多做些工作。

二是横向比较，即在同一时间内以自身同其他人相比较，只有相等时，他才认为公平。这种比较的思想用公式表示如下：

$$Op/Ip = Oc/Ic$$

其中，Op 表示自己对所获报酬的感觉；Oc 表示自己对他人所获报酬的感觉；Ip 表示自己对个人所做投入的感觉；Ic 表示自己对他人所做投入的感觉。

当上式为不等式时，可能出现以下两种情况：

（1）$Op/Ip < Oc/Ic$。在这种情况下，有两种办法，第一种办法是他可能要求增加自己的收入或减小自己今后的努力程度；第二种办法是他可能要求组织减少比较对象的收入或者让其今后增大努力程度以便使右方减小，使等式趋于相等。此外，他还可能另外找人作为比较对象，以便达到心理上的平衡。

（2）$Op/Ip > Oc/Ic$。在这种情况下，他可能要求减少自己的报酬或在开始时自动多做些工作，但久而久之，他会重新估计自己的技术和工作情况，最后觉得他确实应当得到那么高的待遇。

公平理论给管理者的重要启示：加强体制改革，贯彻效益优先、兼顾公平、按劳分配、多劳多得、奖勤罚懒的原则，建立公平公正的人力资源政策和制度。另外，激励时应力求公平，使等式在客观上成立，尽管有主观判断的误差，也不致造成严重的不公平感，因为公平感是员工的主观感受，应经常注意了解员工的公平感，注意对被激励者公平心理的引导，对于有不公平感的员工应予以及时的引导或调整报酬，使其树立正确的公平观。

三、行为改造型激励理论

该理论重点研究激励的目的（即改造、修正行为），主要包括斯金纳的“强化理论”、韦纳的“归因理论”等。

（一）强化理论

强化理论是由美国心理学家斯金纳（Burrhus Frederic Skinner）提出的，该理论认为人或动物为了达到某种目的，会采取一定的行为作用于环境，当这种行为的后果对他有利时，这种行为就会在以后重复出现；不利时，这种行为就减弱或消失。人们可以用这种正强化或负强化的办法来影响行为的后果，从而修正其行为，这就是强化理论，也叫作行为修正理论。

斯金纳认为，强化指的是对一种行为的肯定或否定的后果（报酬或惩罚），它至少在一定程度上会决定这种行为在今后是否会重复发生。这一理论运用于管理工作中，可通过如下四种方式进行。

1. 正强化

正强化就是奖励那些符合组织目标的行为，如增加薪金、提升职位、对其工作成果的承认和赞赏等，以便使这些行为得到进一步加强，这样就会促使其类似情况下，重复此种行为，从而有利于组织目标的实现。

2. 负强化

负强化是指预先告知人们某种不符合要求的行为可能引起的不良后果，以使人们采取符合要求的行为或回避不符合要求的行为，从而避免或消除不良后果。通过这种强化方式能从反面促使人们重复符合要求的行为，达到与正强化同样的目的。

3. 自然消退

这是指对行为取消正强化，以表示对该种行为的某种程度的否定。一种行为如果长期得不到正强化，就会逐渐自然消退。

4. 惩罚

这是指以某种强制性和威胁性的后果来表示对某种行为的否定，借以消除此种行为重复发生的可能性。惩罚的方式有多种多样，如批评、降职、降薪、解雇等。但是，惩罚往往会带来不满、反抗甚至敌意，因此，正强化要比惩罚有效得多，管理者应尽量避免采用惩罚的手段。

斯金纳认为，强化理论的具体应用应遵守如下原则。

(1) 要选准强化物，依照强化对象的不同采用不同的强化措施。每个人的需要不同，因而对同一种强化物的反应也各不相同。这就要求具体分析强化对象的情况，针对他们的需要特点确定强化物。只有这样，才能达到强化的目的。

(2) 小步子前进，分阶段设立目标，并对目标予以明确规定和表述。要确定强化的目的或目标，明确预期的行为方向，使预期的行为方向同组织的目的或目标一致。同时，强化的目标应尽量明确、具体，使人易于理解，又便于衡量，才能激发起人的行为动机，起到强化的作用。从企业拟定目标来讲，既要制定一个切合实际的总目标，又要把这个总目标分解成一些阶段性的目标。在完成每一阶段性的目标后即予以正强化，促使逐步实现总目标。

(3) 及时反馈。为了实现强化的目的，就必须通过反馈的作用，使被强化者及时地了解自己的行为后果，并及时兑现相应的报酬或惩罚。

(4) 正强化比负强化更有效。斯金纳发现，“惩罚不能简单地改变一个人按原来想法去做的念头，至多只有都教会他们如何避免惩罚”。过多地运用惩罚，往往会引起被惩罚者的对抗情绪，乃至采取欺骗等手段来逃避惩罚。但是，有时又必须运用惩罚的方式。为了尽可能避免惩罚所引起的消极作用，应把惩罚与正强化结合起来。

强化理论有助于对人们行为的理解和引导。因为一种行为必然会有结果，而这些结果在一定程度上会决定这种行为在将来是否会重复发生。那么，与其对这种行为和结果的关系采取一种碰运气的态度，就不如加以分析和控制，使大家都知道应该有什么结果最好。但是强化理论只讨论外部因素对行为的影响，忽略人的内在因素和主观能动性对环境的反作用，具有机械论的色彩。

（二）归因理论

归因，字面含义是指“原因归属”，即将行为或事件的结果归属于某种原因。通俗地说，归因就是寻找导致结果的原因。归因是指根据行为或事件的结果，通过知觉、思维和推断等内部信息加工过程而找到造成该结果的原因的认知活动。

归因理论是关于人们如何解释自己或他人的行为，以及这种解释如何影响他们的情绪、动机和行为的心理学理论。归因理论是美国心理学家海德（F · Heider）于 1958 年提出的，后因美国心理学家韦纳（B · Weiner）及其同事的研究而再次活跃起来。归因理论告诉我们，对行为归因的不同，会影响个体完成任务、解决问题时的行为动力，这一结论在管理工作中有实际的指导意义。

韦纳认为能力、努力、任务难度和运气是人们在解释成功和失败时知觉到的四种主要原因。

（1）努力程度（相对不稳定的内因）。

（2）能力大小（相对稳定的内因）。

（3）任务难度（相对稳定的外因）。

（4）运气和机会（相对不稳定的外因）。

而每一种原因又可以从控制点、稳定性和可控性三个维度进行分析。

（1）控制点（原因源）：是外在归因，还是内在归因。

（2）稳定性（稳定程度）：是稳定原因（领导的原因或个人能力的原因），还是不稳定的原因（运气、心境）。

（3）可控性（可控程度）是可以控制的原因（如努力工作），还是不可控制的原因（任务太难）。

韦纳的归因模型指出在一个成就情境中，一个人总是要评价自己是成功或失败，并以一般情绪方式（肯定或否定）对这一判断做出反应。这些情绪使人在三个维度（原因源、稳定与不稳定、可控与不可控）上，寻找导致结果的原因，也就是说导致了因果归因。然后产生未来成就期望和更加特殊的情绪反应，如骄傲或羞愧，然后期望和情绪共同决定后继的成就行为。

归因理论认为一个人解释自己行为结果的原因会反过来影响他的行为动机，导致他的行为、期望和情感反应产生变化。这一模式更多地集中在归因如何影响未来的期望、情绪和实际操作等，它既有动力性的一面，又重视了时间的变化。在这一典型的成就情绪中，人们首先判断自己是成功了还是挫败了，并相应地感到愉快或不愉快，然后对结果进行归因，并由此产生了具体分化的情绪。例如，把成功归结为内部原因，会使员工感到满意和自豪；归结为外部原因，会使员工产生惊奇和感激的心情。把失败归于内部原因，会使员工产生内疚和无助感；归于外部原因，会产生气愤和敌意。把成功归因于稳定因素，会提高工作的积极性；归因于不稳定因素，工作的积极性可能提高也可能降低。把失败归因于稳定因素，会降低工作的积极性；归因于不稳定因素，则可能提高工作的积极性。

在很多情况下，归因总是有意识地进行的。归因的目的并不只是追究事情为什么会产生，更重要的是激发员工的工作积极性或控制未来事件的发生。

第三节 激励实务

一、激励原则

（一）参与的原则

当部属参与的时候，他们达成任务的使命感会增强，甚至把工作当成是自己的工作。现代人力资源管理的实践经验和研究表明，现代的员工都有参与管理的要求和愿望，创造和提供一切机会让员工参与管理是调动他们积极性的有效方法。毫无疑问，很少有参与商讨和自己有关的行为而不受激励的人。因此，让职工恰当地参与管理，既能激励职工，又能为企业的成功获得有价值的知识。通过参与，形成职工对企业的归属感、认同感，可以进一步满足自尊和自我实现的需要。

（二）沟通原则

当部属知道工作的意义时，他们对于成果就有关联感，你获得的支持就会增加。

（三）肯定原则

对于部属的成就予以肯定，可以加强其对工作的投入，利用赞美来激励他投入。

（四）授权原则

权与责相对，你授权，他卖力。

二、物质激励

物质激励是指以物质利益为诱因，通过调节被管理者的物质利益来刺激其物质需要，以激发其动机的方式与手段。它主要包括以下具体形式：

（一）奖酬激励

金钱并不是唯一能激励人的力量，但在现实生活中，金钱作为一种很重要的激励因素是不可忽视的。无论采取工资的形式，还是采取其他鼓励性报酬、奖金、优先认股权、红利、公司支付的保险金，或在做出成绩而给予人们的其他东西等形式，金钱都是重要的因素。虽然在知识经济时代的今天，人们的生活水平已经显著提高，金钱与激励之间的关系渐呈弱化趋势，然而，物质需要始终是人类的第一需要，是人们从事一切社会活动的基本动因，所以物质激励仍是激励的主要形式。要使金钱能够成为一种激励因素，管理者应该记住下面几点。

(1) 对于不同的人，金钱的价值不一。相同的金钱，对不同收入的员工有不同的价值。作为金钱，对于需要扶养家庭、生活负担重的人来说，金钱总是很重要的，这是他们满足低层次需求的主要手段；而对另外一些在金钱方面需要已不再是很迫切的人来说，金钱不那么被看重。

(2) 金钱激励必须公正。用奖酬作为激励手段，必然涉及刺激量的问题。奖酬刺激量一是表现为绝对量，即工资、奖酬的绝对数量的大小；二是表现为相对量，即工资、奖金同一时期不同人的差别以及同一个人不同时期的差别。一个人对他所得的报酬是否满意不是只看其绝对值，而更主要的是看其相对刺激量，即要进行社会比较或历史比较，通过相对比较，判断自己是否受到了公平对待，从而影响自己的情绪和工作态度，这正体现了公平理论的要求。在实际工作中，既要有选择地进行重奖，以期引起奖励效应，同时又要防止引起员工产生不公平心理。

（3）金钱激励必须反对平均主义，平均分配等于无激励。要使金钱成为一种有效的激励因素，则对于在各种职位上的人们，即使是级别相当，给予他们的薪水和奖金也必须能反映出他们个人的工作业绩。在现实中，除非员工的奖金主要是根据个人业绩来发给，否则企业尽管支付了奖金，对他们也不会有很大的激励。据调查，实行平均奖励，奖金与工作态度的相关性只有20%，而进行差别奖励，则奖金与工作态度的相关性能够达到80%。

（4）物质激励应与相应制度结合起来。制度是目标实现的保障，因此物质激励效应的实现也要靠相应制度的保障。企业应通过建立一套制度，创造一种氛围，以减少不必要的内耗，通过利益驱动引导下属向工作目标努力，使组织成员都能以最佳的效率为实现组织的目标多做贡献，以实现组织目标。例如，物质奖惩标准在事前就应制定好并公之于众且形成制度稳定下来，而不能靠事后的“一种冲动”，想起来则奖一下，想不起来就作罢，那样是达不到激励的目的的。

（二）处罚

激励并不全是鼓励，它也包括许多负激励措施，在经济上对员工进行处罚，是一种管理上的负激励，属于一种特殊形式的激励。按照激励中的强化理论，激励可采用处罚方式，即利用带有强制性、威胁性的控制技术，如批评、降级、罚款、降薪、淘汰等来创造一种令人不快或带有压力的条件，以否定某些不符合要求的行为。

现代管理理论和实践都指出，在员工激励中，正面的激励远大于负面的激励。越是素质较高的人员，处罚对其产生的负面作用就越大。它易给员工造成工作不安定感，同时还会使员工与上级主管之间的关系紧张、同事间关系复杂等。因此，在应用这种方式时要注意，进行处罚时必须有可靠的事实根据和政策依据，做到令人信服；处罚的方式与处罚量要适当，既要起到教育作用，又不能激化矛盾；同时要与思想政治工作相结合，注意疏导，尽可能减少其负面作用，化消极为积极，真正起到激励作用。

三、精神激励

物质激励自身也存在一些缺陷。美国管理学家皮特（Tom Pates）曾指出重赏会带来副作用，它会使大家彼此封锁消息，影响工作的正常开展。而精神激励是在较高层次上调动职工的工作积极性，其激励深度大，维持时间也较长。所谓精神激励，就是对员工精神上的一种满足和激励，让员工能够感觉到来自企业的关怀，精神激励的方法有许多，比如尊重、关爱、赞美、宽容员工；给员工提供公正的竞争环境；让员工明确自己的奋斗目标；帮助人员规划自己的职业发展蓝图等。这里着重论述以下四种精神激励的方法。

（一）目标激励

目标激励，就是确定适当的目标，诱发人的动机和行为，达到调动人的积极性的目的。目标作为一种诱引，具有引发、导向和激励的作用。员工在管理中的自觉行为，都是追求目标的过程，当每个人的目标强烈和迫切地需要实现时，他们就对企业的发展产生热切的关注，对工作产生强大的责任感，能自觉地把工作搞好，管理者就是要将每个人内心深处的这种或隐或现的目标挖掘出来，并协助他们制定详细的实施步骤，在随后的工作中引导和帮助他们努力实现目标。这种目标激励会产生强大的效果。可用以激励的目标主要有三类：工作目标、个人成长目标和个人生活目标。

（1）尽可能地增大目标的效价。根据期望理论，激发力量的大小取决于期望值和效价。因此，管理者在设计目标时，一是要使所选择的目标尽可能多地满足下级的需要；二是要使目标的实现与奖酬、晋升等挂钩，加大目标实现的效价；三是要将企业目标进行宣传，使职工更加了解企业，了解自己在目标的实现过程中应起到的作用；四是应注意把组织目标和个人目标结合起来，宣传两者的一致性，使大家了解到只有在完成企业目标的过程中，才能实现个人的目标。个人事业的发展、待遇的改善与企业事业的发展、效益的提高休戚相关。

（2）增加目标的可行性。只有通过努力能够实现的目标，才能真正地起到激励作用。因此，在设计目标水平时要先进合理，要具备相应的实施条件和可操作性，使下级能充分认识到目标实现的可能情形。

（二）工作激励

按照弗雷德里克·赫茨伯格的双因素理论，对人最有效的激励因素来自于工作本身，即满意于自己的工作是最大的激励。日本著名企业家稻山嘉宽在回答“工作的报酬是什么?”时指出“工作的报酬就是工作本身!”这也表明工作本身所具有的激励力量。因此，为了更好地发挥职工的工作积极性，管理者要善于调整和运用各种工作因素，进行“工作设计”，如使工作内容丰富化和扩大化，并创造良好的工作环境，还可通过员工与岗位的双向选择，使职工对自己的工作有一定的选择权等，通过一系列措施，使工作本身变成更具有实在意义和更高的挑战，让下级满足于自身的工作，给职工一种自我实现感，以实现最有效的激励。

（三）参与激励

所谓参与管理是指在不同程度上让职工和下级参与组织决策和各级管理工作的研究和讨论，调动职工和下级的积极性和创造性。现代人力资源管理的实践经验和研究表明，现代员工都有参与管理的要求和愿望，创造和提供一切机会让职工参与管理是调动他们积极性的有效方法。让下属或职工参与管理，有利于集中群众意见，防止决策失误；有利于满足下属或职工归属感和受人赏识的心理需求，可使职工或下级感受到上级主管的信任、重视和赏识；从而体验到自己的利益同组织的利益及组织发展密切相关而产生的责任感；有利于职工对决策的认同，从而激励他们自觉地去推进决策的实施。同时主管人员与下属在商讨组织问题时，对双方来说都是提供了一个取得别人重视的机会，从而给人一种成就感。因此，让职工恰当地参与管理，既能激励职工，又能为企业的成功获得有价值的知识。通过参与，形成职工对企业的归属感、认同感，可以进一步满足自尊和自我实现的需要。

支持下级和职工参与管理时，一方面要增强民主管理意识，建立科学合理的参与管理机制；另一方面要真正授权于下级或职工，使其能真正地参与决策和管理过程；最后有效地利用多种参与形式，鼓励全员参与。

事实证明，参与管理会使多数人受到激励。正确的参与管理既对个人产生激励，又为组织目标的实现提供了保证。

（四）荣誉激励

荣誉是众人或组织对个体或群体的崇高评价（如发奖状、证书、记功、通令嘉奖、表扬等），是满足人们自尊需要，激发人们奋力进取的重要手段。它可以调动人们的积极性，形成一种内在的精神力量。从人的动机看，人人都有荣誉感，具有自我肯定、光荣、争取荣誉的需要，因此管理者要设法让员工们感觉到认识到荣誉感的崇高性。

精神激励主要体现在让每个人充分发挥出聪明才智，真正做到人尽其才，为他们创造发展才能的机会，激发其献身精神，满足其成就感；同时荣誉激励成本低廉，且效果很好。对于一些工作表现比较突出、具有代表性的先进员工，给予必要的荣誉奖励，是很好的精神激励法。美国 IBM 公司有一个“百分之百俱乐部”，当公司员工完成他的年度任务，他就被批准为“百分之百俱乐部”成员，他和他的家人被邀请参加隆重的集会。结果，公司的雇员都将获得“百分之百俱乐部”会员资格作为第一目标，以获取那份光荣。这一激励措施有效地利用了员工的荣誉需求，取得了良好的激励效果。

设定荣誉是管理者的一个工作职责，而这种荣誉既对单位有效，对同行业其他部门也有作用。例如，尽管王进喜是大庆油田的先进工人，但是在整个石油系统，甚至在全国他的榜样作用都是有效的。

在实施精神激励时要注意其针对性。目前，职工受社会、企业、家庭等因素的影响，导致思想波动的因素很多。在这种情况下的激励工作必须与个人特点相结合，根据不同层次、不同类别，采取不同方法。作为管理者必须具有体察人心的能力，要保证经常而及时与员工进行思想交流和相互交往，形成集体内部人与人之间亲密、融合、协调的关系，调动他们潜在的积极性，从而推进事业发展。同时在实施精神激励时，还要注意对集体的荣誉激励，即通过给予集体荣誉，培养集体意识，从而产生自豪感和光荣感，形成一种自觉维护集体荣誉的力量。企业制定的各种管理和奖励制度，都要有利于集体意识的形成，形成竞争合力。

当然我们在荣誉激励上，存在着评奖过滥过多的不正确现象。如评优中的"轮庄法""抓阄法"等，都使荣誉的"含金量"大大降低，使典型的榜样示范作用大打折扣，这是必须要大力加以纠正的。

四、激励策略

企业的活力源于每个员工的积极性、创造性。由于人的需求的多样性、多层次性、动机的繁复性，调动人的积极性也应有多种方法。综合运用各种动机激发手段使全体员工的积极性、创造性、企业的综合活力达到最佳状态。

（一）了解员工的真实需求和动机

马斯洛把人的需求分为五个层次，对每个个体而言，各种需要的强度在不同时期和不同发展阶段是不尽相同的，企业管理者应对所属员工的需要进行细致分析和划分，从而找到激励的切入点。有效的激励必须有针对性，否则就会事与愿违。只有针对性地抓住员工需求的特点，对其最强烈的需求进行激励，才能使员工产生最强的动机，解决激励不足的问题。为此，企业内部应实施有弹性的激励机制，根据本企业实际情况，针对不同员工的需要和动机，制定分类激励的措施。

（二）物质奖励与精神奖励相结合

人的多样性和需求的多样性决定了单一激励措施的效果是有限的。员工需要精神和物质的混合激励因素。物质利益固然是发挥积极性的基本因素，如果仅靠物质方面的激励，如果总是采用物质激励，员工工作中只会一切向"钱"看，对于企业的前途和发展漠不关心，更不会提出创造性的见解。企业很快就会失去吸引力；而精神需求是一种巨大的推动力，是较物质需求更高层次的需求，另外，马斯洛的需要层次理论也认为，人在其较低层次的需要满足后，就会渴望另一高层次的需要，如社会的需要、尊重的需要、自我实现的需要等，这也正是精神文明的范畴。通过精神激励，使职工产生与企业荣辱与共的感觉，从而可以持久地起作用。对于企业来说，将两者有机的结合就更为重要。因此企业既要有物质方面的鼓励，也要给予他们适当的精神激励。

（三）短期利益与长期效果相结合

企业在发挥员工的积极性、注重工资加奖金的短期激励的同时，不要只顾眼前利益而忽视了他们的长远发展，还要重视他们的长期性培养，为长期发展准备力量和资源，这也是一个两难的问题。强调现时的表现和业绩，会使员工产生短期行为；强调长期的积累和蓄积，又会导致对现时业绩的轻视和忽略。因此，企业应考虑运用适当的长期激励措施，将员工的切身利益与企业的经营业绩联系起来。一些企业推行股票期权、职工持股和参股计划，使员工具有劳动者和投资者的双重身份，更加具有关心和改善企业经营成果的积极性，激励效果明显。

（四）个人目标与组织目标相结合

由激励理论可知，组织目标的实现是通过各个群体以及个体的共同努力来实现的。个人目标及个人利益是员工行动的基本动力，激励是个体需求满足的过程，在满足员工需求的情况下，才能调动积极性，但它们与企业的组织目标和总体利益之间既有一致性，也存在着诸多差异。当二者发生矛盾时，个人目标往往会干扰组织目标的实现。因此，在企业向目标奋斗中，要注重个人目标与组织目标相结合。进行激励时，应以个人利益和需要的满足为基本作用力，引导员工将个人目标统一于组织的整体目标，促进个人目标与组织目标的共同实现。企业管理者可以把目标按阶段分解为若干子目标，在子目标的实现过程中，管理者采用适当的激励方式，以促进总体目标的实现。像微软公司对科技人员推行“内部企业家”制，高层关键科研人员拥有公司股票，成为内部企业家，有很多的自由，也就会更加全身心地投入工作。

（五）激励与约束相结合

组织目标实现过程中，对个体行为进行正向强化的同时，也要进行负向约束，即对符合组织目标的行为给予适当的奖励，对有悖组织目标实现的行为进行修正，对阻碍组织目标实现的个体行为进行适当处罚。要建立一套完善的激励与约束机制，做到奖罚分明，有理有据。激励与约束并用，并不是将二者并重，而是应以奖为主，以罚为辅。

【案例分析】

1. 电话服务公司的奖励和认可

电话服务公司是一家提供客户服务的公司。公司的核心业务是处理客户的问题、抱怨和评论。一些大公司纷纷把它们的大量的客户服务活动外包给电话服务公司。

在电话服务公司的总部，有300个雇员处理顾客电话。为了维持较高的顾客满意率，公司密切监察每一个雇员的表现。通过雇员处理问题是否周到、完全和每小时回答的电话数量等标准对雇员们的工作进行评估。

直到一年前，电话服务的人员流动还表现得令人难以接受的高，雇员留在公司的平均时间只有8个月。考虑到每个雇员要接受2个月的培训，8个月的留职时间特别让管理者头疼。电话服务的运行主管塞缪尔认识到这么高的人员流动率应该降低下来，因为在高流动率下，处理顾客询问的客户服务代表大多是没有多少经验的。假如客户服务代表工作质量很差，顾客就可能抱怨，这将可能导致电话服务公司失去一个客户。塞缪尔认识到有经验的客户服务代表是公司成功的关键。

如何解决人员流动过快这个问题？塞缪尔意识到第一步是尽快找出问题的根源。他决定与一些客户服务代表面谈，访谈的对象由那些在公司里工作了3年的员工和那些还在训练的人员组成。

访谈问题主要关注工作的气氛，被访问者要求做到坦率，即使他们给出了负面的评价，他们也不会遭受惩罚，塞缪尔发现了以下问题。

(1) 有经验的雇员留下来是因为他们需要工作。大部分这类雇员并不会为工作而陶醉，他们留下来是生活所需。

(2) 新雇员为工作而激动，同时为同事告诉他们的有关公司的不良消息感到紧张不安。

(3) 他们普遍感到工作负担过重，日常工作中没有得到粗鲁的顾客或者不好的客户的认同。

根据访谈中的发现，塞缪尔相信他很好地抓住了客户服务代表流动率高的原因。他决定实行“奖励和认可”政策，以充分地激励这些服务代表，让他们感到工作得到了承认。他决定给那些提供了出色的服务水平的人以奖励，这样做有两个好处。第一，它可以鼓励客户服务代表们更努力地工作以获得奖励；第二，让顾客服务代表从管理层获得更多的认同，以弥补来自顾客的认同的不足。

此外，还要举行一次聚会来发奖。这样，除了那些获得奖励的人，其他人也能得到一些有价值的东西。他决定每3个月选出一名优秀的雇员并奖励他到迪士尼世界的一次休假机会，电话服务公司将为他提供免费住宿和机票。

客户服务代表们听到新政策后感到很高兴，平均绩效比标准上升了39%。在接下来的3个月中，没有一个客服代表不辞而别，公司的几个客户还发来了电子邮件，说他们的顾客对电话服务公司感到很满意。

3个月后，该是奖励优胜者的时候了。由于不能让所有的客户服务代表同时离开电话机，在工作间的中央放上了咖啡和蛋糕，这样代表们能在休息时取用。在午餐时间里产生了优胜者——克里斯汀。虽然竞争是激烈的，但所有的雇员都为克里斯汀感到骄傲。塞缪尔证实下一轮竞争马上就会开始，其他每个人都有可能赢得胜利。提前3个月建立的热情和激励现在让他们对新的生活充满动力。

在奖励了3次去迪士尼旅行后，塞缪尔逐步减少了这个计划，代之以一些小型的、更有人情味的奖励，但庆祝获奖的正式聚会仍然保留着。

这个项目实施了一年之后，电话服务的客户服务代表的流动率大概是15%，代表们对工作的幸福感提高了。正如塞缪尔所说的那样："我怀疑，如果没有实施奖励和认可政策，我是否会解决客户服务代表的问题。"

讨论题：

（1）列出塞缪尔为增强客户服务代表绩效而采取的激励方法。

（2）运用所学理论分析为什么奖励和认可政策能够起作用。

2. 明春计算机公司的激励制度

明春计算机公司是一家中外合资公司，地处南方某一个开放城市。该公司董事长由中国的方丽小姐担任，该公司的总经理由大卫·陈担任。

明春公司地处开放城市，受到各方面有力的竞争。由于剧烈的竞争环境，他们两人合作紧密，创造了一套有效而独特的管理职工的方法。

他们为职工创造了良好的工作环境。在公司专门设有健身房、游泳池，还有供职工娱乐活动的图书室和文化活动房，辟有供职工休息的小花园和宁静的散步小道等。他们规定在工作日免费给职工提供午餐，还定期在每周五晚上举办各种酒会和舞会等社交活动。

他们也很注意用经济因素来激励职工，他们每年都根据职工在本公司的工龄和工作表现情况赠送公司的股票作为奖励，每个职工都持有本公司的股票，这样就大大激励了大家为公司努力工作的热情。

大卫·陈要求每个职工都要制订出具体了解公司，学会和能操作公司内各种工作技能的五年自我发展计划。这样，每个人都可以逐渐了解公司，并能根据个人的发展和公司的需要调动工作。

方丽和大卫·陈都是极随和的人，他们喜欢以非正式的身份进行管理，他们除了每月举行一次各部门经理的例会外，经常深入各个部门与各部门经理商讨问题，但关于各部门之事，他们总是让部门经理自己拿主意。这样，各部门乃至各室和班组长都能积极为本部门的工作负责，都能发挥自己的积极性。

当然他们知道，要维持住这样一批为公司倾心工作的职工确实不是一件容易的事。人才竞争极为激烈，已有一些公司以更高的薪金试图挖他们的人才。公司在飞速地发展，随着公司的扩大，它的生产速度自然会放慢，也会出现一个更为正式而庞大的管理机构。在这种情况下，又该如何有效地激励职工呢？

讨论题：

（1）该公司采用了哪些激励方法？运用所学理论对其进行分析。

（2）如果你是公司管理人员，你在将来会怎样做？

【复习思考题】

1. 什么是激励？它的作用主要有哪些？
2. 马斯洛需要层次理论的主要观点是什么？如何评价？
3. 成就需要理论的主要内容是什么？
4. 结合实际谈谈如何应用期望理论来调动人们的积极性。
5. 强化理论的观点是什么？为什么要提倡以奖为主、以罚为辅？
6. 应用“双因素理论”进行激励时，应注意哪些问题？
7. 结合实际谈谈激励策略的应用。

第九章　沟　　通

【学习目标】

了解沟通的含义，以及信息沟通在组织管理中的作用；了解沟通的过程和沟通的类型；熟悉如何进行有效的沟通，了解沟通的影响因素。

【案例导读】

麦当劳的沟通管理

麦当劳公司是享誉全球的知名大企业，公司领导层认为好的沟通决定着公司的经济效益，所以他们很重视上下沟通。麦当劳公司注重公司上下沟通的最大成果就是赢得了公司员工对公司的忠诚和对快餐事业的使命感。麦当劳的领导层通过频繁的走动管理，既获得了丰富的管理资料，又可通过与数百人以私人朋友的身份交际，达到很好的沟通效果。

麦当劳公司在上下沟通管理的道路上并不是一帆风顺的，他们也曾经走过弯路。在克罗克退休以后，由于麦当劳的事业迅速壮大，属下员工也越来越多，企业高层忙于决策管理，一定程度上忽视了上下的沟通，致使美国麦当劳公司内部的劳资关系越来越紧张，以致爆发了劳工游行示威，抗议工资太低。示威活动对麦当劳公司的高级经理们构成了巨大的冲击，令他们重新认识到加强上下沟通，提高员工使命感和积极性的重要性。

针对员工中不断增长的不满情绪，麦当劳公司经过研讨形成了一整套缓解压力的“沟通”和“鼓舞士气”的制度。麦当劳公司认为与服务员的沟通是极其重要的，它可以缓和管理者与被管理者之间的冲突，提高工作人员的积极性。而如果忽视了与员工的沟通，会阻碍企业命脉的畅通，使企业在不知不觉中陷入麻痹而失去许多机能。

开展临时座谈会是实施上下级沟通的最常用的方式，也起到了增强与员工感情联络的纽带作用。会议不拘形式，以自由讨论为主要形式，虽以业务项目为主要讨论内容，但也鼓励员工畅所欲言甚至倾吐心中不快。实践证明这种沟通方法比一对一交流更加有效。因为，此时的计时工作人员可以利用这个机会指责他们的任何上司，把心中的不满、意见和希望表达出来。所以所有服务员都抱着很高的积极性参加座谈会。

为了加强员工之间的交流，麦当劳公司还推行一种“传字条”的方法。麦当劳餐馆备有各式各样的联络簿，如服务员联络簿、接待员联络簿、训练员联络簿等，让员工随时在上面记载重要的事情，以便相互提醒注意。

麦当劳公司的做法成功地缓和了劳资冲突和对立。他们从中悟出了一个道理，即使用警察不是解决劳资冲突的好办法，这不但会损害麦当劳的形象，而且会使矛盾愈加激化，甚至动摇麦当劳快餐事业的根基。

通过开临时座谈会、传字条的方法，麦当劳把他们的内部矛盾缓解了。其实，无论是开临时座谈会，还是传字条，都只是一种形式，更为重要的是上下级之间的沟通。沟通这座桥梁搭好了，企业的发展也就无忧了。

沟通就是把组织职能统一起来的手段，它也是改变行为、实现变革、使信息发挥积极作用和达到目标的手段，因此，无论是工商企业、家庭个人，有效的沟通可以帮助我们协调系统、改善关系。当然，有效的沟通不仅仅是把信息传递给员工，更需要在一个公开坦诚、相互信任的环境中进行面对面的交流。

第一节　沟通及其过程

一、沟通的含义

今天，全世界的人，不管在何方都站起来要求保障基本人权，也就是希望命运能操之在我，苏联领袖戈尔巴乔夫在1988年，谈到这股锐不可当的潮流时说：“如果我们不注意人心的动向，就政治而言，这是无可弥补的大错……每个人都有自己的想法，而且开始为追求自我的意愿而努力奋斗。”

社会和经济这两股强大的力量，不断改变了国际政治的走向，也影响到市场交易。由于这一连串的剧变，各公司、各企业也有了大转变，以前的生产以货品为主，现在则是服务与信息的时代；以前的社会是以追求衣食无缺的劳工为主，今天，则被追求自我实现的白领阶层取而代之。

不久前，员工的工作和家庭生活，分得一清二楚。而且多以工作为生，家庭问题是员工个人的责任。各级主管也要求员工能公私分明，不要让工作受到私事的影响。然而，今天，工作和家庭生活的界线慢慢模糊了。家庭以及个人生活问题会直接冲击到工作的进行，严重的程度已难以想象。因此，员工希望主管能帮忙解决工作和家庭生活的问题，以开创一个“胜任愉快”的工作环境。

我们可以看到传统主管和属下的关系有了转变，因此现代化管理通常又被视为与各个部属进行沟通的过程。其意义指管理人员必须不断地去找寻部属所需求的，以及探查部属对其本身工作与公司所具有的看法；然后，还要使部属知晓企业正在进行哪些活动，并让部属参与管理的决策过程。达到相互了解和协调一致的效果，以确保组织目标实现的目的。

沟通也称为信息交流，是指发信者把信息（也包括发信息者的思想、知识、观念、想法等在内）用任何方式或文字形式传递给收信者，这种交换或分享任何种类的信息过程就叫作沟通。

沟通应具备以下三个条件：一是沟通必须在两个或两个以上的主体之间进行；二是沟通必须有一定的沟通媒介，如语言、文字等；三是沟通必须是交换或分享信息。

二、沟通过程

详细了解和掌握沟通的过程，对于深入理解和掌握管理沟通具有重要的作用。而沟通的过程，由于多种因素影响，非常复杂。经过一些专家和学者不断努力，总结出了沟通过程的一般模型，并将沟通过程恰当地分解成为沟通过程的八大要素。

（一）编码和译码

编码是发送者将其信息与意义符号化，变成一定的文字等语言形式或其他形式的符号。发送者在编码过程中必须充分考虑接受者的经验背景，注意内容、符号对于接受者来说的可读性。译码是接受者接到信息后，将符号化的信息符号还原成信息与含义，并理解其信息内容与含义的过程。而接受者在译码过程中也必须考虑发送者的经验背景，这样才能正确理解收到信息的本来意义。

（二）通道

沟通的通道或渠道具有丰富性和多样性。在当今信息经济时代，尤其突出的变化是电子信息通道的出现和多样化。而这些通道都是因为技术发展了才新增加的。如现在已经被企业利用的管理沟通电子渠道有电子数据库，电子数据交换，个人电子邮件，组群电子邮件，可视电子会议，手机及电脑与网络共同传递的电子短信息，企业内联网，企业独立网站，企业互联网，企业电子刊物等一些新渠道。作为管理信息传递的媒介物，沟通渠道的选择是相当重要的。因为渠道会影响信息传送的速度、有效性和完整性。在大量传统与新兴沟通渠道并存的情况下，沟通的渠道选择和渠道组合有了更大空间，对于管理沟通渠道的选择和设计因此有可能上升到战略层次，即企业管理沟通制度设计的高度来进行。从理论上讲，沟通应该比以前可以有更快的速度、更大的信息容量、更宽的覆盖面积、更高的准确性和成功率。

（三）反馈

完整无缺的沟通过程必定包括信息的成功传递与反馈两个大过程。没有反馈的沟通过程容易出现沟通失误或失败。反馈是指接受者把收到并理解了的信息返送给发送者，以便发送者对接受者是否正确理解了信息进行核实。

（四）沟通背景

沟通总是在一定的历史、地理、政治、经济、文化背景中发生的。任何形式的沟通，都会受到各种环境因素的有力影响。它们分别是心理背景、物理背景、社会背景和文化背景等。所谓心理背景，指的是沟通双方的情绪和态度。它包含两个方面的内涵。一是沟通主体自己的心情、情绪。当沟通主体处于兴奋、激动状态与处于悲伤、焦虑状态下，他的沟通意愿、沟通行为是不同的。前者往往积极响应，后者往往不愿沟通，思维处于抑制、混乱状态，编码、译码过程受到干扰。二是沟通主体对于对方的感受和态度，如沟通主体双方是否存在敌意，关系是否友善亲密等，都会影响沟通的进程与效果。沟通过程常常由于偏见与好恶而出现误差，导致沟通双方无法准确理解对方信息的含义。所谓物理背景是指沟通发生的物理场所。物理背景会对人们的沟通造成巨大影响。如在上司办公室和自己办公室进行沟通，就会有明显区别。显然，不同的物理背景会造成不同的沟通气氛，特定的物理环境更是能造就特定的沟通氛围，从而影响沟通的过程与结果。社会背景是指沟通主体双方的社会角色关系，与对沟通间接发生影响的其他个体或人群关系。对应于每一种社会角色关系，人们都有一种特定的沟通方式预期，只有沟通方式符合这种预期时，人们才能接纳这种沟通。对不同的社会角色，应当有不同的沟通方法与模式。文化背景是指沟通主体长期的文化积淀，即沟通主体较稳定的价值取向、思维模式、心理结构的总和。由于文化已经转化为人们精神的核心部分而为人们自动保持，是人们思考、行动的内在依据，所以人们最初较少注意到文化对沟通的巨大影响。实际上，沟通需要文化背景，同时文化背景更是潜在而深入地影响每一个人的沟通过程与沟通行为。在现代信息经济时代，多文化、多元化的集团企业、企业集团、跨国公司的跨区域、跨国家的团队沟通问题越来越受到专家的重视。

（五）沟通噪声

沟通噪声是指一切影响沟通的消极、负面、阻碍因素。管理沟通噪声存在于管理沟通过程的各个环节，给沟通造成失误、失败、损耗或失真。主要包括发送噪声、接收噪声、系统噪声、环境噪声、背景噪声及数量噪声。

(1) 发送噪声是指发生在沟通过程当中的信息发送环节的噪声。沟通的信息发送过程主要是信息编码的过程。因此，管理沟通的发送噪声同样也可以叫作编码噪声。如上所述，发送噪声主要分两大类：一类是编码、发送能力噪声，如编码错误，或编码能力不佳、逻辑混乱等。另一类是选择性知觉编码发送噪声，它指的是信息发送者在信息编码的过程中，受到个人兴趣、情绪、思想、愿望等的影响和制约，而对应该全部发送的信息进行了不恰当的增删、过滤，从而影响了传送信息的完整性、准确性和及时性。

（2）接收噪声是指管理沟通过程中信息接收者在接收管理信息的过程中发生的噪声。接收信息的过程主要是对信息进行接收、解码的过程。因此，也可以称之为解码噪声。接收噪声也主要分两大类：一类是选择性知觉接收噪声，即信息接收者受自己个人心理结构、心理需求、意向系统、文化教育水平、理解能力、心理期望、社会角色地位、人生阅历等因素的影响，自觉不自觉地对所接收信息做出了增删、过滤，从而影响准确、全面、及时地沟通。另一类是接收、解码能力噪声，即因接收者接受、解码能力不足而引起的沟通障碍。对于同一个领导下达的同一个指令，在别人均能理解的情形下，有人却由于个人知识、经验、理解能力问题，而不能把握和理解沟通。

（3）系统噪声指的是沟通的信息代码系统噪声。沟通必须借助于一种或多种双方均能破译的信息代码系统，如语言、文字等才能进行。一旦管理沟通双方所用的信息代码系统出现不一致，甚至完全不同，即双方所用系统是平行或有差异的信息代码系统，双方就不可能全面、准确、及时地沟通。

（4）环境噪声指的是在沟通过程中出现的，影响沟通进程和效果的一切客观外在环境干扰因素。环境对人的沟通是有较大、较明显或潜在影响的。不同的客观物理环境，会在客观上造成一定的气氛和制约，当人们在沟通时，就会受到其影响和干扰。

（5）背景噪声主要指在沟通过程当中，由于沟通背景因素而产生的沟通噪声。同样地，这里的管理沟通背景也主要是指沟通过程的心理背景、社会背景和文化背景，不把物理背景包括在内。在管理沟通的过程中，背景因素相当重要。不同的心理、社会、文化背景组合，会对应于不同的沟通期望和沟通模式。尤其是在大企业和跨国公司，由于人们的背景差异十分突出，管理沟通又是尤其被迫切地需要和具有更大的重要性，而背景因素又并非是三言两语能说清。因此，深刻认识背景因素，尤其是文化背景因素对人们沟通行为的影响，具有极端的重要性。在沟通双方对对方的沟通背景不清楚、不熟悉的情形下，管理沟通必然出现许多背景噪声。

（6）沟通的数量噪声是指沟通传递的信息量过大或过小，因而引起使对方无法恰当接受、理解，或因沟通的信息量小而缺乏必要的沟通内容和意义。文山会海就是典型的数量噪声。领导芝麻大的事也要开个会，也是另一种信息数量噪声。

三、沟通的目的和作用

在现代人力资源管理理论中，一个基本观点就是人力资源在企业中的作用是最具有潜力，也是最具有弹性的。只有通过管理者和员工的沟通，使员工确立共识的理念（对组织的认同），使全体成员的一切思维、行动都要在此理念的指导和照耀下，让组织更有向心力、凝聚力。让每一个成员都能改变工作态度，激发工作热情，更具有战斗力，这就是沟通的目的。

沟通在管理中起十分重要的作用，良好的沟通有如下突出作用。

（一）沟通有助于提高决策的质量

任何决策都会涉及干什么、怎么干、何时干等问题。每当遇到这些急需解决的问题，管理者就需要从广泛的企业内部的沟通中获取大量的信息情报，然后进行决策，或建议有关人员做出决策，以迅速解决问题。下属人员也可以主动与上级管理人员沟通，提出自己的建议，供领导者做出决策时参考，或经过沟通，取得上级领导的认可，自行决策。企业内部的沟通为各个部门和人员进行决策提供了信息，增强了判断能力。

（二）沟通促使企业员工协调有效地工作

企业中各个部门和各个职务是相互依存的，依存性越大，对协调的需要越高，而协调只有通过沟通才能实现。没有适当的沟通，管理者对下属的指导也不会充分，下属就可能对分配给他们的任务和要求他们完成的工作有错误的理解，使工作任务不能正确圆满地完成，导致企业在效益方面的损失。

（三）沟通有助于提高员工的士气

沟通有利于领导者激励下属，建立良好的人际关系和组织氛围，提高员工的士气。除了技术性和协调性的信息外，企业员工还需要鼓励性的信息。它可以使领导者了解员工的需要，关心员工的疾苦，在决策中就会考虑员工的要求，以提高他们的工作热情。人一般都会要求对自己的工作能力有一个恰当的评价。如果领导的表扬、认可或者满意能够通过各种渠道及时传递给员工，就会造成某种工作激励。同时，企业内部良好的人际关系更离不开沟通。思想上和感情上的沟通可以增进彼此的了解，消除误解、隔阂和猜忌，即使不能达到完全理解，至少也可取得谅解，使企业有和谐的组织氛围，所谓“大家心往一处想，劲往一处使”就是有效沟通的结果。

第二节 沟通的类型

作为管理活动中的一个不可忽视的重要方面，沟通已经被越来越多的企业管理者所重视，其带来的影响也越来越大。如何合理地利用各种沟通渠道，采用多种沟通技巧，尽可能地与员工进行全方位的交流，已经成为企业内部管理研究的一个重要课题。良好的内部沟通机制不仅能够充分体现企业对员工的尊重与重视，同时也能够及时发现企业在生产管理方面的问题。平等、互相尊重、有人情味的关系氛围是企业保持稳定和持续发展的必要保障。要改善企业内部的沟通状况，如何建立好全方位的沟通机制，首先要了解沟通的种类。

一、按沟通的组织系统分类

按沟通的组织系统可分为正式沟通与非正式沟通。

正式沟通是指在组织系统内，依据一定的组织原则所进行的信息传递与交流。例如组织与组织之间的公函来往，组织内部的文件传达、召开会议，上下级之间定期的情报交换等。另外，团体所组织的参观访问、技术交流、市场调查等也在此列。

正式沟通的优点是沟通效果好，比较严肃，约束力强，易于保密，可以使信息沟通保持权威性。重要的信息和文件的传达、组织的决策等，一般都采取这种方式。其缺点是由于依靠组织系统层层地传递，所以较刻板，沟通速度慢。

非正式沟通渠道指的是正式沟通渠道以外的信息交流和传递，它不受组织监督，自由选择沟通渠道。例如团体成员私下交换看法，朋友聚会，传播谣言和小道消息等都属于非正式沟通。非正式沟通是正式沟通的有机补充。在许多组织中，决策时利用的情报大部分是由非正式信息系统传递的。同正式沟通相比，非正式沟通往往能更灵活迅速地适应事态的变化，省略许多烦琐的程序；并且常常能提供大量的通过正式沟通渠道难以获得的信息，真实地反映员工的思想、态度和动机。因此，这种动机往往能够对管理决策起重要作用。

非正式沟通的优点是沟通形式不拘，直接明了，速度很快，容易及时了解到正式沟通难以提供的“内幕新闻”。非正式沟通能够发挥作用的基础是团体中良好的人际关系。其缺点表现在非正式沟通难以控制，传递的信息不确切，易于失真、曲解，而且它可能导致小集团、小圈子，影响人心稳定和团体的凝聚力。

现代管理理论提出了一个新概念，称为“高度的非正式沟通”。它指的是利用各种场合，通过各种方式，排除各种干扰，来保持他们之间经常不断的信息交流，从而在一个团体、一个企业中形成一个巨大的、不拘形式的、开放的信息沟通系统。实践证明，高度的非正式沟通可以节省很多时间，避免正式场合的拘束感和谨慎感，使许多长年累月难以解决的问题在轻松的气氛下得到解决，减少了团体内人际关系的摩擦。

二、按沟通的流动方向分类

按沟通的流动方向可分为向上沟通、向下沟通和平行沟通。

向上沟通渠道主要是指团体成员和基层管理人员通过一定的渠道与管理决策层所进行的信息交流。它有两种表达形式：一是层层传递，即依据一定的组织原则和组织程序逐级向上反映；二是越级反映，指的是减少中间层次，让决策者和团体成员直接对话。

向上沟通的优点是员工可以直接把自己的意见向领导反映，获得一定程度的心理满足；管理者也可以利用这种方式了解企业的经营状况，与下属形成良好的关系，提高管理水平。

向上沟通的缺点是在沟通过程中，下属因级别不同造成心理距离，形成一些心理障碍；害怕“穿小鞋”，受打击报复，不愿反映意见。同时，向上沟通常常效率不佳。有时，由于特殊的心理因素，经过层层过滤，导致信息曲解，出现适得其反的结局。

就比较而言，向下沟通比较容易，居高临下，甚至可以利用广播、电视等通信设施；向上沟通则困难一些，它要求基层领导深入实际，及时反映情况，做细致的工作。一般来说，传统的管理方式偏重于向下沟通，管理风格趋于专制；而现代管理方式则是向下沟通与向上沟通并用，强调信息反馈，增加员工参与管理的机会。

向下沟通渠道可以使下级主管部门和团体成员及时了解组织的目标和领导意图，增加员工对所在团体的向心力与归属感。它也可以协调组织内部各个层次的活动，加强组织原则和纪律性，使组织机器正常地运转下去。向下沟通渠道的缺点是，如果这种渠道使用过多，会在下属中造成高高在上、独裁专横的印象，使下属产生心理抵触情绪，影响团体的士气。此外，由于来自最高决策层的信息需要经过层层传递，容易被耽误、搁置，有可能出现事后信息曲解、失真的情况。

水平沟通渠道指的是在组织系统中层次相当的个人及团体之间所进行的信息传递和交流。在企业管理中，水平沟通又可具体的划分为四种类型：一是企业决策阶层与工会系统之间的信息沟通；二是高层管理人员之间的信息沟通；三是企业内各部门之间的信息沟通与中层管理人员之间的信息沟通；四是一般员工在工作和思想上的信息沟通。横向沟通也可以采取正式沟通的形式，也可以采取非正式沟通的形式。通常是以后一种方式居多，尤其是在正式的或事先拟订的信息沟通计划难以实现时，非正式沟通往往是一种极为有效的补救方式。

水平沟通具有很多优点：第一，它可以使办事程序、手续简化，节省时间，提高工作效率。第二，它可以使企业各个部门之间相互了解，有助于培养整体观念和合作精神，克服本位主义倾向。第三，它可以增加职工之间的互谅互让，培养员工之间的友谊，满足职工的社会需要，使职工提高工作兴趣，改善工作态度。其缺点表现在，水平沟通头绪过多，信息量大，易于造成混乱；此外，水平沟通尤其是个体之间的沟通也可能成为职工发牢骚、传播小道消息的一条途径，造成团体涣散的消极影响。

三、按沟通的方法分类

按沟通的方法分为书面沟通、口头沟通、非口语沟通和电子沟通。

（一）书面沟通

当组织或管理者的信息必须广泛向他人传播或信息必须保留时，以报告、备忘录、信函等文字形式的书面沟通是口语形式所无法替代的，采用文字进行沟通应注意以下原则：

（1）文字要简洁，尽可能采用简单的用语，删除不必要的用语和想法。

（2）如果文件较长，应在文件之前加目录或摘要。

（3）合理组织内容，一般最重要的信息要放在最前面。

（二）口头沟通

口头沟通要有一个清楚明确的标题，利用口语面对面地进行沟通是管理者最常用的形式，有效的口语沟通对信息的输出者而言，需要具备正确的编码，有组织有系统地传递信息。至于输出这个人具备什么样的条件能够有效地增进沟通的效果，有关研究表明，知识丰富、自信、发音清晰、语调和善、诚意、逻辑性强、有同情心、心态开放、诚实、仪表好、幽默、机智、友善等是有效沟通的特质。

（三）非口语沟通

非口语沟通可以强化口语所传递的信息，也可以混淆、歪曲口语所传达的信息，因此了解非口语的沟通十分重要，非口语的信息可以用多种方式表达。利用空间沟通人与人之间的距离远近，是站着还是坐着，以及办公室的设备和摆设等，均会影响到沟通。在各种组织中，不同的地位和权力通常由空间的安排显示出来，高层管理者一般拥有宽敞、视野良好以及高品位摆设的办公室，不同档次的宾馆及餐饮业也可以通过空间的信息表达出来。

利用衣着沟通：人们衣着的不同可给对方传达一定的信息。因为衣着可明显影响人们对不同的地位、不同的身份、不同的群体的认知。利用举止进行沟通：

人体及其各种举止可以传达许多信息，尤其是面部表情最具有代表性，所以了解人体语言所代表的意义是有效沟通的一个重要组成部分。

（四）电子沟通

电子沟通亦有研究将之定义为计算机网络沟通，系指利用计算机作为讯息传送的设备，透过网际网络将数字化的资料与讯息在使用者之间自由地传递与交换，即由计算机中介沟通的应用系统软件让使用者彼此产生实质的互动，使单向、双向，甚至多向的沟通顺利。常见的电子中介沟通工具有电子邮件（E-mail）、电子布告栏（BBS）、全球信息网（WWW）、视讯等。随着科技的日益进步，各项新中介沟通媒介不断涌现。一般来说，此类电子中介沟通具有下列之特性。①互动性指沟通者双方对话间的响应性，使用双方可视讯息内容经由网络传到计算机内并留存记录，让使用者可以自行决定所要接收的讯息及响应的时间，协调双方的沟通活动，达到个别化的效果。②非线性，沟通不只线性的单向模式，沟通双方可同时扮演多重角色，主动沟通的发讯者亦可为被动的接讯者；且沟通进行时是可多向性的，即同一发讯者可同时传讯于多位对象。③弹性同步，沟通进行时相当弹性化，沟通双方不需静待于计算机前，彼此可掌控收发讯息之时间，增进使用者时间的运用弹性。④移除时间与地理限制，穿透空间和时间限制，穿越等级和部门，改变传统标准化的组织运作程序，再造组织新规范。凝聚组织成员间的关系并增进组织讯息交流的有效性。就目前社会体系的组织中，不论是营利性或非营利性在沟通媒介的类型使用上，还是以传统面对面沟通较为普遍，在电子中介沟通的使用类型上以电子邮件最为常见，但整体而言，电子中介沟通的使用仍未普及。

四、按沟通渠道所形成的网络分类

按沟通渠道所形成的网络可分为单向沟通与双向沟通。

所谓单向的管理沟通，也就是上司主管只用指令和训话与下属员工表达自己的意志意愿，不听也不管下属员工有何种反馈，其特征有以下五个方面。

（1）无论是要做的工作和做好的标准要求，都只是由管理者向被管理者以指令的形式下达，根本不听取下属员工的意见。

（2）当凭自己的主观感觉认定有什么问题时，上司主管也不询问、不核实，就对下属员工进行呵斥和责骂。

（3）不与被管理者进行工作过程沟通，也不考虑和了解被管理者在承担工作过程中有什么困难，而是到了不满意的结果发生后再算总账。

（4）朝令夕改，给下属员工下达的工作指令和做出的激励承诺，随心所欲地更改调整，根本不考虑下属员工的接受程度和意愿。

（5）约束下属员工的规章制度，在拟订形成过程中从不与下属员工进行沟通，征求下属员工的意见，强制性地把约束强加于下属员工。

这种单向的管理沟通，首先会受到被管理者的意志意愿的抵制。如果下属员工没有形成与其要求相对应的意志意愿，这种指令要求对于下属员工的约束作用，就是很弱的。任何一个人做任何一件事，都会有自己的判断。他认为不应该的事，如果是迫不得已地去做，他总可以找到抵制的办法和理由。本来完全可以成为被管理者自我约束的要求，并能轻易做好的工作，就往往因为没有考虑下属员工的意志意愿，而最终被下属员工抵制反对，导致无法落实。其次，不沟通也就不可能确切地知晓下属员工是否具备做好工作的能力，是否明了工作做好的标准要求，是否知道承担工作的具体方法程序等一系列的问题。最后，不问青红皂白地对下属员进行呵斥和责骂，不仅会造成员工工作情绪低落，而且会导致人心涣散，离心离德。如此这样，怎么可能让下属员工做好工作，达成管理的目的。

与单向的管理沟通相对应的是双向沟通，为形成共同的约定而在互动的基础上，进行充分有效的沟通。也就是说，要被管理者履行的约束，无论其内涵是否与被管理者的意志相违背，也都必须与被管理者进行充分的沟通，以获得被管理者的理解和认同。只有被管理者理解和认同了的约定，才能对被管理者具有充分的约束力。被管理者才会把这种约束当成一种自我约束而严格遵守。同时通过互动基础上的充分有效的沟通，把握让被管理者做好工作的六个条件的满足情况，并及时采取措施，把尚未具备的条件创造出来，以保证下属员工的工作能稳打稳地做好。

第三节 沟通的障碍及其克服

一、沟通的障碍

（一）语意的障碍

（1）语言表达有相当程度的限制性，尤其是观念、感觉的沟通更是如此。
（2）由于专业化而产生的一些专门术语造成沟通上的困扰。
（3）文书沟通较口语困难。
（4）同样的话，但由于场合的不同，而造成不同的语意。

（二）地位的障碍

（1）向下沟通较向上沟通容易，通过组织制度及权力达到信息传递。

(2) 向上沟通不好的因素，信息沟通的成败主要取决于上级与下级、领导与员工之间的全面有效的合作。但在很多情况下，这些合作往往会因下属的恐惧、自保心理以及沟通双方的个人心理品质而形成障碍。如果主管过分威严，给人造成难以接近的印象，或者管理人员缺乏必要的同情心，不愿体恤下属，都容易造成下级人员的恐惧自保心理，影响信息沟通的正常进行。

（三）环境因素的障碍

在不同的地方，如自己的办公室和上级的办公室对于沟通会产生一定的障碍，还有声音、光线、温度等。

（四）人格因素的障碍

在管理中，信息沟通往往是依据组织系统分层次逐次传递的，然而，在按层次传递同一条信息时往往会受到个体素质的影响，如消极、自卑、冷漠、火爆等，从而降低信息沟通的效率。

（五）年龄的障碍

由于年代和经历不同，形成思想上的差距。因此与年龄差距较大的人进行沟通，会有一定的代沟。

（六）学历、经验的障碍

在信息沟通中，如果双方经验水平和知识水平差距过大，就会产生沟通障碍。此外，个体经验差异对信息沟通也有影响。在现实生活中，人们往往会凭经验办事。一个经验丰富的人往往会对信息沟通做通盘考虑，谨慎细心；而一个初出茅庐者往往会不知所措。特点是信息沟通的双方往往依据经验上的大体理解去处理信息，使彼此理解的差距拉大，形成沟通的障碍。

（七）性别的障碍

(1) 女性通常较敏感、细腻，自我保护意识较强。
(2) 男性通常粗枝大叶，小而化之。

二、影响有效沟通的因素

（一）个人因素

个性因素所引起的障碍。信息沟通在很大程度上受个人心理因素的制约。个体的性质、气质、态度、情绪、见解等的差别，都会成为信息沟通的障碍。沟通者的畏惧感以及个人心理品质也会造成沟通障碍。在管理实践中，信息沟通的成败主要取决于上级与上级、领导与员工之间的全面有效的合作。但在很多情况下，这些合作往往会因下属的恐惧心理以及沟通双方的个人心理品质而形成障碍。一方面，如果主管过分威严，给人造成难以接近的印象，或者管理人员缺乏必要的同情心，不愿体恤下情，都容易造成下级人员的恐惧心理，影响信息沟通的正常进行。另一方面，不良的心理品质也是造成沟通障碍的因素。知觉选择偏差所造成的障碍。接收和发送信息也是一种知觉形式。但是，由于种种原因人们总是习惯接收部分信息，而摒弃另一部分信息，这就是知觉的选择性。知觉选择性所造成的障碍既有客观方面的因素，又有主观方面的因素。客观因素如组成信息的各个部分的强度不同，对受讯人的价值大小不同等，都会致使一部分信息容易引人注意而为人接受，另一部分则被忽视。主观因素也与知觉选择时的个人心理品质有关。在接受或转述一个信息时，符合自己需要的、与自己有切身利害关系的，很容易听进去；而对自己不利的、有可能损害自身利益的，则不容易听进去。凡此种种，都会导致信息歪曲，影响信息沟通的顺利进行。

(1) 自我限制——我天生就不善于处理人际关系。

(2) 把人际关系当成对立的；你好，我不好，我要成功主要靠打垮别人。

(3) 自尊心强的人面子不能轻微受损。

(4) 人善被人欺——真诚善待人，反而被人欺压。

(5) 对付蛮横者，最好是使其在大庭广众下“泄气”。

(6) 善于表面功夫——认为卑贱谄媚者才能搞好人际关系。

（二）人际因素

沟通是发送者与接收者之间“给”与“受”的过程。信息传递不是单方面，而是双方的事情，因此，沟通双方的诚意和相互信任至关重要。在组织沟通中，当面对来源不同的同一信息时，员工最可能相信他们认为的最值得信任的那个来源的信息。上下级之间的猜疑只会增加抵触情绪，减少坦率交谈的机会，也就不可能进行有效的沟通。沟通的准确性与沟通双方间的相似性也有着直接的关系。沟通双方的特征，包括性别、年龄、智力、种族、社会地位、兴趣、价值观、能力等相似性越大，沟通的效果也会越好。其次，知识、经验水平的差距所导致的障碍。在信息沟通中，如果双方经验水平和知识水平差距过大，就会产生沟通障碍。

（三）结构因素

在管理中，合理的组织机构有利于信息沟通。但是，如果组织机构过于庞大，中间层次太多，那么，信息从最高决策传递到下属单位不仅容易产生信息的失真，而且还会浪费大量时间，影响信息的及时性。同时，自上而下的信息沟通，如果中间层次过多，同样也浪费时间，影响效率。有的学者统计，如果一个信息在高层管理者那里的正确性是100%，到了信息的接受者手里可能只剩下

20%的正确性。这是因为在进行这种信息沟通时，各级主管部门都会花时间把接收到的信息一层一层地过滤，然后有可能将断章取义的信息上报。此外，在甄选过程中，还掺杂了大量的主观因素，尤其是当发送的信息涉及传递者本身时，往往会由于心理方面的原因，造成信息失真。这种情况也会使信息的提供者望而却步，不愿提供关键的信息。因此，如果组织机构臃肿，机构设置不合理，各部门之间职责不清，分工不明，形成多头领导，或因人设事，人浮于事，就会给沟通双方造成一定的心理压力，影响沟通的进行。

三、有效沟通的实现

显而易见，一些人会比其他人更善于交流。从行为方面而言，他们在交流过程中更关注人们说什么、怎么说，以及对待别人说话的态度和身体语言的变化。一般而言，有效的交流者都是有以下共同的特征。

（一）诚信

诚信就是从头到尾，言行一致。是不是能令人信赖，是不是一名优秀的领导人，通常就是看他是否言行一致，这种观念的逻辑是：我们说某人可信，也就意味着大家可以相信这个人，大家要相信这个人才信赖他，能受人信赖才能建立起有意义的关系，但是一个人信口开河，说话无凭无据，或者是说话不算话，他的信用就薄弱易碎，一攻即破。信用是要花好几年的时间，一点一滴建立起来，但要毁掉它却只要一眨眼的工夫。无心说溜了嘴，或是不小心犯错，都有可能前功尽弃。因此还有一些人认为“沉默”在一连串的沟通过程中也有其必要性。不愿意坦诚地面对事实。但容易造成情报缺乏，引起错误的信息或谣言。所以诚信就好像一条“双车道”，是自己和别人建立互信互谅关系的必经之路。

（二）将心比心

一把坚实的大锁挂在铁门上，一根铁棍费了九牛二虎之力，还是无法将它撬开。钥匙来了，它瘦小的身子钻进锁孔，只轻轻一转，那大锁就“啪”的一声打开了。铁棍奇怪地问：“为什么我费了那么大力气也打不开，而你却轻而易举地就把它打开了呢？”钥匙说：“因为我最了解它的心。”将心比心是沟通中最能打开和稳固关系的重点。

（三）细心听别人说话

细心听别人说话，以了解他们的感受和心中的期待。深切地了解别人关心的事和需要。一些主管和下属沟通，常常是侃侃而谈，自己一个人说得口沫横飞。在他们的观念中，他们一直以为情报信息掌握得愈多，表示自己的地位愈高。他即由沟通所达到的，常常是在维持自己的独断。他们不会马上回馈员工，也不认为这样做有何价值。要了解别人，首先你必须倾听别人说话，不仅要细细听，而且不要随便打断。这样才能听出他们所要表达的内容和其中的深意。细心倾听别人说话可以使谈论的事项更有启迪性，以全新的角度来看一件事，如果我们能开放心灵来倾听别人的话，而且愿意改变自己，效果更好。在企业中，倾听每个人的意见，最主要的就是从中取得可靠的回馈，这种回馈亦即由下而上的沟通，也就是双向沟通中比较重要的那条渠道。员工回馈的意见对公司领导人来说有两大作用：一是即以成为决策所依据的资料；二是使员工能直接参与公司事务，加强他们对公司的向心力。

（四）回应别人的话

以体谅别人的心情来倾听，也就是听取他人的意见和需要，是非常重要的，负起责任尽快回应，才能对事情有所助益。否则，提出意见的人会想，这样不是白白的浪费时间吗？比方说，公司费了很大的劲进行意见调查，到后来却不了了之，当然会引起员工反感。在意见调查时，通常会问员工公司在哪一方面需要改进，员工自然认为主管会告诉他们结果并和他们一起讨论，而且这结果也会影响公司决策，以改进缺失。如果参与意见调查的人都相信，他们提的意见，将使公司的明天更有希望，也就能更加深他们的认同，愿意为公司服务。

（五）小心选择

要把自己的沟通跟公司所有管理网络相连，选择和运用策略使自己的沟通为公司带来最大的利益。

（1）时机。有一些专业人士，特别是产科医生和军事专家，都认为“时机就是一切”。发生的频率和确切的时间的确会影响震撼的效果。时机的掌握对沟通成效的影响主要有两个层面：一是要选择最具有影响力的议题或是事件，使自己的地位更加突显；二是要把握进行沟通的时机，如一句相同的话在不同的时机就会产生不同的效果。

（2）要选择适宜的网络。如果沟通的气氛不对，无论沟通的信息多重要，也无法达成预期的沟通效果。一般人对于传统的媒介、信息的本身以及来源都会有所反应。选择不当的传播网络，可能会干扰到接收者了解的程度，对于某些主管而言，该用什么媒介，他们并不担心，而且会问：“如果我喜欢这一个媒介，需要的话随时可以使用，那么信息如何传送又有什么不同，不是只要把信息送出去就好了吗？”在20世纪30—50年代，就是认为信息的本身最重要，只要信息传递到了就好，其他没有什么。新的研究推翻了这个理论。在选择媒介来传送信息的时候，应该要考虑接收者比较习惯和偏好的媒介，而不是发布信息者一个人可决定的。

每种媒介都有其特点和限制，因此各适用于某一种场合，下列五种因素对媒介的选用有不同程度的影响。

①传送的速度。如果明天一定要发布信息，月刊式的内部通讯可能派不上用场。

②花费受益。送每个员工一盘VCD宣传片，这笔花费不小，但比起员工跳槽所付出的代价要划算得多。

③获得信息回响的必要性与难易度。在一次演讲之后，要立即获得大家反映意见的问卷回函是不太可能的。

④信息的复杂程度。如果你只用语音系统来说明公司对所得税法的态度，员工仍然无法得到他们想要的信息。

⑤信息的内容、时间和前后顺序的控制。如果你不希望发布的信息遭到更改或扭曲，倒不如买下广告版或是制作手册，直接邮寄给每一个人，靠大众媒体的报道可能会失之偏颇。

(3) 要选择合适的策略。有这样一个故事发人深省：春秋战国时期，耕柱是一代宗师墨子的得意门生。不过，他老是挨墨子的责骂。有一次，墨子又责备了耕柱，耕柱觉得自己真是非常委屈，因为在许多门生之中，大家都公认耕柱是最优秀的人。但又偏偏常遭到墨子指责，让他面子过不去。一天，耕柱愤愤不平地问墨子："老师，难道在这么多学生当中，我竟是如此的差劲，以至于要时常遭您老人家责骂吗?"墨子听后毫不动肝火："假设我现在要上太行山，依你看我应该要用良马来拉车，还是用老牛来拖车?"耕柱回答说："再笨的人也知道要用良马来拉车。"墨子又问："那么，为什么不用老牛呢?"耕柱回答说："理由非常的简单，因为良马足以担负重任，值得驱遣。"墨子说："你答得一点也没有错，我之所以时常责骂你也是因为你能够担负重任，值得我一再地教导与匡正你"。

试想，故事中的墨子因为要教很多的学生，一则因为繁忙没有心思找耕柱沟通，二则没有感受到耕柱心中的愤恨，如果耕柱没有主动找墨子的行动，那么结果会怎样呢?

①沟通必须目的明确、思路清晰、注意表达方式。在信息交流之前，发讯者应考虑好自己将要表达的意图，抓住中心思想。在沟通过程中要使用双方都理解的用语和示意动作，并恰当地运用语气和表达方式，措辞不仅要清晰、明确，还要注意情感上的细微差别，力求准确，使对方能有效接收所传递的信息。发讯者有必要对所传递信息的背景、依据、理由等做出适当的解释，使对方对信息有明确、全面的了解。假如你要分配一项任务，那么要对任务进行全面分析，这样你才能正确地对任务进行说明；假如你面临的是纪律问题，那么在批评和处罚之前，应对情况进行全面了解，取得真凭实据，这样的处理就会取得圆满的效果。

②抉择自由度。掌握多种与他人交流的方法。对于不同的人有不同的方法。

对爱面子的人，如何对对方保持尊重就是一种必要的考虑了。如果一方在没有完全理解对方观点的基础上就贸然采取言语攻击的方式回应就不是上上之策。即使是自认为理解了对方的观点，而自己的意见对方又不愿采纳的情况下，是不是就可以采取愤怒的方式进行回应呢？这样是不宜的，因为这里还存在经常用来批评人的“其他可能性”，因为一个人不能自以为是地认为自己能完全理解对方的意图，而且很多观点和意图是隐藏在观点之外的。也就是说，一个人不能完全替代别人进行思考，这就表明你的观点及反驳只能是提供给对方借以思考的佐料，而不是代替人家去做具体的判断。但另一方面，在做具体的价值判断时又是过度的偏执，而一旦别人的价值观念不符合自己所愿时，就会本能地愤怒。

③灵活性。灵活地使自己的行为与周围环境相一致，能正确地评价环境，做出正确抉择并采取相应的行动。沟通效果不仅取决于信息的内容，还要受环境条件的制约。影响沟通的环境因素很多，如组织氛围、沟通双方的关系、社会风气和习惯做法等。在不同情况下要采取不同的沟通方式，要抓住最有利的沟通时机。时机不成熟不要仓促行事；购误时机，会使某些信息失去意义；沟通者应对环境和事态变化非常敏感。

【案例分析】

1. 两位厂长的不同领导方式

Y 工厂是巴杰特汽车公司——经济轿车分部的六个装配厂中最老的一个，这里有将近一万名职员，由威克斯特龙先生负责。在最近几年里 Y 厂的绩效不如其他几个厂，当有迹象表明在可以预见的将来，Y 厂的情况不会有什么好转时，公司总管理处开始不安了。总管理处施加压力，并且提出具体指示，让厂领导照办以扭转局面。

威克斯特龙先生是位受人尊敬和有能力的厂长，负责管理一家大工厂对他来说并不陌生。毕竟，他是通过艰苦的奋斗逐级升上来的，怀有雄心斗志，技术高超，处世圆熟，工作勤奋。Y 厂在他的领导下一直相当出色。一直到 20 世纪 70 年代，能源危机和环境污染危机接踵而至，严重地打击了汽车工业。那时，所有六家工厂都拼命想满足对经济型汽车的要求，这种小车不但省油，而且符合环境保护的要求。生产线的速度加快，开始班制操作，工人雇用人数增加（绝大多数是移民），一大批管理人员不得不被派到新的岗位上去。

尽管经济轿车分部的各厂同样都承担了由大型汽车骤然转产小型汽车带来的压力和考验，可是这些工厂的厂长们各显神通，来适应市场形势的这种新发展。下面的例子说明了威克斯特龙先生是打算如何来对付这种危机的。

一天，他在工厂里进行例行的巡视时，亲自命令一个工段的工长，改变仪表板的装配程序，他认为这样能加快操作，当生产经理阿伯格女士发现了这套新程序以后，她慌了，因为它扰乱了整个生产进度。她在办公室里找到威克斯特龙先生，向他提出关于装配程序的新建议，想协调威克特斯龙先生的计划和她自己的计划，出乎阿伯格女士的意料，威克斯特龙先生的反应非常粗暴，并且吩咐她必须按照他的命令办。

当威克斯特龙先生看了车身装配线的生产周报表以后，忽然大发脾气，立刻把这条装配线的工长乔根先生叫到他的办公室，威胁他说，如果产量没有提高的话，就把他解雇。这种反应使乔根先生非常震惊。他马上想到两个星期前，他的同事乌尔夫先生刚被解雇了。他为了解释生产上不来的原因，抱怨他得对付好多难以克服的困难：陈旧失修的设备，没有经验的新工人，乏味又缺乏革新的工作结构，然而没有人愿意听他的意见。

一天，发电站出了故障，工厂的电力供应突然减少了，第二天就完全切断了。威克斯特龙一向不主张依靠委员会会议来治理工厂，可是面临着危机，他召集了一次生产经理和工长会议。显然，电力公司修复电网至少还需要一个星期，会议决定暂停生产，并且争取工长支持，将两天带薪休假改为只发一天工资，可是会议记录送到公司总管理处以后，威克斯特龙的建议立即被否决了，总管理处坚持说，这类经济省油的小汽车刚从装配线上开下来就能卖出去，所以生产不能停止，不管花多大代价，也得买一台流动式辅助发电机组，这个方案不但开支大，而且还给工人和管理人员带来许多麻烦，威克斯特龙先生召开了第二次会议，他刚向他的高级助手传达完总管理处的意见，马上就有好几个管理人员愤怒地抗议上边粗暴干涉他们厂内部事务，他们说，这回又是说明总管理处告诉他们如何管理工厂的典型例子，厂里其他一些负责人对这件事同样地关心，责怪他们的领导威克斯特龙先生不能像其他负责人那样，坚持自己的立场，拒绝总管理处的处理，并对它的做法做出挑战。他们觉得总管理处对厂里的实际情况一无所知，而总是把他们置于听从指示的位置，有些管理人员进一步埋怨说，威克斯特龙先生的头等大事就是执行总管理处每天发出的工作指示，会计、质量检验、原材料检验和人事等职能科室的负责人也纷纷抱怨总管理处直接发下来的具体指示也太多了，这些科室人员就像在生产第一线的管理人员一样，也普遍不满总管理处的包办代替行为。他们发牢骚说，现在简直就是不让他们干本职工作，承担能够胜任的任务，这样下去，他们将被迫从自己的部下那儿收回一些合法职权，干预他们的业务，从而使全厂各级领导犯同一种毛病。

为了压制下面的反响，总管理处争辩说，Y 厂的问题是威克斯特龙先生缺乏控制力，而不是由于什么设备陈旧、工作乏味，以及工人没有经验等造成的。

1973 年 10 月突然爆发的中东战争进一步加深了能源危机。对小型轿车的需求大大超过了供应能力，由于不满 Y 工厂的工作绩效，总管理处决定由雷曼女士来代替威克斯特龙先生，雷曼女士提出，她可以接受这项职务，但是，在一段时间内，必须由她全权管理自己的事务，总管理处同意了她的条件，并保证不干预她，她可以按照她认为恰当的任何方式自由行事。

雷曼女士从接任起就指出，她不同意总管理处认为应当裁员的想法，她要给厂里每个人机会以充分证明自己的价值。在她任期内，全厂上万名职员中被解雇的只有极少的几个人，她向总管理处申请资金使工厂现代化，而首先建造的是供生产工人使用的自助餐厅和洗手间。午餐时她亲自上自助餐厅，跟工人、工长和下级管理人员打成一片。她倾听他们的抱怨，征求他们的合作和建议，鼓励班组定期开会来解决共同的问题，参与她地长远规划，并为防止日常危机进行协商。雷曼女士的工长们经常非正式地开会，增强了横向联系，她为职能人员和生产第一线人员安排了不断解决问题的对话，通过对话，职能人员知道他们为生产第一线提供的服务是怎样的不中肯或只顾自己的。她并且消除了原来的恐惧和危机综合征，激发了职员们的信心和忠诚。雷曼女士并没有改变工厂的正式组织机构，她希望她的管理人员为自己的部门设置目标，并负责完成。她授给他们必需的权力，让他们独自去做好工作。

现在，在雷曼女士代替威克斯特龙先生之后的6个月，Y工厂已经重新振作起来，生产绩效已有显著提高。雷曼女士晋已升为总管理处的最高经理，Y工厂没有她也运营得很好，威克斯特龙先生则提前退休了。

讨论题：

（1）威克斯特龙先生的管理方式中有何不足？

（2）雷曼女士的管理方式与威克斯特龙先生的管理方式有何不同？

（3）通过案例说明有效沟通有何作用。

2. 神奇的教练

圣路易的职业棒球队红雀队，在80年代还三度获得优胜，到了1990年却敬陪末座。这支球队的总监是麦可维，也是该球队老板的亲戚，他知道这支球队得经历漫长的努力，才能爬回原来的地位。不管是老手也好，新人也罢，每一个人都垂头丧气，毫无斗志，麦可维希望有人来领导他们，他们相信自己还能赢球，并使球员们重新团结一致。麦可维对这个人的期望不多，只要有所罗门王的智慧，德雷莎修女的耐心和基辛格的外交手腕。更重要的是选取的这个人一定要能和不同年龄、出身背景迥异的球员沟通。

麦可维最后找到了曾担任过球员和球队管理的托尔。托尔本来只想好好地继续当一个运动节目的评论员，要他换工作恐怕很难，他口才绝佳，把节目做得有声有色，加上这么多年来活跃于棒球界，他的判断力极其敏锐，这种种使得麦可维爱才难舍，看准了他不会放弃这个自我挑战的大好机会，于是力邀他加入球队。最后麦可维终于把他从高高在上的转播台上请下来，移驾到四处叫嚣、乱成一片的选手休息区。

没有多久，情势就大为好转。两年好像只是一眨眼的工夫，红雀队又成为常胜军了，他们是最好的球队，每个球员的潜力都发挥得淋漓尽致。麦可维也和托尔签下数年的合约，让球员安心，托尔会长期带领他们。托尔早期的管理方式赏罚分明，近年来变化不少，麦可维和队友一致认为他之所以能成人所不能成者，就在他“得饶人处且饶人”的沟通方式。

麦可维解释说：“托尔这个人很实在，说起话来绝不会拐弯抹角的……为了这样一个能跟他们肝胆相照的人，球员没有不卖命的。”前投手马格雷恩也说他是个直截了当的人：“以前赫佐格管理的时候，他要跟你说话，却不直接说，等你在报纸上看到才知道，但是托尔从来不这样，他一定面对面跟你谈。”此外，托尔不会制定一大堆规则要球员遵守，他只坚持一件事，那就是——好好打球。托尔说：“我以前在亚特兰大的时候，定下了一些规矩，比方说要他们不要打高尔夫球，也不可以去游泳等。但是，后来我了解到我不能像一个保姆一样看着他们，我只能告诉他们‘你们是成年人，要怎么做就去做。但是你们得在球场上表现给我看’。”

诚恳实在、敞开心胸以及放手让人去做，这些都是有成效的沟通特点，这才能建立起实质的关系，托尔能得到这些球员的信任实在不是简单的事，这些球员身价都在百万美元左右，何以会对一个管理人员这么心服口服？麦可维这次真是找对人了，托尔的确是一个最佳的球队管理者；他找来的是一个能与球员好好对谈，而不是一味地要球员听他话的人。

托尔的领导方式代表着今天管理方式的变革，也就是从权威、命令式的管理方式转变成合作式的管理。这种趋势已开始在企业界生根了，许多主管也了解到自己要去学习人际关系和沟通技巧，否则自己和整个企业都会一败涂地。因此光是沟通还不够，还要进行有成效的沟通才行，这样才能有非凡的成果。

讨论题：

(1) 上行沟通与下行沟通有何异同？

(2) 在管理过程中为何要强调沟通？

(3) 进行有效的沟通是否会影响管理者的领导力？

【复习思考题】

1. 什么是沟通？试指出其主要类型及特征。

2. 试述个人对新的沟通方式的独到见解。

3. 你所在的学校（或学院）的沟通系统和沟通机制是怎样的？你对此有何评价？你有何建议？

4. 为什么说单向认知与多向优化是两种非对称性异步的沟通形式？谈谈你的看法。

第十章　企业与生产管理概论

【学习目标】

了解现代企业制度，现代企业制度的基本内容、基本特征；了解现代企业的法律形式，企业管理现代化的主要内容；熟悉现代生产特点、生产管理的内容和任务，以及企业的生产过程。

【案例导读】

一项困难的生产决策

最近，A 公司的王经理正在就两笔产品订单进行研究与决策。一笔订单是长期、大量地生产一种设备，但是客户却在极力压低价格；另外一笔订单是生产几种设备，即只能组织成批生产，但客户方面愿意出较高的价格购买。

而 A 公司生产能力有限，只能接受其中一笔订单。

王经理在 MBA 学习期间曾经接触过许多现代生产管理的方法，例如“柔性化生产”“集成化生产”“成组技术”等，但是他不知道这些方法能否在本企业应用，是否能解决这类问题。

同时，到底怎样在生产环节保证效益的提高，推行科学的生产管理，王经理也正在进行深入的研究。

第一节　现代企业

一、企业的概念

企业是一种从事生产、流通或服务等经济活动，为社会提供商品或劳务，满足社会需要并获取盈利，实行自主经营、自负盈亏、独立核算，具有法人资格的经济组织。

按照这一定义，企业可分为工业企业和商业企业两大类。工业企业乃是从事工业性生产的经济组织，它利用科学技术、机械设备，将原材料加工成社会所需要的产品，同时获得利润。商业企业则是指从事商业性服务的经济实体，它以营利为目的，直接或间接地向社会提供货物或劳务，以满足顾客的需要，企业具备以下基本要素：

（1）拥有一定的资源，既拥有一定数量、一定技术水平的生产设备和资金，又拥有一定技能、一定数量的生产者和经营管理者；

（2）拥有开展一定生产规模和经营活动的场所；

（3）从事社会商品的生产、流通或服务等经济活动；

（4）生产经营的目的是获取利润，在经济上必须独立核算、自负盈亏，具有自我发展和自我改造能力；

（5）法律上具有法人地位，有一定的义务和权利。

二、现代企业类型

现代企业是多种多样的，可以根据不同的标准对企业进行分类。

（一）按照生产资料所有制的性质和形式分类

按照生产资料所有制的性质和形式分类，可划分为国有企业、集体企业、私营企业、个体经济、“三资”企业等。

国有企业是指企业生产资料属于社会全体劳动人民所有，经济上相对独立的经济单位，过去又称为全民所有制企业，它是我国国民经济的主导力量。

集体企业是指生产资料归企业全体劳动者集体所有的企业。它有权独立支配企业的财产和产品，在国家的统一领导下，根据市场需要独立进行生产经营活动，自负盈亏，企业依照法律规定实行民主管理。

私营企业通常是指生产资料归经营者私有或其家庭所有。主要依靠雇佣劳动从事生产经营活动的企业。我国现阶段的私有企业是以公有制为主体的社会主义市场经济的重要组成部分，对国民经济起着必要的补充作用。

个体经济是指生产资料归劳动者个人或家庭所有、以个人或家庭劳动为主的生产经营单位。我国目前主要包括城乡个体工商户、农村专业户、农业承包者等。

“三资”企业是指外商独资企业、中外合资企业、中外合作企业，是依据平等互利、共同投资、共同经营、共享红利、共担风险的原则，由外商独立投资或与国内企业共同投资在我国境内兴办的企业。

（二）按照企业所属的经济部门分类

按照企业所属的经济部门分类，可划分为工业企业、农业企业、建筑安装企业、交通运输企业、商品流通企业、金融企业、服务企业等。

（三）按照企业的经营规模分类

按照企业的经营规模分类，可划分为大型企业、中型企业和小型企业。企业生产经营的规模主要体现在企业的生产经营能力、设备的数量、固定资产原值和职工人数等几个方面，对此国家公布了具体的标准。

（四）按照企业生产要素所占比重的不同分类

按照企业生产要素所占比重的不同分类，可划分为劳动密集型企业、技术密集型企业、知识密集型企业。

劳动密集型企业是指技术装备较少，用人较多，生产过程主要靠人工劳动，产品成本中劳动者工资等报酬占有较大比重的企业。

技术密集型企业是指需要投资较多，技术装备程度较高，用人较少，生产过程主要依靠机械化、电气化设备加工，产品成本中固定成本占较大比重的企业。

知识密集型企业主要是指拥有较多中高级科技专家，综合运用国内外先进科学技术成果进行生产经营的企业。

（五）按照企业投资者结构的不同分类

按照企业投资者结构的不同，可划分为独资企业、公司企业、合伙企业。

独资企业是指个人或者某一投资者全额出资经营，自己管理或委托他人管理，资产所有权与经营权完全统一的企业。

公司企业是指依据公司法中规定程序设立的，由两个以上股东共同出资组建，或由两个以上企业出资组建、共同经营、风险共担、利润按出资额分配的企业。

合伙企业是指由两个以上企业共同出资组建，完全由双方共同经营与管理、共享收益和共担风险的企业形式。

三、现代企业制度

（一）现代企业制度的概念

现代企业制度是以企业产权制度为核心，以企业法人制度为基础，按照产权明晰、责权分明、政企分开、管理科学的要求，建立的有利于社会资源合理配置，企业能高度自主经营并承担有限责任的企业组织和运营管理制度。现代企业制度是企业制度创新的产物，它以完善的法人财产权为基础，以有限责任为基本特征，以专家为中心的法人治理结构为保证，以公司制为主要形态的企业制度。

现代企业一般不应按所有制性质来区分，而应按出资方式和出资者承担债务风险等法律责任的性质来划分企业。依据现代企业制度建立起来的有限责任公司是当今企业组织或制度的主流。

（二）现代企业制度的基本内容

现代企业制度的基本内容主要有以下四方面：

（1）产权制度是现代企业制度的核心。产权指财产权，包括占有权、所有权、处置权和收益权等权利。现代企业制度主张终极所有权与法人财产权分离，即股东拥有公司股权，公司完全拥有法人财产权。现代企业制度既尊重股东的股权，也尊重公司的法人财产权。

（2）企业法人制度是现代企业制度的基础。企业法人是得到法律承认，能以自己独立的人格化的组织名义，享有法律赋予的权利，也承担相应义务的经济组织。企业法人依法享有充分的经营自主权，并以其全部财产对其债务负责。

（3）有限责任制度是现代企业制度的重要标志。有限责任制主要表现在出资者只以其出资额为限对企业承担责任，企业以其全部资产对其债务承担责任。有限责任制度解除了出资人对无限责任的忧虑，形成了激励人们出资办企业的机制，有利于企业的发展。

（4）公司企业是现代企业制度的典型形式。现代企业以公司企业为最主要的形式，而公司企业中最为典型的企业形式又是股份有限公司和有限责任公司。当然，还有其他企业形式也属于现代企业制度，人类社会在企业制度方面将会永不停息地探索。

（三）现代企业制度的基本特征

现代企业制度的基本特征主要表现在：

（1）产权明晰。即明确企业出资人与企业组织的基本财产关系。现代企业制度下，所有者与企业的关系变成了出资人与企业法人的关系。这种关系与其他企业制度下所有者与企业法人的关系的主要区别在于将出资人所有权与企业法人财产权进行合理分解，使出资人与企业法人各自拥有独立的财产权利。

（2）权责分明。指在产权关系明晰的基础上，企业通过法律确立了出资人与企业法人各自应履行的义务和应承担的责任。出资人应履行的义务是必须依法向企业注入资本金，并在企业的正常存续期内不得随意撤回其出资，但可以依法转让。企业法人的义务是依法自主经营、自负盈亏，以独立的法人财产对其经营活动负责，以其全部资产对企业的债务承担责任。

（3）政企分开。指在产权明晰的基础上，实行企业与政府的职能分离，理顺政府与企业的关系。政府可以通过经济手段、法律手段对企业的生产经营活动进行调节、引导和监督，但不能直接干预企业的经营管理活动。企业是营利性的经济组织，是市场活动的主体，它必须按照价值规律办事，按照市场的要求进行生产经营。

（4）管理科学。指企业内部的管理制度必须既能体现市场经济的客观要求，又能体现社会化大生产的客观要求，形成决策权力机构、业务执行机构、监督机构这三者之间的责权分明、相互分离、相互制约的权力运作系统。

四、现代企业的法律形式

现代企业主要是指公司制企业。我国《公司法》第二条指出："本法所称公司是指依照本法在中国境内设立的有限责任公司和股份有限公司。"该法第三条规定："有限责任公司，股东以出资额为限对公司承担责任，公司以其全部资产对公司的债务股承担责任。股份有限公司，其全部资本分为等额股份。股东以其所持股为限对公司承担责任，公司以其全部资产对公司的债务股承担责任。"

公司按照筹资方式与股东承担责任的不同，可分为无限责任公司、有限责任公司、两合公司、股份有限公司等。

（1）无限责任公司。指由两个以上股东出资组建、股东必须对公司债务负连带无限责任。这种公司由于股东承担责任和风险过大，因而在国内外已很少见。

（2）有限责任公司。指由两个或两个以上股东共同出资组建，每个股东以其出资额为限，对公司承担责任，公司以其全部资产对其债务承担责任。

（3）两合公司。指由无限责任股东与有限责任股东共同出资组建的公司，公司中两种股东责任不一样，无限责任股东必须对公司债务负连带无限责任，有限责任股东以出资额为限对公司的债务负有限责任。

（4）股份有限公司。指将注册资本分为等额股份，通过发行股票筹集资本，股东以其所持股份为限对公司承担责任，公司以其全部资产对公司的债务股承担责任。

现代企业除了上述基本组织形式外，还有控股公司及其子公司、关联公司、跨国公司、股份合作制等。

五、企业管理现代化

企业管理现代化，就是企业为适应现代化生产力发展的客观要求，按照社会主义经济规律，积极应用现代科学思想和现代管理理论，对企业的生产经营进行有效管理，使之达到或接近国际先进水平，创造最佳效益的过程。企业管理现代化主要有以下内容。

（一）管理思想现代化

管理思想现代化是管理现代化的灵魂。管理思想现代化就是要求在思想观念上进行变革，以适应现代化大生产、现代化技术和现代经济发展的要求。现代化管理思想主要包括民主管理的思想、公开竞争的思想、重视人才的思想、激励创新的思想、系统管理的思想和效益最优化的思想等。

（二）管理组织现代化

现代企业管理应遵循生产关系适应生产力发展的原理，建立和健全企业的组织结构。现代企业组织应具有一定的弹性和适应性，结构应体现多样化和综合化，要有利于统一指挥，有利于信息沟通，有利于充分发挥职工的积极性、创造性，按照高效率、满负荷的原则合理配备人员，保证生产经营的良好秩序。

（三）管理方法现代化

管理方法现代化是指在管理方法上运用科学研究的成果对管理中的问题进行科学分析，在总结和继承传统的行之有效的管理经验的基础上，积极推广应用先进的管理方法，如目标管理、市场预测和决策技术、价值工程、线性规划、网络计划技术、全面计划管理、全面质量管理等，以不断提高企业管理的现代化水平。

（四）管理手段现代化

管理手段现代化是指人们用以对管理对象施加作用的管理工具和管理措施要现代化。从“硬手段”方面来看，现代管理手段包括应用计算机建立企业管理信息系统，应用计算机建立国内外信息网络系统，应用计算机、电子设备和仪表对生产过程、供应和销售、人事、财务等进行科学管理；从“软手段”方面来看，应用价值观念、企业文化、战略管理等对员工实行管理和激励。

（五）管理人才现代化

企业管理现代化的核心是实现管理人才现代化。企业只有培养大批德才兼备，具有现代化文化知识、现代经济技术知识，并具有开拓创新精神和高尚道德情操，视野开阔、头脑敏捷、善于吸取国内外先进科学技术成果的经营管理人才，才能实现企业现代化。企业管理人才现代化包括管理人才的结构、知识、观念、素质、培训和开发等一系列要素。

企业管理现代化是一个系统的、整体的概念。上述各项管理现代化的内容存在着一定的内在联系，管理思想现代化是核心，管理组织现代化是保证，管理方法现代化是基础，管理人才现代化是关键，管理手段现代化是工具。

第二节 生产管理概述

生产是社会生活中最为普遍的活动，生产一般是指将一系列的输入按照特定的要求转化为某种输出的过程。这是一个增值的过程，通过物态、功能和价值的转化而实现增值。生产管理的主要任务是研究和提高生产过程的有效性和效率。

科学技术的进步和社会的发展，使得现代生产的概念逐渐扩展为既包括有形产品的生产，又包括提供劳务、知识及信息等无形产品的活动，大部分的制造厂商都兼有服务功能，许多产品是硬件、软件和服务的集成。因而，在探讨学习生产管理时，必须先了解现代生产的形式和特点，明确现代生产的管理内容和任务。

一、现代生产的形式与特点

现代生产不仅追求低成本、高效率，更强调多品种、适应性和对市场变化反应的迅速敏捷。企业的生产必须是一个增值的过程，如果企业生产的产品不能满足市场的需求，不能实现其商品价值，其生产就不仅是没有意义的，甚至是一种浪费和破坏。现代企业生产面对的是这样的生产环境：

（1）企业面对的市场是一个买方市场。买方市场的特征在于消费者是起支配作用的一方，生产者必须根据消费者的需求来安排生产，提供消费者所需要的产品，否则企业的生产将无法获得效益。

（2）企业生产的产品在市场上的寿命周期越来越短。由于市场的激烈竞争，企业都在努力将自己的产品在短时间内推向市场，产品的再设计不断发生，老产品在市场上的有效寿命常常遇到新产品的冲击，而新开发的产品难以期望有一个较长的稳定的高需求量。

（3）企业生产技术在不断更新。科学技术成果转化为生产力的速度在不断地加快，形成了工业产品的更新换代正以前所未有的速度向前发展。一个新产品从构思、设计、试制到商业性投产，在19世纪大约要花70年左右的时间，如蒸汽机技术从理论到产品开发大约花了80年的时间，而现在则只需花3年甚至更短的时间，如晶体管的应用就只花了3年时间，激光器的应用则仅仅用了一年的时间。

现代企业生产所处的新环境，形成了生产市场导向化、生产柔性化、产品独创化、经营多角化的现代生产形式和特点。

生产市场导向化的生产环境要求企业以市场需求、顾客需求为产品设计、生产的始点，以顾客满意为生产设计、生产的终点，表现为采用多品种、小批量的生产方式和从单纯的产品生产转向产品、服务的双重生产。

生产柔性化是要求企业能随机应变，适应市场的多元化需求并能快速产出交货，采用具有柔性、弹性、适应性的生产形式，以精益生产方式为代表，其特点是既突破“批量小、效率低、成本高”的生产管理特点，又改变大量生产的刚性，使成本更低、质量更好、品种更多、适应性更强。

生产产品独创化的生产环境要求企业生产具有竞争力的产品，以知识化产品的生产为代表。如果说机器化生产特征是高的生产效率和大的生产能力，那知识化生产特征则不仅是高的生产效率而且是高科技含量，一方面表现在产品含有大量的知识与技术，另一方面表现在使用高技术水平的生产设施和高素质的生产人员。在现代市场中，决定产品竞争的因素不仅是价格，更多的是产品中包含的技术和知识，靠“模仿”的产品往往是缺乏竞争力的，企业必须有研发能力，才能生产出在市场上具有竞争力的产品。

二、管理的内容和任务

生产管理是以企业内部生产活动为中心、以提高效率为目标的执行性管理活动，是企业管理的主要组成部分之一，其定义有广义与狭义之分。

广义的生产管理是指对生产活动进行计划、组织和控制，以保证能高效、低耗、灵活、准时地生产合格的产品和提供顾客满意的服务，也就是指与产品制造或服务提供密切相关的各个方面的管理活动的总称。

狭义的生产管理是指以生产产品或提供服务的过程为对象的管理，如生产技术准备、生产过程组织、生产计划、生产作业计划、生产调度、生产进度控制等。

（一）生产管理的内容

生产管理是企业管理系统中的一个子系统，与经营管理、技术管理、销售管理等其他子系统有着密切的、相辅相成的关系。生产管理主要是保证和维持企业的生产活动与企业内部的人力、材料、设备、资金等资源的静态与动态的平衡，充分利用企业内部的条件，按要求、按计划、经济地完成生产的转化。生产管理的内容，按其概念可概括为以下五项工作。

1. 计划管理

主要是根据预测和经营计划制订生产计划和生产作业计划。如确定产品的品种、产量、质量、产值计划；生产进度计划；具体的生产作业计划以及实现计划所需的资源等生产计划工作。

2. 生产准备

主要包括工艺技术方面的准备、人力的准备、物料和能源准备、设备及运输方面准备等。这些准备工作是正常生产活动所必要的基本条件。

3. 生产组织

主要是进行生产过程与劳动过程的组织。生产过程组织主要是解决产品生产过程各阶段、各工序之间在空间和时间上的衔接协调；劳动过程组织是在此基础上处理劳动者之间、劳动者与劳动工具、劳动对象之间的关系。它们既要保持相对稳定，又要适应市场需求的变化。

4. 生产控制

主要是围绕完成生产计划任务，对生产过程实行的全面控制，包括对生产作业进度、产品质量、物资消耗、成本、资金占用和设备运行等各方面的控制。

5. 现场管理

主要是对从事产品生产、加工有关活动的场所进行现场调度、质量分析、安全监督等，使生产活动有秩序、按计划地进行。现场管理是生产控制的重要手段，是收集反馈信息的重要来源。

（二）生产管理的任务

生产管理的基本任务就是通过计划、组织、控制等管理功能对生产系统进行有效的管理，根据生产过程的要求，把生产过程的人力、材料、设备、资金和信息等要素进行有机的、最佳的整合，经济、合理、按时地生产出顾客满意、适销对路的产品，满足社会的需求和获取企业发展所需的经济效益。主要包括以下三个方面：

1. 按需生产

按需生产指根据市场需求和订货合同，制订计划和组织生产，保质、保量、按期提供顾客所需的产品和服务。

2. 均衡生产

均衡生产指按照生产计划规定的进度，使各个环节和各个工序均衡生产，以建立正常、高效的生产秩序，提高设备利用率和工时利用率，降低消耗，减少在制品占用，加速资金周转，提高经济效益。

3. 安全文明生产

安全文明生产指建立各项科学合理的生产管理制度和良好的生产秩序，做到文明生产、安全生产，保证生产过程顺利进行。

简而言之，生产管理的主要任务，就是使产品的质量、生产成本和交货期达到企业的定期目标，这是衡量企业生产管理成效的三大指标。

第三节　生产过程组织

生产过程是企业投入产出转化的主体部分，是企业维持生存和发展的基础。

生产过程是否合理，对企业生产经营的效率，效益都有巨大的影响，因此必须对企业生产过程进行合理的组织。生产过程组织，就是要以最理想的方式将各种生产要素结合起来，对生产的各个阶段、环节、工序进行合理的安排，使其形成一个协调的系统。这个系统的目标是使产品在生产过程中的行程最短、时间最省、耗费最小，并能按国家计划和市场需要生产出适销对路的产品。

一、企业生产过程的组成

不论是哪种生产过程，如果按其所经过的各个阶段对产品生产所起的不同作用看，企业的生产过程由以下四个过程组成。

1. 生产技术准备过程

生产技术准备过程是指企业为了制造新产品或改进老产品而进行的生产前的一系列准备工作过程。主要包括产品设计、工艺设计、工艺装备设计与制造、试制与鉴定、材料与工时定额的制定、劳动组织的调整等工作。

2. 基本生产过程

基本生产过程是指直接对劳动对象进行加工而制成产品的过程，即产品的加工过程。例如纺织企业的纺纱、织布、印染；钢铁企业的炼铁、炼钢、轧钢；机械制造业的毛坯生产、零件加工、部件和整机的装配等工作。

基本生产过程又可以进一步细分，其结构是基本生产过程—工艺阶段—工序—工步。其中工序是这一结构中的基本单元。所谓工序，是指在一个工作地，由一个或几个工人，对一定的劳动对象进行连续加工的那一部分生产活动。产品生产过程的全部工序按作用的不同通常可以分为工艺工序、检验工序、运输工序三类。这里工艺工序是指使劳动对象发生物理、化学或几何形状变化的工序；检验工序是指对原材料、半成品和成品的质量进行检验的工序；运输工序是指在工艺工序之间或工艺工序与检验工序之间运送劳动对象的过程。工序的划分主要取决于劳动对象的技术要求、加工方法、加工精度和所采用的机器设备。

3. 辅助生产过程

辅助生产过程是指为了保证基本生产过程正常进行所从事的各种辅助生产活动过程。例如企业所需的动力生产和供应，模具、夹具的制造，设备的维修等。

4. 生产服务过程

生产服务过程是指为了保证基本生产过程和辅助生产过程正常进行所从事的各种生产服务活动。如原材料、半成品和工具的供应、保管和运输、试验和检验等过程，都属于生产服务过程。

上述四类生产过程中，基本生产过程占主导地位，其他过程都是围绕着它进行的。研究生产过程的组织，主要就是研究基本生产过程。

二、合理组织生产过程的要求

不同的企业其生产过程也不相同，但任何产品的生产都是由一定人员、设备，按一定的工艺进行加工的，任何生产过程都要求各要素得到合理的组织，使生产过程始终处于最佳状态。合理组织生产过程是指把生产过程从空间和时间上很好地结合起来，使产品以最短的路线、最快的速度通过生产过程的各个阶段，并且使人力、物力和财力得到充分利用，达到高产、优质、低消耗的要求。这是保证企业获得良好经济效益的前提。生产过程的合理组织应考虑以下几方面的要求。

1. 生产过程的连续性

生产过程的连续性指产品在生产过程各阶段、各工序之间的流动在时间上紧密衔接，形成一个连续不断的生产过程。也就是说产品在生产过程中始终处于运动状态，没有或很少有不必要的停顿和等待时间。生产过程的连续性是提高生产效率、降低生产成本的基础，需要有相应的生产技术、生产的自动化等条件作保证。

2. 生产过程的比例性

生产过程的比例性也称为生产过程的协调性。指生产过程中的各个生产阶段和各工序之间在生产能力上保持适当的比例关系。生产过程的比例性是保证生产平衡进行、保证生产连续性的基础，也是充分利用生产能力、减少人员和设备等的浪费、提高劳动生产率和设备利用率的前提条件，它取决于生产的设计及组织水平。

3. 生产过程的平行性

生产过程的平行性指生产过程的相关阶段、相关工序尽可能实行平行作业。生产过程的平行性可充分利用时间和空间，缩短产品的生产周期，提高生产效率。生产的平行性取决于生产的连续性和生产的组织方式。

4. 生产过程的均衡性

生产过程的均衡性也称为生产过程的节奏性。指产品在生产过程的各个阶段，在相同的时间间隔内大致生产相等或递增的产量或工作量，使各个工作地的负荷保持均衡，避免前松后紧。生产过程的节奏性是最充分地利用生产能力的基础，能使人员、设备等要素得以最合理的利用，有利于提高产品质量，缩短产品的生产周期。

5. 生产过程的适应性

生产过程的适应性指生产过程对市场需求的适应性，就是生产过程能在短时间内，以最少的资源消耗，从一种产品的生产转换为另一种产品的生产。这就要求生产加工的组织必须具有灵活性、可变性、多样性。这是变化的市场需求对企业生产过程柔性化的要求。

以上各项要求是相互关联、相互制约的。对不同的企业以及企业在不同的条件下，各有不同的指导意义，企业应根据自身的实际情况加以综合应用，合理地组织生产过程，以求得系统的整体效益。

三、生产类型

不同的企业，他们生产的产品不同，生产过程往往有着很大的差异。在这些表面差异的背后，是否有着内在的一致性，从而使我们能够抓住企业生产管理内在的规律，实施分类管理？这就是研究生产类型的目的。一般来说，根据不同的分类标准，可以把生产类型进行如下分类。

（一）产品工艺特性分类

1. 加工装配式生产

加工装配式生产是指将产品结构中的各种零部件，由工人借助机械手段将它们组合起来，装配成产品的生产过程。产品是由离散的零部件装配而成的，物料运动呈离散状态，其生产特点是工艺过程的离散性。

2. 流程式生产

流程式生产是指把一种或数种原材料投入生产后，经过一系列设备装置，进行化学或物理处理过程，最后制成工业产品。流程式生产又可分为综合流程式（如铁工业）和分解流程式（如石油化工），其生产特点是工艺过程的连续性。

（二）按品种、产量和工作地专业化程度分类

1. 大量大批生产

大量大批生产是指生产产品的产量大而品种少、生产条件稳定、专业化程度较高、经常不断重复生产同样产品的生产类型。其优点是可以采用高效率的专业设备和专用工艺装备，生产过程的机械化、自动化水平较高，常常采用流水作业线等生产组织形式，因而在生产效率、生产成本、技术水平等方面具有优势，但生产的应变能力较弱。

2. 成批生产

成批生产是相对大量大批生产而言，产品产量较少而品种较多、生产相对稳定、经常成批地轮换生产几种产品的生产类型。这种类型的生产虽然稳定性和重复性不如大量大批生产类型，但仍保持定期重复、轮番生产的特点；在生产效率、生产成本、技术水平等方面的优势不如大量大批生产类型，但应变能力却得到相应提升。

3. 单件小批生产

单件小批生产是指产品品种繁多，而每一种产品的数量小，设备要加工的零

件和工序繁多，很少重复，工作地的专业化程度很低的生产类型。如生产大型发电设备、船舶制造、重型机械制造的企业就是这种生产类型。

不同的生产类型对设计、工艺、生产组织和生产管理以及对企业的技术经济指标有着不同的影响。采用何种生产类型应由企业主导的产品产生过程来确定，一个企业内也可同时存在三种不同的生产类型。

（三）按供货性质特点分类

1. 备货型生产

备货型生产是企业在市场预测的基础上，按已有的产品标准或产品系列组织生产，其手段是经常保持一定成品库存量，通过成品库存来满足随时发生的用户需求。

2. 订货型生产

订货型生产是指按用户的订单进行生产。通过签订合同，按订单规定的品种规格、质量要求、需求数量、交货期、销售价格等要求组织生产。由于订单的来源具有随机性和不稳定性，这种生产类型属于无存货生产。虽然在品种规格方面有一定的范围，通常要针对用户的具体要求进行设计和制造，对企业的生产技术水平和管理水平有一定的要求。

四、基本生产车间的组织形式

基本生产车间是工业企业内部的主要生产单位，是车间布置的重点，它包括工段、班组。基本生产车间有以下三种基本的组织形式。

（一）工艺专业化形式

工艺专业化形式也叫工艺原则，它是把同类型的机器设备和同工种的工人集中在一起，建立一个生产单位（车间、工段、班组），对企业生产的各种产品进行相同工艺的加工。按这种原则布置的车间叫作工艺专业化车间，又称“机群式”“开放式”车间。按工艺原则组成生产单位有利于充分利用生产面积、生产设备的能力；而且大都采用通用设备，设备的投资费用较少；便于进行专业化的技术管理和开展同工种工人之间的学习与竞赛；灵活性好、适应性强，增强了企业适应市场需求变化的能力。其缺点是制品在制造过程中的运输路线长，交叉迂回运输多，消耗于运送原材料和制品的劳动量大，增加了在制品的数量，延长了生产周期，占用流动资金多，各生产单位之间的协作关系复杂，难以掌握零部件的成套性，生产管理工作复杂。

按工艺原则组成的生产单位适用于品种复杂多变、工艺不稳定的单件小批生产类型，如新产品试制车间、工具车间、机修车间等。

（二）对象专业化形式

对象专业化形式也叫对象原则，它是把不同类型的机器设备和不同工种的工人集中在一起，建立一个生产单位（车间、工段、班组），对相同的制品进行不同工艺的加工。按照这种原则组成的车间，叫对象专业化车间，也可以称“封闭式”车间。在这种车间里加工对象是不变的，机器设备、工艺方法是多种多样的，工艺过程是封闭的，如发动机车间、齿轮车间等。

按对象专业化形式组成的生产单位可以缩短制品的加工路线，节约运输等辅助劳动量和辅助生产面积；便于采用流水生产等先进的生产组织形式，减少制品在生产过程中的等待时间，缩短生产周期，降低流动资金占用量；可以减少车间之间的协作关系，简化管理工作；工人的操作单一，技术要求不高，培训时间短，熟练程度高，劳动效率高。其缺点是设备专用性强，需要量多，投资大；由于同类设备分散使用，个别设备的负荷可能不足，有些设备的生产能力不能得到充分利用，甚至有可能因一台设备出了故障，导致生产线的全部停工；工种复杂，难以进行工种管理；对产品品种变化的适应能力差，一旦品种改变，调整起来非常困难。

（三）混合专业化形式

混合专业化形式是综合了工艺原则和对象原则的优点所构成的介于它们之间的一种专业化形式。这种形式在我国企业中应用比较普遍。一般来讲，很多企业里，可能有些车间是按工艺原则布置，有些车间是按对象原则布置。也可能在按工艺原则布置的车间内，有的工段是按对象原则布置，例如机械加工车间是按工艺原则布置的，而这个车间内部的连杆工段是按对象原则布置的；也有可能是相反，在按对象原则布置的车间内部，有的工段是按工艺原则布置的，例如活塞车间是按对象原则布置的，而这个车间内部的车工工段是按工艺原则布置的。这种布置形式机动灵活，如应用得当，可取得较好的经济效益。

五、生产过程的时间组织

科学合理地组织生产过程，不仅要对企业内部各生产单位在空间上进行有效的组织，而且要对加工对象在不同车间和不同工序之间从时间上进行有效的控制，以提高产品在生产过程中的连续性和平行性，实现有节奏地生产，缩短生产周期，提高劳动生产率和设备利用率。

缩短产品生产周期的途径，首先要合理确定加工对象在生产过程中的移动方式。一批零件的移动方式有以下三种方式。

（一）顺序移动方式

顺序移动方式是指一批加工零件在一道工序全部加工完毕之后，整批进入下一道工序继续加工的移动方式。

采取顺序移动方式，零件运输次数少，设备的加工不间断，组织管理工作简单；但生产过程的平行性差，加工对象等待时间长，因而其加工周期长，资金周转速度缓慢。这种移动方式比较适合于加工对象的批量不大，单件加工工时较短，加工对象的重量和价值都很小的情况。

（二）平行移动方式

平行移动方式是指每个加工零件在上道工序完成之后，立即转到下道工序继续加工的移动方式。也就是说，一批加工零件在各道工序上同时加工、平行作业。

采取平行移动方式，由于各工序间的加工是平行进行的，所以加工零件的等待时间短，加工周期短，资金的周转速度快。但是，由于运输次数多，运输工作量大，部分工序的部分设备在加工时有间歇，且间歇时间分散，不易利用。这种移动方式适用于加工零件单件工时较长，批量较大，零件的重量和价值均较大的情况。企业如果出现交货期比较紧，需要赶工时，这种移动方式还是很奏效的。

（三）平行顺序移动方式

平行顺序移动方式是指以能使下道工序连续加工为前提，组织平行作业的移动方式。

平行顺序移动方式克服了顺序移动和平行移动的缺点，吸收了它们的优点，是一种较好的加工零件的移动方式。

从以上三种移动方式的特点比较来看，各有优缺点。从加工周期来看，平行移动方式、平行顺序移动方式较好；从组织工作来看，顺序移动方式较简单，平行顺序移动方式的管理难度大，最复杂。企业应根据其生产特点、生产过程的空间组织形式等因素进行选用。加工零件在生产工序之间的移动方式是在加工零件有了一定的批量，而且存在两个以上的生产工序时才需要研究的问题，如果整个加工过程只有一道工序，就不存在加工对象在工序间移动的问题。

六、流水生产的组织

（一）流水生产及其特征

所谓流水生产，是指加工对象按照一定的工艺路线和统一的节拍，连续不断地顺序通过各个工作地的一种生产组织方式，流水生产具有以下特征。

(1) 工作地专业化程度高。在一条流水线上只固定生产一种或几种产品，每一个工作地只固定完成一道或几道工序。

(2) 生产过程连续性高。流水线上的在制品像流水般由一道工序运送至下一道工序，工序间的运输通常采用传送带，加工对象作单向连续移动，极少有间歇现象。

(3) 生产的节奏性强。加工对象在各道工序按一定的时间间隔投入和生产，各工作地完全按节拍生产，从而保证了流水线的连续性和均衡性。

(4) 设备按工艺过程顺序排列。流水线的设备均按加工对象的工艺过程顺序排列，加工对象在各工序间做单向移动，保证运输路线最短。

(5) 产品的工艺过程是封闭的。各工作地按加工对象的加工工艺顺序排列，并能在流水线上完成某一工艺过程的全部或大部分工序。

(6) 流水线上各工序定额时间基本上是相等的。

(二) 组织流水线生产的条件

实现流水线生产需要具备一定的条件，最主要的有：

(1) 产品品种相对稳定，产量足够大，产品可以保证流水线有足够的负荷；

(2) 产品结构先进，设计基本定型，工艺性相对稳定，保证专用设备和工艺装备能发挥其潜在效益；

(3) 工艺过程能划分为简单的工序，便于按照工序同期化要求进行工序的分解与合并，使各工序的工时相差不大，以满足生产节拍的要求；

(4) 产品必须标准化、系列化，原材料、协作件也必须标准化、规格化，并能及时供应以保证工作地的运转正常；

(5) 生产场地必须足以容纳流水线设备和运输装置，以保证生产顺利进行；机器设备必须完好，保证产品符合质量超标准。

第四节 生产计划与控制

一、生产计划的概念与作用

生产计划是企业在计划期内应完成的产品生产任务和进度的计划。它具体规定企业在计划期内应完成的产品品种、质量、产量、产值、利润和进度等指标。

在社会主义市场经济条件下，生产计划应通过市场调查和市场预测的需求结果来确定，应根据销售计划来编制，因此生产计划是企业生产联系市场需求的纽带。企业的生产计划是企业经营计划的重要组成部分，是企业年度综合计划的核心，是编制其他企业计划的依据，也是企业在计划期内全体员工实现生产目标的行动纲领，它对于挖掘企业内部潜力、合理利用企业资源、科学组织生产活动、生产适销产品、提高企业经济效益，有着十分重要的作用。

二、生产计划工作的内容和原则

（一）生产计划工作的内容

企业生产计划工作的内容主要包括调查和预测社会对产品的需求；核定企业的生产能力；确定企业经营目标，制定经营策略；选择制订计划的方法，正确制订生产计划、库存计划、生产进度计划和计划工作程序，以及计划的实施与控制策略。生产计划是企业年度经营计划的重要组成部分，是编制物资材料采购、供应计划、库存计划、外协计划、人员计划、设备计划和资金计划的主要依据。

（二）生产计划编制的原则

生产计划是企业计划管理工作的一部分，生产计划编制工作必须遵循计划管理的基本原则，同时还应结合生产计划工作自身的特点，贯彻以下原则。

1. *以需定产，以产促销的原则*

以需定产，就是企业在制订计划、安排任务时，应按照市场调查与预测的结果，根据市场对产品品种、质量、数量与交货日期的需要来进行。市场的需求是不断变化的，企业的生产计划必须根据市场的变化而不断地调整，这样才能满足市场需要和顾客要求。企业既要以销定产，又要以产促销。也就是说，企业应该结合自身的特长，充分发挥企业人才、技术和管理资源的优势，开发新产品和生产具有一定特色的优质产品，唤起社会的新需求，指导顾客的需求方向。只有这样，企业才能扩大销售，才能扩大生产，增加企业收益，提高企业的经济效益。

2. *合理利用生产能力原则*

生产能力是企业在一定时期内，在一定的组织技术条件下，一定的资源投入所能获得的最大产出量。生产能力代表着企业内部的生产条件，因此生产能力是编制生产计划的一个重要制约因素。

企业的生产计划必须与企业的生产能力相适应，才能合理充分地发挥和利用企业的生产能力。为此，企业的生产计划必须做到计划产品的工艺过程与企业设备的性能相一致；计划产品的产量与企业设备的能力相一致；生产进度的安排均匀，使设备的负荷均衡；生产计划必须与销售计划、人力资源计划、物资供应计划、库存计划、设备计划、资金计划等相互衔接和协调一致。

3. 综合平衡原则

生产计划指标的确定要受到各方面因素的制约，既涉及产、供、销，又涉及人、财、物，这就必须对它们进行综合平衡。综合平衡的一个方面就是要弄清楚企业内部生产的可能性和潜在能力，以生产任务为中心，与设备能力、技术准备、物资供应、资金和劳动力等方面进行综合比较，发现存在的不足和困难，从而及时提出措施加以解决，保证生产计划的顺利完成。综合平衡的另一个方面就是要对产品品种、产量、质量、成本、消耗、利润等各项经济指标进行综合比较，要在尽可能提高经济效益的目标下，对生产计划的各指标予以合理调整，使确定的生产计划指标能够保证企业经营目标的实现。

4. 计划安排最优化原则

所谓生产计划安排最优化，是指在一定的资源条件下，对生产进行合理安排，求得最佳经济效益。生产计划安排最优化包括企业生产各产品的产量最优化配合和计划安排的动态最优化，也就是根据企业的有限资源，既寻求生产数量满足成本与利润指标的要求，又要使生产成本与存货成本最少而设备负荷率最大。

三、年度生产计划

（一）年度生产计划的概述

年度生产计划编制是生产制造活动的前期工作，它属于企业管理层的业务活动。年度生产计划的主要内容包括计划期的总产量计划与进度计划。计划期的长度一般为一年，该计划的主要目的是合理利用企业生产资源。

年度生产计划的特点是在计划期内从整体上统一考虑生产资源的合理使用，以期获得最佳效益。由于它的时间跨度可以有一年以上，在这段时间内，对企业决策者而言，市场需求是不确定的。此时，企业可能已经得到部分订单，但还没有达到企业的生产能力，企业也没有完全掌握市场对各种不同品种的需求，为了充分利用企业的生产资源，企业应该就此做一个计划。可想而知，这个计划不可能是十分详尽的，至少它不可能安排详细的品种计划。它只能依据部分订单和市场预测的信息，对企业一年内的生产总量做计划，并做生产资源优化条件下的进度计划。

年度生产计划看起来是个不十分确定的生产计划，但对于企业经营决策者来说，完全有必要对一年的生产任务早做安排。虽然此时企业只掌握部分的市场信息，但这并不妨碍做生产资源计划。事实上，有经验的决策者在考虑下一年度计划时，开始时关心的并不是产品的品种需求，而是产品的总量需求，它甚至可以是一个抽象产品或代表产品的总需求量。有了对总需求量的估计，就可以基本确定下年度的生产任务总量，为企业筹措生产资源提供了可靠的基础。

年度生产计划往往是以抽象的产品概念或某类产品作为计划的单位，如电视机厂是以电视机台数来计量，而不考虑产品的型号规格。年度生产计划要解决的问题是在既定的市场条件下，如何确定总产量，进一步再考虑生产进度如何安排，人力资源如何调整，库存数量如何确定，目的是使利润最大，生产成本最小。

年度生产计划特别适用于一年内需求呈季节性变化的生产类型，它虽然十分粗略，但是对于决策者来说，由于对市场需求有了大致的了解，对年度生产任务有了大体上的安排，在以后的生产管理活动中，不会因需求的变动而措手不及。

做年度生产计划时需要确定合乎逻辑的抽象产品和计划单位，如彩电，不考虑什么型号规格，以“台”为计划单位；钢铁厂以“吨”为计划单位等。确定的原则是能够以它为单位做计划期长度内的预测，又能够将有关的生产成本分离开来。这些原则是必要的，有了这两条，就可以对计划做利润和成本的判定。

（二）年度生产计划的指标体系

生产计划的指标体系由产品品种、产量、质量、产值等指标构成。

1. 产品品种指标

产品品种指标是指企业在计划期内应当生产的产品品种和品种数。这项指标反映了企业向社会提供多样化产品，满足不同消费需求的能力，也反映了企业的生产技术水平、专业化协作水平和管理水平。

2. 产品产量指标

产品产量指标是指企业在计划期限内应当生产的合格产品数量和工业性劳务的数量。这项指标反映了企业生产经营有效成果的数量和规模，也反映了企业生产能力及生产发展水平，它是企业进行产销平衡、物资平衡、计划成本和利润以及编制生产作业计划和组织日常生产活动的重要依据。

3. 产品质量指标

产品质量指标是指企业在计划期内生产的每种产品应该达到的质量标准。这项指标反映了企业在使用价值上满足社会需要的程度，是衡量企业工作质量的综合指标之一。它不仅反映了企业的技术水平和管理水平，也从侧面反映一个国家的工业技术水平。

4. 产品产值指标

产品产值指标是综合反映企业在计划期内生产成果的价值指标，实质上是用货币表示企业生产的产品数量。该项指标又分为商品产值、总产值、净产值。商品产值是指企业在计划期内生产的、可供出售的合格产品及工业性作业的价值，由企业自备原材料生产的成品价值、用供货商的原材料生产的成品的价值和已完成的工业性作业的价值三个部分组成。总产值是指在企业计划期内以货币形式表现的产品总量，由计划期内完成的成品价值和对外出售的半成品价值、工业性作业的价值和自制半成品、在制品、工艺装备等期初结存量的差额价值三个部分组成。净产值是指在企业计划期内工业生产活动创造的价值，是从总产值中扣除生产过程中已消耗的物化劳动的价值之后的余额，它反映企业的生产成果。

上述各项指标有着相互依存的关系，构成了生产计划的指标体系。确定以上指标时必须遵循价值规律，依据客观数据资料，力求适应市场发展需要和符合企业的实际情况。

（三）生产能力

在生产计划的制订工作中，关键是做好生产任务与生产能力之间的平衡。因此，应明确生产能力的含义、生产能力的计量方法以及生产能力的调节等问题。

1. 生产能力的概念

工业企业的生产能力可定义为企业的固定资产在一定时间内，在正常的技术组织条件下，经过综合平衡后，能生产一定种类产品的产出量。生产能力的这个定义包含了几层重要的概念：第一，企业的生产能力是由机器设备（即固定资产）的产出量所决定的，而且设备的产出量比较稳定，能较确定地代表生产能力。第二，按一定时间内，一般为一年内所能生产的产品产量代表生产能力。第三，企业生产能力是指在现有的技术组织条件下所能达到的产出量。所谓技术组织条件主要包括产品的技术要求与产品组合、设备类型（通用或专用设备），以及劳动力熟练程度与劳动组织形式等，这些条件若发生变化，生产能力也将发生变化。第四，企业生产能力是生产过程各个阶段各个环节的生产能力经过综合平衡后所达到的产出量。这意味着企业的生产能力由最薄弱环节，即瓶颈的产出量所决定，要提高企业的生产能力，主要应提高瓶颈工序的生产能力。

生产能力是反映企业所拥有的加工能力的一个技术参数，它也可以反映企业的生产规模。每位企业主管之所以十分关心生产能力，是因为他随时需要知道企业的生产能力能否与市场需求相适应。当需求旺盛时，他需要考虑如何增加生产能力，以满足需求的增长；当需求不足时，他需要考虑如何缩小规模，避免能力过剩，尽可能减少损失。

2. 生产能力的种类

(1) 按用途分类。

①设计生产能力。设计生产能力是指企业基建任务书和技术文件中所规定的生产能力。可以是企业组建时规定的，也可以是车间组建时规定的。它是按工厂设计中规定的加工任务、技术装备、各种设计参数计算的应达到的最大年出产量。车间的设计生产能力应同企业的设计生产能力相适应。设计生产能力是在建成投产后，经过一定时间熟悉和掌握技术、完善技术组织的过程才能达到的。设计生产能力也不是不可突破的，当操作人员熟悉了生产工艺，掌握了内在规律以后，通过适当的改造是可以使实际生产能力超过设计生产能力的。

②查定生产能力。老企业可能由于产品方向有所改变，或者是产品结构重新设计，也可能因为工艺方法有所改进等种种原因，当初的设计生产能力已完全不

能反映实际情况，这时需要对企业的生产能力做重新核准，称此结果为查定生产能力。查定生产能力是企业的实际生产能力，对于企业各类计划有指导作用，是企业计划工作的基本参数。

③计划生产能力。企业在年度计划中规定本年度要达到的实际生产能力称为计划生产能力。计划生产能力包括两大部分，首先是企业已有的生产能力，是近期内的查定生产能力；其次是企业在本年度内新形成的生产能力。后者可以是以前的基建或技改项目在本年度形成的生产能力，也可以是企业通过管理手段而增加的生产能力。计划生产能力的大小基本上决定了企业的当期生产规模，生产计划量应该与计划生产能力相匹配。企业在编制计划时要考虑市场需求量，能力与需求不大可能完全一致，利用生产能力的不确定性，在一定范围内可以对生产能力作短期调整，以满足市场需求。

以上三种生产能力各有不同的用途，设计生产能力是一定时间内的奋斗目标。在编制长远规划和扩建改建方案时，及采取重大技术组织措施时，可以以设计生产能力做参考，以查定生产能力做依据，计划生产能力是安排年度生产计划的依据。

（2）从管理角度分类。

①理论生产能力。理论生产能力是指不考虑设备计划修理、设备故障或其他原因造成的停工损失所达到的产出量，即生产系统在现有条件下可能达到的最大产出量。

②标定生产能力。标定生产能力则是按实际出产效率计算的生产能力，它考虑设备故障、出现废品、返修等生产损失，因此通常比理论生产能力要小。在不增加设备或班次的情况下，理论生产能力是不能增加或修正的。相反，标定生产能力常可通过改善作业的措施，如改进工作方法、减少调整时间或加强设备维护、减少设备检修时间等来改进和提高。

（四）年度生产计划的编制

编制生产计划一定要根据企业经营目标的要求，遵循以销定产的原则，合理安排企业在年度计划内生产的产品品种、质量、产量、产值和产品的出产期限等指标，编制生产计划通常按以下步骤进行。

1. 进行市场调查，收集市场信息

通过市场调查，全面收集与企业经营有关的各种信息资料，为编制生产计划提供全面、准确、可靠的依据。

2. 定生产能力

通过生产能力的核定，初步认定企业在计划期内直接参与产品生产的全部生产性固定资产，在一定的组织、技术条件下能够生产合格产品的能力。

3. 拟定计划指标，制定备选方案

根据掌握的信息和数据，初步拟定各项生产计划指标，提出几个可选的备选方案。

4. 综合平衡，优选计划方案

从企业的实际出发，按照生产经营活动中各种比例关系的要求，对企业生产活动进行系统分析、统筹兼顾，合理考虑企业生产任务与销售计划、财务计划、设备能力、物资供应计划、劳动力资源及产品成本的综合平衡，从多个备选方案中优选出最佳的生产方案，确保生产计划任务与企业经营目标的实现。

5. 修改完备，批准实施

通过综合平衡后优选出来的生产计划方案，必须征集有关部门、各生产车间等各方面的意见，通过反复修改、协调，使之完备而成为正式的生产计划，经企业最高决策机构批准再组织实施。

四、生产作业计划

（一）生产作业计划的概述

生产作业计划是生产计划的具体实施计划，它是把生产计划规定的任务，一项一项具体地分配到每一个生产单位，每个工作中心和每个操作工人，规定他们在月、周、日以至每一轮班中的工作任务。

制订生产作业计划是生产计划工作的继续，生产作业计划是企业生产计划的具体执行计划，是协调企业日常生产活动的中心环节。它根据生产计划规定的产品品种、数量及大致的交货期的要求对每个生产单位（车间、工段、班组等）在每个具体时期（月、旬、班、小时等）内的生产任务做出详细规定，使生产计划得到落实。

生产作业计划与生产计划相比较，具有三个方面的显著特点：第一，计划期短。生产计划的计划期常常表现为年、季、月，而生产作业计划详细规定月、旬、日、小时的工作任务。第二，计划内容具体。生产计划是全厂的计划，而生产作业计划则把生产任务落实到车间、工段、班组、工人。第三，计划单位小。生产计划一般只规定完整产品的生产进度，而生产作业计划则详细规定各零部件，甚至工序的进度安排。

生产作业计划工作的主要任务包括：生产作业准备的检查；制定期量标准；生产能力的细致核算与平衡；编制生产作业计划。

编制生产作业计划的主要依据是年、季度生产计划和各项订货合同；前期生产作业计划的预计完成情况；前期在制品周转结存预计；产品劳动定额及其完成情况；现有生产能力及其利用情况；原材料、外购件、工具的库存及供应情况；

设计及工艺文件、其他有关技术资料；产品的期量标准及其完成情况。

（二）生产计划的基础工作——期量标准

期量标准的“期”是日期、时间的概念，“量”是数量、批量的概念，期量标准是指对生产对象在生产过程中的转化、移动所规定的生产期限和数量标准。它是经过科学分析、计算或者调查、统计而得到一套标准数据，反映了生产系统在当前生产技术与管理水平下生产对象（包括产品、零部件、工序等）在生产中一定批量与生产时间之间的内在对应关系，是期与量的规律性总结。合理的期量标准是科学制订生产计划的唯一标准，同时它对于建立正常的生产秩序、组织均衡生产、利用生产能力、缩短生产周期、加速流动资金周转，改善生产质量，提高系统经济效益都起着很重要的基础性作用。

由于期量标准是反映生产对象在生产过程中的运动规律，显然不同类型的生产过程、生产的期量标准也很不相同。一般来说，大批量、连续性生产系统的期量标准有节拍、节奏、运送批量、在制品定额、流水线标准工作指示图表等；成批轮番生产系统有批量、生产间隔期、生产周期、生产提前期、在制品定额和标准计划等；而单件小批生产系统有生产周期、生产提前期、保险期、生产周期图表等。

1. 大批大量连续性生产系统的主要期量标准

（1）计划节拍。流水线上连续出产前、后两件制品的时间间隔，它是由计划期内的有效工作时间与计划期内的产品产量所决定的。

（2）工序节拍。工序节拍是指流水线上某道工序两件同样制品投入或产出的间隔时间。

（3）节奏。当制品体积很小且节拍很短时，为了提高运输的经济性，需要合批运输转移，这时就形成了流水线的节奏。

（4）在制品定额。它是按照每一种生产对象（包括产品、零件、毛坯）分别制定的，其构成包括工艺加工与检验占用量、运输传递占用量、周转储备占用量和安全保险占用量四个部分。

2. 成批轮番生产系统的主要期量标准

批量，指花费一次“准备结束时间”所生产的同种产品（或零件、毛坯）的数量。成批轮番生产系统中的批量决策是一个不太容易解决的问题，缺乏评价的标准或实用的准则，而批量大小一般又对经济效果和服务水平影响很大。一般确定批量的方法有三种：

（1）以期定量法，即根据已定的标准生产间隔期来计算批量。

（2）最小批量法，它是从技术经济原则出发，着眼于设备利用和劳动生产率这两个因素的综合选择的最佳考虑，通过计算求出最小批量。实际批量不能比它小，如果小了，就会因设备调整次数过多，调整时间过长，影响到设备的合理利用。

设备允许的调整时间损失系数，就是平均每个零件分摊的调整时间占单件工序时间的比值。批量大，分摊到每一个零件的调整损失时间就要小些，反之则大。如果损失系数过大，设备利用率就会降低，加工成本就提高了，设备调整损失系数在0.03～0.12。

(3) 经济批量法。经济批量法也称最小费用法，它是以单位产品生产总费用最小的原则来计算批量的一种方法。批量的大小对费用的影响因素主要有两个，即设备的调整费用和制品的库存保管费用。批量越大，设备调整的次数就越少，分摊到每个制品的调整费用也就越少；反之，批量越小，设备调整的次数就越多，分摊到每个制品的设备调整费用就越大。但是，批量大，制品的库存保管费用就会增加，批量小则库存保管费用就相应减少。经济批量法的基本原理就是用数学方法求得这两项费用之和为最小时的批量。

3. 单件小批生产系统的主要期量标准

(1) 生产周期，指生产对象从原料投入生产开始到生产完成为止的全部日历时间。生产周期的长短反映着企业的技术与管理水平，缩短生产周期是当前提高企业竞争力的最有效环节。生产周期可以针对不同的生产对象，也可以针对不同的工艺工序，如产品生产周期、产品装配生产周期、某部件机械加工生产周期等。生产周期是现实技术与管理水平的体现，一般不易通过公式直接计算得到。在单件小批生产中，生产周期往往大于有效时间，更大于工艺工序时间，主要原因就在于停歇延误、设备调整等辅助时间过长。因此从管理上进行改善，制定更好的计划对生产周期本身也会有所改善。

(2) 生产提前期，指生产对象（产品，零、部件）在生产过程的工艺阶段投入或出产的日期较最后交货期所提前的一段时间。它是以产品最后完工日期为起点，根据工艺阶段的生产周期、保险期等，按工艺阶段的逆顺序进行计算的，它一般以日历天数表示。

(3) 保险期，指工艺阶段之间用于缓冲、预防废品、延期、缺件等意外的一段时间。

（三）编制生产作业计划的常用方法

编制生产作业计划的主要任务是根据企业的生产计划，为每个车间正确地规定每一种制品（部件、零件）的出产量和出产期。安排车间生产任务的方法随车间的生产类型和生产组织形式不同而不同。如果各车间彼此之间没有依次提供半成品的关系，那么只要将计划期的生产任务根据各车间的产品分工、生产能力和具体的生产条件直接分配给各车间即可。如果各车间彼此之间有依次提供半成品的关系，在规定生产任务时就应该考虑各车间在产品品种、数量、出产日期上是否彼此衔接，考虑各车间的生产能力平衡，减少在制品占用。企业常用的编制生产作业计划的方法主要有生产周期法、累计编号法和在制品定额法等。

1. 单件小批生产作业计划的编制——生产周期法

单件小批生产作业计划的编制方法主要是生产周期法。具体的步骤如下：第一步，根据合同规定的交货期，采用相关技术，为每一项订货编制生产周期进度表。它是单件小批生产企业的主要期量标准；第二步，根据合同规定的交货期限和生产周期进度表，为每一项订货编制一份订货生产说明书，详细规定该产品在某一车间投入和出产的时间；第三步，根据订货生产说明书，编制月度作业计划初稿。具体做法是将各项订货在计划月份应该投入和产出的部分摘出来，然后按车间归类、汇总起来，形成计划月份各车间的投入、产出任务，这就是生产作业计划初稿；第四步，分车间、科室进行任务与能力的平衡。任务与能力平衡后，形成正式稿，向各车间、科室下达计划月份的生产作业计划，在此计划中规定了在各工艺阶段的投入、出产日期，品种，数量。

2. 成批生产作业计划的编制——在制品提前期累计编号法

成批生产作业计划常用的编制方法是提前期累计编号法。由于成批生产，各个时期生产的品种、数量不稳定，甚至一个月内生产的品种都不同，因而在制品数量也不稳定，但是由于成批轮番生产的产品，生产周期和提前期等期量标准比较固定，只要根据各车间担负生产产品的工艺或零件比成品出产应提前的时间（提前期）来安排各车间的任务，就可保证各车间之间生产的制品在时间和数量上的协调衔接。因此，在成批生产条件下，编制生产作业计划一般采用提前期累计编号法。

采用这种方法，生产的产品必须实行累计编号。累计号数是从年初或者开始生产某种产品起计算的累计数。按产品出产的先后顺序给产品编号，就得到连续的累计号数。当某一件产品的累计号数一旦确定，组成这个产品的所有零、部件都采用这个相同的号数。从同一时间各车间生产某种产品的累计编号关系来看，越接近装配车间，其累计编号数越小，越是处于生产过程开始的车间，其累计号数越大。

累计编号法就这样将预先制定的提前期转化为提前量，然后确定各车间计划期应达到的投入和产出的累计数，减去计划期前已投入和产出的累计数，求得各车间在计划期内应完成的投入和产出的数量。

采用累计编号法确定各车间投入与产出任务具有以下优点：第一，商品出产进度计划一经确定后，规定出装配车间平均日产量，就可以同时计算各车间任务，这样可以大大加快计划的编制速度；第二，由于生产任务用累计号数来表示，所以不必预计期初在制品的结存量。这样就可以简化计划的编制工作；第三，由于同一产品所有零件都属于同一累计编号，所以只要每个生产环节都能生产到计划规定的累计号数，就能有效保证零件的成套性，防止零件不成套或投料过多等不良现象。

3. 大量大批生产作业计划的编制——在制品定额法

大量大批生产作业计划的编制方法是在制品定额法。在制品定额法也叫连锁计算法，是指运用在制品定额，结合在制品实际结存量的变化，按产品反工艺顺序，从产品产出的最后一个车间开始逐个往前推算各车间的投入、产出任务。在制品定额法用在制品定额作为调节生产任务量的标准，以保证车间之间的衔接。这种编制生产作业计划的方法主要适用于大量大批生产企业。

在实际工作中，企业在运用在制品定额法编制生产作业计划时，一般都采用车间生产任务计算表，较为简便实用。

第五节　生产控制与现场管理

一、生产调度与控制

生产调度是对生产系统日常的运行工作进行控制和调节。再周密、科学的计划在实际运行过程中都会出现一些偏差与问题，生产调度的任务就是要在计划执行的过程中对出现或可能出现的种种问题进行了解、分析、处理和预防，以保证整个生产活动协调地进行。

（一）生产调度的主要工作内容、原则

生产调度的工作内容包括：

(1) 按照生产计划的要求控制好生产进度。现代工业生产的环节多、协作关系复杂，某一局部问题往往导致整个系统受影响、无法按期保质交货，因此协调好各有关部门的工作，保证计划的顺利执行是生产调度工作的核心；

(2) 督促有关部门做好生产准备和生产服务，如技术图纸、工装刀具、能源动力保障等都是正常生产的前提；

(3) 检查生产过程中的物资供应、配套情况；

(4) 监督设备的运转；

(5) 合理配置劳动力；

(6) 协调厂内运输；

(7) 控制好在制品、半成品库存；

(8) 建立生产系统有效的调度制度，如调度会议、信息统计工作等。

在保证全面、均衡地完成生产作业计划的前提下，生产调度应遵循以下原则。

(1) 以计划为基础。调度工作的本质是一个控制过程，而控制的标准应以生产作业计划为基础，总目标是为了保证生产的进度、质量的合格，最终按期交货，对实际与计划的偏差，可采取措施予以补救、克服，必要时才可对计划进行补充、调整；

（2）统一指挥。生产调度是在现场进行指挥，必须强调高效率和权威性，发布调度令后，下级生产单位和同级职能部门应坚决执行；

（3）抓住关键环节。生产现场的矛盾往往很多、突如其来，对待各种问题不应就事论事，而应通过表面现象探求问题成因，抓住主要问题及其原因来对症下药；

（4）要有预见能力。对生产作业计划执行过程中可能发生的偏差和障碍，应积极采取措施加以防止或消除，抓计划、保投入，抓投入、保产出，抓产出、保计划，这是调度工作的基本循环；

（5）果断、及时处理。生产调度对问题的处理要迅速，并督促有关部门也迅速执行。

（二）生产系统的运行控制

生产调度工作主要是从执行、操作角度反映生产系统日常运行性管理工作，可以把它理解为对计划或控制的具体实施。从生产控制的职能角度看，控制本身是一个过程，包括建立各种标准、对照标准衡量和评价实际工作绩效、调整各种出乎预料的偏差。因此，生产控制是一个反馈过程，其一般原理为例外控制原则，即控制的监督系统只有识别到与计划不一致的生产结果时才有警报，然后采取各种措施来纠偏；当生产系统与计划一致时，控制系统的反馈调整部分并不动作。

由于生产控制的目标是为了在生产系统的运行过程中实现生产计划要求乃至生产系统的功能目标，因此生产控制的对象是相当复杂的，它应包括生产的进度及交货期、生产成本与资金、生产的库存、生产的质量、生产的品种与数量等，其中生产进度的控制是与计划直接相关的。

生产进度控制是对原材料投入生产到产成品入库为止的全生产过程进行控制，控制的对象主要包括时间进度和有效数量两方面，具体的主要任务内容是投入进度、出产进度和工序进度。

1. 投入进度的控制

投入进度的控制是控制产品的投入日期、数量、品种是否符合计划要求，包括各生产环节、各种原料、毛坯、零部件是否按提前期标准进行了投入；设备、人力、技术措施项目是否按计划规定到位等。保投入是执行计划、保均衡、成套的关键环节，是后续控制的基础。一般对于大批量生产系统，可根据投产指令、投料单、投料进度表、投产日报等进行控制，或用投入产出日历进度表中的计划投入量与实际投入量进行比较控制，由于生产的对象单纯、稳定，投产的规律性较强，控制的难度不大；而对于成批、小批量生产系统来说，一方面要控制品种、数量与成套，另一方面又要控制各种提前期，难度很大，控制的方法也不很规范，主要是根据生产计划制订或分解出投产计划、配套计划、加工路线单、单工序工票等来启动和控制投产进度。

2. 出产进度的控制

出产进度的控制是对产成品的出产日期、出产提前期、产出量、出产均衡率与成套性进行控制，是保交货、保计划、保均衡、保质量的关键。对于大量、大批生产系统，由于有节拍、日均衡率等的系统控制技术，一般控制住了投入便能较好地控制产出，任务较简单；对于成批、单件的系统主要还是要根据产品、主要零件、关键零件的进度计划来控制、查合格品数量、入库成套率、缺件情况等，严格的控制来源于科学、详细的生产进度与作业计划。

3. 工序进度的控制

工序进度的控制是对产品（零部件）在生产过程中经过的每道加工工序的进度进行控制，它主要用于单件和成批生产条件下，对那些加工周期长、工序多的产品，为了保证它们不拖延工期，除控制投入与出产进度外，过程中的工艺进度也要控制。控制的主要方法有：①按工票、台账进行控制；②按加工路线单进行控制；③按"协作任务单"对跨车间、分厂的零、部件进行进度控制。

生产系统运行的有效控制取决于生产信息系统对实际生产状态的反应速度与真实度，如果信息获取得很迟或水分很多、不准确，生产控制将是盲目的、滞后的、无效的。因此，它要求建立一套科学、严密的生产信息系统，系统的设计一定要切实能为生产控制服务，满足准确、高效率和简明性的要求。

二、定置管理

定置管理是对生产现场中的人、物、场所三者之间的关系进行科学的分析研究，使之达到最佳结合状态的一种科学管理方法。定置管理是以生产现场为研究对象，通过整理、整顿，把与生产现场无关的物品清除干净，把需要的物品放在规定的位置，以物在场所中的科学定置为前提，以定置的信息系统为媒介，使各生产要素有机结合，达到生产现场管理的科学化、规范化和标准化。定置管理最终要实现人、物、场所的有效结合，以高效地完成预定的任务。其中最基本的是人与物的结合。

（一）人与物的结合状态

在生产现场，人与物的结合状态有 A、B、C 三种：

（1）A 状态。这是人与物能马上结合并发挥效能的状态。例如操作工人在生产过程中需要某种刀具、模具、量具，他能及时拿到后立即使用，不耽搁时间。这是生产中最理想的状态，在这种状态下能使生产井然有序。

（2）B 状态。这是人与物不能马上结合并发挥效能的状态，即人与物处于寻找状态或尚不能很好发挥效能的状态。例如生产现场物品乱丢乱放，造成需要用时找不到，结果因寻找而浪费时间。再如一些半成品堆放不合理，当加工时每次都需弯腰一个个捡起来，这样就会影响到工时消耗，又会增加工人疲劳强度。这种状态在企业内是经常见得到的。

（3）C 状态。这是指生产现场的人与物失去联系的状态。在这种状态下，人与物之间已不存在联系，物品就在生产现场。如生产现场存在已报废设备、工艺装备，生产中产生的废品、垃圾、切屑以及同生产现场无关的工人生活用品。这些物品在生产现场没有价值，但仍占用作业面积，同时也会给生产现场带来许多麻烦、障碍，成为许多问题的事故源。

在生产活动中，为实现人与物的结合，需要消耗劳动时间，支付工时费用，这时的工时费用称之为人与物的结合成本。当人与物处于 A 状态时，人与物马上结合，使物的价值立即发挥出来。而人与物处于 B 状态，人与物不能马上结合，物的作用发挥不出，价值就不能实现，而需要人花费一定的时间来寻找物，花费的时间越多，人与物的结合成本就越大。因此在处理人与物的结合状态时，应采取一切措施和方法，坚决消除 C 状态，积极分析 B 状态，使之转化为 A 状态，让生产现场人与物都处于 A 状态，这是定置管理所追求的目标。

（二）物与场所的关系

人与物合理结合的同时，还需处理好物与场所的关系，因为物与场所的有效结合是实现人与物合理结合的基础。物与场所的结合，就是对生产现场、人、物进行作业分析和动作研究，使加工对象按生产需要、工艺要求科学地固定在某一位置上，达到物与场所的有效结合，缩短人与物结合的时间，消除人的重复动作，以促进人与物的最佳结合。

（1）场所状态。实现物与场所的有效结合，首先要使场所本身处于良好的状态，就场所本身来看，同样有三种状态。

①A 状态。这是一个良好的状态。工作环境良好，场所中的作业面积、通风设施、恒温设备、光照、噪声无、粉尘等状态，都符合人的生理、生产、安全的要求。

②B 状态。这是需要改善的状态。工作环境存在着一些缺憾之处，设备、工作地的布局不够合理，环境条件有些方面不符合人的生理、安全、精神上的要求。

③C 状态。这是需要彻底改造的状态。这种状态完全不符合现场人员在生理、安全、精神上的要求，对现场人员有严重危害。

定置管理要求努力做到让场所保持 A 状态，而对 B 状态和 C 状态，要采取措施和对策，使其转换为 A 状态。

（2）物与场所的结合。实现物与场所的结合，要根据物流活动的规律性，科学地确定物品在场所内的位置，即定置，定置方法有两种基本形式。

①固定位置。即场所固定，物品存放位置固定，物品的信息媒介物固定。这种“三固定”的方法，适用于那些在物流系统中周期地回归原地，在下一生产活动中重复使用的物品。如一些较大型工具，在不使用时要放在固定地方，这个固定地方就是固定场所，生产需要时领取出来，使用完毕经检验无损，放回到固定地点。它突出的方面是存放地点、存放物始终是固定的、不变的。

②自由位置。即相对地固定一个存放物品区域，至于在这个区域内的具体放置位置，要由生产过程来定，如原材料、半成品、成品等存放地。

（三）信息媒介与定置的关系

信息媒介是指人与物、物与物结合过程中起着指导、控制、确认等作用的信息载体。信息媒介与定置关系极为密切，没有信息媒介作支撑，定置就十分困难。在生产现场寻找某物时，就会有一系列问题随之出现，“该物在何处?”“该处在哪里?”，相应的回答是“该处在这儿”“此物就是要寻找的物体”。那么这些问题怎样用信息媒介来表示呢？一般需要四种信息媒介物。

（1）位置台账。它告诉人们“该物在何处”。通过查看位置台账可以了解所需物品的存放场所。如有的企业位置台账是按四号定位（库、架、层、位）来编码的，从台账上可以明确地表示出所需要的物品所在地。

（2）定置图。它体现“该处在哪里”，在定置图上可以看到物品存放场所的具体位置。

（3）场所标志。它表明“这儿就是该处”，它是指物品存放场所的标志，通常用名称、图示、编号等表示。

（4）物品标识。它表明“此物即该物”，它是物品的自我标识，一般用各种标牌表示，标牌上有货物本身的名称及有关事项。

前两种媒介物表示的信息，我们称为引导信息，后两种媒介物表示的信息称之为确认信息。

（四）定置管理的原则

定置管理的原则有六项：定置必有图；有图必有物；有物必有区；有区必挂牌；有牌必分类；账物必一致。

三、5S 活动

5S 活动是指对生产现场各生产要素所处的状态不断地进行整理、整顿、清扫、清洁、提高素养的活动。此五个词在日语中的罗马拼音的第一个字母都是“S”，所以简称为 5S 活动，5S 活动起源于日本。

日本企业将 5S 活动作为工厂管理的基础，使企业的经济效益有了明显的提高。5S 活动对于塑造企业形象、降低成本、准时交货、安全生产、严格的标准化、完美的工作场所等现场改善方面的巨大作用逐渐被各国管理界所认识。随着世界经济的发展，5S 现已成为各国工厂管理的一种重要管理方法。

（一）整理

整理是 5S 活动中的第一步，日语中的“整理”不仅仅是指我们平常所说的把东西整理好，而更多的意思是指将不要的东西处理掉。所谓整理，是指区分要和不要的物品，将不要的物品放在别处保管，在生产现场只放置必须物品。整理活动的核心内容是对生产现场的物品加以分类，分出是要还是不要的两类物品。首先要把生产现场所有物品清查一遍，各个位置各个部分，不留死角地进行检查，分析物品的功能，做出要与不要的判断。由于每个企业的实际生产情况不同，判断的方法也不相同。一个粗略的判断原则是可将未来一个月内用不着的物品归为不要，移出现场。在实际操作中，可以制作一些红色标签，将红色标签挂在认为不需要的物品上，当无法清楚地判断某一物品需要还是不需要时，仍将红色标签挂上。如果挂着红色标签，但事实上仍是需要的，这时就需要员工提供确实需要此物品的原因。

做出分类之后，就要坚决地把不需要的物品，如剩料、多余半成品、切屑、垃圾、多余工具、报废的设备、工人个人生活用品等清理出现场，达到现场无不用之物。通过整理，可以改善和增加生产面积，减少由于物品乱放、好坏不分而造成的差错，使库存更合理，消除浪费，节约资金，保障安全生产，提高产品质量。

（二）整顿

整顿是将整理后需要的物品进行科学、合理的布置和摆放。它是5S的第二项活动，是生产现场改善的关键，是5S的重点。其内容是将物品依使用类别分类，以寻找时间和工作量最少为原则来安置这些物品。如果将这项工作深入下去，就是“定置管理”。通过整顿应达到以下要求：

（1）物品放置要有固定的场所，不需要花费时间去寻找，随手就可以拿到所需要的物品。物品放置场所分为原材料放置场所、半成品放置场所、工艺装备放置场所、零部件放置场所以及次品放置场所等。

（2）物品摆放地点要科学合理。科学地设计物品摆放地点与作业点的距离，按使用频率高低的顺序摆放，常用的放近些，偶尔使用或不常用的则应放远些。

（3）物品摆放要目视化。物品要按一定的规则进行定量化摆放，过目知数，不同物品采用不同的色彩和标记。如仓库管理采用的“四号定位”法、“五五摆放”法。

（三）清扫

清扫就是指把生产现场打扫干净，包括机器、工具、地面、墙壁天花板及其他工作场所。生产现场在生产过程中会产生灰尘、油污、垃圾等，从而使生产现场变脏，脏的现场会使设备精度丧失，故障多发，影响产品质量，还会影响人们的工作情绪、身心健康，因而清扫变得越来越重要。

清扫又可称为点相，员工在清扫时，可以发现许多不正常的地方。如果机器布满灰尘、碎粉、碎屑或由排水、排烟和排气带来的污垢，就难以发现潜在的问题。反之，在清扫机器的时候，作业员就能轻易地检查出漏油之处、外盖裂痕之处或者是螺丝松动之处，从而排除故障。清扫过程中要注意的问题有：

（1）自己使用的物品自己扫，清扫时间可以是每天开始作业前以及结束作业后的几分钟，或者是每周、每月一次。清扫工作不是由特定的人员来承担，而是每个员工自主地进行操作。

（2）对机器设备、工具、模具、量具的清扫，着眼于对它们的维护保养。

（3）清扫是为了改善，发现缺陷及时改进。

（四）清洁

清洁是对经过整理、整顿、清扫以后的生产现场状态进行保持，这是第四项S活动。清洁所追求的是对良好状态持之以恒的保持。它包括生产现场的环境整齐、美观、整洁，生产现场设备、工具、物品干净整齐，没有垃圾、噪声和污染源，生产现场各类人员着装、仪表、仪容整洁，还包括员工精神上的整洁。

（五）素养

素养是一种作业习惯和行为规范，也是5S的最终目标。素养无论是对于企业还是员工个人都是非常重要的。提高素养就是逐步养成良好的作业习惯、行为规范和高尚的道德品德，自觉遵守各项规章制度，并且能改善人际关系，加强集体主义观念及团队精神，建立良好的企业文化。在生产现场工作中，提高素养，人人养成好习惯，不需要别人督促，不需要别人提醒，不需领导检查，这对于改善生产现场工作极为重要。

5S活动开展起来比较容易，可以搞得轰轰烈烈，也能取得一定的效果，但要一贯坚持，不断优化就不太容易，素养不是一朝一夕所能够养成的，应耐心、反复地进行教育。同时我们必须认识到，开展5S活动一定要全体员工参与进来，强调员工的自觉参与，不是要员工被动去做。5S活动是一个按整理、整顿、清扫、清洁、素养的顺序依次进行、不断循环的过程，其核心是提高素养，每经过一轮循环，素养就得到一次提高，如此循环往复，使企业的素养得到不断的提高，形成团队精神和企业文化。

【案例分析】

1. 海尔的OEC管理方法

一、OEC管理方法

OEC管理方法，其中“O”代表“Overall”，意为“全面的”；“E”代表“Everyone，Everything，Everyday”，意为“每个人、每件事、每一天”；“C”代表“Control and Clear”，意为“控制和清理”，其含义是全方位地对每个人每一天所做的每件事进行控制和清理，做到“日清日毕，日清日高”。简单地说，就是每天的工作每天完成，而且每天的工作质量都有一点儿的提高，即“日日清”。这样，从车间工人到集团干部都知道自己每天应干些什么，甚至根据这套制度自己考核自己的工作，领取自己该得到的那份报酬。

从根本上说，OEC管理模式意味着企业每天所有的事都有人管，所有的人均有管理、控制任务，并依据工作标准对各自控制的事项按规定执行，每日把实施结果与计划指标对照、总结、纠偏，达到对事物发展过程日日控制、事事控制的目的，确保事物向预定目标发展。

OEC 管理方法奠定了海尔的管理风格：严、细、实、恒。即严格要求，“日日清”工作法要求所有的体系，所有的员工必须严格按规定的内容、时间、标准逐日进行清理，对工作中的成绩与缺陷严格奖惩。细和实、即分工细、责任实。“日日清”在对所有的物和事进行分解中，强调三个“一”，即分解量化到每一个人、每一天、每一项工作，大到机器设备，小到一块玻璃，都清楚地标明责任人与监督人，有详细的工作内容及考核标准，形成环环相扣的责任链，做到了奖有理、罚有据。恒，即持之以恒。海尔认为企业和每个员工可以做好一天的工作，而每天都做得好，这本身就不简单。“日日清工作法”就是要通过每天的清理和总结，持之以恒地做好企业每天的各项工作，实现天天好的理想目标。

海尔的生产现场管理体现了追求卓越的思想，要求把生产经营每一瞬间的每一个人管住，使人、事、物都处于理想结合状态。厂区内每一块玻璃都擦得一干二净，地板亮得像面镜子，机器设备无一丝灰尘；人们身着一色淡蓝海尔服，在岗位上聚精会神工作，见面时轻声示意，车间里只听见机器响动，产品一台接一台上上下下，听不见任何喧哗与骚动。从生产到管理、服务的每一个环节，其控制方法尽管不同，都体现出了一丝不苟的严谨，真正做到了环环相扣，疏而不漏。现场生产线的 10 个重点工序都有质量控制台，155 个质量控制点都有质量跟踪单，产品从第一道工序到出厂都建立了详细档案，产品到用户家里如果出了问题，哪怕是一根门封条，也可以凭着“出厂记录”找到责任人。

OEC 管理方法实行后，已产生了明显的效果。这些效果体现在几个方面：

（一）培育了一支高素质的员工队伍

这是“日日清”取得的最大成果，也是“日日清”工作得以全面落实的基础。“日日清”通过员工每天进行的整理、整顿、清扫和清理，使全体员工养成了良好的工作习惯和令行禁止的工作作风，一支高素质的队伍迅速成长起来。

（二）提高了生产现场管理精细化程度

OEC 方法以追求工作的零缺陷、高灵敏度为目标，把管理问题控制解决在最短时间、最小范围，使经济损失降至最低，逐步实现了“精细管理”。它消除了现场管理死角，将过去每月对结果的管理变为每日的检查和分析，对瞬间状态进行控制，使人、事、物等因素不断优化，为生产提供了优质保障，不良品率、材料消耗大幅度下降，管理达到了及时、全面、有效。

（三）提高了生产流程控制能力

生产流程控制能力的提高表现在自控、互控、专控能力三个方面。一是自控能力得到提高。所有员工都以追求工作零缺陷和经济损失最低、收益水平最高为目标，苦练基本操作，提高生产技术技能，自我检验，绝不让差品、次品流入下一道工序，严格对下一道工序负责。海尔规定从第一道工序开始不准出二等品。二是互控能力普遍提高。通过实行质量奖惩价值券，各道工序之间的质量互检工作得到了加强。三是专控能力得到加强。在各生产环节上，各职能部门的巡检人员定时巡查，进行瞬间纠偏，使各环节始终处于有效控制之中。通过“日日清”控制系统，海尔的各项工作实现了由事后把关向全过程控制的转变，受控率达到了100%，从时间上看，由过去的50%达到了98%以上，效果很明显。

二、OEC 管理方法的主要内容

OEC 管理法是海尔对“人、事、物”进行管理的基本模式，由目标系统、日清控制系统和有效激励机制三部分组成。

（一）目标系统

目标体现了企业发展的方向。海尔对目标的实施先是将总目标分解为各部门的子目标，再由子目标分解为每个员工的具体目标值，从而使全公司总目标落实到具体的责任人身上。目标的建立一般要求：

(1) 目标具体明确，可以度量。在质量管理中，海尔把156个工序的545项责任进行量化并汇编成小册子，小到一个门把螺钉上都有明确规定。

(2) 责任落实到员工个人。各项工作都按标准进行分解，明确规定主管人、责任者、配合者、审核者的工作、责任和工作程序、见证材料、工作频次，从而做到每件事都有专人负责，使目标考核有据可循。

(3) 做到管理不漏项。企业中的每件物品都规定具体的责任人，并在每件实物旁标示出来，保证物有人管。比如，车间、办公室的玻璃，甚至材料库的196块玻璃，每块玻璃上也均标有责任人。

这样一个目标系统使企业内所有工作、所有物品，都处于有序的被控制状态。企业内的所有人员，上至总经理下到一线员工，都十分清楚自己每天应该干什么、干多少、按什么标准干、要达到什么样的结果，做到心中有数，从而保证了各项工作的目的性和有效性，减少了损失。

（二）日清控制系统

日清控制系统是目标系统得以实现的支持系统，通过员工每天对自己所从事的每件事进行清理、检查的“日日清”控制系统来进行管理。它包括“日事日毕”和“日清日高”两个方面。“日事日毕”即对当天发生的各种问题，在当天弄清原因，分清责任，及时采取措施进行处理，防止问题累积。“日清日高”即对工作中的薄弱环节不断改善、不断提高。要求职工“坚持每天提高1%”，70天工作水平就可以提高一倍。

日清控制体系要求控制检查，检查中发现问题，随时纠正偏差。没有控制，工作只布置不检查，不可能形成闭环，当然不可能达到预期效果。所以在日清中重点抓管理层的一级级检查。在生产现场设有“日清栏”，要求管理人员每两小时巡检一次，将发现的问题和处理措施填在“日清栏”上。如果持续发现不了问题，则说明目标低了，就必须提高目标值，以此实现“日高”。

（三）有效激励机制

激励机制是日清控制系统正常运转的保证条件。实行“日日清”，使海尔形成了在不同层次、不同侧面均有激励作用的激励机制。海尔在激励政策上强调公开、公平、公正和合理的计算与考核。如在用工上，实行“优秀工、合格工、试用工三工并存，动态转换”；对人员的使用上，全部实行公开招聘，公开竞争，择优聘用。通过“3E”卡，每天公布职工每个人的收入，不搞模糊工资，使员工心理上感到相对公平，每个岗位实行量化考核，力求使劳动与报酬直接挂钩，报酬与质量直接挂钩。在奖励上，对员工个人设有海尔奖、希望奖、合理化建议奖；对集体设有合格班组、信得过班组、免检班组、自主管理班组等集体荣誉奖，这极大调动了员工追求卓越的积极性。

三、“日日清”控制系统

（一）“日日清”的内容

“日日清”的内容可分为区域日清和职能日清。

1. 区域日清

区域日清主要包括七项内容。区域日清所要解决的问题是掌握各生产作业现场七项内容的受控状况；查明发生问题的原因及进行责任分析；员工当天工资收入测算。七项内容分别为：

（1）工艺日清。对当天的检验结果与其他工件指标参数的对比情况、工艺纪律执行率情况进行清理。

（2）生产计划日清。对生产进度及影响原因、实际产量、欠产数量、解决措施与结果、责任等情况进行清理。

（3）设备日清。对设备的例行保养、设备完好状况和利用率及责任人等情况进行清理。

（4）物耗日清。对材料超耗部分按质量、设备、原材料、能源、素质等方面的原因与责任进行清理。

（5）质量日清。对当天的质量指标完成情况、生产中出现的次品及原因分析与责任人，所得红、黄质量价值券等情况进行清理。员工人手一本质量价值券手册，手册中汇编了企业以往生产过程中出现的所有问题，并针对每一个缺陷，明确规定了自检、互检、专检三个环节应负的责任及每个缺陷应扣多少钱。质检员检查发现缺陷后，当场撕价值券，由责任人签收；操作工互检发现的缺陷经质检员确认后，当场予以奖励，同时对漏检的操作工和质检员进行罚款。质量价值券分红、黄两种，红券用于奖励，黄券用于处罚。

（6）文明生产日清。对分管区域的定置管理、卫生、安全及责任进行清理。

（7）劳动纪律日清。是对劳动纪律执行情况进行清理。

上述七项内容，是在各职能人员控制的基础上，由区域上的员工进行清理，并把清理情况及时填入“3E”卡。“3E”卡即“3E日清工作记录卡”。3E为每人、每事、每天三个英文单词的开头字母。“3E”卡将每个员工每天工作的上述七个要素进行量化，每天由员工自我清理计算日薪并填写记账、检查确认，车间主任及职能管理员抽查，月底汇总兑现计件工资。这使每个人每天的工作有了一个明确定量的结果，体现了数据说话的公正性和权威性，保证了各项工作的有序运转。

2. 职能日清

职能日清是各职能部门对本部门的职责执行情况进行的日清。职能日清所要解决的问题是找出问题的原因及改进措施；分析责任；变例外因素为例行因素；测算职能人员的工资。它包括：

(1) 生产作业现场的清理。按“5W3H1S”九个因素进行清理，将发现的问题及时填入相应区域的“日清栏”。“5W”指：What，何项工作发生了何种问题；Where，问题发生在何地；When，问题发生在何时；Who，问题的责任者；Why，发生问题的原因。“3H”指：How many，同类问题还有多少；How much cost，造成多大损失；How，如何解决。“1S”指Safety，有无安全注意事项。

(2) 职能人员的清理。各职能部门的工作人员，按自己分工范围对分管职能的受控情况、问题原因的查找及整改措施的制定情况进行分类清理，填入个人的“日清工作记录表”。

(二)“日日清”的实施步骤

“日日清”的实施分三大阶段九个步骤：

第一阶段为班前监控，包含三个步骤：①召开班前会，明确当天的目标及要求。②按目标和标准工作。生产系统按七项日清要求进行生产，职能系统针对七项日清任务，按“5W3H1S”的要求从事瞬间控制。③填写日清栏。由车间主管、职能巡检员每两小时公布一次巡视中发现的问题及处理意见。

第二阶段为班后纵向清理，包含五个步骤：①自清。所有岗位的员工对当天的工作按日清的要求逐项清理，生产岗位填写“3E”卡交班组长，管理岗位填写日清工作记录交科长；②考核。由班组长根据每天对每人各方面情况的掌握进行考核确认，然后报车间主任；③审核。由车间主任根据当天对各班组情况的掌握，复核各班组的“3E”卡，确认后返回班组。由本人填写“日清工作记录”报分厂厂长；④分厂厂长审核各车间的“日清工作记录”，登记分厂日清台账，并将每天分厂的运行情况汇总报公司经理助理。同时各职能部门负责人审核所属人员“日清工作记录”，并将当天职能分管工作出现的问题、解决的措施、遗留的问题、准备采取的办法汇总报公司副总经理；⑤公司副总经理复审后签署意见和建议，反馈给各管理者，并汇总报总经理。

第三阶段为整改建制，即由各职能部门会同有关部门、岗位根据“日清”

中反映出的问题进行分类分析，在提出解决措施的基础上，制定和完善相应的管理制度，提高薄弱环节的目标水平，并作为下一循环的依据。

四、6S 大脚印鉴

在海尔的任何一个生产车间里，入口处和作业区很明显的地方，你都可以看到地上有一块60厘米见方的少见图案，红框里边的白芯上印着一双绿色的脚印，即“6S大脚印”。再往前看，有一块牌子，上面写着“整理、整顿、清扫、清洁、素养、安全”。这六个词日文开头都是“S”，称为“6S”。海尔在“5S”基础上又加了一条“安全”。“6S”的含义为摒弃不必要的东西，按照使用顺序摆放工具，保持工作场所洁净，保持自我整洁，遵守车间纪律。每件东西都有标记，甚至包括衣服挂钩，扫帚和拖把及其他一些打扫用品上印的标记表明应将它们挂在什么地方。不用时，所有的东西都整齐地放在指定的地方。“6S大脚印”也被称为“6S自检站”，使路过这里的每一个海尔人认清自己的责任，实现自我监督。每天上班前会上，车间的班长都站在这儿总结当天的6S工作，较差的员工也要站在脚印上反省自己的工作。

讨论题：

通过这一案例的学习，你从中可获得哪些启示？

【复习思考题】

1. 什么是现代企业制度？现代企业制度的基本内容有哪些？它具有哪些基本特征？
2. 现代企业的法律形式有哪些？
3. 企业管理现代化有哪些主要内容？
4. 现代生产有哪些特点？
5. 生产管理的内容和任务有哪些？
6. 编制生产计划的原则有哪些？
7. 年度生产计划的作用及其指标是什么？
8. 简述年度生产计划和生产作业计划的内容和特点。
9. 简述各种生产类型的主要期量标准。
10. 简述生产调度工作的职责和调度工作原则。
11. 简述定置管理和5S活动的主要内容。

参考文献

[1] 王欣欣，杨静．管理学原理［M］．北京：北京交通大学出版社，2012.

[2] 徐碧琳．管理学原理［M］．北京：机械工业出版社，2012.

[3] 方镇邦．管理学原理［M］．第2版．北京：中国人民大学出版社，2011.

[4] 吴价宝．管理学原理［M］．北京：高等教育出版社，2011.

[5] 刘俊生．管理学［M］．北京：中国政法大学出版社，2009.

[6] 于秀芝．人力资源管理［M］．第4版．北京：中国社会科学出版社，2009.

[7] 聂锐．管理学［M］．北京：机械工业出版社，2008.

[8] 周三多．管理学［M］．北京：高等教育出版社，2005.

[9] 王冰．管理学——理论与实践［M］．第2版．北京：电子工业出版社，2011.

[10] 李镜．管理学基础［M］．第3版．大连：大连理工大学出版社，2010.

[11] 李杰．管理学原理［M］．北京：清华大学出版社，2011.

[12] 谭力文．管理学［M］．北京：高等教育出版社，2010.

[13] 王凤彬．管理学教学案例精选［M］．上海：复旦大学大学出版社，2009.

[14] 单凤儒．管理学基础［M］．第3版．北京：高等教育出版社，2008.

[15] 魏旭东．管理学基础［M］．大连：大连理工大学出版社，2010.

[16] 史蒂芬·P·罗宾斯．管理学原理［M］．毛蕴诗，等，译．第5版．大连：东北财经大学出版社，2005.

[17] 安德鲁·J·杜伯林．管理学精要［M］．胡左浩，等，译．第2版．北京：电子工业大学出版社，2003.

[18] 哈罗德·孔茨，海因茨·韦里克．管理学［M］．张晓君，等，译．第5版．北京：经济科学出版社，1998.